城镇供水行业职业技能培训系列丛书

供水管道工
基础知识与专业实务

南京水务集团有限公司　主编

中国建筑工业出版社

图书在版编目（CIP）数据

供水管道工基础知识与专业实务/南京水务集团有限公司主编.
北京：中国建筑工业出版社，2019.5（2025.7重印）
（城镇供水行业职业技能培训系列丛书）
ISBN 978-7-112-23458-5

Ⅰ.①供…　Ⅱ.①南…　Ⅲ.①城市供水-给水管道-管道施工-
技术培训-教材　Ⅳ.①TU991.36

中国版本图书馆 CIP 数据核字(2019)第 045885 号

为了更好地贯彻实施《城镇供水行业职业技能标准》，进一步提高供水行业从
业人员职业技能，南京水务集团有限公司主编了《城镇供水行业职业技能培训系
列丛书》。本书为丛书之一，以供水管道工岗位应掌握的知识为指导，坚持理论联
系实际的原则，从基本知识入手，系统地阐述了该岗位应该掌握的基础理论与基
本知识、专业知识与操作技能以及安全生产知识。

本书可供城镇供水行业从业人员参考。

责任编辑：何玮珂　杜　洁　王　磊
责任设计：李志立
责任校对：王　瑞

城镇供水行业职业技能培训系列丛书
供水管道工基础知识与专业实务
南京水务集团有限公司　主编
＊
中国建筑工业出版社出版、发行（北京海淀三里河路9号）
各地新华书店、建筑书店经销
北京科地亚盟排版公司制版
建工社（河北）印刷有限公司印刷
＊
开本：787×1092毫米　1/16　印张：19½　字数：485千字
2019年10月第一版　2025年7月第十次印刷
定价：59.00元
ISBN 978-7-112-23458-5
（33765）

《城镇供水行业职业技能培训系列丛书》
编写委员会

主　　编：单国平

副 主 编：周克梅

主　　审：张林生　许红梅

委　　员：周卫东　陈振海　陈志平　竺稽声　金　陵　祖振权

　　　　　黄元芬　戎大胜　陆聪文　孙晓杰　宋久生　臧千里

　　　　　李晓龙　吴红波　孙立超　汪　菲　刘　煜　周　杨

主编单位：南京水务集团有限公司

参编单位：东南大学

　　　　　江苏省城镇供水排水协会

本书编委会

主　　编：竺稽声

副 主 编：付光洁　黎国庆　苏家庆

参　　编：戴跃进　阮家玮　刘　涛

《城镇供水行业职业技能培训系列丛书》
序　言

城镇供水，是保障人民生活和社会发展必不可少的物质基础，是城镇建设的重要组成部分，而供水行业从业人员的职业技能水平又是供水安全和质量的重要保障。1996 年，中国城镇供水协会组织编制了《供水行业职业技能标准》，随后又编写了配套培训丛书，对推进城镇供水行业从业人员队伍建设具有重要意义。随着我国城市化进程的加快，居民生活水平不断提升，生态环境保护要求日益提高，城镇供水行业的发展迎来新机遇、面临更大挑战，同时也对行业从业人员提出了更高的要求。我们必须坚持以人为本，不断提高行业从业人员综合素质，以推动供水行业的进步，从而使供水行业能适应整个城市化发展的进程。

2007 年，根据原建设部修订有关工程建设标准的要求，由南京水务集团有限公司主要承担《城镇供水行业职业技能标准》的编制工作。南京水务集团有限公司，有近百年供水历史，一直秉承"优质供水、奉献社会"的企业精神，职工专业技能培训工作也坚持走在行业前端，多年来为江苏省内供水行业培养专业技术人员数千名。因在供水行业职业技能培训和鉴定方面的突出贡献，南京水务集团有限公司曾多次受省、市级表彰，并于 2008 年被人社部评为"国家高技能人才培养示范基地"。2012 年 7 月，由南京水务集团有限公司主编，东南大学、南京工业大学等参编的《城镇供水行业职业技能标准》完成编制，并于 2016 年 3 月 23 日由住房和城乡建设部正式批准为行业标准，编号为 CJJ/T 225—2016，自 2016 年 10 月 1 日起实施。该《标准》的颁布，引起了行业内广泛关注，国内多家供水公司对《标准》给予了高度评价，并呼吁尽快出版《标准》配套培训教材。

为更好地贯彻实施《城镇供水行业职业技能标准》，进一步提高供水行业从业人员职业技能，自 2016 年 12 月起，南京水务集团有限公司又启动了《标准》配套培训系列丛书的编写工作。考虑到培训系列教材应对整个供水行业具有适用性，中国城镇供水排水协会对编写工作提出了较为全面且具有针对性的调研建议，也多次组织专家会审，为提升培训教材的准确性和实用性提供技术指导。历经两年时间，通过广泛调查研究，认真总结实践经验，参考国内外先进技术和设备，《标准》配套培训系列丛书终于顺利完成编制，即将陆续出版。

该系列丛书围绕《城镇供水行业职业技能标准》中全部工种的职业技能要求展开，结合我国供水行业现状、存在问题及发展趋势，以岗位知识为基础，以岗位技能为主线，坚持理论与生产实际相结合，系统阐述了各工种的专业知识和岗位技能知识，可作为全国供水行业职工岗位技能培训的指导用书，也能作为相关专业人员的参考资料。《城镇供水行业职业技能标准》配套培训教材的出版，可以填补供水行业职业技能鉴定中新工艺、新技术、新设备的应用空白，为提高供水行业从业人员综合素质提供了重要保障，必将对整个供水行业的蓬勃发展起到极大的促进作用。

中国城镇供水排水协会

2018 年 11 月 20 日

《城镇供水行业职业技能培训系列丛书》
前　言

　　城镇供水行业是城镇公用事业的有机组成部分，对提高居民生活质量、保障社会经济发展起着至关重要的作用，而从业人员的职业技能水平又是城镇供水质量和供水设施安全运行的重要保障。1996年，按照国务院和劳动部先后颁发的《中共中央关于建立社会主义市场经济体制若干规定》和《职业技能鉴定规定》有关建立职业资格标准的要求，建设部颁布了《供水行业职业技能标准》，旨在着力推进供水行业技能型人才的职业培训和资格鉴定工作。通过该标准的实施和相应培训教材的陆续出版，供水行业职业技能鉴定工作日趋完善，行业从业人员的理论知识和实践技能都得到了显著提高。随着国民经济的持续、高速发展，城镇化水平不断提高，科技发展日新月异，供水行业在净水工艺、自动化控制、水质仪表、水泵设备、管道安装及对外服务等方面都发展迅速，企业生产运营管理水平也显著提升，这就使得职业技能培训和鉴定工作逐渐滞后于整个供水行业的发展和需求。因此，为了适应新形势的发展，2007年原建设部制定了《2007年工程建设标准规范制订、修订计划（第一批）》，经有关部门推荐和行业考察，委托南京水务集团有限公司主编《城镇供水行业职业技能标准》，以替代96版《供水行业职业技能标准》。

　　2007年8月，南京水务集团精心挑选50名具备多年基层工作经验的技术骨干，并联合东南大学、南京工业大学等高校和省住建系统的14位专家学者，成立了《城镇供水行业职业技能标准》编制组。通过实地考察调研和广泛征求意见，编制组于2012年7月完成了《标准》的编制，后根据住房城乡建设部标准司、人事司及市政给水排水标准化技术委员会等的意见，进行修改完善，并于2015年10月将《标准》中所涉工种与《中华人民共和国执业分类大典》（2015版）进行了协调。2016年3月23日，《城镇供水行业职业技能标准》由住建部正式批准为行业标准，编号为CJJ/T 225—2016，自2016年10月1日起实施。

　　《标准》颁布后，引起供水行业的广泛关注，不少供水企业针对《标准》的实际应用提出了问题：如何与生产实际密切结合，如何正确理解把握新工艺、新技术，如何准确应对具体计算方法的选择，如何避免因传统观念陷入故障诊断误区，等等。为了配合《城镇供水行业职业技能标准》在全国范围内的顺利实施，2016年12月，南京水务集团启动《城镇供水行业职业技能培训系列丛书》的编写工作。编写组在综合国内供水行业调研成果以及企业内部多年实践经验的基础上，针对目前供水行业理论和工艺、技术的发展趋势，充分考虑职业技能培训的针对性和实用性，历时两年多，完成了《城镇供水行业职业技能培训系列丛书》的编写。

　　《城镇供水行业职业技能培训系列丛书》一共包含了10个工种，除《中华人民共和国执业分类大典》（2015版）中所涉及的8个工种，即自来水生产工、化学检验员（供水）、供水泵站运行工、水表装修工、供水调度工、供水客户服务员、仪器仪表维修工（供水）、供水管道工之外，还有《大典》中未涉及但在供水行业中较为重要的泵站机电设备维修工、变配电运行工2个工种。

本系列《丛书》在内容设计和编排上具有以下特点：（1）整体分为基础理论与基本知识、专业知识与操作技能、安全生产知识三大部分，各部分占比约为3：6：1；（2）重点介绍国内供水行业主流工艺、技术、设备，对已经过时和应用较少的技术及设备只作简单说明；（3）重点突出岗位专业技能和实际操作，对理论知识只讲应用，不作深入推导；（4）重视信息和计算机技术在各生产岗位的应用，为智慧水务的发展奠定基础。《丛书》既可作为全国供水行业职工岗位技能培训的指导用书，也能作为相关专业人员的参考资料。

《城镇供水行业职业技能培训系列丛书》在编写过程中，得到了中国城镇供水排水协会的指导和帮助，刘志琪秘书长对编写工作提出了全面且具有针对性的调研建议，也多次组织专家会审，为提升培训教材的准确性和实用性提供了技术指导；东南大学张林生教授全程指导丛书编写，对每个分册的参考资料选取、体量结构、理论深度、写作风格等提出大量宝贵的意见，并作为主要审稿人对全书进行数次详尽的审阅；中国生态城市研究院智慧水务中心高雪晴主任协助编写组广泛征集意见，提升教材适用性；深圳水务集团，广州水投集团，长沙水业集团，重庆水务集团，北京市自来水集团、太原供水集团等国内多家供水企业对编写及调研工作提供了大力支持，值此《丛书》付梓之际，编写组一并在此表示最真挚的感谢！

《丛书》编写组水平有限，书中难免存在错误和疏漏，恳请同行专家和广大读者批评指正。

南京水务集团有限公司

2019年1月2日

前　言

城镇供水管网工程的建设投资占供水系统建设总投资的一半以上，也是维持系统正常运转，服务大众的重要环节，长期以来倍受系统建设、管理、运营等部门的高度重视。随着社会和供水行业的不断发展，以及当前新技术、新工艺、新材料的不断涌现，对现代供水企业及员工综合素质和职业技能提出了更高的要求。供水管道工属供水行业的重要工种，承担着对城镇供水管网建设和改造及运行维护的重任，对管网的漏损率的降低发挥着重要的作用。如何提升供水管道工的理论知识和实际操作技能，已成为行业关注的焦点和迫切需要。为此，编写组根据《城镇供水行业职业技能标准》CJJ/T 225—2016 中"供水管道工职业技能标准"要求，编写了本教材。

本教材根据供水管道工的职业要求和岗位技能要求，根据供水行业的特点，广泛调研了供水行业的现状的发展趋势，并吸收了行业大量的新技术、新材料、新工艺的运用情况，在广泛征求意见以及认真总结编者们的多年工作实践经验和教学经验的基础上编写而成。本书的主要内容有：城镇供水系统基本知识；供水管道工相关基础理论；供水管道中常用的管材、管件及管道连接与防腐；管道安装施工技术；供水管道不开槽施工技术；供水管道竣工验收；供水管道的维护与修理；供水管道施工组织管理和安全生产知识。

本书编写组水平有限，书中难免存在疏漏和错误，恳请广大读者和同行专家们批评指正。

目　录

第一篇　基础理论与基本知识

第1章　城镇供水系统基本知识

城镇供水系统由水源取水系统、给水处理系统和供水管网系统组成（图 1-1）。

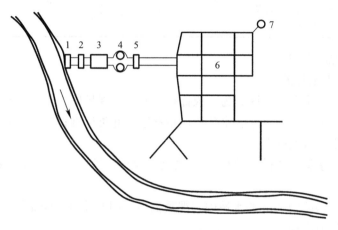

图 1-1　城镇给水排水系统

1—取水构筑物；2—一级泵站；3—水处理构筑物；4—清水池；5—二级泵站；6—管网；7—调节构筑物

1.1　水源取水系统

水源取水系统包括水源（如江河、湖泊、水库、海洋等地表水源，潜水、承压水和泉水等地下水源，以及复用水源）、取水设施、提升设备和输水管渠等。该系统要满足用户在规划期内的取水水量要求；作为城镇给水水源，其水质必须符合国家生活饮用水水源水质标准或满足相对应于用户供水要求的、符合国家有关规定的水源水质要求。对水源地必须加强监测、管理与保护，使水源（原水）水质始终能够达到和保持国家标准要求。

1.1.1　给水水源分类及特点

（1）给水水源分类

给水水源可分为两大类：地下水和地表水。

1）地下水包括：潜水（无压地下水）、自流水（承压地下水）和泉水。

2）地表水包括：江河、湖泊、水库、山区浅水河流和海水。

（2）给水水源的特点

地下水和地表水由于形成条件和存在的环境不同，而具有各自的特点（表 1-1）。

地下水与地表水特点 表 1-1

编号	项目	地下水	地表水
1	水质	水质清澈、变化幅度不大，相对地表水不易被污染	水质具有明显的季节性，河水浑浊度高，尤其是在汛期，水中含沙量大，色度高，有机物和细菌的含量高且易被污染
2	水温	水温稳定	水温随季节变化幅度较大
3	矿化度	矿化度和硬度较大	矿化度和硬度较地下水小
4	取水及水处理设施	取水构筑物构造和处理设施简单，费用低，便于靠近用户设置及卫生防护，同时便于维护及运行管理	取水构筑物构造复杂，处理设施占地大，费用高，维护管理较地下水复杂

（3）给水水源的保护

1）地表水源卫生防护

生活饮用水地表水源保护区分为一级保护区和二级保护区。生活饮用水地表水源一级保护区内的水质，适用国家《地表水环境质量标准》Ⅱ类标准；二级保护区适用国家《地表水环境质量标准》Ⅲ类标准。

按《生活饮用水集中式供水单位卫生规范》要求，地表水源卫生防护必须遵守下列规定。

① 取水点周围半径 100m 的水域内，严禁捕捞、网箱养殖、停靠船只、游泳和从事其他能污染水源的任何活动。

② 取水点上游 1000m 至下游 100m 的水域内，不得排入工业废水和生活污水；其沿岸防护范围内不得堆放废渣；不得设立有毒、有害化学物品仓库、堆栈，不得设立装卸垃圾、粪便和有毒有害化学物品的码头，不得使用工业废水或生活污水灌溉及使用难降解或剧毒的农药，不得排放有毒气体、放射性物质，不得从事放牧等有可能污染该段水域水质的活动。

③ 以河流为给水水源的集中式供水，由供水单位及其主管部门会同卫生、环保、水利等部门，根据实际需要，可把取水点上游 1000m 以外的一定范围河段划为水源保护区，严格控制上游污染物排放量。

④ 受潮汐影响的河流，其生活饮用水取水点上下游及沿岸的水源保护区范围应相应扩大，由供水单位及主管部门会同卫生、环保、水利等部门研究确定。

⑤ 作为生活饮用水水源的水库和湖泊，应根据不同情况，将取水点周围部分水域或整个水域及其沿岸划为水源保护区，并按 1、2 规定执行。

2）地下水源卫生防护

按《生活饮用水集中式供水单位卫生规范》要求，地下水水源卫生防护必须遵守下列规定。

① 生活饮用水地下水水源保护区、构筑物的防护范围及影响半径，应根据生活饮用水水源地所处的地理位置、水文地质条件、供水的数量、开采方式和污染源的分布，由供水单位及其主管部门会同卫生、环保及规划设计、水文地质等部门研究确定。

② 在单井或井群的影响半径范围内，不得使用工业废水或生活污水灌溉和施用难降

解剧毒的农药，不得修建渗水厕所、渗水坑，不得堆放废渣或铺设污水渠道，并不得从事破坏深层土层的活动。

1.1.2 取水构筑物

根据水源分类，取水构筑物分为地下水取水构筑物和地表水取水构筑物。地下水取水构筑物形式主要有管井、大口井等。地表水取水构筑物常见的形式为固定式，如岸边式、河床式、斗槽式等。

在城镇供水系统中，固定式取水构筑物是使用最多、适用条件最广的一种类型。

（1）岸边式取水构筑物

该种取水构筑物由进水间和泵房两部分组成，原水直接流入进水间，经过格网进入吸水室，然后由水泵抽送至供水处理构筑物。适用于江河岸边较陡、主流近岸、岸边有足够水深、水质和地质条件较好、水位变幅不大的情况（图1-2）。

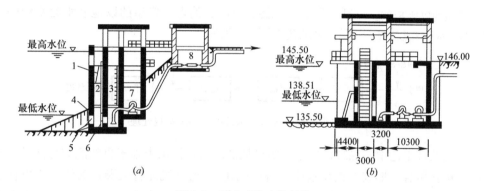

图1-2 岸边式取水构筑物

（a）进水间与泵房基础呈阶梯式布置；（b）进水间与泵房基础呈水平式布置

1—进水间；2—进水室；3—吸水室；4—进水孔；5—格栅；6—格网；7—泵房；8—阀门井

（2）河床式取水构筑物

河床式取水构筑物是由取水头部（主要形式有喇叭管、蘑菇形、鱼形罩、箱式、斜板式等）、进水管（自流管或虹吸管）、进水间和泵房组成。取水头部深入江河、湖泊中，原水通过取水头部的进水孔流入，沿进水管流入集水间，然后由水泵抽送至供水处理构筑物。适用于河床稳定、河岸平坦、枯水期主流离岸较远、岸边水深不够或水质不好，而河中又具有足够水深或较好水质的取水条件（图1-3）。

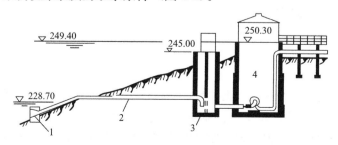

图1-3 河床式取水构筑物

1—取水头部；2—虹吸管；3—集水间；4—泵房

1.2　给水处理系统

给水处理系统包括采用物理、化学、生物等方法的水质处理设备和构筑物。生活饮用水常规处理一般采用反应、絮凝、沉淀、过滤和消毒处理工艺和设施；对微污染水在常规处理流程前采用各种生物预处理工艺，而在其后则多采用臭氧活性炭、膜技术等深化处理工艺。

在以地下水为水源时，饮用水常规处理的主要去除对象是水中可能存在的病原微生物。对于不含有特殊有害物质（如过量铁、锰等）的地下水，只需进行消毒处理就可以达到饮用水水质要求。处理工艺流程如图 1-4 所示。

图 1-4　典型的以地下水为水源的自来水厂工艺流程

在以地表水为水源时，饮用水常规处理的主要去除对象是水中的悬浮物质、胶体物质和病原微生物，所需采用的技术包括：混凝、沉淀、过滤、消毒。典型的以地表水为水源的净水厂处理工艺如图 1-5 所示。

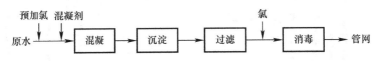

图 1-5　典型的以地表水为水源的饮用水常规处理工艺

在常规处理工艺中，混凝是向原水中投加混凝剂，使水中难于自然沉淀分离的悬浮物胶体颗粒相互聚合，形成大颗粒絮体（俗称矾花）。通过沉淀将大颗粒絮体消除电荷脱稳并从水中分离。澄清是混凝和沉淀协同作用，并回流絮凝的泥渣，把这两个过程集中在同一个处理构筑物中进行，适用于带色度的原水。过滤是利用颗粒状滤料（如石英砂等）截留经过沉淀后水中残留的颗粒物，进一步去除水中的杂质，降低水的浑浊度。消毒是饮用水处理的最后一步，是向水中加入消毒剂来灭活水中的病原微生物。

饮用水常规处理工艺对水中的悬浮物、胶体物和病原微生物有很好的去除效果，对水中的一些无机污染物及某些金属离子和少量的有机物也有一定的去除效果。地表水水源水经过常规处理工艺处理后，可以去除水中的悬浮物和胶体物，出厂水的浊度可以降到 1NTU 以下（运行良好的出厂水浊度可在 0.3NTU 以下）。饮用水常规处理技术及其工艺在过去的百年中对于保护人类饮水安全、经济发展发挥了巨大的作用。

目前常规处理工艺仍为世界上大多数水厂所采用，我国 95% 以上的水厂采用该工艺，因此常规处理工艺是饮用水处理系统的主要工艺。

1.2.1　混凝

天然水体中含有大量细小的黏土颗粒，粒径很小，属于胶体物质不能自然沉淀。水中含有的许多细小悬浮物质，如藻类、细菌、细小的颗粒物等，因其沉速很小，也难于沉淀。混凝处理是向水中投加混凝剂，使水中的胶体颗粒和细小的悬浮物质消除所带电荷引起的排斥力，相互凝聚长大，形成沉淀性能良好、尺寸较大的絮状颗粒（矾花），使之在后续的沉淀工艺中能够有效地从水中分离出来，此法适用于含有胶体颗粒与悬浮物的地表水水源的给水处理。通过混凝剂以及所生成的絮粒对水中溶解物质的吸附作用，对水中某些溶解状的无机和有机污染物、色度、臭味等也有一定的去除效果。

在水处理中，"混凝"的工艺过程实际上分为"凝聚"与"絮凝"两个过程，对应的工艺或设备称为"混合"与"反应"。进行凝聚过程的设备称为混合池或混合器，进行絮凝过程的设备称为反应池、絮凝池或絮凝反应池。

常用的混凝剂有无机铝盐、铁盐及其聚合物，主要有：硫酸铝、聚合氯化铝、三氯化铁、硫酸亚铁、聚合硫酸铁。

常用的助凝剂有：活化硅酸、聚丙烯酰胺、石灰等。

（1）混凝药剂的投配系统

混凝药剂的投加方式主要为湿式，是目前普遍采用的投加方式，即先把混凝药剂配成一定浓度的溶液，或直接使用液体药剂，再定量投加到水中。对于固体药剂，需先进行溶解。

混凝药剂投配系统包括药剂存储（液体药剂储池或储罐、固定药剂仓库等）、溶解池（投药池）、计量设备、提升设备等。

混合设备可分为机械混合和水力混合两大类。机械混合包括水泵叶轮混合、混合井等形式。泵前加药要求投药点距离反应池较近（一般在100m之内），如距离过远，形成的细小絮体因老化而影响在后续反应池中的絮凝效果。水力混合设备主要为管式静态混合器。

（2）反应池

经过与药剂充分混合的水进入絮凝反应池中，通过颗粒间的絮凝作用，絮粒颗粒逐渐长大。沿着池长方向，随着絮粒的长大，在较低的流速梯度下，使絮粒能够结成较大的絮体颗粒，以便在后续沉淀池中易于去除。

常用的絮凝反应池有机械搅拌絮凝反应池、多通道折板絮凝反应池、折板絮凝反应池，以及穿孔旋流反应池（孔室反应池）、网格反应池、栅条反应池等。单通道折板反应池适合小型水厂，网格反应池、波纹板反应池和多通道折板絮凝反应池适合大中型水厂（图1-6）。

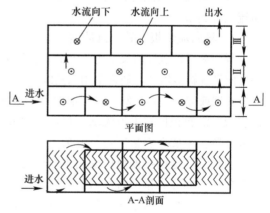

图1-6　多通道折板絮凝反应池

1.2.2　沉淀

根据颗粒物在水中的沉淀特性，可以把沉淀分成以下四种类型：自由沉淀、絮凝沉淀、拥挤沉淀（受阻沉淀）和压缩沉淀。

在给水处理中，为了防止已经形成的絮粒破碎，沉淀池一般与絮凝反应池合建，反应池出水通过两池之间的穿孔花墙或栅缝直接进入沉淀池。

给水处理中常用的池型是平流式沉淀池和斜板（管）沉淀池。

（1）平流式沉淀池

平流式沉淀池是水处理中应用最早、目前仍应用最广泛的沉淀池池型。

平流式沉淀池采用狭长的矩形水池。进水通过穿孔花墙或配水栅缝，均匀分布在沉淀区的过水断面上。为了避免把池底的沉泥冲起，进水配水花墙在从池底高度到污泥区泥面以上0.3~0.5m（缓冲层）的墙上不设配水孔。在沉淀池的末端水面设有溢流堰和出水槽，水在池中沿池长方向缓缓地水平流动，水中的颗粒（给水处理中的絮粒）逐渐沉向池底。平流式沉淀池的主体部分一般为平底，采用机械刮泥或吸泥，如往复运动的刮泥车或吸泥车、链带传动的刮泥板等。采用刮泥方式的沉淀池在进水侧池底设泥斗，刮入泥斗的沉泥靠静水压力由排泥管定期排出池外。图1-7为设有刮泥车的平流式沉淀池。

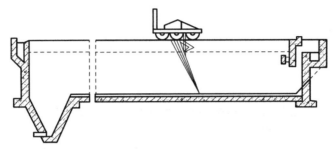

图1-7　设有刮泥车的平流式沉淀池

平流式沉淀池具有处理效果稳定、运行管理简便、易于施工等优点，不足之处是占地面积较大。

（2）斜板（管）沉淀池

按照斜板中水流的运动方向关系，实际使用的斜板沉淀池可分为异向流、同向流和侧向流三种类型。

1）异向流斜板（管）沉淀池

异向流斜板沉淀池又称为上向流斜板沉淀池，应用最为广泛。异向流斜板沉淀池中沿水平方向设置斜板填料，通常采用六角蜂窝斜管填料或波纹板斜管填料。混凝反应池的出水通过穿孔墙或配水管，从斜板沉淀池的下部进入斜板池内，再通过斜板下面的配水区均匀流进斜板，沿斜板向斜上方流动，再从上面流出，通过清水区从池面均布的溢流出水槽排出池外。颗粒主要在斜板区进行分离，沉泥向下顺斜板滑下，再沉到沉淀池底部的污泥区。

斜板沉淀池的排泥可以采用重力排泥和机械排泥两种方式。对于重力排泥，池底一般遍布集泥槽和穿孔排泥管。对于机械排泥，因斜板的阻碍，需采用斜板沉淀池专用的吸泥机械或刮泥机械。对于很小的斜板沉淀池，也可以在池底均布多个锥形泥斗排泥。异向流斜板（管）沉淀池如图1-8所示。

在给水处理中，异向流斜板沉淀池技术发展成熟，宜用于进水浊度长期低于1000NTU的原水。不足之处是池深较大，进水从池的一侧下部进入池内，不易做到全池平面配水均匀。

2）同向流斜板沉淀池

在同向流斜板沉淀池中，水流是从上部进入斜板区，在斜板区内向斜下方流动，并进行泥水分离的。在同向流斜板沉淀区的下部，每个斜板缝隙中都水平设有清水收集支渠，收集斜板中上层的清水。由清水收集支渠收集的清水，再通过集水渠上升到池面的出水槽，然后流出沉淀池。斜板下层下滑的沉泥，则通过排泥区斜板，滑向沉淀池底部。同向流斜板沉淀池如图1-9所示。

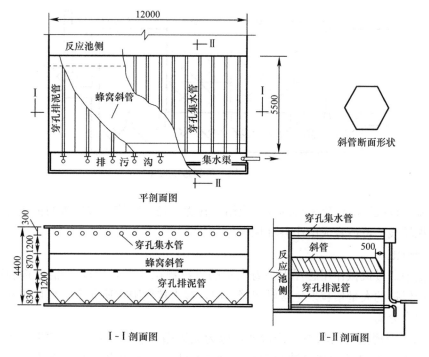

图 1-8 异向流斜板（管）沉淀池

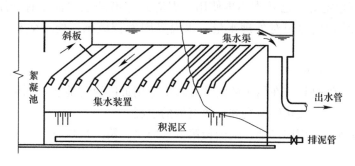

图 1-9 同向流斜板沉淀池

由于在同向流斜板中，水流的方向与板上沉泥的滑动方向相同，沉泥的滑动可以受到水流的推动，因此同向流斜板的倾斜角可以小于异向流斜板。倾斜角的降低可以使沉淀池在相同池深的条件下采用较长的斜板长度。

同向流斜板的结构复杂，尽管其产水能力比异向流高，但在实际中应用较少。

3）侧向流斜板沉淀池

在侧向流斜板沉淀池中，水是水平方向流动的。在池中顺着水流的流动方向，平行设置了多层斜板，水从斜板之间水平流过。颗粒沉到斜板的表面，再顺着斜板滑向池底。侧向流斜板沉淀池的斜板体可以采用斜板或波纹板。侧向流斜板沉淀池的构造如图 1-10 所示。

在侧向流斜板沉淀池中，斜板的顶部需高出水面，斜板体下面设有阻流墙或阻流板，防止水流不经斜板体而短流。侧向流斜板沉淀池的排泥可以采用集泥槽与穿孔排泥管的重力排泥系统，也可以采用专用的刮泥机械（在斜板体下刮泥）。在侧向流斜板体的进出水区应各设置较大的整流段。

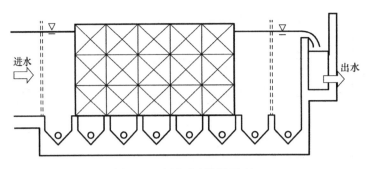

图 1-10　侧向流斜板沉淀池

侧向流斜板沉淀池近年来得到较多应用，其优点是：沉淀池进出水的衔接方便，布水均匀，池深较浅，可适合大中小各种规模等。

（3）澄清池

澄清池中通过机械作用悬浮保持着大量的矾花颗粒（泥渣层），经混凝剂脱稳的细小颗粒与池中保持的大量絮粒发生接触絮凝反应，被直接黏附在矾花上，然后再在澄清池的分离区与清水分离。

按泥渣在澄清池中的状态，澄清池可分为泥渣循环型和泥渣悬浮型两大类。泥渣循环型的主要池型有机械搅拌澄清池和水力循环澄清池，其中水力循环澄清池因处理水量小、运行效果不稳定等，已基本不再使用。泥渣悬浮型的主要池型有悬浮澄清池和脉冲澄清池，其中悬浮澄清池因对处理水量、水温等因素较敏感，处理效果不稳定，已很少使用。

1）机械搅拌澄清池

机械搅拌澄清池是目前在给水的澄清处理中应用最广泛的池型，利用转动的叶轮使泥渣在池内循环流动，完成接触絮凝和分离沉淀的过程。

机械搅拌澄清池采用圆形池，池内设第一反应室、第二反应室和分离区，池的剖面如图 1-11 所示。

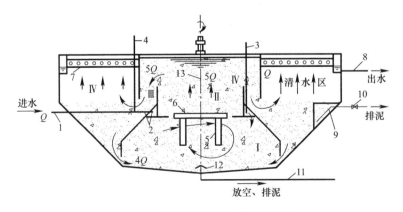

图 1-11　机械搅拌澄清池剖面示意图

1—进水管；2—三角配水槽；3—透气管；4—投药管；5—搅拌桨；6—提升叶轮；7—集水槽；8—出水管；
9—泥渣浓缩室；10—排泥阀；11—放空管；12—排泥罩；13—搅拌轴；
Ⅰ—第一絮凝室；Ⅱ—第二絮凝室；Ⅲ—导流室；Ⅳ—分离室

加入混凝剂的进水从第一反应室进入池内，与反应室内回流的大量泥渣（矾花）相接触，达到较好的絮凝效果。在第一反应室和第二反应室之间设有一个下部带搅拌桨的提升叶轮，对这两个反应池内的水流进行搅拌，并通过提升叶轮使泥渣在第一反应室、第二反应室和分离区之间回流。搅拌叶轮的提升流量一般是进水流量的3~5倍，可通过叶轮的开启度或转速进行调节。池的上部外圈是泥渣分离区（沉淀区），与泥渣分离后的清水经过集水槽排出池外。分离区沉淀的泥渣通过回流缝流回到第一反应室。运行中以分离区下部泥渣面的高度为控制依据，定期从池中排泥。排泥方式有旋转刮泥机械和局部设重力泥斗两种，对较大直径或较高进水浊度的多采用机械刮泥机。

机械澄清池回流泥渣可利用未饱和的吸附性能，充分黏附水中胶体颗粒，获得较高的去除率，并节省药剂。回流泥渣在分离区还处于密集悬浮状态，截留能力强，澄清池适用于低浊高色水质的处理。

机械搅拌澄清池对水质水量变化的适应性强，既可适应短时高浊水，对低温低浊水的处理效果也较好；处理稳定，净水效果好。不足之处是机电维护要求高、占地面积较大（因是圆形池，各池之间无法共用池壁，间隔较大）。

2）脉冲澄清池

脉冲澄清池属于泥渣悬浮型，池内水的流态类似于竖流式沉淀池，进水从池的底部进入向上流动，从上部集水槽排出，用水的上升流速使絮粒保持悬浮，以此在池中形成泥渣悬浮层，进水中的细小颗粒在水流通过泥渣层时被絮凝截留。当泥渣层增长超过预定高度时，多余的泥渣用池底的穿孔排泥管排出池外。排泥的另一种方式是在池壁设排泥口，超过排泥口高度的泥渣滑入泥渣浓缩室，再定期排出池外。

为了解决传统悬浮澄清池的悬浮层易受水量变化等因素影响而工作不稳定的问题，脉冲澄清池从传统的连续进水改为以脉冲方式间歇配水。脉冲澄清池中设有进水室，从前道工序（混合井）的来水先进入进水室。进水室设真空系统或虹吸系统。抽真空时进水室充水，破坏真空或形成虹吸时，进水室中的存水通过澄清池的配水系统向池内快速放水。在脉冲水流作用下，池内泥渣悬浮层处于周期性的膨胀和沉降状态（图1-12）。

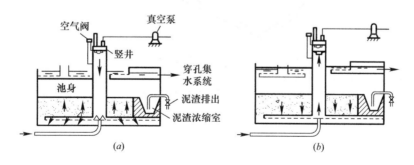

图1-12 脉冲澄清池工作示意图

（a）竖井排空期：向池内进水期间，悬浮层膨胀；（b）竖井弃水期：池内停止进水期间，悬浮层压缩

在脉冲周期向池内放水期间，池内泥渣悬浮层上升；在脉冲周期停止向池内进水期间（进水室的充水期间），池内泥渣悬浮层下沉。这种脉冲作用使悬浮层工作稳定，断面上泥渣浓度分布均匀，增加了水中颗粒与泥渣间的接触碰撞机会，并增强了澄清池对水量变化的适应性。

脉冲澄清池的净水效果好，产水率高。不足之处是对原水水质变化的适应性较差（与机械搅拌澄清池相比），并且对操作管理的要求较高。脉冲澄清池目前比机械澄清池应用得少。

1.2.3　过滤

在以地面水为水源的饮用水处理中，过滤通常设在混凝沉淀之后，滤池进水浊度在10NTU以下，滤后出水的浊度应满足生活饮用水水质标准的要求，在1NTU以下。给水处理中常用的滤池池型有普通快滤池、双阀滤池、虹吸滤池、重力式无阀滤池、移动罩滤池、均质滤料滤池等。

（1）普通快滤池

普通快滤池的结构如图1-13所示。

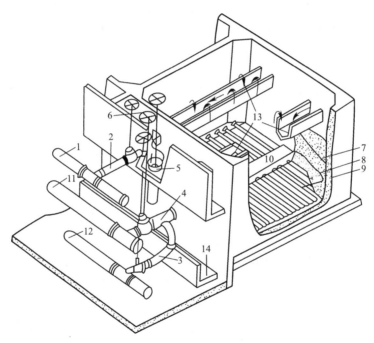

图1-13　普通快滤池构造示意图

1—进水总管；2—进水支管；3—清水支管；4—冲洗水支管；5—排水阀；6—浑水渠；7—滤料层；8—承托层；9—配水支管；10—配水干管；11—冲洗水总管；12—清水总管；13—冲洗排水槽；14—废水渠

普通快滤池采用大阻力配水系统，设有滤池进水、滤后清水、反冲洗进水和反冲洗排水四个阀门，反冲洗水头约7m，设公用的反冲洗水塔或水泵轮流进行冲洗。

普通快滤池可采用石英砂滤料或无烟煤石英砂双层滤料。过滤的工作方式为几个滤间为一组的恒水头恒速过滤（需控流阀）或减速过滤。

普通快滤池的应用广泛，运行稳定可靠，适用于大、中、小型水厂。缺点是阀门多，运行操作与检修工作量大。

（2）双阀滤池

双阀滤池的结构与普通快滤池基本相同，只是把进水阀和反冲洗阀改用虹吸管代替，单池减少了两个大阀门，但需增加虹吸管控制的真空系统。双阀滤池的进出水布置如图1-14所示。

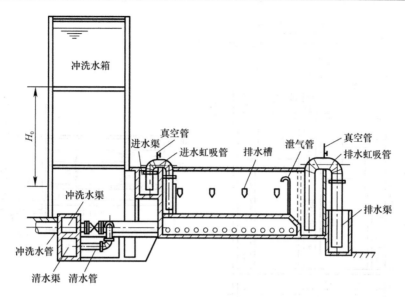

图 1-14 双阀滤池的进出水布置

（3）均质滤料滤池（V 形滤池）

法国德利满公司 V 形滤池是一种典型的均质滤料滤池（图 1-15），该池型采用气水不膨胀反冲，并在反冲时滤池继续进水作为表面横向扫洗。滤池底部是配水配气室，上面的钢筋混凝土板上安装长柄滤头，所用长柄滤头在长管上有进气孔和进气缝，反冲时可同时配水配气。滤池中间只设一个很大的冲洗排水槽。过滤运行方式是几个滤间为一组，减速过滤。池内进水位基本一致，而各滤池视堵塞程度，称为减速过滤，这就是不会发生滤层内部砂粒缝隙变小而加大水流速，使得水质变差的现象。

1）过滤过程

待滤水由进水总渠经进水阀和方孔后，溢过堰口，再经侧孔进入被待滤水淹没的 V 形槽，分别经槽底均匀的配水孔和 V 形槽堰进入滤池，被均质滤料滤层过滤的滤后水经长柄滤头流入底部空间，由方孔汇入气水分配管渠，再经管廊中的水封井、出水堰、清水渠流入清水池。

2）反冲洗过程

关闭进水阀，仍有一部分进水从两侧常开的方孔流入滤池，由两侧 V 形槽流向排水渠，形成表面扫洗。而后开启排水阀将池面水从排水槽中排出直至滤池水面与 V 形槽顶相平，反冲洗过程常采用"气冲→气水同时反冲→水冲"三步。V 形槽的设置，使冲洗产生的泥渣及时排出，不会逗留水中重又流到滤层表面，影响过滤质量，V 形槽的功能使过滤效能大幅提高。

① 气冲：打开进气阀，开启供气设备，空气经气水分配渠的上部小孔均匀进入滤池底部，由长柄滤头喷出，将滤料表面杂质擦洗下来并悬浮于水中，被表面扫洗水冲入排水槽。带水气冲强度高，对砂粒表面冲洗干净。

② 气水同时反冲洗：在气冲的同时启动冲洗水泵，打开冲洗水阀，反冲洗水也进入气水分配渠，气、水分别经小孔和方孔流入滤池底部配水区，经长柄滤头均匀进入滤池，滤料得到进一步冲洗，表扫仍继续进行。

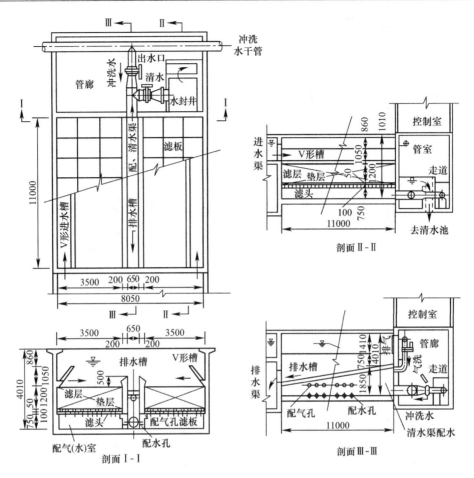

图 1-15 V 形滤池（气水反冲洗均质滤料滤池）

③ 停止气冲，单独水冲：表扫仍继续，最后将水中杂质全部冲入排水槽。

V 形滤池滤速可达 7～20m/h，一般为 12.5～15.0m/h。

采用单层加厚均粒滤料，粒径一般为 0.95～1.35mm，允许扩大到 0.7～2.0mm，不均匀系数 1.2～1.6 或 1.8。

对于滤速为 7～20m/h 的滤池，其滤层高度在 0.95～1.5m 选用，对于更高的滤速还可相应增加。滤层冲洗干净，水流阻力减少，允许滤层上水面高度降低、滤层加厚，出水水质易保证。

底部采用带长柄滤头底板的排水系统，不设砾石承托层。滤头采用网状布置，约 55 个/m²。

反冲洗一般采用气冲、气水同时反冲和水冲三个过程，反冲洗效果好，大大节省反冲洗水量和电耗，气冲强度为 50～60m³/(h·m²) [13～16L/(s·m²)]，清水冲洗强度为 13～15m³/(h·m²) [3.6～4.1L/(s·m²)]，表面扫洗用原水，一般为 5～8m³/(h·m²) [1.4～2.2L/(s·m²)]。

滤层以上的水深一般大于 1.2m，反冲洗时水位下降到排水槽顶，水深只有 0.5m。

该池的特点是整个滤料层在深度方向的粒径分布基本均匀。在反冲洗过程中滤料层不膨胀、不发生水力分级现象、保证深层截污、滤层纳污能力强、过滤周期长、反冲耗水量低、冲洗效果好等，近年来在我国应用较广。

（4）其他滤池

虹吸滤池池体深，要求与较高的沉淀池配套，水厂电耗增加；虹吸滤池必须多格布置，利用其他格之出水提供给冲洗格反冲，目前应用较少。

移动冲洗罩滤池单体格均为恒水位减速过滤，出水水质好，但冲洗罩维修工作量大，推广受到限制。

上述两种滤池适用于大中型水厂。

无阀滤池属于小阻力配水系统，适用于山区有高程可利用的小型水厂。因冲洗不均匀易产生滤层"管漏"，出水水质不易保证。

1.2.4 消毒

（1）消毒目的

饮用水消毒的目的是杀灭水中对人体健康有害的绝大部分病原微生物，以防止通过饮用水传播疾病。饮用水的消毒使处理后的水达到饮用水水质标准。我国现行生活饮用水水质标准中有关微生物学的项目与限值是：细菌总数$\leqslant$100CFU/mL，总大肠菌群、耐热大肠菌群和大肠埃希氏菌每100mL水样中不得检出。

（2）消毒方法

饮用水的消毒方法有氯消毒、二氧化氯消毒、臭氧消毒、紫外线消毒等。当然，将水煮沸也是一种消毒的方法。

1）氯消毒

氯消毒应用历史最久，使用也最为广泛。氯可以在管网中维持一定的剩余消毒剂浓度，对管网水有安全保护作用等；缺点是对于微污染的水体，加氯消毒可能产生对人体有害的卤代消毒副产物，如三卤甲烷（THMs）、卤乙酸（HAAs）等。

在加强水源保护、有效去除水中有机污染物、合理采用氯消毒工艺的基础上，氯消毒仍将是一种安全可靠、可广泛使用的消毒技术。

2）二氧化氯消毒

二氧化氯消毒的优点有消毒能力高于或等于游离氯、不产生氯代有机物、消毒副产物生成量小、具有剩余保护作用等；缺点是费用过高、使用时需要现场制备、设备复杂、使用不便。尽管二氧化氯的消毒效果要优于氯消毒，但在短期之内还不能全面替代饮用水氯消毒技术。

3）臭氧消毒

臭氧的消毒能力高于氯，不产生氯代有机物；处理后水的口感好。但臭氧因自身分解速度过快，对管网无剩余保护，还须在出厂水中投加二氧化氯作为剩余保护剂。臭氧不稳定，费用过高。

臭氧目前主要用于食品饮料行业和饮用纯净水、矿泉水等的消毒，单纯用于净水厂消毒的很少。

4）紫外线消毒

紫外线消毒是一种物理消毒方法，利用紫外线的杀菌作用对水进行消毒处理。紫外线消毒是用紫外灯照射流过的水，以照射能量的大小来控制消毒效果。由于紫外线在水中的穿透深度有限，要求被照射水的深度或灯管之间的间距不得过大。紫外线消毒的优点是杀菌速度快、管理简单、不需向水中投加化学药剂、产生的消毒副产物少、不存在剩余消毒剂所产生的味道。不足之处是费用较高、紫外灯管寿命有限、无剩余保护、消毒效果不易控制等。目前，紫外线消毒仅用于食品饮料行业和部分规模极小的小型供水系统。

（3）消毒剂的投加点

对于以地下水为水源的饮用水处理，水质良好的地下水可以直接满足饮用水水质标准中除微生物学指标以外的其他指标，消毒剂加在清水池入口处即可。

在以地表水为水源的饮用水净水厂中，常规处理工艺是：混凝—沉淀—过滤—消毒，通常采用在滤池出水中投加消毒剂，以清水池来保证有足够的消毒接触时间，然后根据清水池出水的剩余消毒剂浓度，在清水池后的二泵站处再做适当补充，保持出厂水的剩余消毒剂浓度。

为了控制微生物，特别是藻类，在水源水长距离输水管和水厂处理构筑物中的过度繁殖，在水厂取水口或原水入厂处，常常预先投加一部分消毒剂进行预氯化。

对于超大型自来水配水管网、长距离自来水输水系统、管网转输点等，为了维持管网中剩余消毒剂的浓度，有的地方还需要对自来水输送过程再次补充投加消毒剂，称为中途加氯。

（4）加氯设备

采用液氯消毒的加氯设备主要包括加氯机、氯瓶、加氯检测与自控设备等，加氯系统如图1-16所示。

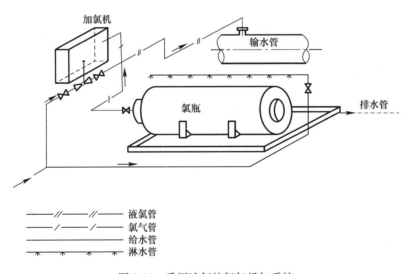

图1-16　采用液氯的氯气投加系统

1）加氯机

加氯机分为手动和自动两大类。加氯机的功能是从氯瓶送来的氯气在加氯机中先流过转子流量计，再通过水射器使氯气与水混合，把氯溶在水中形成高含氯水，再被输送至加氯点处投加。为了防止氯气泄漏，加氯机内多采用真空负压运行。

2）氯瓶

目前自来水厂普遍采用瓶装液氯。使用时液氯瓶中的液氯先在瓶中气化，再通过氯气管送到加氯机。使用中的氯瓶放置在磅秤上，用来判断瓶中残余液氯重量并校核加氯量。由于液氯的气化是吸热过程，氯瓶上面设有自来水淋水设施，当室温较低氯瓶气化不充分时，用自来水中的热量补充氯瓶吸热。加氯量大的大型水厂还可以采用液氯蒸发器。

3）加氯检测与自控设备

目前自来水厂普遍采用加氯自控系统，它由余氯自动连续检测仪和自动加氯机构成。自动加氯机可以根据处理水量和所检测的余氯量对加氯量自动进行调整。

水厂设有加氯间来设置加氯设备，加氯间和放置备用氯瓶的氯库可以合建或分建。由于氯气是有毒气体，加氯间和氯库必须做好通风，并设有安全报警和氯气泄漏应急处置系统。

1.2.5 供水处理的特殊工艺

对于许多水源受到污染的水厂，常规处理工艺已经无法解决，应采用相应的特殊处理工艺。

受到一定污染的水源水（微污染水源水）的饮用水特殊处理工艺有：

1）在常规处理的基础上，增加生物预处理、加强预氧化（高锰酸钾、臭氧等）、投加粉末活性炭等预处理措施；

2）对常规处理进行强化，如采用高效混凝剂、改用气浮、强化过滤等；

3）在常规处理的基础上，增加臭氧氧化、活性炭吸附或生物活性炭等深度处理措施；

4）综合采用上述加强预处理、强化常规处理和增加深度处理的措施等。

以常规处理工艺为基础，增加预处理和深度处理的微污染水源水饮用水处理组合工艺如图 1-17 所示。

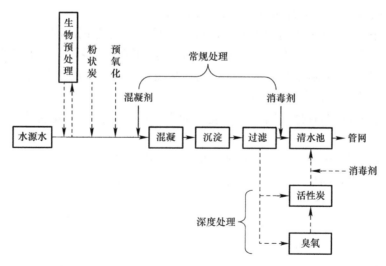

图 1-17　微污染水源水饮用水处理的工艺组合示意图

1.3 供水管网系统

供水管网系统由水的提升、输送、储存、调节和分配组成，其基本任务是保证水源的原水送至水处理构筑物以及符合用户用水水质标准的水（成品水）输送和分配到用户，这一任务是通过水泵站、输水管、配水管网及调节构筑物（水池、水塔）等设施的共同工作来实现的，它们组成了供水管网系统（图 1-18）。

1.3.1　泵站

用以将所需水量提升到要求的高度和供水压力，可分为抽取原水的一级泵站、输送清水的二级泵站和设于管网中的增压泵站等。

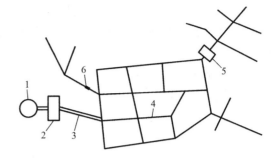

图 1-18　供水管网系统
1—取水口；2—净水处理厂；3—输水管渠；
4—城市配水管网；5—加压泵站；6—减压阀

1.3.2　输水管渠和配水管网

输水管渠分浑水输水管渠和清水输水管。浑水输水管渠是将原水送到水处理厂的管渠；清水输水管则是将水厂清水池中的成品水送往管网、管网送往某大用户、在区域供水中连接各区域管网的压力输水管。输水管一般不沿线供水到户，配水管网则是将成品水送到各个给水区的全部管道，它由主干管、干管、支管、连接管、分配管等构成。配水管网中还需要安装消火栓、阀门（闸阀、蝶阀、排气阀、泄水阀等）和检测仪表（压力、流量、水质检测等）等附属设施，以保证消防供水和满足生产调度、故障处理、维护保养等管理需要。

（1）供水管网布置原则

1）干管布置的方向应按供水主要流向延伸，而供水的流向则取决于最大用水户或水塔等调节构筑物的位置。

2）为了保证供水可靠，通常按照主要流向布置几条平行的干管，其间用连接管连接，这些管线在道路下以最短的距离到达用水量大的主要用户。干管间距因供水区的大小和供水情况而不同，一般 500～800m 要设置控制流量的闸阀，其间不应隔开 5 个以上的消火栓。

3）干管一般按规划道路布置，尽量避免在高级路面或重要道路下敷设。管线在道路下的平面位置和高程应符合城市地下管线综合设计的要求。

4）干管的高处应布置排气阀，低处应设泄水阀，干管上应为安装消火栓预留支管，消火栓的间距不应大于 120m。

5）干管的布置应考虑发展和分期建设的要求，并留有余地。

6）工业企业自备的生活饮用水严禁与城市饮用水直接连接。

（2）供水管网布置形式

供水管网的布置形式，根据城市规划、用户分布以及用户对用水安全可靠性的要求程度等，分为树状网和环状网两种形式。

1）树状网

管网布置呈树状向供水区延伸，管径随所供给用水户的减少而逐渐变小（图 1-19）。这种管网管线的总长度较短，构造简单，投资较省。但是，当管线某处发生漏水事故需停水检修时，其后续各管线均要断水，所以供水的安全可靠性差。又因树状网的末端管线，随着用水量的减少，管内水流减缓，用户不用水时，甚至停流，致使水质容易变坏。树状网一般适用于对用水安全可靠性要求不高的小城镇和小型工业企业中，或者在城市的规划建设初期先用树状网，这样可以减少一次投资费用，使工程投产加快，有利于工业建设的逐步发展。

另外，对于街坊内的管网，一般也多布置成树状，即从邻近街道下的干管或分配管接入。

2）环状网

管网布置呈现两个及以上封闭环状（图1-20）。当任意一段管线损坏时，可用阀门将它与其他管线隔开进行检修，不影响其他管线的供水，因而断水的地区便大为缩小。另外，环状网还可大大减轻因水锤现象所产生的危害，而在树状管网中则往往因此而使管线受到严重损害。但环状网由于管线总长度大大增加，故造价明显比树状网要高。

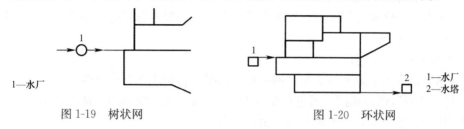

图1-19 树状网　　　　　　　　　图1-20 环状网

实际上，现有城市的配水管网多数是环状网和树状网的结合，即在城市中心地区布置成环状网，而在市郊或城市的次要地区，则以树状网的形式向四周延伸。对供水可靠性要求较高的工业企业，必须采用环状网，并用树状网或双管输水到个别较远的车间。

1.3.3 调节构筑物

包括各种类型的储水构筑物，例如高地水池、水塔、清水池（库）等，用以储存和调节水量。高地水池和水塔兼有保证水压的作用。大城市通常不用水塔，中小城镇及工业企业为了储备水量和保证水压，常设置水塔。为了降低高度、减少造价，水塔常设在城市地形最高处。设在管网起端、中间或末端将分别构成网前水塔、网中水塔和对置水塔的给水系统。

对于大中型城市的配水管网，为了降低水厂出厂水压力，一般在管网的适当位置设调节（水池）泵站，即增压站，兼起调节水量和增加水压的作用，增压站通常设置在管网中供水压力相差较大的地区和管网末端的延伸地区。由于自来水进入水池前管道内水流具有一定压力，为了节约电能，一般应尽可能减少水池埋深和加高池深。

1.4 管网监测——测压、测流

1.4.1 管网压力的测定

（1）测压选点

测压选点是测压、测流的基础工作，测点选择的合适与否，关系到施测工作的效果。最基本的原则是测压选点可根据测压预想达到的目的和范围来选择不同的选点方法。现把选点方法介绍如下。

1）远传测压点的选择

远传测压是将全市各个测点的压力数据通过有线或无线的电传方式送到中心调度室，再由调度员根据各地点的压力情况调配各水厂的出水量。由于远传测压点的设置费用较高，所以不可装得太多，要充分利用这些有限的设点个数，来达到了解全市各控制点压力状况的目的。因此，就要求选点要精，一般远传测压点设在各个水厂、加压站及市内管网中若干个控制点上。

2）高峰测压点的选择

高峰测压是每年用水高峰时必不可少而且非常重要的一项工作，可直接反映供水服务质量的高低。所以，在选点时既要考虑到能真实地反映服务压力情况，又要考虑到合理布局，用优化选点的方式进行，以达到高峰测压的目的。

具体来说，就是要结合本地区的实际情况，充分发挥有限的人力物力，确定设点个数，使每个测点都能代表附近地区的水压情况，设点一般以大中口径干线为主，小口径管线为辅。在不影响交通的情况下，均匀合理布点并且还要考虑画等压曲线的需要。测压管径范围一般在 $DN300$ 以上。

3）季度测压点的选择

季度测压是为了了解平日高时管网的运行情况。它的选点方式有两种：

① 与高峰测压选点相同，通过对全市 $DN300$ 以上大干线测压，从宏观上了解平日高时的管网压力在各个不同季节时管网的负荷状况。

② 分区测压选点

分区测压是季度测压的另一种形式，是为了解某一地区供水服务压力情况（例如寻找低压区）而实施的一种测压方法。施测管径范围一般在 $DN75\sim DN400$，个别情况可提高到 $DN600$，这可根据本地区的具体情况而定。设点要求均布，能较准确地反映该地区的压力分布情况。应当注意的是测压点不能设在进户支管上或有大量用水的用户附近，以免影响施测结果。

（2）测压使用的仪器

完成测压工作的必要手段，对其要求首先是准确，其次是方便。工作人员必须充分了解各种仪器的性能，并掌握其使用方法。现将常用测压仪器种类介绍如下。

1）瞬时记录普通压力表：适用于瞬时测压，设计结构合理，较为耐用，体积小，便于携带（图 1-21）。

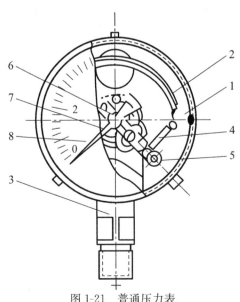

图 1-21　普通压力表

1—封口塞子；2—密封弹簧管；3—接管头；4—连杆；5—扇形齿轮；6—转轴齿轮；7—指针；8—度盘

2）自动记录压力表的性能要求为用于 24h 连续测压。计时部分采用石英钟，走时准确、坚固、耐震（图 1-22）。

外客螺栓
画笔杆
笔杆拦手
画线笔
记录纸夹子

图 1-22 自动记录压力表

3）智能型压力表：20 世纪 90 年代从英国引进的新产品，也属自动记录的性质。它是将数字信息储存于表内，再通过计算机读取数据，特点是适用于连续测压，据介绍可使用五年，防水性能好，体积小，便于携带，价格较贵（图 1-23）。

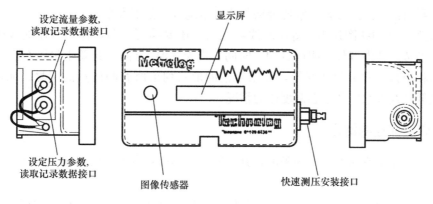

设定流量参数，
读取记录数据接口

显示屏

设定压力参数，
读取记录数据接口

图像传感器

快速测压安装接口

图 1-23 智能型压力表

（3）测压方式

1）高峰测压和季度测压（DN300 以上干线）采用 24h 自动记录压力表测压。

2）分区测压或寻找低压区测压采用人工测压方式，一般选择在消火栓、用户水龙头上检测，测压时要注意在测压点附近无用水和漏水情况。测压时间要在统一规定的范围内，时间差不能太大，测得的瞬时水压要及时记录。

（4）测压数据的整理和应用

1）绘制绝对等压曲线图：测压工作结束后，应及时整理测压数据并绘制等压曲线图。等压曲线图与地形测量中的等高线图相仿，其作用是通过此图可把管网上相同压力的地点明确表示出来，一目了然地知道管网中的压力分布情况。

绘制的基本规定：

压力单位要统一，要将公斤力/厘米^2（kgf/cm^2）或兆帕（MPa）换算成米水柱（mH$_2$O），以便于绘制等压曲线图。换算根据如下：

1公斤力/厘米^2（kgf/cm^2）＝0.098兆帕（MPa）

0.1兆帕（MPa）＝1.02公斤力/厘米^2（kgf/cm^2）＝10.2mH$_2$O

2）相对压力与绝对压力：每个测点的压力数值是相对该点管道的压力，称为相对压力。在整理数据时要将这个压力值加上该点管道的高程，换算成该点管道的绝对压力值。图上绘的等压曲线为绝对压力值（但在旁边也注明相对压力值）。

3）压力数值要采用同一时刻的压力值。

① 画法：

a. 把已换算好的压力数值，按其所在位置标在管网图上；

b. 在每个测点旁注明编号及压力表读数和绝对压力数；

c. 将相同的绝对压力水压线连接起来，曲线间距以m为单位（水力坡降大的地区，可以5m或10m为单位）。

管网等压曲线图是测压的成果，从等压曲线图上可以分析每个管段管径的负荷。水压线过密的地区，表明水压降大，即该段负荷大，证明管径偏小，需要调大；水压线过疏，说明该段管径偏大，管径尚有潜力；水压线分布均匀，说明管网布局合理。此外，等压线图也可分析出多水源供水的大致分界范围，这对水源调度、水质管理也能提供参考资料。

② 绘制相对水压线图：用绝对压力值减去地面高程，即可绘出相对水压线图。利用此图可以看出低压区的位置，水压合格与不合格地区的范围大小。

③ 编写等压曲线图说明：等压曲线绘完后，还要编写说明，作为等压曲线图的附件以备查阅参考。其内容包括测压日期、时间、当天气温、（高）日总水量、（高）时水量、中心压力和当日管网关闸情况等，并用表格的形式列出所有测压点的编号、地点、压力（最高/最低）及各水厂和中心调度压力情况。

1.4.2 管道流速的测定

测定管道中水流速度又称为测流，其目的在于掌握管段内水的流速、流量和流向。

（1）测流井的设置原则

与测压点相仿，设定合适的测流点是能否取得良好测流成绩的关键，为此将对如何选点、使用仪器的性能及具体操作方法进行详尽的介绍，以作为工作上的参考之用。

1）选择测流点位置时，尽可能选在主要干管节点附近的直管上，有时为了掌握某区域的供水情况，作为管网改造的依据，也在支管上设测流孔。一般情况下在三通设两点、四通设三点，这样就可以掌握各分支管段的情况。

2）要求测点尽量靠近管网节点位置，但要距闸门、三通、弯头等管件有30～50倍直径的距离，以保证管内流态的稳定和测数的准确性。

3）选点位置须便于测试人员操作，且不影响交通。

4）测粗糙系数时，可借助一个消火栓井和一个测流井，也可用两个测流井，两井间距至少在50m左右，管径在1m以上时，此距离还要增加，因为太近会影响测试结果，甚至看不出水压降，太远操作不便。

（2）测流仪器的性能

1）毕托管

毕托管是能直接测出管内水流状况的一种非常经济、简便的测流仪器。它的结构简单,自己就可以制造,而且携带方便,对其优缺点列举如下。

优点:可直接测出管网中水的流速、流向及压力;在不知道管道口径时可直接测出,其法是把毕托管插入管内到底,根据外面标尺即可测出管径;构造简单、轻便;根据水体在管内流向,便可判断管道走向。

缺点:操作较烦琐,测试时间长;毕托管插入部分易磕碰,使铜管口变形,造成系数改变,测试精度下降;测前如对仪器不做清洗消毒,对水质可能有一定的污染;计算麻烦。

2) 便携式超声波流量计

便携式超声波流量计是一种现代化测流仪器,是利用超声波原理测出管中水的流速,并能记录瞬间和累积流量,特点是不用装入管网系统中,在管的外面进行施测。其主要优缺点列举如下。

优点:装于管外不与水直接接触,可避免不必要的污染;对管径测量范围广,例如小探头适用于 $DN25 \sim DN500$ 管道,大探头适用于 $DN200 \sim DN3000$ 管道;精度高(管径 $=250mm$、流速 $<1m/s$ 时,$\pm 0.015m/s$);操作简单,仪器内装有微机系统取代了烦琐的计算;体积小、重量轻、携带轻便。

缺点:对施测对象的环境条件及管的性质要求较高(如只适用于均质管材和怕电磁波干扰等);在不同管径上设点,对井的设计尺寸要求不同;要求测点附近有不小于 10 倍管径的直管段。

3) 智能型插入式流量计(英国产)(图 1-24)

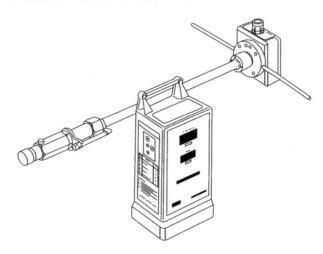

图 1-24 智能型插入式流量计

智能型插入式流量计与智能型压力表配套使用,可同时把管道中的水流变化情况记录下来,如流量、压力、流向等,通过计算机把数据传输出来。

(3) 测流数据的整理与计算

使用现代化测流设备已可不用人工进行计算,全部计算机化了,鉴于我国具体情况,至今还有不少水司仍在用毕托管测流,下面介绍两种计算方法。

1) 等面积计算法(方法 1)

等面积计算法是将水管断面分成若干块同等面积的圆环带,至于分多少块合适可根据需要确定。运用等面积法求出水管的 K 值，圆环带分得愈多，则求得的 K 值越精确。

① 求管道等面积，证明如下（图 1-25）：

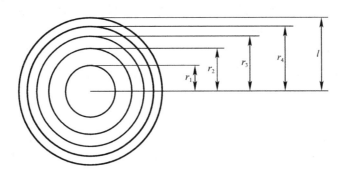

图 1-25　管道等面积计算图

设半径为 l，再将整个圆分成 n 块等面积圆环，可求得各不同半径 r 值。

$$\because \frac{\pi \cdot l^2}{n} = \pi r_1^2, \quad \therefore r_1^2 = \frac{l^2}{n}, \quad \therefore r_1 = \sqrt{\frac{l}{n}} \tag{1-1}$$

$$\because \frac{\pi \cdot l^2}{n} = \pi r_2^2 - \pi r_1^2 = \pi r_2^2 - \frac{1}{2}\pi r_2^2 = \frac{\pi r_2^2}{2}$$

约 π 得

$$\frac{1}{n} = \frac{r_2^2}{2}, \quad r_2^2 = \frac{2}{n} \quad \therefore r_2 = \sqrt{\frac{2}{n}} \tag{1-2}$$

$$r_1 = \sqrt{\frac{1}{n}} \quad r_2 = \sqrt{\frac{2}{n}}$$

同理：

$$r_3 = \sqrt{\frac{3}{n}} \quad r_4 = \sqrt{\frac{4}{n}}$$

$$r_m = \sqrt{\frac{m}{n}} \cdot R \tag{1-3}$$

式中　r_m——某环数半径；

　　　m——某环数；

　　　n——等面积圆环总数；

　　　R——管道半径。

② 应用等面积法求 K 值

压力管中水的实际流速是沿着管截面基本上呈抛物线分布状，中心流速 V_c 最大，而愈近管壁处流速 V 愈小（图 1-26）。

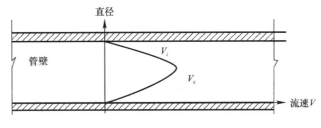

图 1-26　流速分布曲线图

等面积法即将水管断面根据公式 $r_m = \sqrt{\dfrac{m}{n}} \cdot R$ 分成若干块等面积（实际上是分成中心一个小圆，以及小圆外围若干个圆环带。从积分概念出发，可把整个圆截面看作是无穷个圆环带组成的），然后根据测流数据所绘出的流速分布曲线来求出各"小块"的中心点流速 V_i（作为"小块"的流速）。因为各"小块"的 V_i 值是不同的，故取其算术平均值：

$$\bar{V} = \frac{\sum\limits_{i=1}^{n} V_i}{n} \tag{1-4}$$

式中　$\sum\limits_{i=1}^{n} V_i$——各小圆环中心流速的总和；

　　　　V_i——各小圆环中心流速；

　　　　n——小圆环总数。

水管速比系数 $\qquad\qquad K = \dfrac{\bar{V}}{V_{中心}} \tag{1-5}$

③ 举例说明：现场测流实测数据见表 1-2。

测流记录表 表 1-2

地址		庆丰闸北河沿	管径		DN1000
日期		1997 年 6 月 24 日	时间		10：45
水流方向		西→东	压力		30mH₂O
仪器型号		5 号	比重		1.59
	位置	读数	位置		读数
上	5	13.4	10		3.4
	4	13.8	9		9
	3	15.2	8		11.8
	2	14.8	7		12.4
	1	15	6		13
中	中心		15.6		
下	1	15	6		13.8
	2	15	7		13.4
	3	14.4	8		13.4
	4	14	9		11.4
	5	14	10		9.4

管道中的流速截面分布线是抛物线形状，所以将毕托管放在管道中心，测得最大流速，但计算时需要用平均流速，因此需乘一个 K 系数，称此系数为速比系数。

根据伯努利定律，推导出求毕托管平均流速公式为：

$$\bar{V} = K \cdot C \sqrt{2gh(s-1)} \tag{1-6}$$

式中　C——仪器系数（本例题 $C = 0.87$，每台仪器系数各不同）；

　　　s——药液比重；

　　　g——重力加速度；

h——压差计（U 形管）中可直接读出的药面的差值；

K——速比系数，用等面积同心圆环的作图方法求得。

具体做法如下。

根据实地测出的 U 形管药液面差值数，即测定各点的 h 值，绘出管道断面流速分布曲线，如图 1-27 所示。

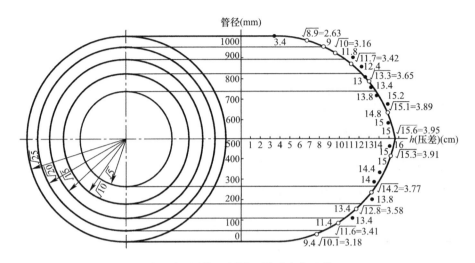

图 1-27 用等面积同心圆环法求 K 值

注："·"表示测得各挡 h 值，把它连接后，即绘出流速分布图；

"。"表示等面积同心圆环分割后取得各分环的中心流速点。

根据流线图找出各圆环的中心压差值 h_i，然后开方。利用公式（1-5）计算 K 值。即：

$$K = \frac{\bar{V}}{V_{中心}} = \frac{\sum_{i=1}^{n} V_i/n}{V_{中心}} = \frac{\sum_{i=1}^{n} \sqrt{h_i/n}}{\sqrt{h_{中心}}}$$

$$= \frac{(2.63 + 3.16 + 3.42 + 3.65 + 3.89 + 3.91 + 3.77 + 3.58 + 3.41 + 3.18)/10}{3.95}$$

$$= \frac{3.46}{3.95} = 0.876$$

将 K 值代入公式求得平均流速：

$$\bar{V} = K \cdot C \sqrt{2gh(s-1)}$$
$$= 0.876 \times 0.87 \times \sqrt{2 \times 9.8 \times 0.156 \times (1.59 - 1)}$$
$$= 1.024 \text{m/s}$$

求流量值：

$$Q = \bar{V} \cdot A = 1.024 \times (1/4) \times \pi \times 1^2 = 0.804 \text{m}^3/\text{s}$$

K 值在变化范围内是相对稳定的，可视为常数。因此，不必每次测流时都去求它，只需测出中心差值 h，代入公式即可求出不同的流速流量值（K 值可两年校验一次）。

2）算数平均法（方法 2）

① 仍以上题为例，将测得的 21 个数据进行算术平均，即：

$$h = \frac{\sum_{i=1}^{n}}{n} = \frac{271.2}{21} = 12.9\text{cm} = 0.129\text{m}$$

② 代入公式求得平均流速

$$\bar{V} = C \cdot \sqrt{2gh(s-1)} = 0.87 \times \sqrt{2 \times 9.8 \times 0.129 \times (1.59 - 1)} = 1.063\text{m/s}$$

③ 求流量

$$Q = \bar{V} \cdot A = 1.063 \times (1/4) \times \pi \times 1^2 = 0.834\text{m}^3/\text{s}$$

除这两种计算方法外，还有其他算法，就不一一介绍了。总之，都是根据伯努利定律推导出来的，在这里只是选用了两种比较有代表性的方法。选择哪种计算方法要根据测流的用途而定，如用毕托管测流来校验水厂出水量，就应用方法 1 来计算，计算时虽较烦琐，但精度高，误差为±3% 左右，如果只想了解管内流速、流量，对精确度要求不太高时，就可以用方法 2 计算。

1.4.3 管道粗糙系数 n 值的测定

随着管道使用年限的不断增长，管内壁会逐渐结垢，使粗糙度增大，过水断面减小，降低了输水能力，增加了电耗，影响供水能力。n 值是标志管道输水能力的重要参数，因此，要定时对它进行测定。

（1）测定方法

1）测定 n 值时，一般测点选在平直段敷设，在无分支的直管段上设两个测流孔，孔间距一般为 50m。

2）用高压胶管及 U 形压差计测定两孔间的压差值 H，用测流仪测出管道平均流速 V。

（2）计算方法

计算粗糙系数，一般采用巴普洛夫斯基公式：

$$C = 1/n \cdot R^y \tag{1-7}$$

式中　C——谢才系数，$\text{m}^{0.5}/\text{s}$；

　　　n——管壁粗糙系数〔一般为 0.010（塑料管）～0.014（钢筋混凝土管）〕，反映管道的粗糙程度；

　　　R——水力半径，m，即 $R = D/4$（D 为管径）；

　　　y——指数，是与粗糙系数及水力半径有关的函数，即：

$y = 2.5\sqrt{n} - 0.13 - 0.75\sqrt{R}(\sqrt{n} - 0.10)$，当 $n < 0.02$ 时，y 可采用 1/6，或可近似地用下式求：

当 $R < 1.0\text{m}$ 时，$y = 1.5\sqrt{n}$；

当 $R > 1.0\text{m}$ 时，$y = 1.3\sqrt{n}$。

已知谢才公式：

$$V = C\sqrt{RI} \tag{1-8}$$

式中　V——流速，m/s；

　　　I——水力坡度；

　　　R——水力半径，m。

水力坡度公式：

$$I = h(s-1)/L \tag{1-9}$$

式中　h——U 形管中液面差值；

　　　s——U 形管中药液比重；

　　　L——两测点间距离。

例：已知：$L=50\mathrm{m}$，$s=1.59$，$h=0.07\mathrm{m}$，$V=1.024\mathrm{m/s}$，$D=1\mathrm{m}$。求：N 值。

解：

1）求水力坡度

$$I = \frac{0.07(1.59-1)}{50} = 0.000826$$

2）求谢才系数 C

$$C = \frac{V}{\sqrt{RI}} = \frac{1.024}{\sqrt{1/4 \times 0.000826}} = 71.26$$

3）求 n 值

为了使用方便，可预先绘制好不同管径的 $N\text{-}C$ 曲线图。根据 C 值查 $DN1000$ 管径的 $N\text{-}C$ 曲线图（图 1-28），在横坐标 $C=71.26$ 处，查得纵坐标上 $N=0.0116$。

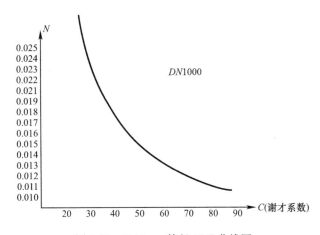

图 1-28　1000mm 管径 $N\text{-}C$ 曲线图

1.5　水质检验

饮用水是人类生存的基本需求，不卫生的饮用水也是引发疾病的重要因素之一。随着生活水平的提高，人们对饮用水质量的要求越来越高，因此保障城市供水水质也是保障人民群众的健康安全。多年来，我国在饮用水方面逐步建立了较为完善的标准体系，覆盖了从源头水（原水）到水龙头水的全流程管理。

对于原水，我国目前现行标准包括：

《地表水环境质量标准》GB 3838—2002

《地下水质量标准》GB/T 14848—2017

对于水厂出水，我国目前现行标准和准则包括：

《生活饮用水集中式供水单位卫生规范》（卫生部）

《城市供水水质标准》CJ/T 206—2005

《村镇供水单位资质标准》SL 308—2004

对于二次供水，我国目前现行标准包括：

《二次供水设施卫生规范》GB 17051—1997

《生活饮用水输配水设备及防护材料的安全性评价标准》GB/T 17219—1998

上述各环节的标准，最终均通过一个核心标准进行体现，即《生活饮用水卫生标准》GB 5749—2006。可见该标准的发布和历次修订，意义重大。

1.5.1 生活饮用水卫生标准

（1）生活饮用水含义及安全

生活饮用水是指供应人们日常生活的饮水和生活用水。符合标准的生活饮用水，在洗澡、漱口、呼吸和皮肤接触等时对人体的健康影响都是安全的。

生活饮用水必须保证终身饮用安全。所谓"终身"是按人均寿命 70 岁为基数，以每人每天 2L 计算。所谓"安全"是指即使终身饮用也不会对健康产生危害。水质标准中的指标限值，因饮水而患病的风险要低于 10^{-6}（即 100 万人中仅有 1 人患病）。

原水经自来水厂处理后出厂的饮用水通常是安全卫生的，但水龙头水水质会因不同的原因受到挑战。有的地区管网陈旧，管道内壁逐渐形成不规则的"生长环"，随着管龄的增长而不断增厚，输水能力下降从而污染水质；有时由于施工导致污水进入管网，对水质造成阶段性严重影响；有的二次供水系统管理不善，未定期进行水质检验，未按规范进行清洗、消毒，致使水质逐步恶化等。针对不同原因而引起的饮用水安全问题，应采取积极有效的措施进行预防和控制，并加强应急能力建设，从而提高对各种饮用水突发事件的快速反应能力，保障饮水安全。

（2）生活饮用水卫生标准

《生活饮用水卫生标准》GB 5749—2006 是以保护人群健康和保证人类生活质量为出发点，对饮用水中与人群健康相关的各种因素，以法律形式作出的量值规定，以及为实现量值所作的有关行为规范的规定。是我国保障饮水安全的基本技术文件，经国家有关部门批准发布，为强制性标准，具有法律效力。不但是公民和有关部门依法生产、销售、设计、检测、评价、监督、管理的依据，也是行政和司法部门依法执法的依据，对保障人民群众饮水健康安全有重要意义。

《生活饮用水卫生标准》GB 5749—2006（以下简称《标准》）由卫生部、国家标准化管理委员会于 2006 年 12 月颁布，2007 年 7 月 1 日实施，为现行生活饮用水卫生标准，是既符合我国国情，又与国际先进水平接轨的饮用水水质标准。

1）适用范围

《标准》适用于城乡各类集中式和分散式供水。各类供水，无论城市或农村，无论规模大小，都应执行。但考虑到一些农村地区受条件限制，达到标准尚存困难，现阶段的过渡办法是对农村小型集中式和分散式供水在保障饮水安全的基础上，对少量水质指标放宽限值要求。

2）指标限值的依据

《标准》中水质指标限值的确定，主要参考世界卫生组织、欧盟、美国、日本、俄罗斯等国家和国际组织的现行水质标准，根据对人体健康的毒理学和流行病学资料，经过危险度评价以及参考实际情况后确定。

3）水质卫生一般原则

首先，要保证流行病学安全，不得含有病原微生物；其次，要保证化学物质和放射性物质安全，化学污染物和放射性物质不得危害人体健康，不得产生急性或慢性中毒及潜在的远期危害（致癌、致畸、致突变）；最后，要保证水的感官性状良好，饮用水感官性状和一般理化指标应经消毒处理并为用户所接受。

4）指标的遴选

指标的选择是在水质卫生一般原则的基础上，结合污染物浓度水平、水厂运行管理水平和检测水平的提高，综合遴选得出。

《标准》共 106 项指标，分为常规指标 42 项和非常规指标 64 项。常规指标是指能反映水质基本状况的指标，一般水样均需检验且检出率比较高；非常规指标是指根据地区、时间或特殊情况需要的指标，应根据当地具体条件需要确定。在对水质做评价时，常规指标和非常规指标具有同等作用。实际执行时，由于各地采用的消毒剂不同，常规指标中消毒副产物检测指标数会有所不同，如采用氯气消毒时，常规指标为 35 项。

《标准》又把指标分为微生物指标、毒理指标、感官性状和一般化学指标、放射性指标、消毒剂指标共 5 类。其中微生物指标是评价水质清洁程度和考核消毒效果的指标；感官性状指标是指使人能直接感觉到水的色、臭、味、浑浊等的指标，一般理化指标是反映水质总体性状的理化指标。

《标准》中对水质的主要控制项目详见表 1-3。

生活饮用水水质常规指标及限值　　　　表 1-3

指标	限值
1. 微生物指标[1]	
总大肠菌群/(MPN/100mL 或 CFU/100mL)	不得检出
耐热大肠菌群/(MPN/100mL 或 CFU/100mL)	不得检出
大肠埃希氏菌/(MPN/100mL 或 CFU/100mL)	不得检出
菌落总数/(MPN/100mL 或 CFU/100mL)	100
2. 毒理指标	
砷/(mg/L)	0.01
镉/(mg/L)	0.005
铬（六价）/(mg/L)	0.05
铅/(mg/L)	0.01
汞/(mg/L)	0.001
硒/(mg/L)	0.01
氰化物/(mg/L)	0.05
氟化物/(mg/L)	1.0
硝酸盐（以 N 计）/(mg/L)	10 地下水源限制为 20
三氯甲烷/(mg/L)	0.06

续表

指标	限值
四氯化碳/(mg/L)	0.002
溴酸盐（使用臭氧时)/(mg/L)	0.01
甲醛（使用臭氧时)/(mg/L)	0.9
亚氯酸盐（使用二氧化氯消毒时)/(mg/L)	0.7
氯酸盐（使用复合二氧化氯消毒时)/(mg/L)	0.7
3. 感官性状和一般化学指标	
色度（铂钴色度单位)	15
浑浊度（散射浑浊度单位)/NTU	1 水源与净水技术条件限制时为 3
臭和味	无异臭、异味
肉眼可见物	无
pH 值	不小于 6.5 且不大于 8.5
铝/(mg/L)	0.2
铁/(mg/L)	0.3
锰/(mg/L)	0.1
铜/(mg/L)	1.0
锌/(mg/L)	1.0
氯化物/(mg/L)	250
硫酸盐/(mg/L)	250
溶解性总固体/(mg/L)	1000
总硬度（以 $CaCO_3$ 计)/(mg/L)	450
耗氧量（COD_{Mn}法，以 O_2 计)/(mg/L)	3 水源限制，原水耗氧量＞6mg/L 时为 5
挥发酚类（以苯酚计)/(mg/L)	0.002
阴离子合成洗涤剂/(mg/L)	0.3
4. 放射性指标[2]	指导值
总 α 放射性/(Bq/L)	0.5
总 β 放射性/(Bq/L)	1

注：1. MPN 表示最可能数，CFU 表示菌落形成单位，当水样检出总大肠菌群时，应进一步检验大肠埃希氏菌或耐热大肠菌群；水样未检出大肠菌群时，不必检验大肠埃希氏菌或耐热大肠菌群。
2. 放射性指标超过指导值，应进行核素分析和评价，判定能否饮用。

1.5.2 饮用水部分水质指标的卫生学意义

（1）菌落总数

菌落总数是指在营养琼脂上有氧条件下 37℃ 培养 48h 后，1mL 水样中所含菌落的总数。在饮用水处理过程中，混凝沉淀可以降低菌落总数，但细菌在其他工艺段如生物活性炭滤池或砂滤中有可能增殖。氯、臭氧和紫外线等消毒可以明显降低菌落总数，但在实际工作中，消毒不可能完全杀灭细菌；在条件适宜的情况下，细菌又会繁殖。《生活饮用水卫生标准》GB 5749—2006 中限值为 100CFU/mL。

（2）总大肠菌群

总大肠菌群是指在 37℃培养 24h 能发酵乳糖、产酸产气、需氧或兼性厌氧的革兰氏阴性无芽孢杆菌。总大肠菌群在自然界分布广泛，包括不同属的多种细菌，可以作为评价输配水系统清洁度、完整性和生物膜存在与否的指标，还可用于评价消毒效果。一旦检出，表明水处理不充分或输配水系统和储水装置中有生物膜形成或被异物污染。《生活饮用水卫生标准》GB 5749—2006 中限值为不得检出。

（3）耐热大肠菌群和大肠埃希氏菌

耐热大肠菌群是指在 44～45℃仍能生长的大肠菌群。多数水体中耐热大肠菌群的优势菌种为大肠埃希氏菌。饮用水水质监测时，首选大肠埃希氏菌作为消毒指示菌，是因为大肠埃希氏菌主要存在于人体肠道中，与肠道病毒、原虫相比更敏感。

耐热大肠菌群和大肠埃希氏菌一般在输配水和储水系统中极少检出，一旦检出，就意味着整个系统存在传播肠道致病菌的潜在风险。《生活饮用水卫生标准》GB 5749—2006 中限值为不得检出。

（4）浑浊度

饮用水浑浊度是由水源水中悬浮颗粒物未经过滤完全或者是配水系统中沉积物重新悬浮而造成的。颗粒物会保护微生物并刺激细菌生长，对消毒有效性影响较大。浑浊度还是饮用水净化过程中的重要控制指标，反映水处理工艺质量问题。浑浊度在《生活饮用水卫生标准》GB 5749—2006 中的限值为 1NTU。

（5）色度

清洁的饮用水应无色。土壤中存在腐殖质常使水带有黄色。水的色度不直接与健康影响联系，世界卫生组织没有建议饮用水色度的健康准则值。《生活饮用水卫生标准》GB 5749—2006 中的限值为 15 度。

（6）臭和味

臭和味可能来自天然无机和有机污染物，以及生物来源（如藻类繁殖的腥臭），或水处理的结果（如氯化），还可能因饮用水在存储和配送时微生物的活动而产生。饮用水出现异常臭和味可能是原水污染或水处理不充分的信号。《生活饮用水卫生标准》GB 5749—2006 中规定为无异臭、异味。

（7）肉眼可见物

为了说明水样的一般外观，以"肉眼可见物"来描述其可察觉的特征，例如水中漂浮物、悬浮物、沉淀物的种类和数量；是否含有甲壳虫、蠕虫或水草、藻类等动植物；是否有油脂小球或液膜；水样是否起泡等。饮用水不应含有沉淀物、肉眼可见的水生生物及令人嫌恶的物质。《生活饮用水卫生标准》GB 5749—2006 中规定为不得含有。

（8）pH 值

pH 值通常对消费者没有直接影响，但它是水处理过程中最重要的水质参数之一，在水处理的所有阶段都必须谨慎控制，以保证水的澄清和消毒结果。《生活饮用水卫生标准》GB 5749—2006 中规定为 6.5～8.5。

（9）总硬度

水的硬度原指沉淀肥皂的程度。使肥皂沉淀的主要原因是水中的钙、镁离子，水中除碱金属离子以外的金属离子均能构成水的硬度，像铁、铅、锰和锌也有沉淀肥皂的作用。

现在我们习惯上把总硬度定义为钙、镁离子的总浓度（以 $CaCO_3$ 计）。其中包括碳酸盐硬度（即通过加热能以碳酸盐形式沉淀下来的钙、镁离子，又叫暂时硬度）和非碳酸盐硬度（即加热后不能沉淀下来的那部分钙、镁离子，又称永久硬度）。人体对水的硬度有一定的适应性，改用不同硬度的水（特别是高硬度的水）可引起胃肠功能的暂时性紊乱，但一般在短期内即能适应。水的硬度过高可在配水系统中以及用水器皿上形成水垢。《生活饮用水卫生标准》GB 5749—2006 中限值为 450mg/L。

第 2 章　水力学基础知识

水力学是研究液体平衡和运动规律，以及这些规律在工程实际问题方面的应用。水力学是给水排水专业的一门主要技术基础课。在给水工程实际问题中，常用到水力学的基本理论加以分析、解决，如为了输送一定的水量、如何确定管径、渠的断面尺寸问题、水塔位置的选择以及高度的计算等。因此作为供水管道工，应掌握一定的水力学基础知识。

2.1　水静力学

水静力学是研究水在静止状态下的力学规律，以及这些规律在工程上的应用。静止状态是指对地球不做相对运动的状态。

（1）静水压强

在一盛满水的容器侧面或底部开孔，水立即从小孔流出，这种现象说明静止的液体有压力存在，这种压力叫作静压力。

作用在整个容器面积上的静水压力，称为静水总压力，用符号 P 表示；作用在单位面积上的静水压力，称为静水压强，用符号 p 表示。两者间的关系为：

$$p = P/A \tag{2-1}$$

式中　p——平均静水压强，$\mathrm{N/m^2}$ 或 Pa；

　　　P——总静水压力，N；

　　　A——受压面积，$\mathrm{m^2}$。

（2）静水压强的特性

静水压强有两个基本特性：

1）静水压强的方向垂直于作用面；

2）任意一点各方向的静水压强均相等。

静水压强的特性如图 2-1 所示。

（3）静水压强的分布规律

如图 2-1 所示，盛满水的容器上开三个高度不同的小孔，越靠近下部的水流射程越远。

图 2-1　静水压强特性示意图

这说明水对于容器不同深度处的压强不一样，随深度的增加，压强也随之增大。同样可以看到，同一高度处的小孔，水流的射程相同，这表明同一深度的静水压强相等。用数学公式表示如下：

$$P = P_0 + \gamma h \tag{2-2}$$

式中　P——静水中任一点深度的静水压强，$\mathrm{N/m^2}$；

　　　P_0——表面压强（大气压力），$\mathrm{N/m^2}$；

　　　γ——水的重度，$\mathrm{N/m^3}$；

　　　h——任一点在自由表面下的深度，m。

此公式称为水静力学基本方程式。

2.2 水动力学

（1）压力流和重力流

当液体流动时，液体的整个周界和固体壁面相接触，没有自由表面，并对接触壁面均具有压力，这种流动称为压力流。例如给水管道一般都是压力流。其特点是液体充满整个管道，当管道顶部安装测压管时，测压管的水面就会升高（图2-2）。

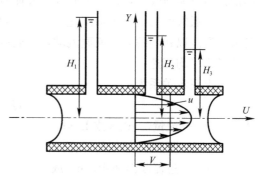

图2-2 压力流示意图

当液体流动时，液体的部分周界和固体壁面相接触，而部分周界与大气相接触，并具有自由表面，这种流动称为无压流。由于无压流是借助于自身重力作用而产生的流动，所以又称为重力流。例如各种排水管渠一般都是无压流。

（2）恒定流和非恒定流

当液体流动时，对于任意空间点，在不同时刻所通过的液体质点的流速、压强等运动要素不变的流动称为恒定流。反之，当液体流动时，对于任意空间点，在不同时刻所通过的液体质点的流速、压强等运动要素是变化的，这种流动称为非恒定流。

如图2-3所示，当水从水箱侧孔流出，如果保持液面恒定不变，则小孔出流为恒定流；反之，若液面随之下降，则小孔出流为非恒定流。通过小孔的液体质点的流速和压强随时间的变化而逐渐减小。

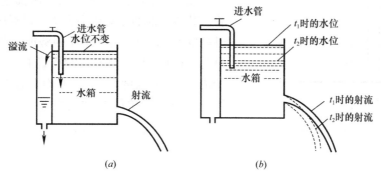

图2-3 恒定流与非恒定流
(a) 恒定流；(b) 非恒定流

（3）过流断面、流量、断面平均流速

与液体流动方向垂直的液体横断面积称为过流断面（图2-4）。过流断面面积用符号 A 表示，单位为 m^2 或 cm^2。

水流在单位时间内通过某过流断面的体积称为流量，以符号 Q 表示，单位为 m^3/h 或 L/s。

液体质点在单位时间内流经的流程长度称为点流速，单位为 m/s 或 cm/s。由于液体具有黏滞性，所以在过流断面上，各液体质点的流速并不相等。如水在管道内流动，靠近管壁

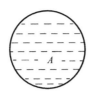

图 2-4　过流断面

的液体质点流速较小，在管中心处的液体质点流速最大（图 2-2）。为简化问题，在实际工程当中，通常引用断面平均流速的概念。这是一种理想化的概念，它假设各水流断面上，各液体质点以相同的某一流速流动，使通过的流量与实际通过的流量相当，则流速 v 就称为此断面平均流速。

以上三者关系为：

$$Q = v \times A \tag{2-3}$$

式中　Q——流量，m^3/s 或 L/s；

　　　v——断面平均流速，m/s；

　　　A——过流断面面积，m^2 或 cm^2

（4）液体的势能、动能、压能（压强势能）

与一般运动着的固体一样，流动的液体同样具有动能、势能，此外有压流还具备压能。

重量为 mg、高度为 Z 的液体具有的势能是 $mg \times Z$。由此，单位重量液体的位能是 $mg \times Z/mg = Z$，单位为 m，Z 是单位重量液体的位能，又称位置水头。

重量为 mg 的液体以速度 v 流动，它所具有的动能是 $mv^2/2$。由此，单位重量的液体所具有的动能为：

$$(mv^2/2)/mg = v^2/2g \tag{2-4}$$

式中　$v^2/2g$——单位重量液体的动能，又称流速水头（图 2-5）。

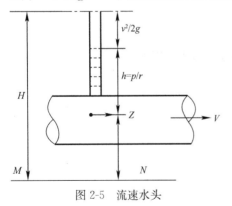

图 2-5　流速水头

图 2-5 中，在有压流某一断面连接一根测压管，若该断面的相对压强为 P，则测压管内液柱上升高度 $h = P/\gamma$，这就是压强势能的具体体现。重量为 mg 的液体，当它沿测压管上升时，压强由 P 变成 0，上升高度为 h，该断面上的压能为 $mg \times h$，即 $mg \times P/\gamma$。单位重量的液体压能为：

$$(mg \times P/\gamma)/mg = P/\gamma \tag{2-5}$$

式中　P/γ——单位重量液体的压能，又称压强水头。

在水力学中，将 $Z + P/\gamma$ 称为测压管水头，以符号 H_P 表示，Z、P/γ、$v^2/2g$ 三项之和称为总水头，以符号 H 表示：

$$H = Z + P/\gamma + v^2/2g \tag{2-6}$$

显而易见，总水头与测压管水头之差为流速水头，即：

$$H - H_p = v^2/2g \tag{2-7}$$

液体的流动过程也是遵从能量守恒定律的，液体自身的能量不能消灭，也不能创造，只能从一种形式的能量转化成另一种形式。能量守恒定律在水力学中的具体应用，即恒定流能量方程式，也称伯努利（Bernoulli）方程式。

$$Z_1 + P_1/\gamma + v_1^2/2g = Z_2 + P_2/\gamma + v_2^2/2g \tag{2-8}$$

2.3 管道水力计算

水的流动有层流、紊流及介于两者之间的过渡流三种流态。当水在流动时，液体质点以平行而不相混杂的方式流动，这种流动称为层流，而液体质点相互混杂和碰撞的流动称为紊流。不同流态下的水流阻力特性不同，给水管网进行水力计算时均按紊流考虑，紊流流态又分为三种情况：阻力平方区（又称粗糙管区），管渠水头损失与流速平方成正比；过渡区，管渠水头损失与流速的 1.75～2.0 次方成正比；水力光滑区，管渠水头损失约与流速的 1.75 次方成正比。紊流三个阻力区的划分，需要使用水力学的层流底层理论进行判别，主要与管径（或水力半径）及管壁粗糙度有关。

在给水管网中，旧铸铁管和旧钢管在流速 $v \geqslant 1.2\text{m/s}$ 时或金属内壁无特殊防腐措施时，水流多处于阻力平方区；而旧铸铁管和旧钢管在流速 $v < 1.2\text{m/s}$ 时，以及石棉水泥管在各种流速时，水流多处于过渡区；塑料管则多处于水力光滑区。从给水管网整体来看，各管段的水力因素随时间和空间变化，实际水流状态复杂多变，多为非恒定非均匀流，精确计算每一管段的水头损失，需要大量的水流和边界条件参数，在实际应用中很难做到；但是为了便于分析计算，通常假设它们处于恒定均匀流状态，长期的实践表明，这一假设所带来的误差一般在工程允许的范围内，水头损失的计算，就建立在这一假设的基础上。

在给水输配水系统中，管（渠）道总水头损失为管（渠）道沿程水头损失和管（渠）道局部损失之和。

$$h_z = h_y + h_j \tag{2-9}$$

式中　h_z——管（渠）道总水头损失，m；

$\quad\quad h_y$——管（渠）道沿程水头损失，m；

$\quad\quad h_j$——管（渠）道局部水头损失，m。

（1）管（渠）沿程水头损失

当固体边界的形状和尺寸沿程不变时，液流在长直流段中的水头损失称为沿程水头损失。

1）塑料管

塑料管的沿程水头损失用达西公式计算，即：

$$h_y = \lambda \frac{l}{d_j} \frac{v^2}{2g} \tag{2-10}$$

式中　h_y——沿程水头损失，m；

$\quad\quad \lambda$——沿程阻力系数；

$\quad\quad l$——管渠长度，m；

$\quad\quad d_j$——管渠计算内径，m；

$\quad\quad v$——管道过水断面平均流速，m/s；

$\quad\quad g$——重力加速度，m/s^2。

用流量表示为：

$$h_y = \lambda \frac{8}{\pi^2 g} \frac{l}{d_j^5} q^2 \tag{2-11}$$

式中　q——管段流量，L/s。

达西公式是半理论半经验的水力计算公式，适用于层流和紊流，也适用于管流和明渠。塑料管材的管壁光滑，管内水流大多处于水力光滑区和紊流过渡区，塑料管沿程阻力系数 λ 的计算，应根据不同材质的管材，选择相应的计算公式。

2）混凝土管（渠）及采用水泥砂浆内衬的金属管道

$$i = \frac{h_y}{l} = \frac{v^2}{C^2 R} \tag{2-12}$$

式中　i——管道单位长度的水头损失（水力坡降）；

　　　C——流速系数；

　　　R——过水断面水力半径，m。

其中：

$$C = \frac{1}{n} R^y$$

式中　n——管（渠）道的粗糙系数，混凝土管和钢筋混凝土管一般为 0.013～0.014，水泥砂浆内衬为 0.012。

当 $n < 0.020$、$R < 0.5m$ 时，$y = 1/6$，此即为曼宁公式。

当 $0.001 \leqslant n \leqslant 0.040$、$0.1m \leqslant R \leqslant 3.0m$ 时，

$y = 2.5\sqrt{n} - 0.13 - 0.75(\sqrt{n} - 0.10)\sqrt{R}$，

作近似计算：$R < 1.0m$ 时，$y = 1.5\sqrt{n}$；

　　　　　　$R > 1.0m$ 时，$y = 1.3\sqrt{n}$

输配水管道、配水管网水力平差计算公式〔海曾-威廉（Hazen-Williams）公式〕：

$$i = \frac{h_y}{l} = \frac{10.67 q^{1.852}}{C_h^{1.852} d_j^{4.87}} \tag{2-13}$$

式中　q——管段流量，m^3/s；

　　　C_h——海曾-威廉系数，其值见表 2-1；

　　　d_j——管道计算内径，m；

　　　l——管渠长度，m。

海曾-威廉公式的系数 C_h 值　　　　　　　　　表 2-1

水管种类	C_h 值	水管种类	C_h 值
玻璃管、塑料管、铜管	145～150	新焊接钢管	110
球墨铸铁管（最好状态下）	140	旧焊接钢管	95
新铸铁管、涂沥青或水泥铸铁管	130	衬橡胶消防软管	110～140
旧铸铁管、旧镀锌钢管	100	混凝土管、石棉水泥管	130～140
严重腐蚀铸铁管	90～100		

沿程水头损失公式的指数形式：

$$h_h = kl \frac{q^n}{D^m} = alq^n = sq^n \tag{2-14}$$

式中　k、m、n——常数和指数，在海曾-威廉公式 $k = \frac{10.67}{C_h^{1.852}}$ 中，$m = 4.87$、$n = 1.852$；

　　　　a——比阻，即单位管长的摩阻，$a = \frac{k}{D^m}$；

　　　　s——水管摩阻，$s = al$。

D——管内径。

（2）管（渠）局部水头损失

当固体边界的形状、尺寸或两者之一沿流程急剧变化时，液流所产生的水头损失称为局部水头损失。

$$h_j = \sum \zeta \frac{v^2}{2g} \tag{2-15}$$

式中　ζ——管（渠）道局部水头损失系数（可查相关手册）。

管道局部水头损失与管线的水平及竖向平顺等情况有关。由于城市管网管道长度较大，沿程水头损失一般远大于局部水头损失，所以在计算时一般将局部阻力转换成等效长度的管道沿程水头损失进行计算。局部水头损失通常取沿程水头损失的$5\%\sim10\%$。

上述计算公式大都已制成水力计算表图，实际应用时可查相关手册。

第3章　土力学及材料力学基础

在给水管道工程施工中，沟槽开挖和回填的工程量是相当大的，根据不同的土质合理地组织土方施工，是确保敷管安全、提高安管质量、加快工程进度、节约施工费用的一项主要工作。管道基础的结构形式在《给水排水管道工程施工及验收规范》GB 50268—2008中都有明确的要求。另外，各种给水管道材料的强度是保证供水安全的基础，作为供水管道工，熟悉了解土力学及材料力学的相关知识是很有必要的。

3.1　土力学基础知识

3.1.1　土壤的基本特性

（1）土壤的分类

1）岩石

岩石指颗粒间连接牢固、呈整块的岩体。

按坚固性分为硬质岩石和软质岩石。硬质岩石有花岗岩、花岗片麻岩、闪长岩、玄武岩、石灰岩、石英砂岩、石英岩、硅质砾岩等。软质岩石有页岩、黏土岩、绿泥石片岩、云母岩等。

按风化程度分为微风化、中等风化和强风化。

2）碎石

碎石指粒径大于 2mm 的颗粒含量超过全重 50% 的土。按颗粒级配及形状分为漂石、块石、卵石、碎石、圆砾和角砾；按密实度分为密实、中密和稍密。

3）砂土

砂土又分为砾砂、粗砂、中砂、细砂和粉砂。砂土密实度按天然孔隙比可分为密实、中密、稍密和松散。

4）黏性土

黏性土具有黏性和可塑性，按工程地质特征分为老黏性土、一般黏性土、淤泥和淤泥质土、红黏土。

黏性土按黏土粒占全重的比例不同分为黏土、亚黏土和轻亚黏土；黏性土的状态按液性指数分为坚硬、硬塑、可塑、软塑和流塑。

5）特种土

人工填杂土（素填土、杂填土、冲填土、炉灰）、耕土、壤土、湿陷性黄土、膨胀土、混合土和有机土。

土方工程造价中，也可按土的坚硬程度、开挖难易，将土方分为 8 类 16 级，如表 3-1 所列。

土的工程分类   表 3-1

土的分类	土的级别	土的名称	用开挖方法表示土的坚硬程度
一类土 （松软土）	I	砂、轻亚黏土、冲积砂土层、种植土、泥炭（淤泥）	能用锹挖掘
二类土 （普通土）	II	亚黏土、潮湿的黄土、夹有碎石卵石的砂、种植土、填筑土及轻亚黏土	用锹挖掘，少许用镐翻松
三类土 （坚土）	III	软及中等密实黏土、重亚黏土、粗砾石、干黄土及含碎石、卵石的黄土、亚黏土、压实的填筑土	主要用镐，少许用锹挖掘，部分用撬棍
四类土 （砂砾坚土）	IV	重黏土及含碎石、卵石的黏土，密实的黄土，砂土	整个用镐及撬棍，然后用锹挖掘，部分用锲子及大锤
五类土 （软石）	V-VI	硬石炭纪黏土、中等密实的灰岩、泥炭岩、白墨土	用镐或撬棍大锤挖掘，部分使用爆破方法
六类土 （次岩石）	VII-X	泥岩、砂岩、砾岩、坚实的页岩、泥灰岩、密实的石灰岩、风化花岗岩、片麻岩	用爆破方法开挖部分用风镐
七类土 （坚石）	X-XIII	大理岩，辉绿岩，粗、中粒花岗岩，坚实的白云岩，砂岩，砾岩，片麻岩，石灰岩，风化痕迹的安山岩，玄武岩	用爆破的方法开挖
八类土 （特坚石）	XIV-XVI	安山岩、玄武岩、花岗片麻岩、坚实的细粗花岗岩、闪长岩、石英岩、辉长岩、辉绿岩	用爆破方法开挖

（2）土的主要特征

1）土的固体颗粒之间是分散的，其间联结是无黏结或不黏的，因此它具有散粒性和孔隙性；

2）颗粒间孔隙是连续的，土具有透水性；

3）固体颗粒的联结强度比颗粒的本身强度小得多，土具有压缩性和土颗粒之间的相对可移动性。

（3）土的结构

土是岩石受到物理、化学和生物的风化作用，经过搬运沉积而形成的散粒沉积物。土在沉积过程中，由于沉积时的环境、条件不同，颗粒大小有差别，沉积后受各种地质作用力的影响，以及土的集合体中颗粒的形状大小、排列方式及其联结关系等因素，形成土具有松密、软硬程度的不同。这些综合特征，就是土的结构，一般分为单粒结构、蜂窝结构和絮凝结构三种类型。

1）土的结构

① 单粒结构。较粗大的土颗粒和砾石、砂粒和粉粒在水中和大气中沉积，每个土粒都沉到稳定的位置而形成单粒结构，因生成条件的不同，单粒结构可以是紧密的，也可以是疏松的。

紧密状的单粒结构的土，土粒之间排列紧密、联结稳定，土的强度较高，压缩变形量小，是较好的天然地基。

疏松状的单粒结构的土，土粒之间排列疏松、孔隙较大、联结很不稳定，特别是当受到振动和外力作用时，土粒容易发生相对移动，导致土体产生很大变形。如果疏松的饱和土是由细砂粒和粉砂粒组成的，在受到振动时，土的结构就会突然破坏变成流动状态，引起所谓"砂土液化"现象。地震区如遇细、粉砂地基时，需要特别予以注意。

② 蜂窝结构。较细的土粒如粉粒（粒径为 0.05～0.005mm）在水中以单个颗粒下沉时，碰到已经沉淀的土粒，由于土粒之间的分子引力大于土颗粒的自重，土粒就停止在这时的接触面上不再下沉，形成具有很大孔隙的蜂窝结构。

③ 絮凝结构。细的土粒如黏粒（粒径小于 0.005mm），在水中处于悬浮状态，不因自重而下沉，当悬浮液介质发生变化，如黏粒带到电解质浓度较大的海水中时，使带电的黏粒分子互相吸引聚合，形成状似海绵絮状体，聚合到一定重量时即能下沉，与已下沉的絮状体接触，成为孔隙很大的絮凝结构。

2) 土的构造

在同一土层中，土的物质成分和颗粒大小都相近的各部分之间的相互关系特征为土的构造。其主要特征为层状构造。土的层状构造，即土粒在沉积过程中，由于不同的地质作用，相同的物质成分和颗粒大小在水平向沉积成一定厚度，呈现成层特征。

(4) 土的组成

固体的矿物颗粒构成土的骨架，土的骨架间贯通着孔隙，孔隙中有水和气体。土中空气很易被压缩，水又可以从土中流进或流出，这三个组成部分的相对比例常会随时间和载荷而变化。各种土的矿物成分、颗粒大小有不同，形成历史条件也有差别，因此土的三项指标之间比例关系也就很不相同。即反映出土的松密、轻重、干湿、软硬等一系列基本物理性质，可作为评价土的工程性质的定量指标。

1) 土的固体颗粒

土的主要组成部分，也是影响土的物理力学性质的重要因素。

土的固体颗粒粒径大小不同时，土的性质也相应发生变化。如粒径由粗变细时，土的性质可以由无黏性到有黏性的变化。基于粒径大小变化的量变会引起土性质的质变，工程上将土的粒径范围相近的颗粒定为某一粒组，粒组与粒组之间的分界尺寸称为界限粒径。

2) 土中的水

土孔隙中的液态水主要有结合水和自由水两种形态。

① 结合水

被土矿物颗粒表面由分子引力牢固吸附着的一层较薄的水。一般情况下，土颗粒表面大多带有负电荷，围绕土粒形成电场。距离土颗粒表面越近，静电引力越强；距离稍远，静电引力较小，而极性分子的活动性就较大。

② 自由水

在土粒表面电场影响范围以外服从重力规律的土孔隙中的水，称为自由水。它能在重力作用下在土孔隙中由高处向低处自由流动，能传递静水压力，有溶解能力。自由水按其移动时所受作用力的不同，又可分为重力水和毛细水。

重力水在土孔隙中只受重力作用而自由流动。一般只存在于地下水位以下的透水土层中。重力水使土中的应力状态发生变化，对基坑开挖有很大影响。

毛细水则是土孔隙中受表面张力作用而存在的自由水。一般存在于地下水位以上的透水层中。由于表面张力作用，地下水沿土孔隙不规则的毛细孔上升，形成毛细水上升带。由于土中存在毛细水，工程建设中要注意建筑的防潮措施，预防地基土浸湿和冻胀的影响。

3）土中的气

土中气体存在于孔隙中未被水所占据的部位。与大气相连的空气（常见于粗粒土），对土的性质影响不大；与大气隔绝的封闭气泡（细粒土中），不易逸出，增大了土的弹性和压缩性，而减小了透水性。

3.1.2 土的渗透性和流砂现象

水流过土中孔隙的难易程度的性质，称为渗透性。地下水的补给和排泄条件，以及土中水的渗透速度等都与土的渗透性有关。地下水在孔隙中渗透，产生连续的速度不大的水流，称为层流。土的渗透系数 k 与土的性质和颗粒大小有关。土颗粒越细，孔隙越小，渗透系数也就越小。土的渗透系数在工程上应用很多，它的大小决定于土的结构和构造、土的粒径级配、土粒的形状等。

土的渗透性对于结构物地基、结构和排水系统的设计与施工极为重要。在管道施工中关系着沟槽开挖、施工排水以及地基处理。

（1）流砂的成因

砂质土经水饱和后，受动水压力和其他外界的影响，使其土壤变为液体状态的现象叫做流砂现象。流砂现象通常在以下情况时发生。

1）在地下水渗透压力的作用下，形成的流砂现象：当地下水渗透过砂土层，动水压力超过砂土颗粒在水中的自重以及相互之间的黏性骨架力时，砂的内摩擦力就将消失，处于悬浮状态，从而产生流砂现象。对于任何一种砂土，不论其成分或密实度如何，在渗透压力影响下，均能变成流动状态。但施工实践中，粗砂和中砂很少发生流砂现象，而渗透性较小的粉砂、细砂和黏性差的亚砂土等常常在动水压力下有流砂现象发生。

2）在外力振动的影响下，形成的流砂现象：疏松的状态在外力振动（如地震、爆破震动及机械振动等）的作用下，能使原有的疏松结构破坏，由疏松状态变为密实状态，砂的孔隙率相应减少，因而孔隙中的水不能立即排除，土壤颗粒就被尚未排除的水分开而成为悬浮状态，且易流动。但这样形成的流砂现象，在一般施工过程中很少遇到。

3）流砂形成的程度大体上分四种状态：

① 轻微的流砂现象——在沟底局部串砂；

② 中等程度的流砂现象——一堆堆细砂从沟底部缓慢冒起；

③ 严重的流砂现象——从沟底的串砂速度加快，往往形成陷脚现象；

④ 涌土现象——沟底涌砂现象加快，沟底部土层升高，沟壁下塌，严重时可引起地面开裂、附近建筑倒塌、门窗变形。

（2）处理流砂的施工措施

选择适宜的施工季节，对于流砂地段的施工有着重要的意义。在可能的条件下，应当争取在全年地下水位最低的季节进行施工，这时由于动水压力的减低，在一些情况下可以避免流砂现象的发生，或者至少可以减轻流砂的严重情况。

除此之外，在不同程度的流砂地段，可采取如下的施工措施。

1）普通流砂现象

① 在有流砂的地段，采取突击施工的措施，当沟槽完成后立即下管，迅速填土。因为细砂、粉砂及亚砂土在地下水的推动下，从原有稳定状态到发生流砂现象需要一定的时

间，如果在这段时间内将主要工作干完，也就相应地防止了流砂现象的发生。

②在沟底铺上草袋，用木板压住，使流砂中的水分经草袋渗出排除，砂将会稳住。

③采取集水井，排除沟内积水。

④在沟槽两壁，用密支撑或短板桩进行加固，使水的渗透途径增长，以增大地下水的流动阻力，从而避免或减轻流砂现象。其板桩打入沟底的深度，与地下水位、土质等因素有关。一般为地下水位和沟底间距离的 0.3～0.5 倍，但最小不小于 0.3m。打板桩需要打桩设备，技术上难度较大，施工速度缓慢，不能适应一般性施工要求。所以，只有在特殊情况下才采用这种措施。

2）较严重的流砂地带

除上述突击施工措施外，可采用下述方法：

①在沟槽两侧打入长板桩来避免或减轻流砂现象；

②人工降低地下水位，也就是在开挖沟槽前，降低沿线地下水位，是防止流砂现象发生的有效措施。

3）发生涌土现象的地带

在发生涌土现象的地带开挖沟槽，针对流砂形成的特征，可采取以下相应的措施：

①用井点排水系统来降低地下水位，使流砂无法形成；

②对于焊接钢管敷设的管道工程，可采取带水挖土、浮管法安装的措施，也可避免流砂出现。

3.1.3　土的物理性质及有关强度计算

（1）土的物理性质指标

土的一些物理性质主要决定于组成土的固体颗粒、孔隙中的水和气体这三相所占的体积和质（重）量的比例关系，反映这种关系的指标称为土的物理性质指标。土的物理性质指标不仅可以描述土的物理性质和它所处的状态，而且，在一定程度上可反映土的力学性质。

土的物理性质指标可分为两类：一类是必须通过试验测定的，如含水率、密度和土粒比重，称为直接指标；另一类是根据直接指标换算的，如孔隙比、孔隙率、饱和度等，称为间接指标。

为便于说明这些物理性质指标的定义和它们之间的换算关系，常用三相图表示土体内三相的相对含量（图 3-1）。图中 m 表示质量，V 表示体积，下标 s、w、a 和 v 分别表示土粒、水、气体和孔隙。例如 m_s 表示土粒的质量，V_v 表示孔隙的体积等。

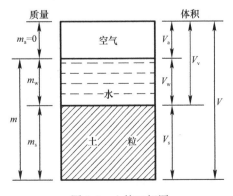

图 3-1　土的三相图

1）试验直接测定的物理性质指标

①土的密度 ρ 与重度 γ

土的密度定义为单位体积土的质量，用 ρ 表示，其单位为 mg/m³（或 g/cm³）。表达式如下：

$$\rho = \frac{m}{V} = \frac{m_s + m_w + m_a}{V_s + V_w + V_a} \qquad (3-1)$$

对于黏性土，土的密度常用环刀法测定。

土的重度也称为容重，定义为单位体积土的重量，用 γ 表示，单位为 kN/m^3。表达式如下：

$$\gamma = \frac{W}{V} = \frac{m \times g}{V} = \rho \times g \tag{3-2}$$

式中　W——土的重量，kN；

　　　g——重力加速度。

② 土粒比重 G_s

土粒比重定义为土粒的质量（或重量）与同体积 4℃时纯水的质量（或重量）之比（无因次），其表达式为：

$$G_s = \frac{m_s}{V_s \times (\rho_w)_{4℃}} = \frac{\rho_s}{(\rho_w)_{4℃}} \tag{3-3}$$

$$G_s = \frac{m_s \cdot g}{V_s \times (\gamma_w)_{4℃}} \tag{3-4}$$

式中　ρ_s——土粒的密度，即土粒单位体积的质量；

　$(\rho_w)_{4℃}$——4℃时纯水的密度，$1g/cm^3$；

　$(\gamma_w)_{4℃}$——4℃时纯水的重度。

土粒比重常用比重瓶法测定，事先将比重瓶注满纯水，称瓶加水的质量，然后把烘干土若干克装入该空比重瓶内，再加纯水至满，称瓶加土加水的质量，按下式计算土粒比重：

$$G_s = \frac{m_s}{m_1 + m_s - m_2} \tag{3-5}$$

式中　m_1——瓶加水的质量；

　　　m_2——瓶加土加水的质量；

　　　m_s——烘干土的质量。

比重的大小取决于土粒的矿物成分。天然土含有不同矿物组成的土粒，它的比重一般是不同的。由试验测定的比重值代表整个试样内所有土粒的平均比重，砂土的平均比重约为 2.65，黏土的平均比重约为 2.75。若土中含有有机质时，其比重会明显减小。

③ 土的含水率 w

土的含水率，曾称为含水量，定义为土中水的质量与土粒的质量之比，以百分数表示，其表达式为：

$$w = \frac{m_w}{m_s} \times 100\% \tag{3-6}$$

测定含水率常用的方法是烘干法，先称出天然湿土的质量，然后放入烘箱中，在 $100 \sim 105℃$ 常温下烘干，称得干土质量，按公式（3-6）即可算得。

2）间接换算的物理性质指标

上述三个指标可以通过试验直接测定，利用上述基本指标可以换算出以下各个指标。

① 土的孔隙比 e

土的孔隙比定义为土中孔隙的体积与土粒的体积之比，以小数表示，其表达式为：

$$e = \frac{V_\mathrm{v}}{V_\mathrm{s}} \qquad (3-7)$$

② 土的孔隙率 n

土的孔隙率定义为土中孔隙的体积与土的总体积之比，或单位体积内孔隙的体积，以百分数表示，其表达式为：

$$n = \frac{V_\mathrm{v}}{V} \times 100\% \qquad (3-8)$$

土的孔隙比与土的孔隙率都是反映土的密实程度的指标。对于同一种土，土的孔隙比或孔隙率越大，表明土越疏松，反之越密实。

③ 土的饱和度 S_r

土的饱和度定义为土中孔隙水的体积与孔隙体积之比，以百分数表示，其表达式为：

$$S_\mathrm{r} = \frac{V_\mathrm{w}}{V_\mathrm{v}} \times 100\% \qquad (3-9)$$

饱和度是反映土孔隙被水充满程度的指标。干土的饱和度为 0，饱和土的饱和度为 100%。

④ 干密度 ρ_d 与干重度 γ_d

土的干密度是单位体积内土粒的质量，其表达式为：

$$\rho_\mathrm{d} = \frac{m_\mathrm{s}}{V} \qquad (3-10)$$

土的干重度是单位体积内土粒的重量，其表达式为：

$$\gamma_\mathrm{d} = \frac{W_\mathrm{s}}{V} = \frac{m_\mathrm{s} \times g}{V} = \rho_\mathrm{d} \times g \qquad (3-11)$$

土烘干，体积要减小，因而土的干密度不等于烘干土的密度。土的干密度或干重度也是评定土密实程度的指标，干密度或干重度越大表明土越密实，反之越疏松。填土的密实度常用干密度 ρ_d 来表示，常用它来控制填土工程的施工质量。

⑤ 孔隙比与孔隙率的关系

设土体内土粒的体积 V_s 为 1，则按公式（3-7），孔隙的体积 V_v 为 e，土体的体积 V 为 $(1+e)$，于是按公式（3-8）的定义，有：

$$n = \frac{V_\mathrm{v}}{V} = \frac{e}{1+e} \quad 或 \quad e = \frac{n}{1-n} \qquad (3-12)$$

⑥ 干密度与湿密度和含水率的关系

设土体的体积 V 为 1，则按公式（3-10），土体内土粒的质量 m_s 为 ρ_d，由公式（3-6）水的质量 m_w 为 $w\rho_\mathrm{d}$。于是，按公式（3-1）的定义可得：

$$\rho = \frac{m}{V} = \frac{\rho_\mathrm{d} + w\rho_\mathrm{d}}{1} = \rho_\mathrm{d}(1+w)$$

或

$$\rho_\mathrm{d} = \frac{\rho}{1+w} \qquad (3-13)$$

⑦ 孔隙比与比重和干密度的关系

设土体内土粒的体积 V_s 为 1，则按公式（3-7），孔隙的体积 V_v 为 e，土粒的质量 m_s 为 ρ_d，于是，按公式（3-10）的定义可得：

$$\rho_\mathrm{d} = \frac{m_\mathrm{s}}{V} = \frac{\rho_\mathrm{s}}{1+e}$$

应用公式（3-3）整理得：

$$e = \frac{G_s \rho_w}{\rho_d} - 1 \tag{3-14}$$

（2）土的抗剪强度

如图 3-2 所示，土样放在面积为 A 的剪力盒内，受水平力 T 作用，在剪切面产生剪应力 τ。τ 随 T 的增大而增大，T 增加到 T' 时，在剪切面发生土颗粒相互错动，土样破坏。土样开始破坏时剪切面上的剪应力称为土的抗剪强度 τ_f：

$$\tau_f = \frac{T'}{A} \tag{3-15}$$

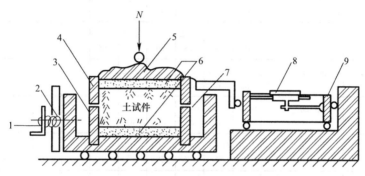

图 3-2　土的剪应力实验装置示意

1—手轮；2—螺杆；3—下盒；4—上盒；5—传压板；6—透水石；7—开缝；8—测微计；9—弹性量力环

如果在剪力盒上有垂直压力 N 作用，则在土样内产生法向应力 σ：

$$\sigma = \frac{N}{A} \tag{3-16}$$

τ 与 σ 成正比。

砂是散粒体，颗粒间没有相互的黏聚作用。因此，砂的抗剪强度即为颗粒间的摩擦力。由试验求出各个 σ、τ 值，在直角坐标纸上将各个 σ、τ 点连线。连线将通过原点，如图 3-3 所示，而

$$\tau = \sigma \cdot \mathrm{tg}\varphi \tag{3-17}$$

式中　φ——内摩擦角。

黏性土颗粒粒径很小，由于颗粒间的胶结作用和结合水的连锁作用，产生黏聚力。

黏性土抗剪强度的组成，除了内摩擦力外，还有一部分黏聚力。因此黏性土的抗剪强度为（图 3-4）：

$$\tau = \sigma \cdot \mathrm{tg}\varphi + c \tag{3-18}$$

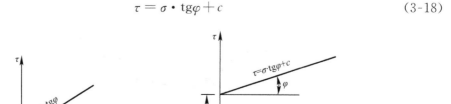

图 3-3　砂土的抗剪强度曲线　　　图 3-4　黏性土的抗剪强度曲线

土的密实度、含水量、抗剪强度试验的仪器装置和操作方法，都会影响 φ 和 c 值。

表 3-2 所列为砂土和黏土的内摩擦角 φ 和黏聚力 c 的经验值。

砂土和黏土的内摩擦角 φ 和黏聚力 c　　　　　表 3-2

土的名称	塑限含水量（%）	土的指标	孔隙比											
			0.41~0.50		0.51~0.60		0.61~0.70		0.71~0.80		0.81~0.95		0.96~1.00	
			饱和状态含水量（%）											
			14.8~18.0		18.4~21.6		22.0~25.2		25.6~28.8		29.2~34.2		34.6~39.6	
			标准	计算	标准	计算	标准	计算	标准	计算	标准	计算	标准	计算
粗砂		c　kg/cm² φ	0.02 43	 41	0.01 40	 38	 38	 36						
中砂		c　kg/cm² φ	0.03 40	 38	0.02 38	 36	0.01 35	 33						
细砂		c　kg/cm² φ	0.06 38	0.01 36	0.04 36	 34	0.02 32	 30						
粉砂		c　kg/cm² φ	0.08 36	0.02 34	0.06 34	 32	0.04 30	 28						
粘性土	<9.4	c　kg/cm² φ	0.10 30	0.02 28	0.07 28	0.01 26	0.05 27	 25						
	9.5~12.4	c　kg/cm² φ	0.12 25	0.03 23	0.08 24	0.01 22	0.06 23	 21						
	12.5~15.4	c　kg/cm² φ	0.24 24	0.14 22	0.21 23	0.07 21	0.14 22	0.04 20	0.07 21	0.02 19				
	15.5~18.4	c　kg/cm² φ			0.50 22	0.19 20	0.25 21	0.11 19	0.19 20	0.08 18	0.11 19	0.04 17	0.08 18	0.02 16
	18.5~22.4	c　kg/cm² φ					0.68 20	0.28 18	0.34 19	0.19 17	0.28 18	0.10 16	0.19 17	0.06 15
	22.5~26.4	c　kg/cm² φ							0.82 18	0.36 16	0.41 17	0.25 15	0.36 16	0.12 14
	26.5~30.4	c　kg/cm² φ									0.94 16	0.40 14	0.47 15	0.22 13

完全松散的砂土自由地堆放在地面上，砂堆的斜坡与地平面构成的夹角 α，称为自然倾斜角（或安息角）。

为了保持土壁的稳定，必须有一定边坡。边坡以 1：n 表示，如图 3-5 所示。

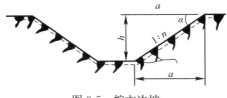

图 3-5　挖方边坡

$$n = \frac{a}{h} \tag{3-19}$$

n 称为边坡率。对于砂土，边坡与地平面的夹角应接近于土的自然倾斜角。含水量大的土，土颗粒间产生润滑作用，使土颗粒间的内摩擦力或黏聚力减弱，因此应留有较缓的边坡。含水量小的砂土，颗粒间内摩擦力减少，亦不宜采用陡坡。当沟槽上载荷较大时，土体会在压力下产生滑移，因此边坡应缓，或采取支撑加固。深沟槽的上层槽应为缓坡。

（3）土的侧压力

各种用途的挡土墙、地下给水排水构筑物的墙壁和池壁、地下管沟的侧壁、工程施工中沟槽的支撑、顶管工作坑的后背，以及其他各种挡土结构，都受到土的侧向压力作用（图3-6）。这种土压力称侧土压力，或称挡土墙土压力。

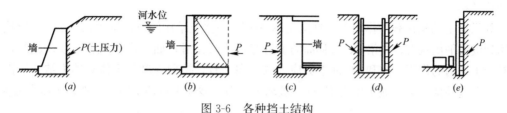

图 3-6 各种挡土结构

（a）挡土墙；（b）河堤；（c）池壁；（d）支撑；（e）顶管工作坑后背

侧土压力 P 可由下式确定：

$$P = \frac{1}{2}\gamma \cdot h^2 \cdot k \tag{3-20}$$

式中 γ——土的容量，kg/m^3；

h——挡土墙高度，m；

k——侧土压力系数。

如图3-7所示，在土推力作用下，挡土结构可能稍微向前移动，并绕墙角C转动。当挡土结构的位移量为 Δ 时，导致土体ABC达到极限平衡状态，并将沿BC潜在滑移面向下滑移，从而在滑移面上产生抗剪强度。抗剪强度有助于减弱土体对挡土结构的推力。在这种情况下，侧土压力 P_a 称为主动土压力。假设挡土结构背是直立的，挡土结构背与土体之间没有摩擦力，土体顶面是水平的，并与挡土结构顶是等高的，土体表面没有载荷，在这种情况下，砂性土对挡土结构的主动土压力值为：

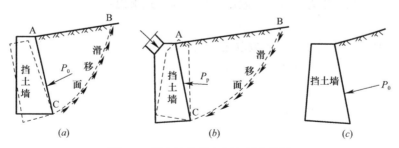

图 3-7 挡土墙位移和侧土压力作用

（a）挡土墙位移导致的主动土压力；（b）挡土墙位移导致的被动土压力；（c）挡土墙没有位移的静止土压力

$$P_a = \frac{1}{2}\gamma \cdot h^2 \cdot k_a = \frac{1}{2}\gamma \cdot h^2 \cdot tg^2\left(45° - \frac{\varphi}{2}\right) \tag{3-21}$$

式中 γ——土的容重，kg/m^3；

h——挡土结构高，m；

φ——土的内摩擦角；

k_a——主动土压力系数，$k_a = \text{tg}^2(45° - \varphi/2)$。

黏性土的抗剪强度组成中还有黏聚力 c，主动土压力 P 可由下式决定：

$$P_a = \frac{1}{2}\gamma \cdot h^2 \cdot k_a - 2ch\sqrt{k_a} + \frac{2c^2}{\gamma} \tag{3-22}$$

式中　c——黏土的黏聚力，kg/m^2；

其他符号意义同公式（3-21）。

在达到挡土结构位移量的过程中，潜在滑移面 BC 上的剪应力都有助于减弱土体对挡土结构的推力。

如果挡土结构在载荷作用下，推向土体 ABC，当挡土结构的位移量达到 $-\Delta$ 时，导致土体达到极限平衡状态，并沿 BC 滑移面向上滑移，从而在滑移面上产生抗剪强度。此时，土体对挡土结构的作用方向和 BC 面上剪应力的方向一致，抗剪强度使土体对挡土结构的推力增加。在这种情况下，侧土压力 P_p 称为被动土压力。砂性土对挡土结构的被动土压力值为：

$$P_a = \frac{1}{2}\gamma \cdot h^2 \cdot k_p = \frac{1}{2}\gamma \cdot h^2 \cdot \text{tg}^2\left(45° + \frac{\varphi}{2}\right) \tag{3-23}$$

式中　k_p——被动土压力系数，$k_p = \text{tg}^2(45° + \varphi/2)$；

其他符号意义同公式（3-21）。

黏性土的被动土压力值为：

$$P_a = \frac{1}{2}\gamma \cdot h^2 \cdot k_p + 2ch\sqrt{k_p}$$

$$= \frac{1}{2}\gamma \cdot h^2 \cdot \text{tg}^2\left(45° + \frac{\varphi}{2}\right) + 2ch\text{tg}\left(45° + \frac{\varphi}{2}\right) \tag{3-24}$$

如果土体对挡土结构作用时，后者不产生位移，土体不产生滑移的趋势，亦不存在潜在滑移面，例如地下水池的池壁、地下泵房的墙壁等挡土结构所受的侧土压力称为静止侧土压力 P_0：

$$P_0 = \frac{1}{2}\gamma \cdot h^2 \cdot k_0 \tag{3-25}$$

式中　k_0——静止侧土压力系数，一般用下列经验公式求出：

$$k_0 = 1 - \sin\varphi \tag{3-26}$$

k_0 还可近似地按主动土压力系数取用，但选较小的内摩擦角 φ，或者取用经验值：

砂土 $k_0 = 0.34 \sim 0.45$；亚黏土 $k_0 = 0.5 \sim 0.7$。

3.2　材料力学基础知识

工程实际中，广泛使用各种工程结构或机械，这些工程结构或机械的各组成部分，统称为构件。当工程结构或机械工作时，构件都受一定外力，即受到载荷的作用。在外力的作用下，构件有抵抗破坏的能力，但这种能力是有限度的，而且构件的尺寸和形状还将发生变化，此改变称为变形。

（1）为保证工程结构或机械正常工作的基本要求

1）强度要求：在规定载荷作用下的构件不应破坏。例如，供水管道不应爆管。强度要求就是指构件应当有足够的抵抗破坏的能力。

2）刚度要求：在载荷的作用下，构件即使有足够的强度，但若变形过大，仍不能正常工作。例如，机床主轴变形过大，将会影响零件加工精度。刚度的要求就是指构件应有足够的抵抗变形的能力。

3）稳定性要求：有些细长构件在外力作用下，如千斤顶的螺杆，应始终保持其原有的平衡形态，不被压弯。稳定性就是指构件应有足够的保持原有平衡形态的能力。

具有足够的强度、刚度和稳定性，是保证构件能安全正常工作的三个基本要求。为此，就必须为构件选择适当的材料和合理的截面形状，并确定截面形状所需要的尺寸。一般来说，在工程中对具体构件往往有所侧重，例如，供水管道是要保证其强度，机床主轴类要具备一定的刚度，而受压的细长杆则应保持稳定性。此外，对某些特殊的构件还可能有相反的要求，例如为防止超载，当载荷超过某一极限时，安全销应立即破坏。

对构件进行设计时，除要求构件安全正常工作外，还应考虑到合理使用现有的材料和节约材料，即必须同时考虑到安全和经济两方面的合理要求。为了安全则要求选择较好的材料，或采用较大的截面尺寸；为了经济则要求选用价廉的材料，或减小截面尺寸。这二者常常是一对矛盾，材料力学则为合理解决这一矛盾，提供了计算的基本原理和方法。

（2）材料力学的研究对象

在工程实际中，构件有各种不同的形状，而杆件则是工程中最常见、最基本的构件。杆件就是纵向（长度）尺寸远大于横截面（垂直于长度方向）尺寸的构件，简称为杆。例如，机械中的传动轴，工程结构中的梁、柱等。

杆件的主要几何特征有两个，即横截面和轴线。横截面是指与杆长度方向垂直的截面，而轴线则为所有横截面形心的连线，横截面与轴线是相互垂直的。

杆件按轴线的曲直可分为直杆和曲杆；根据各横截面形状、大小及沿杆长度方向是否变化，又可分为等截面杆和变截面杆；轴线是直线，且各横截面的形状和尺寸完全相同的杆，称为等直杆。由于等直杆在工程实际中应用最为广泛，因此是材料力学研究的主要对象。

3.2.1 杆件受力与变形

（1）杆件受力变形的形式

杆件在载荷的作用下，可能会发生各种各样的变形。变形的基本形式有四种：拉伸或压缩、剪切、扭转和弯曲。杆件的变形可能是四种基本变形中的一种，也可能是几种变形形式的组合。

1）拉伸和压缩　杆件受轴线方向的拉力或压力作用，产生伸长或缩短。这类变形的形式是由大小相等、方向相反、作用线与杆件轴线重合的一对力引起的，表现为杆件长度发生伸长或缩短。

2）剪切　杆件在大小相等、方向相反且相距很近的两个横向外力作用下，各横截面产生的错动变形。这类变形形式是由大小相等、方向相反、相互平等的力引起的，表现为受剪杆件的两部分沿外力作用方向发生相对错位。

3）扭转　杆件在与其垂直的平面上有力偶的作用，杆的各横截面绕轴线产生相对转动变形。这类变形形式，是由大小相等、方向相反、作用面垂直于杆轴的两个力偶引起的，表现为杆件的任意两个横截面发生绕轴线的转动。

4）弯曲　杆件在垂直于轴线的横向力作用下，杆件轴线弯成曲线。这类变形形式是由垂直于杆件轴线的横向力，或由作用于包含杆轴的纵向平面的一对大小相等、方向相反的力偶引起的，表现为杆件轴线由直线变为曲线。

（2）杆件受力拉伸与压缩

工程实践中经常遇到承受拉伸和压缩的杆件，例如液压传动机构中的活塞杆、吊机上的吊杆等。

这些受拉或受压的杆件，虽然在外形上各有差异，加载方式也并不相同，但它们的共同特点是：作用于杆件上的外力，合力作用线与杆件轴线重合，且两个力大小相等、方向相反，杆件变形是沿轴线方向的伸长或缩短，这种变形形式称为轴向拉伸或轴向压缩。若把这些杆件的形状和受力情况进行简化，都可以简化成如图 3-8 所示的受力简图。

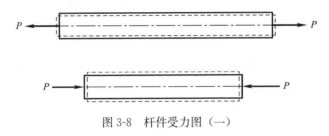

图 3-8　杆件受力图（一）

物体的一部分与另一部分或质点与质点之间相互作用的力，称为内力。为了显示拉（压）横截面的内力，沿横截面 m-m 假想地把杆件分成两部分（图 3-9），杆件左右两段在横截面 m-m 上相互作用的内力是一个分布力系，其合力为 N。由于杆件原来处于平衡状态，由平衡方程 $\sum X = 0$ 得：

$$N - P = 0 \quad N = P \tag{3-27}$$

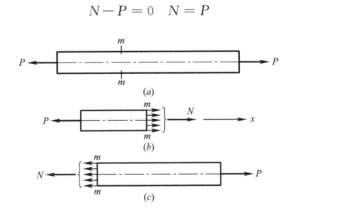

图 3-9　杆件受力图（二）

（a）杆件内力分析；（b）左段内力分布力系；（c）右段内力分布力系

实际上，N 是一对作用力与反作用力，因此，对同一截面来说，如果取不同的对象来分析，则所得的内力，必然是数值相等，而方向相反。而外力 P 的作用线与杆件轴线重合，内力的合力 N 的作用线也必然与杆件的轴线重合，所以 N 称为轴力。习惯上，把拉伸时的轴力规定为正，压缩时的轴力规定为负。

若沿杆件轴线作用的外力多于两个，则在杆件各部分的横截面上轴力不尽相同，为了形象地表示轴力沿轴线的变化情况，可绘制出轴力横截面位置变化的图线，称为轴力图。关于轴力图的绘制，下面用例题来说明。

例： 图 3-10（a）为一个双压手铆机的示意图。作用于活塞杆上的力分别简化为 $P_1 = 3\text{kN}$、$P_2 = 1.48\text{kN}$、$P_3 = 1.52\text{kN}$，计算简图如图 3-10（b）所示，试求活塞杆横截面 1-1 和 2-2 上的轴力，并作活塞杆的轴力图。

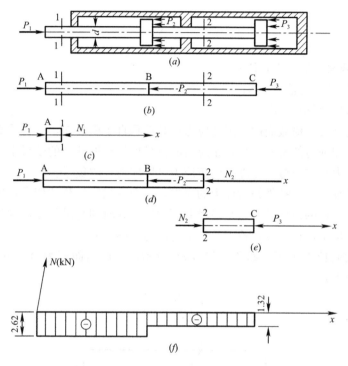

图 3-10　杆件受力图（三）

（a）双压手铆机的示意图；（b）活塞杆受力简图；（c）1-1 左段受力简图；（d）2-2 左段受力简图；（e）2-2 右段受力简图；（f）杆件轴力图

解： 使用截面法，沿截面 1-1 将活塞杆分成两段，取出左段，并画出受力图，如图 3-10（c）所示，用 N_1 表示右段对左段的作用，为了保持左段平衡，N_1 和 P_1 大小相等、方向相反，因此截面 1-1 左边的一段受压，N_1 为负。由左段平衡方程 $\sum X = 0$ 得：$P_1 - N_1 = 0$

$$N_1 = P_1 = 3\text{kN}（压力）$$

同理，可以得出截面 2-2 上的轴力 N_2。由截面 2-2 左边一段图 3-10（d）的平衡方程 $\sum X = 0$ 得：$P_1 - P_2 - N_2 = 0$

$$N_2 = P_1 - P_2 = 1.52\text{kN}（压力）$$

同样可以得出截面 2-2 右边的一段图 3-10（e），由平衡方程 $\sum X = 0$ 得：$N_2 - P_2 = 0$

$$N_2 = P_2 = 1.52\text{kN}（压力）$$

若选取一个坐标系，横坐标表示横截面的位置，纵坐标表示相应截面上的轴力，便可以用图线表示沿活塞杆轴线轴力变化的情况，如图 3-10（f）所示，这种图线即为轴力图。在轴力图中将拉力绘在 X 轴上方，压力绘在 X 轴下方，这样轴力图不仅能显示杆件各段内轴力的大小，而且还可以表示各段内的变形是拉伸还是压缩。

只根据轴力并不能准确判断杆件是否有足够的强度。例如用同一材料制成粗细不同的两根杆，在同样的拉力作用下，两根杆的轴力自然相同，但当拉力逐渐增大时，细杆必定先被拉断。这说明拉杆的强度不仅与轴力的大小有关，而且与横截面的面积有关，因此工程中常用单位面积上的内力作为尺度，来比较和判断杆件的强度。单位面积上的内力，称为应力。

$$\sigma = \frac{N}{A} \tag{3-28}$$

式中　σ——横截面上的应力，Pa；

　　　N——横截面上的轴力，N；

　　　A——横截面面积，m^2。

由于轴力是垂直于横截面的，因此应力也必然垂直于横截面，这种垂直于横截面的应力称为正应力。和轴力的符号一样，正应力的符号也是根据杆件的变形来规定的：拉伸时的正应力（拉应力）取正号，压缩时的正应力（压应力）取负号。

上面讨论了轴向拉压杆件横截面上的应力，是今后强度计算的依据，但不同材料的实验表明，拉（压）杆的破坏并不总是沿横截面发生的，有时却是沿斜截面发生的。为了全面了解杆内的应力情况，还需要讨论斜截面上的应力（图 3-11）。

设直杆的轴向拉力为 P，如图 3-11（a）所示，横截面面积为 A，由应力公式得出，横截面上的正应力 σ 为：

$$\sigma = \frac{N}{A} = \frac{P}{A} \tag{3-29}$$

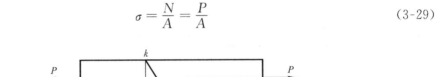

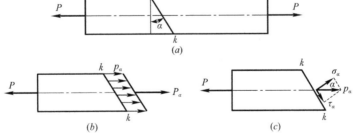

图 3-11　受力分析图

（a）杆件受力图；（b）k-k 左段受力平衡图；（c）k-k 应力分解图

设与横截面成 α 角的斜截面 k-k 的面积为 A_α，A 与 A_α 之间的关系应为：

$$A_\alpha = A/\cos\alpha \tag{3-30}$$

若沿斜截面 k-k 假想地把杆件分成两部分，以 P_α 表示斜截面 k-k 上的内力，由左段的平衡图 3-11（b）可知

$$P_\alpha = P \tag{3-31}$$

按证明横截面上正应力均匀分布的方法，可知截面上的应力也是均匀分布的，若以 p_α 表示斜截面 k-k 上的应力，则有：

$$p_\alpha = P_\alpha/A_\alpha = P/A_\alpha$$

代入上式，得： $$p_\alpha = P/A \times \cos\alpha = \sigma\cos\alpha \tag{3-32}$$

把应力 p_α 分解成垂直于斜截面的正应力 σ_α 和相切于斜截面的剪应力 τ_α，如图 3-11（c）所示：

$$\sigma_\alpha = P_\alpha\cos\alpha = \sigma\cos^2\alpha \tag{3-33}$$

$$\tau_\alpha = p_\alpha\sin\alpha = \sigma\cos\alpha\sin\alpha = \sigma/2 \times \sin2\alpha \tag{3-34}$$

公式中，法线方向的分量 σ_α，即为该斜截面上的正应力；切线方向的分量 τ_α，则称为该斜截面上的剪应力。

从公式（3-33）和公式（3-34）可知，σ_α 和 τ_α 均为 α 的函数，所以斜截面的方位不同，截面上的应力也就不同。当横截面上的正应力 σ 为已知时，则任意一斜截面上的 σ_α 和 τ_α 就完全确定了。

当 $\alpha = 0°$ 时，斜截面 $k\text{-}k$ 成为垂直轴线的截面，σ_α 达到最大值：

$$\sigma_{\alpha\max} = \sigma$$

当 $\alpha = 45°$ 时，τ_α 达到最大值：

$$\tau_{\alpha\max} = \sigma/2$$

可见，轴向拉伸（压缩）时，在杆件的横截面上，正应力为最大值；在与杆件轴线成 $45°$ 的斜截面上，剪应力为最大，其数值等于最大正应力的 $1/2$；此外，当 $\alpha = 90°$ 时，$\sigma_\alpha = \tau_\alpha = 0$，这表明在平行于杆件轴线的纵截面上无任何应力。

3.2.2 材料的力学性能

（1）材料在拉伸时的力学性能

分析杆件的强度时，除计算应力外，还需要了解材料的力学性能。材料的力学性能也称为材料的机械性能，是指材料在外力的作用下表现出的变形、破坏等方面的性能，是由试验来测定的。这种试验称为常温静载试验，是测定材料力学性能的基本试验。为了便于比较不同材料的试验结果，对试样的形状、加工精度、加载速度、试验环境等，都有统一规定。图 3-12 为一种标准试样，在试样上取 l 的一段作为试验段，l 称为标距。对圆截面试样，标距 l 与直径 d 有两种比例，即：短试样 $l = 5d$ 和长试样 $l = 10d$。

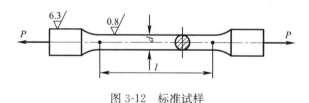

图 3-12 标准试样

工程上常用的材料很多，低碳钢和铸铁使用较广，下面以低碳钢和铸铁为代表，介绍材料拉伸和压缩时的力学性能。

（2）低碳钢拉伸时的力学性能

低碳钢是指含碳量小于 0.3% 的碳素钢，这类钢在工程中使用较广，在拉伸试验中表现的力学性能最为典型。

试样装在试验机上，受到缓慢增加的拉力作用。对应每一个拉力 P，试样标距 l 都有一个伸长量 Δl。

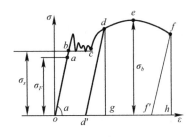

图 3-13　应力-应变图

为了消除试样尺寸的影响，把拉力 P 除以试样横截面的原始面积 A，得出应力：$\sigma = P/A$；同时，把伸长量 Δl 除以标距的标距的原始长度，得到应变 $\varepsilon = \Delta l/l$，以 σ 为纵坐标，ε 为横坐标，作图表示 σ 与 ε 的关系称为应力-应变图，或 $\sigma\varepsilon$ 曲线，如图 3-13。

根据试验结果，低碳钢的力学性能大致如下：

1）弹性阶段：在拉伸初始阶段，σ 与 ε 的关系为直线 $0a$，表示在这一阶段内，应力 σ 与应变 ε 成正比，直线部分最高点 a 点所对应的应力 σ_p 称为比例极限；从 a 点到 b 点，σ 与 ε 之间的关系不再是直线关系，解除拉力后，变形仍可完全消失，这种变形称为弹性变形，b 点对应的应力 σ_e 是材料出现弹性变形的极限值，称为弹性极限。

2）屈服阶段：当应力超过 b 点增加到某一数值时，应变有非常明显的增加，而应力先是下降，然后作微小波动，在 $\sigma\varepsilon$ 曲线上出现接近水平线的小锯齿形线段，这种应力基本保持不变，而应变显著增加的现象，称为屈服或流动。在屈服阶段内的最高应力和最低应力分别称为上屈服极限和下屈服极限，通常就把下屈服极限称为屈服极限或屈服点，用 σ_s 来表示。

3）强化阶段：过了屈服阶段后，材料又恢复了抵抗变形的能力，要使它继续变形必须增加拉力，这种现象称为材料的强化，在 $\sigma\varepsilon$ 曲线上强化阶段的最高点 e 所对应的应力 σ_b 是材料所能承受的最大应力，称为强度极限或抗拉强度，它是衡量材料强度的重要指标。

4）局部变形阶段：过 e 点后，在试样的某一局部范围内，横向尺寸突然急剧缩小，形成颈缩现象如图 3-14 所示。由于在颈缩部分的横截面面积迅速减小，使试样继续伸长所需要的拉力也相应减少，在 $\sigma\varepsilon$ 曲线中，应力随之下降，降落到 f 点，试样被拉断。

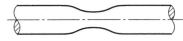

图 3-14　低碳钢拉伸时的颈缩现象

5）延伸率：试样拉断后，由于保留了塑性变形，试样长度由原来的 l 变为 l_1。用百分比表示比值 δ 表示，称为延伸率。

$$\delta = (l_1 - l)/l \times 100\% \qquad (3\text{-}35)$$

延伸率是衡量材料塑性的指标，工程上通常按延伸率的大小把材料分成两大类，$\delta > 5\%$ 的材料称为塑性材料，如碳钢；$\delta < 5\%$ 的材料称为脆性材料，如灰口铸铁。

（3）铸铁拉伸时的力学性能

根据测试结果可以发现，灰口铸铁拉伸时的 $\sigma\varepsilon$ 关系是一段微弯曲线，如图 3-15 所示，没有明显的直线部分，它在较小的拉应力下就被拉断，没有屈服和颈缩现象，拉断前的应变很小。由于没有屈服现象，铸铁拉断时的最大应力 σ_b 即为强度极限。强度极限 σ_b 是衡量强度的唯一指标。

铸铁经球化处理成为球墨铸铁后，力学性能有显著变化，不但有较高的强度，还有较好的塑性性能。

（4）材料在压缩时的力学性能

金属的压缩试样一般制成圆柱形，为避免被压弯，圆柱的高度约为直径的 1.5～3 倍。

低碳钢压缩时的 $\sigma\varepsilon$ 曲线如图 3-16 所示。试验表明，低碳钢压缩时的屈服极限 σ_s 与拉伸时大致相同，屈服以后，试样越压越扁，横截面面积不断增大，试样抗压能力也在继续提高，因此得不到压缩时的强度极限。

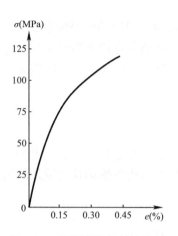

图 3-15　铸铁拉伸应力-应变图

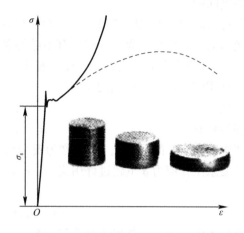

图 3-16　低碳钢压缩时的 $\sigma\varepsilon$ 曲线

铸铁压缩时的 $\sigma\varepsilon$ 曲线如图 3-17 所示。试样仍然在较小的变形下突然破坏，破坏断面的法线与轴线大致成 $45°\sim55°$ 的倾角，表明试样沿斜截面因相对错动而破坏。铸铁的抗压强度极限比它的抗拉强度极限高 $4\sim5$ 倍。

脆性材料的抗拉强度低、塑性性能差，但抗压能力强，且价格低廉，宜作为抗压构件的材料，在工程中广泛应用。

综上所述，衡量材料力学性能的指标主要有比例极限（或弹性极限）σ_p、屈服极限 σ_s、强度极限 σ_b 和延伸率 δ 等。表 3-3 中列出了几种常用材料在常温、静压下 σ_s、σ_b 和 δ 的值。

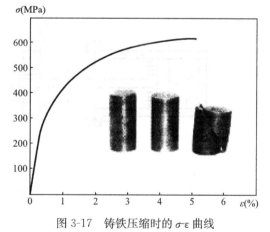

图 3-17　铸铁压缩时的 $\sigma\varepsilon$ 曲线

几种常用材料的主要力学性能　　　　　表 3-3

材料名称	牌号	σ_s(MPa)	σ_b(MPa)	δ(%)
普通碳素钢	Q235	235	370～500	25～27
普通低合金钢	Q345	345	490～675	19～21
球墨铸铁	QT450-10	—	450	10
灰口铸铁	HT150	—	150	—

3.2.3　失效、安全系数和强度计算

脆性材料制成的构件，在拉力作用下，当变形很小时就会突然断裂；塑性材料制成的

构件，在拉断之前已先出现塑性变形，由于不能保持原有的形状和尺寸，故不能正常工作。断裂和出现塑性变形统称为失效。受压件被压溃、压扁同样也是失效，这些失效现象都是强度不足造成的，但构件失效并不都是强度问题，也可能是其他原因造成的，这里主要讨论强度问题。

脆性材料断裂时的强度极限 σ_b，塑性材料到达屈服阶段时的屈服极限 σ_s，这两者都是构件失效时的极限应力。为保证构件有足够的强度，在载荷作用下构件实际应力 σ(称为工作应力)，显然应低于极限应力，强度计算中，以大于 1 的系数除以极限应力，并将所得结果称为许用应力，用 $[\sigma]$ 来表示。

对塑性材料：
$$[\sigma]=\sigma_s/n_s \tag{3-36}$$

对脆性材料：
$$[\sigma]=\sigma_b/n_b \tag{3-37}$$

公式中，大于 1 的系数 n_s 或 n_b 称为安全系数，把许用应力 $[\sigma]$ 作为构件工作的最高限度，即要求工作应力 σ 不超过许用应力 $[\sigma]$，于是得出构件轴向拉伸或压缩时的强度条件为：

$$\sigma = N/A \leqslant [\sigma] \tag{3-38}$$

根据以上强度条件，便可进行强度校核、截面设计和确定许可载荷等强度计算。

例： 气动夹具如图 3-18（a）所示，已知气缸内径 $D=140mm$，缸内气压 $p=0.6MPa$，活塞杆材料为 20 钢 $[\sigma]=80MPa$，试设计活塞杆的直径 d。

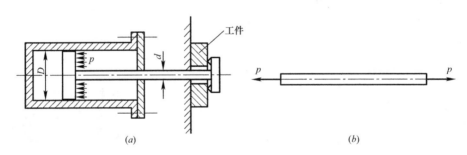

图 3-18　气动夹具
（a）气动夹具示意图；（b）活塞杆轴向拉伸图

解： 活塞杆左端承受活塞上的气体压力，右端承受工件的反作用力，故为轴向拉伸，如图 3-20（b）所示。拉力 P 可由气体压强乘活塞的受压面积来求得。在尚未确定活塞杆的横截面面积之前，计算活塞的受压面积时，可暂将活塞杆横截面面积略去不计，这样是偏于安全的。故有：

$$P = p \times \pi D^2/4 = 0.6 \times 10^6 \times \pi \times 0.14^2/4 = 9236N = 9.24kN$$

活塞杆的轴力为：

$$N = P = 9.24kN$$

根据强度条件，活塞杆横截面面积应满足以下要求：

$$A = \pi D^2/4 \geqslant N/[\sigma] = 9.24 \times 10^3/80 \times 10^6 = 1.16 \times 10^{-4} m^2$$

由此求出：$d \geqslant 0.0122m$

最后将活塞杆的直径取为 $d = 0.012m = 12mm$。

根据最后确定的活塞杆直径，应重新计算拉力 P，再校核活塞杆的强度。

从安全的角度考虑，应加大安全系数，降低许用应力，这就难免要增加材料的消耗和机械的重量，造成浪费。相反，从经济的角度考虑，应减小安全系数，提高许用应力，这样可以减少材料、减轻重量，但又有损安全，所以应合理地平衡安全和经济两方面的要求。

许用应力和安全系数的数值，可在相关的规范中查得，目前一般机械中，在静载荷的情况下，对塑性材料可取 $n_s = 1.2 \sim 2.5$；脆性材料均匀性较差，且断裂突然发生，有更大的危险性，所以取 $n_b = 2 \sim 3.5$，甚至取到 $3 \sim 9$。

3.3 供水管道受力简析

3.3.1 埋地供水管道受力分析

埋地管道的受力特征受施工条件、管道材料的性能、周围土的性质等因素影响，变化颇为复杂。管道周围的回填土，既是作用于管体上的载荷，又是管体受力变形时的阻力介质。因此，分析填土中管体受力状态时，应首先区分管的类型，然后才能分别分析管体的受力情况。

给水管道按受力变形情况可大致分为两类，即刚性和柔性。一般规定，当管体挠曲到 2% 而不出现结构危险时，称为柔性管。达不到这个标准的材料，一般被认为是刚性的。在实际应用中，钢管、球墨铸铁管、玻璃钢管及塑料管等，一般都属于柔性管，它们的特点是在土压力等作用下管断面的变形量大。灰口铸铁管和混凝土管都属于刚性管，它们在土压力等作用下管断面的变形量很小，可以忽略不计，这时将结构视为绝对刚体。

作用于管顶的垂直载荷集度和性状直接取决于埋管的施工方法，故分析填土中管体受力状态时，应对不同施工方法的埋管进行分析。一般主要管道埋设方法有三种：①上埋式：在原状地面上敷管，后覆土夯实，例如高填土铁路、公路或堤坝下的预埋管道。主要特点为管体侧面地面下沉量大于管顶下沉量，槽壁土体剪切应力向下，从而增加了埋管的载荷。②沟埋式：也称窄槽式埋管。埋管前在地面以下沿管线开挖较狭窄的矩形断面的沟槽，然后敷管、回填土料并分层夯实，多数应用于坚硬的原状土场地。其特点为管体侧面地面下沉量小于管顶下沉量，槽壁土体剪切应力向上，从而减轻了埋管的载荷。③隧道式：此法多用于圆管的顶管工程，通常有两种方法。一是先挖后顶，即用人力或机械在管体前面按管径尺寸挖出土料，然后用千斤顶将管体顶入土内；另一种方法是先顶后挖，即在管前套上钢制的刃脚作为切土的工具，再用千斤顶将钢制刃脚的套筒顶入土内，并将切下的土料挖运出来。

埋地管道所受载荷一般有管道自重，管内流体的重量，管内有压流体的静水压力，管道内瞬时压力急剧升高或降低所引起的水锤压力，覆土载荷，车辆负荷和地面堆载，温度变化引起的胀缩力，沿管线遇到土壤不均匀沉陷以及由于施工开挖使地基产生不均匀沉降而出现的力，管道在起吊、运输和安装过程中所受的力，管线转弯处由管内流体压力而产生的纵向力，管内出现真空时的负压力、地震作用力等。上述载荷中，管周静土压力、水内压等载荷起主要作用。

(1) 管顶垂直静土压力

实际应用中，对柔性管通常采用棱柱载荷，即管顶的垂直棱柱土的重力。这种方法的缺陷是对因管、土相对刚度比不同导致土体在沉陷变形过程中引起的土体内部的应力重分布未加考虑。由于这种应力重新分布的影响，对于刚性管，管顶垂直土压力大于土柱自重，对于柔性管则比刚性管要小，甚至低于土柱自重。具体按下式计算：

$$P = \gamma H \tag{3-39}$$

式中　P——H 深度处土压力；

　　　γ——回填土的重度；

　　　H——拟求土压力处深度。

(2) 管侧水平静土压力

对于刚性管，由于其变形较小，计算管侧土压力时通常按主动土压力考虑。而柔性管由于自身能够适应土体的变形，使得其管侧土压力分布不同于刚性管。

柔性管的受力特点是管侧水平土压力一般对称作用于管侧，它的作用效果能使在垂直载荷作用下已趋扁平的管环，部分产生向正圆恢复的趋势。这对于降低管环截面应力和提高管环抗变形能力都是有利的。其作用机理是在垂直土压下引起管环在水平方向的变形伸长，这种变形受到了管侧填土的约束，从而形成管侧水平压力。由此可见，水平土压力与管环变形是互为因果的。管侧土体对管道的侧向弹性抗力的分布形式主要有三种：抛物线形、三角形和扇形。在实用中，为简化计算，管侧土压力呈等腰三角形分布，作用范围为整个管侧，土压力值在管中心处最大，计算时取管顶土压力值。

(3) 管内力分析

传统的埋地管道内力分析方法主要有弹性理论方法和结构力学方法，对于刚性管道，可采用简便的结构力学法。结构力学计算方法一般是先假定载荷分布形状与数值大小，取单宽管片，按三次超静定闭合圆环进行内力分析。对于地下柔性管，采用弹性理论分析法，由于视管道和土体为弹性体，能反映他们之间的变形约束关系，相对来说，解答能反映一定的实际情况。然而，这种方法没有考虑土体的非线性特性，也没有考虑土体和管道的接触情况，另外，数学运算也比较复杂。一般来说，管外壁在管侧水平直径处上下一定范围内表现为受拉状态，其余部分则表现为受压状态，管外壁受压范围大于受拉状态；而管内壁在管底管顶部位表现为受拉状态，其余部位则表现为受压，管内壁受压范围大于受拉状态。

(4) 管周土压力分布的影响因素

在平板式或三点支撑法载荷下，刚性管要比柔性管强度高得多，这些往往会给人造成假象。事实上，柔性管在土壤系统中的有效强度是非常高的，在土载荷作用下，管体势必会挠曲，从而在管体两侧产生被动土压力。同时，环向挠曲缓解了管顶大部分的垂直土载荷，转由周围土壤在管上形成的拱承受。与刚性管不同，柔性管埋在土体里时，管和土是作为一个系统来抵抗载荷的。但这种作用往往比较复杂，影响因素主要有土体载荷、地面活载荷、管体刚度、土体模量等。

1) 覆土厚度的影响

对于埋地管道，覆土厚度对土压力分布及管道受力特性有一定影响。覆土较薄时，管道将直接承受或承受大部分载荷，随着覆土厚度增加，管道所受载荷呈减小趋势，当增加到一定程度后，减小趋势缓解。因此，实际施工时，应将覆土厚度控制在合理范围内。

对于静载荷，最小覆土（仅土壤作用）对管的作用不是很明显。而对于活载荷作用，当覆土较小时，在活载荷作用下，表层载荷将会压坏管体。因此，存在一个最小覆土厚度问题。综合考虑静载荷和活载荷，各地方规定了相应的最小值，根据实践，覆土厚度一般控制在 $1\sim6D$ 范围内。

2）管道刚度的影响

不同刚度的管道，在相同的土压力作用下，无论是土压力的大小，还是分布规律，都是不同的。一般来说，刚度小的管道，作用的土压力也小。其原因与管土之间相互作用有关，对于刚度小的管道（如薄壁钢管），当管顶初受外载荷（填土压力等）作用时，就会开始出现向两侧压扁的趋势，随着外载荷的增大，管截面将由正圆形渐变为椭圆形。在变形的同时，管壁将挤压管侧填土体，填土体则给予一定的抗力，阻止管道继续变形，在相互作用间，管周回填土的径向压力发生重新分布的现象，因而起到一定的减载作用。而刚性管被认为是不变形的，上述现象则不会产生。

3）土体模量的影响

土体模量是指土体应力增量与应变增量的比值，主要包括土压缩模量、变形模量和弹性模量。土压缩模量是土在有侧限条件下受压时，压应力增量与压应变增量的比值。变形模量是根据现场载荷试验得到的，是指土在侧向自由膨胀条件下正应力与相应的正应变的比值。弹性模量是指正应力 σ 与弹性即可恢复正应变的比值，通常用 E 来表示。

在管刚度一定的情况下，通过增加土体模量的方式，可以有效减小管道承受的载荷，而土体模量往往受以下两种因素的影响。

① 回填料的选择

不同回填料的土体综合模量不同，土质较差的填土综合模量较小，使得该条件下的埋管承受较大载荷，造成较大工程隐患，所以必须对其进行处理，替换并选择合适的回填料，以达到规定质量要求。

② 填土密实度的影响

对于同一刚度的管道，回填土密实度不同，管道受力大小及土压力分布规律也不同。回填土密实度与管体所受之上压力大小成反比，回填土夯实得越紧密，管体受力越小；反之，回填土松散，管顶土压力强度有时接近 2 倍的回填土紧密时的管顶土压力强度。原因：a.填土紧密易形成整体，能起到一定的拱效应；b.填土紧密则管土刚度较接近，填土可分担上面传来的压力；c.管道处于紧密填土中，可增强管体支撑力。而松散填土除了不具备上述特点外，还容易加剧管体变形，使之易于丧失稳定性。

3.3.2　过河供水钢管强度计算

在给水工程中，经常遇到管道跨越河沟、渠道等情况。当跨越长度较大时，需要进行管段的强度、挠度及稳定性计算。

考虑三种支承条件：①两端简支；②两端固定；③一端固定一端简支。

管段的载荷除考虑自重、水重、管内压力外，还要考虑可能将过河管段作为人行走道之用。可根据不同管径，取用不同活载荷（$q_h = 100 \sim 800 \text{kg/m}$）。

钢管的强度计算按现行的《钢结构设计规范》进行。此外，可按最大挠度允许值不大于 $t/200$ 进行验算。

钢管在使用期间虽然定期进行防腐处理，但难免会受到腐蚀。因此，在强度、挠度计算中扣除 2mm 壁厚，而在自重计算时这部分重量仍然予以考虑。

（1）钢管强度计算公式

正应力：
$$\sigma=\frac{M}{W_0}\leqslant[\sigma] \tag{3-40}$$

剪应力：
$$\tau=\frac{QS_0}{2I_0t_0}\leqslant[\tau] \tag{3-41}$$

式中　　　　　　　M——计算截面处的弯矩，kg·cm；

　　　　　　　　　Q——计算截面处的剪力，kg；

$W_0=\dfrac{2I_0}{D-0.2}$——截面的有效抵抗矩，cm^3；

$I_0=0.491(d^4-d_1^4)$——截面的有效抵抗惯性矩，cm^4；

$S_0=\dfrac{(d^3-d_1)}{12}$——验算剪应力处以外截面对中和轴的有效面积矩，$cm^3$；

　$t_0=t-0.2$——管壁的有效厚度，cm；

　　　　$[\sigma]$——焊缝的抗弯容许应力（$[\sigma]=1450kg/cm^2$）；

　　　　$[\tau]$——焊缝的抗剪容许应力（$[\tau]=1000kg/cm^2$）；

　　　　D——钢管外径，cm，$d=D-0.2$（cm），$d_1=D-2t\div0.2$（cm）；

　　　　t——管壁实际厚度，cm。

考虑到实际工程施工中，根据管材长度有可能将焊缝正好放在受力最大的部位（跨中或支座），为确保安全起见，材料的强度指标取用普通检查方法的焊缝指标。如果设计中有足够的把握保证焊缝不在最大受力部位，则 $[\sigma]$ 可采用 $1700kg/cm^2$。

（2）不同支承条件下的最大内力计算公式

1）两端简支：

弯矩：
$$M_{max}=ql^2/8 \tag{3-42}$$
剪力：
$$Q_{max}=ql/2 \tag{3-43}$$

2）两端固定：

弯矩：
$$M_{max}=ql^2/12 \tag{3-44}$$
剪力：
$$Q_{max}=ql/2 \tag{3-45}$$

（3）不同支承条件下的最大挠度计算公式

1）两端简支：
$$f_{max}=\frac{5ql^4}{384EI_0} \tag{3-46}$$

2）两端固定：
$$f_{max}=\frac{ql^4}{384EI_0} \tag{3-47}$$

3）一端简支一端固定：
$$f_{max}=0.00542\frac{ql^4}{EI_0} \tag{3-48}$$

在公式（3-34）～公式（3-40）中：

E——钢材弹性模量（$E=2.1\times10^6kg/cm^2$）；

q——计算载荷，kg/cm；

l——计算跨度，cm。

（4）按正应力强度要求所允许的跨度

1）两端简支、一端简支一端固定：

$$l_1 = \sqrt{\frac{8[\sigma]W_0}{q}} = 107.7\sqrt{\frac{W_0}{q}} \tag{3-49}$$

2）两端固定：

$$l_2 = \sqrt{\frac{12[\sigma]W_0}{q}} = 131.9\sqrt{\frac{W_0}{q}}$$
$$= 1.22l_1 \tag{3-50}$$

（5）按剪应力强度要求所允许的跨度

1）两端简支、两端固定：

$$l_3 = \frac{4[\tau]I_0t_0}{qs_0} = \frac{4000I_0t_0}{qs_0} \tag{3-51}$$

2）一端简支一端固定：

$$l_4 = \frac{16[\tau]I_0t_0}{5qs_0} = \frac{3200I_0t_0}{qs_0} = 0.8l_3 \tag{3-52}$$

（6）按挠度要求所允许的跨度

1）两端简支：

$$l_5 = 93.08\sqrt[3]{\frac{I_0}{q}} \tag{3-53}$$

2）两端固定：

$$l_6 = 159.16\sqrt[3]{\frac{I_0}{q}} = 1.71l_5 \tag{3-54}$$

3）一端简支一端固定：

$$l_7 = 124.66\sqrt[3]{\frac{I_0}{q}} = 1.34l_5 \tag{3-55}$$

（7）在复杂应力作用下钢管的强度

跨河给水钢管，除了由于外载荷所产生的轴向正应力和剪应力外，还存在着由于管内压力所产生的环向应力。圆管在以上这几种应力作用下，有两个部位处于最不利受力状态：第一个部位，最大正应力和环向应力作用点，该点位于跨中或支座断面的下表面或上表面；第二个部位，最大剪应力和环向应力的作用点，该点位于支座断面的中和轴处。

1）最大剪应力和环向应力作用下应力强度分析

支座处圆管的中和轴处于最大剪应力和环向应力作用下，其单元体的应力图形如图3-19所示。

根据第四强度理论，其强度条件为：

$$\sigma_r = \sqrt{\sigma^2 + 3\tau^2} \leqslant [\sigma] \tag{3-56}$$

由公式（3-56）可以看出，当管内水压力所产生的环向应力达到允许应力值 $[\sigma]$ 时，即 $\sigma = [\sigma]$，此时 $\sigma_r > [\sigma]$，不能满足强度要求。为了要满足某一给定跨度下的强度，必须对管内压力有一定限制。下

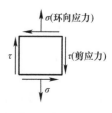

图 3-19 中和轴处
单元体应力图

63

面我们推导管内压力的允许值。

当管内压力允许值为 P_y 时，其环拉力 N_y 为：

$$N_y = p_y r \tag{3-57}$$

环向应力为：

$$\sigma_y = \frac{N_y}{F} = \frac{p_y r}{t_0} \tag{3-58}$$

由公式（3-56）得，当 $\sigma_r = [\sigma]$ 时：

$$\sigma = \sqrt{[\sigma]^2 - 3\tau^2} \tag{3-59}$$

式中 σ 即为环向应力 σ_y，因此得：

$$\frac{p_y r}{t_0} = \sqrt{[\sigma]^2 - 3\tau^2}$$

所以：

$$p_y = \frac{t_0}{r} \sqrt{[\sigma]^2 - 3\tau^2}$$
$$= \frac{t_0}{r} \sqrt{2102500 - 3\tau^2} \tag{3-60}$$

式中　r——钢管公称半径，cm；

τ——在外载荷作用下根据极限跨度 l_{max} 时产生的剪应力，$\tau = \frac{QS_0}{2I_0 t_0}$，其中 $Q_{简支} =$

0.5ql_{max}，$Q_{固} = 0.5ql_{max}$，$Q_{简固} = 0.625ql_{max}$；

l_{max}——指由强度或刚度条件所控制的极限跨度；

其余符号同前。

2）最大正应力和环向应力作用下应力强度分析

圆管的下表面（或上表面）处于最大正应力和环向应力作用时，其单元体的应力图形如图 3-20 所示。

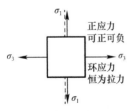

图 3-20　单元体应力图

根据第四强度理论，其强度条件为：

$$\sigma_r = \sqrt{\sigma_1^2 \div \sigma_3^2 - \sigma_1 \sigma_3} \leqslant [\sigma] \tag{3-61}$$

对于两向均为受拉的部位，当应力均达到允许应力值时（也即 $\sigma_1 = \sigma_3 = [\sigma]$），则 $\sigma_r = [\sigma]$。因此，材料仍然处于安全应力状态范围内，这种情况说明，材料在两个方向可以完全发挥各自的强度作用而不互相影响。

对于一个方向为受拉（环应力永远为拉应力）、另一个方向为受压的部位，情况就不同了。此时，当两向应力均达到允许应力值时，$\sigma_r = \sqrt{3}[\sigma]$，其应力强度远大于允许应力值，管子处于危险受力状态。为了保证管子的正常工作，对管内压力必须给予限制。计算表明，由最大剪应力和环向应力作用下的应力强度所控制的管内压力值 P_y（由公式（3-60）确定）远远大于由最大正应力和环向应力作用下的应力强度所控制的管内压力值。根据《室外给水排水设计手册》对各种管径钢臂的工作压力规定，当管径 $Dg \leqslant 600$ 时，最高工作压力为 $16kg/cm^2$；当管径 $Dg \geqslant 600$ 时，最大工作压力为 $16kg/cm^2$。下面根据对管子工作压力的规定，推求出正应力为压应力时的应力允许值。

由公式（3-61）得，当 $\sigma_r = [\sigma]$ 时：

$$\sigma_1^2 + \sigma_3^2 - \sigma_1\sigma_3 = [\sigma]^2$$

$$\sigma_1 = \frac{\sigma_3 \pm \sqrt{4[\sigma]^2 - 3\sigma_3^2}}{2} \tag{3-62}$$

式中　σ_3——由管内压力所产生的环拉力；

$[\sigma]$——钢管焊缝的抗弯容许压应力（$[\sigma] = 1450\text{kg/cm}^2$）。

为了便于工作，现将常见跨河直钢管跨度（部分）列表（表3-4），供参考，表内未列部分可查阅相关手册或资料。

常见跨河直钢管跨度选用表（部分）

表 3-4

公称直径 Dg	壁厚 t	计算荷重（kg/m）	最大允许跨度 l_{max}（m）			管内允许压力值（kg/cm²）
			两端支承	两端固定	一端简支一端固定	
500	12	550	18.8*~17.7	25.9~21.0	21.3~17.7	0~16
600	12	715	20.8*~17.8	27.4~21.6	22.5~17.8	0~16
	14	745	21.7*~19.9	29.3~24.3	24.0~19.9	
700	10	840	21.4~17.7	26.6~21.5	21.8~17.7	0~10
800	12	1061	24.4*~20.6	30.3~25.2	24.8~20.6	0~10
	14	1101	25.6*~23.1	32.5~28.3	26.6~23.1	
900	12	1265	25.6~20.7	31.3~23.4	25.6~20.7	0~10
	14	1309	27.2~23.4	33.6~28.6	27.5~23.4	
1000	12	1483	26.3~20.5	32.1~25.0	26.3~20.5	0~10
	14	1532	28.3~23.2	34.5~28.3	28.3~23.2	
1200	12	1968	27.5~20.1	33.6~24.5	27.5~20.1	0~10
	14	2027	29.6~23.1	36.2~28.2	29.6~23.1	
1400	14	2584	30.7~20.9	37.4~25.4	30.7~20.3	0~10
1500	14	2886	31.2~22.2	38.1~27.1	31.2~22.2	0~10
1600	14	3204	31.5~21.7	38.5~26.6	31.5~21.7	0~10

注：1. 表中带"＊"号的数值为按挠度控制的最大允许跨度，其余为按强度条件控制；2. 计算荷重 q 已包括自重、水重及活载荷 q_h。

关于"跨河直钢管跨度选用表"使用说明：

① 本表是按同时满足强度、挠度、稳定性及管内压力要求的最小值制定的。

② 表中所列管壁厚度为实际厚度，制表过程中已考虑 2mm 的腐蚀，设计中按本表选用时可不必另行增加管壁厚度。

③ 在查用本表时，应同时满足管内允许压力值 P_y。当管内压力大于表中所列数值时，一般应增大管壁厚度或减小跨度。

④ 本表是按普通检查方法的焊缝强度指标（1450kg/cm²）进行编制的。焊条为 T42，钢材为 3 号钢。如果设计及施工中能保证最大受力处为钢管本体受力或焊缝为精确检查时，强度指标可取 1700kg/cm²，相应的最大允许跨度可增加 8%。也就是说，表中的 l_{max} 值乘以 1.08。但需注意，对表中带有"＊"号的数值不得提高其数值，因为它是由刚度条件所控制的。

⑤ 表中最大允许跨度有两个数值的，分别与管内允许压力位的低、高限相对应；只有一个数值的，则不受管内压力限制，因为它完全由刚度条件所控制。

⑥ 当管内压力值为表中所列低、高限值的中间数值时，则最大允许跨度为前面的数值（包括带有"∗"号的前面数值）乘以下面的修正系数 K，但对只带有"∗"号的单一数值者可不乘以修正系数（也即跨度不降低）。

$$K = \sqrt{1 - \frac{3p^2r^2}{4[\sigma]^2t_0^2}} - \frac{pr}{2[\sigma]t_0} \tag{3-63}$$

式中　P——管内实际工作压力值，kg/cm^2；

　　　r——钢管公称半径（cm）；

　　　$[\sigma] = 1450$（kg/cm^2）；

　　　$t_0 = t - 0.2$（cm）；

　　　t——管壁实际厚度，cm。

计算实例： 有一过河钢管，公称直径为700mm，管内工作压力为 $6kg/cm^2$，管壁厚度10mm，试确定在三种不可支承条件下各自的最大允许跨度值。

解： 由于管内工作压力大于零，且小于 $10kg/cm^2$，必须先用公式（3-55）求出修正系数 K。因为 $P = 6kg/cm^2$，$r = 35cm$，$t = 10mm$，$t_0 = 0.8cm$，$[\sigma] = 1450kg/cm^2$

故：

$$\begin{aligned} K &= \sqrt{1 - \frac{3p^2r^2}{4[\sigma]^2t_0^2}} - \frac{pr}{2[\sigma]t_0} \\ &= \sqrt{1 - \frac{3 \times 6^2 \times 35^2}{4 \times 1450^2 \times 0.8^2}} - \frac{6 \times 35}{2 \times 1450 \times 0.8} \\ &= 0.897 \approx 0.90 \end{aligned}$$

查表得各自的允许跨度值后乘以0.9，其最终结果见表3-5。

过河钢管计算结果表

表 3-5

K	原跨度高限			修正后跨度		
	两端简支	两端固定	一端简支 一端固定	两端简支	两端固定	一端简支 一端固定
0.9	21.4	26.6	21.8	19.1	23.7	19.5

第4章　供水管道施工识图基础

4.1　供水管道识图基础知识

4.1.1　基本制图标准

（1）图纸幅面（《房屋建筑制图统一标准》GB/T 50001—2017）

1）在绘制图样时，图纸幅面及图框尺寸应符合表 4-1 的规定和图 4-1 的格式，优先采用表 4-1 所规定的基本幅面。

基本幅面及图框尺寸（单位：mm）　　　　　　　　表 4-1

尺寸代号＼幅面代号	A0	A1	A2	A3	A4
$b×1$	841×1189	594×841	420×594	297×420	210×297
c	10			5	
a	25				

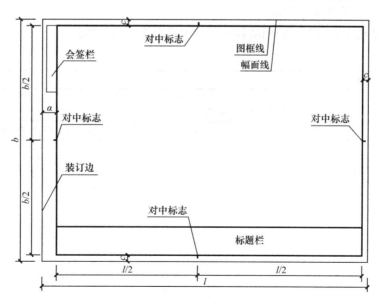

图 4-1　图纸幅面格式

2）图纸的短边一般不应加长，长边可加长，A0～A3 幅面长边尺寸可加长但应符合表 4-2 的规定。

图纸长边加长尺寸（单位：mm）　　　　　　　表 4-2

幅面代号	长边尺寸	长边加长后的尺寸
A0	1189	1486(A0+1/4 l)　　1635(A0+3/8 l)　　1783(A0+1/2 l)　　1932(A0+5/8 l) 2080(A0+3/4 l)　　2230(A0+7/8 l)　　2378(A0+1 l)
A1	841	1051(A1+1/4 l)　　1261(A1+1/2 l)　　1471(A1+3/4 l)　　1682(A1+1 l) 1892(A1+5/4 l)　　2102(A1+3/2)
A2	594	743(A2+1/4 l)　　891(A2+1/2 l)　　1041(A2+3/4 l)　　1189(A2+1 l) 1338(A2+5/4 l)　　1486(A2+3/2 l)　　1635(A2+7/4 l)　　1783(A2+2 l) 1932(A2+9/4 l)　　2080(A2+5/2 l)
A3	420	630(A3+1/2 l)　　841(A3+1 l)　　1051(A3+3/2 l)　　1261(A3+2 l) 1471(A3+5/2 l)　　1682(A3+3 l)　　1892(A3+7/2 l)

注：有特殊需要的图纸，可采用 $b×l$ 为 841mm×891mm 与 1189mm×1261mm 的幅面。

图纸以短边作为垂直边称为横式，以短边作为水平边称为立式。一般 A0～A3 图纸宜横式使用；必要时，也可立式使用。

3）一个工程设计中，每个专业所使用的图纸，一般不宜多于两种幅面，不含目录及表格所采用的 A4 幅面。

4）标题栏与会签栏

图纸中应有标题栏、图框线、幅面线、装订线对中标志。图纸的标题栏、会签栏及装订边的位置，各类幅面均有相应规定。

（2）图线与字体

1）图线的宽度 b，宜从 1.4mm、1.0mm、0.7mm、0.5mm、0.35mm、0.25mm、0.18mm、0.13mm 线宽系列中选取。图线宽度不应小于 0.1mm。每个图样，应根据复杂程度与比例大小，先选定基本线宽 b。

2）给水排水专业制图，常用的各种线型宜符合表 4-3 的规定。

图线　　　　　　　表 4-3

名称	线型	线宽	用途
细实线	——————	0.25b	建筑的可见轮廓线；总图中原有的构筑物和构筑物的可见轮廓线；制图中的各种标注线
细虚线	– – – – –	0.25b	建筑的不可见轮廓线；总图中原有的构筑物和构筑物的不可见轮廓线
单点长画线	–·–·–·–·	0.25b	中心线、定位轴线
折断线	——⌁——	0.25b	断开界线
波浪线	∿∿∿∿	0.25b	平面图中水面线；局部构造层次范围线；保温范围示意线等
粗实线	——————	b	新设计的各种排水和其他重力流管线
粗虚线	▬ ▬ ▬ ▬	b	新设计的各种排水和其他重力流管线的不可见轮廓线
中粗实线	——————	0.75b	新设计的各种给水和其他压力流管线；原有的各种排水和其他重力流管线
中粗虚线	– – – – –	0.75b	新设计的各种给水和其他压力流管线及原有的各种排水和其他重力流管线的不可见轮廓线
中实线	——————	0.50b	给水排水设备、零（附）件的不可见轮廓线；总图中新建的建筑物和构筑物的可见轮廓线；原有的各种给水和其他压力流管线
中虚线	– – – – –	0.50b	给水排水设备、零（附）件的不可见轮廓线；总图中新建的建筑物和构筑物的不可见轮廓线；原有的各种给水和其他压力流管线的不可见轮廓线

3) 同一张图纸内，相同比例的各图样，应选用相同的线宽组。

4) 图纸的图框和标题栏线，可采用表 4-4 的线宽。

图框线、标题栏线的宽度（单位：mm） 表 4-4

幅面代号	图框线	标题栏外框线	标题栏分格线
A0、A1	b	0.5b	0.25b
A2、A3、A4	b	0.7b	0.35b

5) 字体

图纸上所需书写的文字、数字或符号等，均应笔画清晰、字体端正、排列整齐；标点符号应清楚正确。图样及说明中的汉字，宜采用长仿宋体（矢量字体）或黑体，同一图纸字体种类不应超过两种。长仿宋汉字、拉丁字母、阿拉伯数字与罗马数字示例应符合国家现行标准《技术制图　字体》GB/T 14691—1993 的有关规定。

（3）比例

1) 图样的比例，应为图形与实物相对应的线性尺寸之比。

2) 比例的符号为"："，比例应以阿拉伯数字表示。

平面图 1:100　⑥ 1:20

3) 比例宜注写在图名的右侧，字的基准线应取平；比例的字高宜比图名的字高小一号或两号，如图 4-2 所示。

图 4-2　比例的注写

4) 绘图所用的比例应根据图样的用途与被绘对象的复杂程度，从表 4-5 中选用，并应优先采用表中常用比例。

绘图所用的比例 表 4-5

常用比例	1:1、1:2、1:5、1:10、1:20、1:30、1:50、1:100、1:150、1:200、1:500、1:1000、1:2000
可用比例	1:3、1:4、1:6、1:15、1:25、1:40、1:60、1:80、1:250、1:300、1:400、1:600、1:5000、1:10000、1:20000、1:50000、1:100000、1:200000

5) 一般情况下，一个图样应选用一种比例。根据专业制图需要，同一图样可选用两种比例。

（4）尺寸标注

1) 实体的真实大小应以图样上所注的尺寸数值为依据，与图形的大小及绘图的准确度无关。

2) 图样中的尺寸，以 mm 为单位时，不需要标注计量单位的代号或名称，若采用其他单位时，则必须标注相应的计量单位或名称。

4.1.2　投影制图

日常生活中日光或灯光照射物体时，就会在地上或墙上产生影子。制图中就是参照这一自然现象，用一组假想光线将物体形状投射到一个面上，假想的光线就称为投影线。投影线通过物体向选定的面投射，并在该面上得到图形的方法称为投影法，根据投影法所得到的图形，称为投影，得到投影的面称为投影面。

由于投影线的不同，物体形成的投影也不同，通常投影分为两种：中心投影和平行投影。

（1）中心投影

投影线从一点出发，如一件物体在灯光下向地面投影时形成的投影。这种投影方法就称为中心投影法，中心投影法多用于绘制建筑透视图。

（2）平行投影

如果将光源距离无限增大，投射线相互平行，这种利用相互平行的投影线进行投影的方法称为平行投影。

把以上两种投影方法比较一下，就可以看出，中心投影不能反映物体的真实形状和大小。在平行投影中，物体投影的大小和物体距离投影面的远近无关。

（3）正投影

正投影的基本特性如下。

1）真实性：当平面平行于投影面时，它的投影反映平面的真实形状，即大小和形状不变。

2）积聚性：当平面垂直于投影面时，它的投影是一条直线。

3）类似性：当平面倾斜于投影面时，它的投影是缩小的平面。

4.1.3 三视图的形成

工程图样中一般都是用正投影法绘制的，通常把物体在投影面上的投影叫作投影图或视图。

（1）三视图的形成

通过分析可以看出，单面投影只能反映物体的一个侧面，而不能反映物体的真实形状，因此，必须综合多个单面投影来反映物体的实际形状。

存在于空间的物体都有长、宽、高，现在把水平投影面 H、正立投影面 V 和侧立投影面 W 共同组成一个三投影面体系，如图 4-3 所示。这三个互相垂直的投影面分别交于三条投影轴，V 面和 H 面的交线称为 OX 轴，H 面和 W 面的交线称为 OY 轴，V 面和 W 面的交线称为 OZ 轴。OX、OY、OZ 三轴的交点 O 称为原点。一般规定：平行于 OX 轴方向的是物体的长度，平行于 OY 轴方向的是物体的宽度，平行于 OZ 轴方向的是物体的高度。

取三角形垫块按图 4-4 所示，置于三投影面体系中，把三角形垫块放在人和投影面之间，将三角形垫块向投影面投影，根据投影特性，分别作出垫块在 V、H、W 面上的投影。

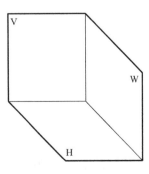
图 4-3 三投影面体系

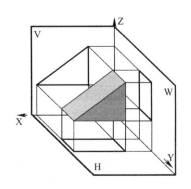
图 4-4 三角形垫块三面投影

三角形垫块的三视图分别画在相互垂直的投影面上，如图4-5所示。为了把三个视图画在同一平面上，将投影面展开，规定 V 面保持不动，将 H 面绕 OX 轴向下旋转 90°，W 面绕 OZ 轴向右旋转 90°，使 V、H、W 三个投影面都在同一平面上，如图4-6所示。

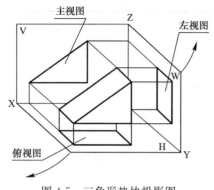

图 4-5　三角形垫块投影图

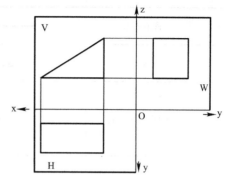

图 4-6　三角形垫块展开图

（2）三视图的特性

1）三视图的位置关系　从三视图的形成过程可以看出，三视图来源于三投影体系，这就决定了三视图的位置关系。正面是主视图（主立面），下方是俯视图（平面图），右面是左视图（左侧立面图）。在实际的图样上，投影面的边框不必画出，若按三视图的位置画出时，视图的名称也可以不标注，如图4-7就是三角形垫块三视图。

2）三视图的投影规律　在三视图中，物体是在同一个位置分别向三个互相垂直的投影面进行投影的，因此三个视图之间必须保持这样的关系：

① 主视图与俯视图，长对正；

② 主视图与左视图，高平齐；

③ 俯视图与左视图，宽相等。

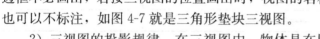

图 4-7　三角形垫块三视图

简单来说，就是三视图具有长对正（等长）、高平齐（等高）、宽相等（等宽）的投影规律，简称为"三等"关系。

4.1.4　供水管道常用图例

（1）管道常用图例（表 4-6）

管道　　　　表 4-6

序号	名　称	图　例	备　注
1	生活给水管	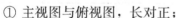　J	—
2	热水给水管	——— RJ ———	—
3	热水回水管	——— RH ———	—
4	中水给水管	——— ZJ ———	—
5	防护套管		—
6	管道立管	平面　　系统	X 为管道类别，L 为立管，1 为编号

（2）管道附件常用图例（表4-7）

管道附件　　　　　　　　　　　　　　　　　　　表4-7

序号	名　称	图　例	备　注
1	管道伸缩器		—
2	方形伸缩器	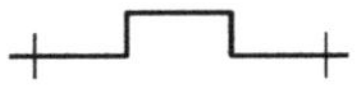	—
3	刚性防水套管	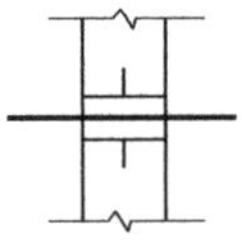	—
4	柔性防水套管	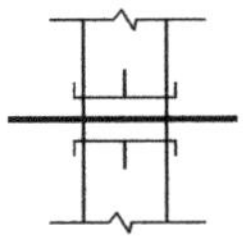	—
5	波纹管		—
6	可曲挠橡胶接头	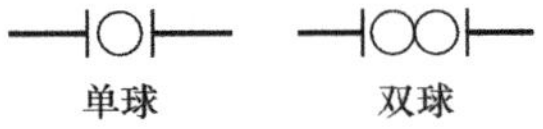 单球　　　双球	—
7	管道固定支架		—

（3）管道连接常用图例（表4-8）

管道连接　　　　　　　　　　　　　　　　　　　表4-8

序号	名　称	图　例	备　注
1	法兰连接	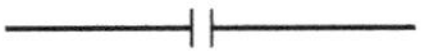	—
2	承插连接		—
3	活接头	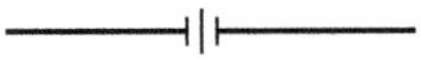	—
4	管堵		—
5	法兰堵盖		—
6	盲板		—
7	弯折管	 高　低　　低　高	—
8	管道丁字上接	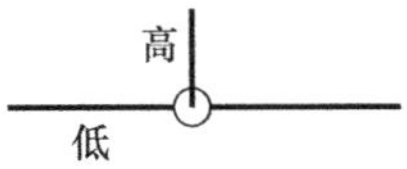 高／低	—
9	管道丁字下接	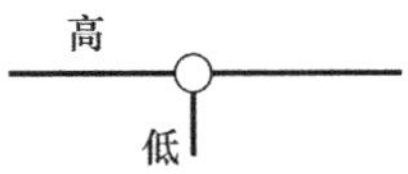 高／低	—
10	管道交叉	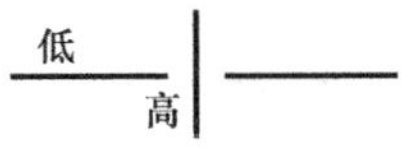 低／高	在下面和后面的管道应断开

（4）阀门和消防栓常用图例（表 4-9）

阀门和消防栓 表 4-9

序号	名　称	图　例	备　注
1	闸阀		—
2	角阀	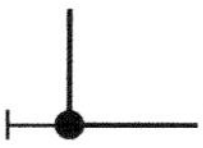	—
3	三道阀		—
4	四通阀	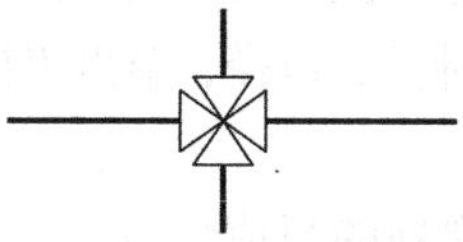	—
5	截至阀		—
6	蝶阀	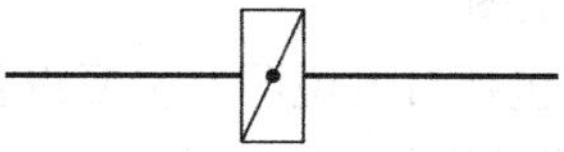	—
7	室内消火栓 （单口）	平面　　系统	白色为开启面
8	室内消火栓 （双口）	平面　　系统	—
9	室外消火栓	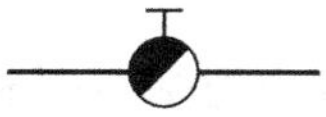	—

4.1.5　管道的单、双线图

在实际管道施工中，要安装的管线往往很长而且很多，为了在图纸上能完整显示这些代表管子和管件的线条，势必要把每根管子和管件都画得很小很细才行。在这样的情况下，管子和管件的壁厚就很难再用虚线和实线表示清楚，所以在图形中仅用两根线条表示管子和管件形状。这种不再用线条表示管子壁厚的方法通常叫作双线表示法，由它画成的图样称为双线图。

另外，由于管子的截面尺寸比长度尺寸要小得多，所以在小比例尺的施工图中，往往把管子的壁厚和空心的管腔全部看成是一条线的投影。这种在图形中用单粗实线来表示管子和管件的图样，通常叫作单线表示法，由它画成的图样称为单线图。

4.2　管道施工图内容与表达方式

管道施工图是管道工程中用来表达和交流技术思想的重要工具，设计人员用它来表达设计意图，施工人员依据它来进行预制和施工，所以人们往往把施工图称为工程的语言。而熟悉图纸核对资料，则又是施工准备的一项重要工作。

4.2.1　管道施工图的内容

（1）给水管道施工图主要类别

1）管网现状图

管网现状图是充分反映管网实际状况的图纸，是逐月、逐季、逐年根据管道增添、变更的竣工图纸而添补、修改的管网图。这种图对日常的管网维护及城市建设的管理等都是极其重要的资料。现状图上应表示出管材的种类、口径、节点坐标、管顶高程、用户支线的户号等。

2）管网规划图

管网规划图是城市给水系统规划的组成部分。它是按照城市总体规划的要求，经过管网水力计算或技术经济计算拟定的。在规划年限内，它是指导管网建设的重要依据。规划图上要标注已建、待扩、筹建的水厂或增压站位置，标注已有及待敷段的输配水干管的走向、口径、长度等。

3）单项输配水干管设计施工图

单项输配水干管设计施工图包括目录说明、主要设备明细表、管道示意缩图、带状平面图、纵断面图、管道穿越特殊地带的横断面图、局部大样图、节点管件组装图、设计预算表等。

4）配水支管设计施工图

配水支管的施工图设计类似上述要求，在平坦而变化不大的街道，配水支管只注明节点挖深，可以不作纵断面图。

5）用水户进水管的施工图

用水户进水管的施工图是由平面布置图和管道轴侧投影图组成，并附图纸说明及预算表。

（2）给水管道施工图纸内容

按图形及其作用，管道施工图可分为基本图和详图两大部分。基本图包括图纸目录、施工图说明、设备材料表、平面图、系统轴测图和立（剖）面图，详图包括节点图、大样图和标准图。

1）图纸目录

对于数量众多的施工图纸，设计人员把它按一定的图名和顺序归纳编排成图纸目录以便查阅。通过图纸目录可以知道参加设计和建设的单位、工程名称、地点、编号及图纸的名称。

2）施工图说明

凡在图样上无法表示出来又需要施工人员知道的一些技术和质量方面的要求，一般都用文字形式来加以说明。内容一般包括工程的主要技术数据、施工和验收要求以及注意事项。

3）设备、材料表

设备、材料表指该项工程所需的各种设备和各类管道、管件、阀门以及防腐、保温材料的名称、规格、型号、数量的明细表。

以上这三点看上去不过是些文字说明，也没有线条和图形，但它是施工图纸必不可少的一个组成部分，是对线条、图形的补充和说明。对于这些内容的了解有助于进一步看懂管道施工图。

4）平面图

平面图是施工图中最基本的一种图样，主要表示建（构）筑物和设备的平面分布，管线的走向、排列和各部分的长宽尺寸，以及每根管子的坡度、坡向、管径和标高等具体数据。施工人员看了平面图后，对这项工程就有了大致的了解。

5）立面图和剖面图

立面图和剖面图是施工图中最常见的一种图样，主要表达建（构）筑物和设备的立面分布、管线垂直方向上的排列和走向，以及每路管线的编号、管径和标高等具体数据。

6）系统轴测图

系统轴测图是一种立体图，能在一个图面上同时反映出管线的空间走向和实际位置，帮助我们想象管线的布置情况，减少看正投影图的困难。这些优点能弥补平、立面图的不足之处，是管道施工图中的重要图样之一。系统轴测图有时也能替代立面图或剖面图，例如，室内给水排水工程图样主要由平面图和系统轴测图组成，一般情况下，设计人员不再绘制立面图和剖面图。

7）节点大样图

节点大样图能清楚地表示某一部分管道的详细结构和尺寸，是对平面图及其他施工图所不能反映清楚的某点图形的放大，也是表示一组设备的配管或一组管配件组合安装的一种详图。其特点是对组装体各部位的详细尺寸都作了注记。

8）标准图

标准图是一种具有通用性质的图样。标准图中标有成组管道、设备或部件的具体图形和详细尺寸，一般由国家或有关部委出版标准图集，作为国家标准或部颁标准的一部分予以颁发。

4.2.2 施工图表示方法

一张完整的施工图除有标题栏和比例之外，还有其他一些要求。

（1）地形图及标高

地形图是表示地物、地貌的图纸。地面上的固定物体简称地物，如建筑、道路、树木、电杆等，它们之间的相对位置是用坐标系来控制的；地面起伏变化称为地貌，如河流、丘陵、山峰等。地形的控制是通过地貌上各点和某一基准水平面的相对高度来实现的。我国以黄海平均海平面为基准，这一基准水准面又称大地水准面。地貌上各点高出大地水准面的高度，通称为高程或标高，也叫作绝对高程。小型工程也有自定一基准点为零的，用此测出的高程叫作相对高程。

管道高度的表示方法用标高来表示。平面图的表示如图 4-8（a）所示。在立（剖）面图中，为表明管子的垂直间距一般只注写相对标高而不注写间距尺寸。立面图的标高符号与平面图的一样，在需要标注的地方作一引出线，如图 4-8（b）所示。

在轴测图中，管线的标高一般标注在管道的下方。

图 4-8　标高符号及注法

（a）平面图中表示方式；（b）立（剖）面图中表示方式

管道的相对标高一般以建筑物底层室内地坪为正负零，用 ±0.000 表示。比地坪低的用负号表示，比地坪高的用正号表示（有的正标高数字前不加正号）。标高单位一般以 m 为单位，标高数字一般注至小数点后第三位。

管道标高的注法一般注管道中心，对于供水管道，也可标注管顶的标高，但是排水管往往标注管底。

（2）坡度及坡向

坡度符号为"i"，表示时往往在"i"后面加上等号，在等号后面再注上坡度值。坡向符号用箭头表示，常用的表示方式有图 4-9 所示的两种形式。

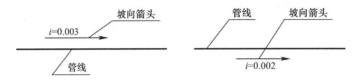

图 4-9　坡度及坡向的表示方式

（3）方向标

管道图中的方向标通常为指北针或风玫瑰图。指北针表示管道或建筑物的朝向，便于实际施工时确定大方向，图 4-10（a）中的指北针为平面图所用，图 4-10（b）中的指北针则在轴测图上用。有的地区必要时，还可用风向玫瑰图表示工程所在地的常年风向频率和风速，如图 4-10（c）所示。

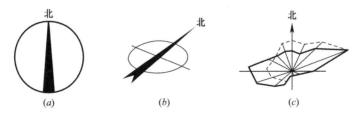

图 4-10　指北针及风玫瑰图

（a）指北针在平面图中表示方式；（b）指北针在轴测图中表示方式；（c）风向玫瑰图

（4）尺寸标注及尺寸单位

管道施工图中注有详细尺寸，作为安装制作的主要依据，尺寸线用来指出所注部位的尺寸。尺寸由四部分组成，即尺寸界线、尺寸线、箭头（或起止线）和尺寸数字，如图 4-11 所示。此处应注意，管道或管件的真实大小以图样上所注尺寸数字为依据，与图形的大小及绘制的准确度无关。

管道的尺寸数字，应注在尺寸线上面，其单位为 mm，为了简单明了，可不注 mm 单位，但若取其他单位时则必须注明。

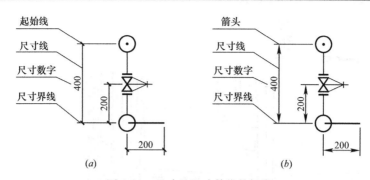

图 4-11 尺寸及尺寸单位的标注

（a）起止线表示方式；（b）箭头表达示式

（5）管线的表示方法

管线的表示方法很多，有标介质、温度、压力和不标这些数据的，也有编管号及管子等级的，内容和形式上都舍取很大，简单的管线表示方法如图 4-12 所示。

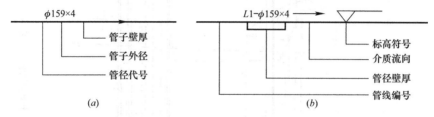

图 4-12 管线的表示方法

（a）流向直接标注在管线上；（b）流向单独标在管线外面

图中 L1 表示管线编号，$\phi 159 \times 4$ 表示管子的外径为 159mm，壁厚为 4mm，箭头表示介质的流动方向［箭头有两种表示形式，一种是直接标在管线上如图 4-12（a），一种是单独标在管线的外面如图 4-12（b）］，同时还可在平面图上标出管子标高。

4.3 管道施工图的识读

4.3.1 给水管网图

（1）带状平面图

带状平面图是截取地形图的一部分，在上面标注管线现状或设计施工位置，是正式的设计图纸。这类图纸的比例在城区多选 1∶500，郊区为 1∶1000、1∶2000，其宽度以能标明管道相对位置的需要而定，按管道图的特殊性在图上标明以下内容：

1）现状道路或规划道路中心线、中心线的折点坐标、管道和道路中线间的距离；

2）当管道与道路中线没有关系或旧城市弯曲而凌乱的街道无明显的中线时，应标注与永久性地物间的相对距离；

3）管道离道路中线的距离、管道折点坐标、管道中线的方位；

4）管道上的节点布置和节点大样；

5）相交或相近平行的其他管道状况；

6）管道的主要设备明细表及图纸说明（图 4-13）。

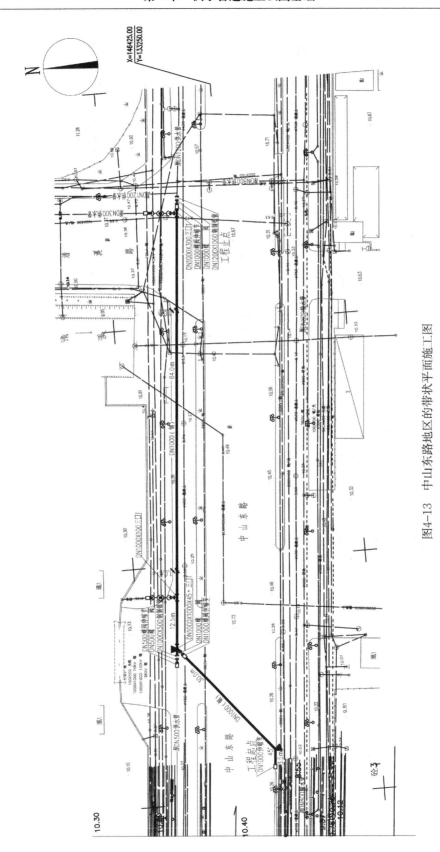

图4-13　中山东路地区的带状平面施工图

（2）纵断面图

管道断面图分纵断面图与横断面图两种。管道纵断面图是管道埋设情况的主要技术资料之一。在地形变化大的地段，可加绘横断面图，以便在组织施工、计算沟槽土方量上提供实际数据。在街道上为了弄清各种管道相互的间距关系，也可测绘街道横断面图（图 4-14）。

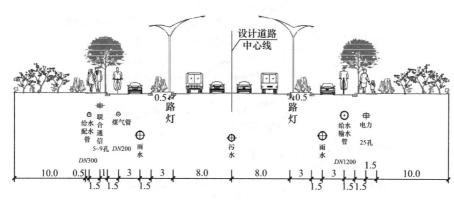

图 4-14 横断面图

在纵断面图（图 4-15）上，以水平距离为横轴，以高程为纵轴。纵断面图的横轴采取与带状平面图一样的比例，纵轴比例要比横轴大，一般为 1∶100。横断面图上纵横轴可采用同一比例。

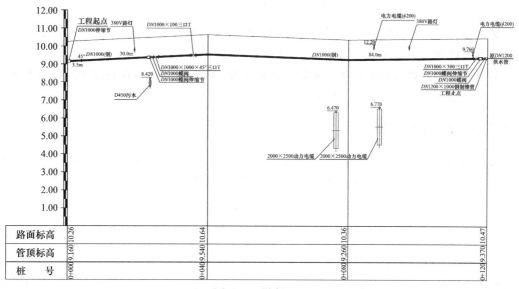

图 4-15 纵断面图

（3）节点大样图

管道设计中，若不能用带状平面图及纵断面图充分标注时，则以大样图的形式加以补充。大样图按其用途不一，分为管件组合的节点大样图、附属设施的施工大样图及特殊管段的布置大样图。

节点大样图一般附注在带状平面图上，在这种大样图上主要是标明管件组合的情况，用编号方式指明大样图在管道平面的位置（图4-16）。也有图纸在设计时，将管道带状平面图上相关节点部位直接放大标注管件组合的情况，不另设节点大样图。

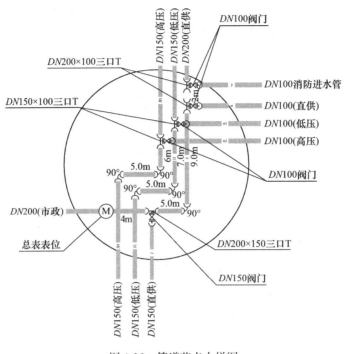

图 4-16　管道节点大样图

附属设施的施工大样图，包括阀门井砌筑的施工大样图（图4-17）、异形管支墩砌筑大样图和管件加工大件图。

特殊管段的布置大样图，如过河架空管大样图，以及各种管道在管廊中的平面布置图等，大样图根据具体要求，采用较大的比例。

4.3.2　室内管道施工图

室内管道施工图是表示建筑物内部各卫生器具、设备、管道及其附件的类型、大小在建筑物内的位置及安装方式的图样。一般由室内给水排水平面图、给水排水系统图、安装详图、图例及施工总说明等组成。

（1）平面图的识读

室内给水管道平面布置图（图4-18）是施工图纸中最基本的图纸之一。常用的比例是1∶100和1∶50两种。主要表明室内给水和卫生器具或用水设备的平面布置，这种布置图上的线条都是示意性的，同时管配件不画出来，在识读管道平面布置图时，应注意掌握如下内容和方法。

1）查明卫生器具用水设备的类型、数量、安装位置和定位尺寸。卫生器具和各种设备是用图例表示的，它只能说明器具和设备的类型而不表示各部分尺寸及构造。因此，在识读时还必须结合有关详图或资料。

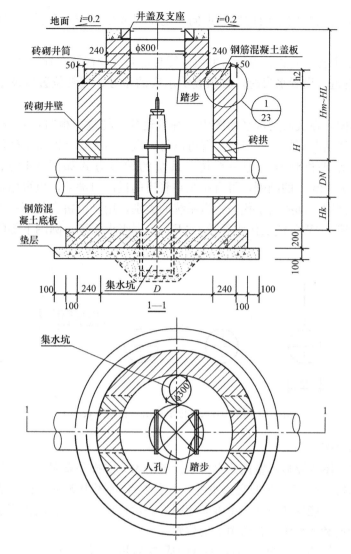

图 4-17 阀门井大样图

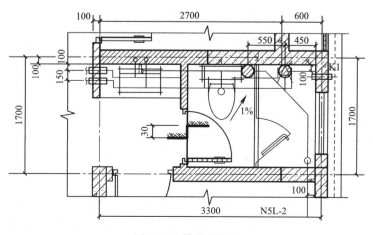

图 4-18 管道平面图

2）弄清给水引入管的平面位置、走向、定位尺寸以及与室外给水管网的连接形式、管径等。

3）查明给水干管、立管、支管的平面位置与走向、管径及立管编号。

4）在给水管道上设置水表时，必须查明水表的型号、安装位置以及水表前后阀门设置情况。

为了便于读图，在底层给水平面图中各种管道数量超过一根时，要按系统予以编号。系统的划分视具体情况而异，一般给水管可以每一室外引入管（即从室外给水干管上引入室内给水管网的水平进户管）为一系统。系统的编号方式如图 4-19 所示，用细实线（0.25b）画直径为 12mm 的圆圈，可直接画在管道的进出口端部，也可用指引线与引入管或排出管相连。圆圈上部的文字代表管道系统的类别，用汉语拼音的第一个字母表示，如"J"代表给水系统，"W"代表污水系统，"F"代表废水系统，圆圈下部的数字表示同类管道的编号。

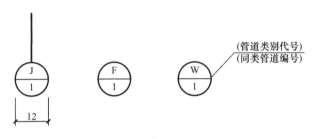

图 4-19　给水引入（排水排出）管编号表示法

（2）系统轴测图

给水排水平面图主要显示室内给水排水设备的水平安排和布置，而连接各管路的管道系统因其在空间转折较多，上下交叉重叠，往往在平面图中无法完整且清楚地表达，因此，需要有一个同时能反映空间三个方向的图来表示。给水系统轴测图则能反映各管道系统的管道空间走向和各种附件在管道上的位置。

给水管道系统轴测图（图 4-20），通常画成斜等测图，用以表明管道系统的立体走向。在识读时应注意以下两点。

1）查明给水管道系统的具体走向，干管的敷设形式、管径尺寸及其变化情况，阀门设置的引入管、干管及各支管的标高。识读时应按引入管、干管、立管、支管及用水设备的顺序进行。

2）根据楼层的标高，分清管路的层次和位置。

如图 4-18 和图 4-20 是一幢多层楼房的给水管道平面图和轴测图，该平面图上可看出各层厨房和卫生间内设有用水器具（洗涤盆、淋浴、坐式大便器各一套）。

给水系统编号 J，引水管直径为 50mm，在室外设有闸门，埋深 0.85m，进入室内沿墙角设立管。立管直径为 50mm，每层设分支管分别向用水设施供水，各楼层分支管管径以及距地面距离除二层外均相同。

对于设计和施工人员，必须熟悉各种常用用水器具的构造和安装尺寸，以及设备与管道的镶接位置和高度。并应使平面布置图和管系轴测图上的有关安装位置和尺寸，与安装详图上的相应位置和尺寸完全相同，以免施工时引起差错。

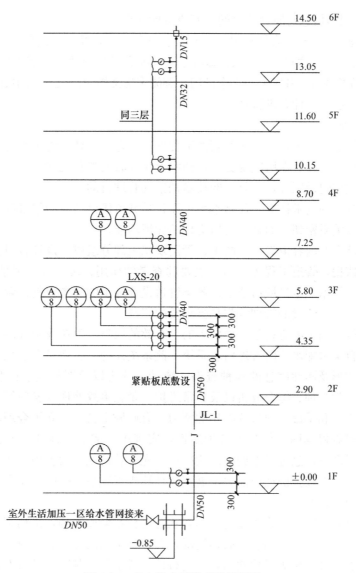

图 4-20 室内给水管道系统轴测图

4.4 计算机应用基础

（1）计算机基本应用技术

1）计算机管理系统

计算机管理系统具有辅助决策功能的拓扑关系及图形信息和属性信息间的相关关系，有效采用搜索式的图上自动查询和判定方式，成功实现了在图形界面上操作和显示启闭阀门方案的效果，并以图形和表格方式输出。即获知某一地点发生漏损事故后，根据地名或地理位置便能迅速检索并显示出该地区的管线图，用鼠标标明漏点，计算机管理系统就能自动寻找到应关闭的阀门，并以特殊状态将应关闭阀门的断水管线、断水区域及断水用户的情况显示出来，具备了辅助决策的功能。

2）实现了图形信息与属性信息间交互查询的功能

计算机管理系统实现了在图形界面下直接查询各个管段及附属设备的属性信息的功能。加强了信息的相关性，通过简单的操作即可迅速得到任意管段或附属设备全面准确的信息，解决了过去由图调档或查卡片需要跑多个部门、调阅多份文档而且很难做到快速准确的问题。

（2）供水管道系统计算机管理

1）档案管理

城市供水管道埋设于地下，属隐蔽性工程项目。它的设计、施工及验收情况，必须要有完整的图纸档案。并且在历次变更后，档案上应及时反映其现状，使其能方便地为供水事业服务，为城市建设服务，这是管网技术档案的管理目的。

城市给水管网的技术档案不仅是本系统而且是城市建设档案的组成部分，对城市给水系统及城市建设关系密切，而且具有历史性的凭证功能。

管网技术档案的内容由设计、竣工、管网现状三部分组成。设计资料在管道工程施工时作为施工的依据，管道工程竣工后，主要起查考的作用；竣工资料则是今后管道维护、检修、改造等的依据，也是城市建设、各类管道设计施工的查考资料；管网现状图纸对日常的管网维护及城市建设的管理等都是极重要的资料。

开展计算机管理图纸资料是一项新兴的、有效的项目。现在我国许多城市的自来水公司都开展研制自来水配水管网管理信息系统。此系统是为了实现对上述大量信息的综合管理，并满足对图形及属性信息的各种查询、统计、分析以及图形信息的生成、修改等要求，为管网的科学管理、综合分析以及日常维护、紧急事故处理等各项管网管理业务提供一个现代化的工具和手段。通过这些年的努力，有些城市已经建立了合理的信息内存和存储结构，因而可以根据图形信息的各种属性，实现单一或综合性的查询、显示和分析功能，可方便地对图形信息进行增删、修改操作，充分满足现阶段各项业务工作的需求，对迅速提高管理工作有较强的适应能力，展示了计算机管理系统的广阔前景。

2）管网运行管理

计算机管理系统对管网附属设备及运行状态进行数据库管理，采用简便、直观的图形或曲线对比方式，明显反映出管线破损情况，并按照事故的性质、管材、发生时间等一定的方式进行分类统计和图表对比输出，以进行综合科学分析判断，及时准确地制定出可行的管网维修更新方案。

（3）对管网管理业务实行准确、及时、高效的动态管理

计算机管理功能齐全，直接面向管网管理业务，实用性强是这一系统的又一功能特点。

1）直接在计算机上控制和修改更新管线图、接点图等。结束了几十年来人工上、改、换图的手工操作的传统做法，减轻了劳动强度，提高了工作效率及质量。

2）提供了按地名、大单位名、坐标、测绘院图号、资料图号、阀门号等多种方式检索图纸的功能，满足了各个管理、使用部门及各种用户的需求。

3）实现了管线长度统计等过去人工难以完成的工作。

4）实现了固定资产统计管理。

5）实现了对圈、压、埋、占等隐患管线信息及有关各种技术、经济方面的协议进行动态管理，解决了按路别、口径、时间等条件分类难，扭转了定了协议管不了的被动局面。

第二篇　专业知识与操作技能

第 5 章　供水管道中常用的管材、管件及管道连接与防腐

5.1　管材、管件与设备

5.1.1　管材

输配水管道是城市供水系统的重要组成部分，其造价占全部供水系统的 3/5～4/5，而在管道工程中，管材费用至少占 1/2 以上。管道材料既是影响管道经济合理性的主要因素，又基本决定了管道质量的可靠性，是构成造价的主要因素。因此，如何恰当地选用管材，使其既能满足使用方面的安全可靠性，又在价格上合理节省，是一个重要课题，需要慎重考虑。

（1）选用管材的基本原则

1）能承受所需的内压；

2）具备一定的抗外荷能力；

3）长期输水后，内壁光滑，能保持相当好的输水能力；

4）和水接触不产生有毒物；

5）安装方便，维修简单；

6）耐腐蚀，使用年限长；

7）造价低。

选用时除应考虑上述条件外，还应根据不同地区的特点和供应运输等条件综合比较。

（2）管材的种类

根据选用管材的基本原则，目前常用的管材有球墨铸铁管、钢管、塑料管、混凝土制品管等。

1）球墨铸铁管

① 球墨铸铁管具有强度高、伸长率高，且硬度低、机械加工性能好等特点，其耐腐蚀性能优于钢管，与普通铸铁管不相上下，已得到广泛的认同。球墨铸铁管由于电阻较大，并且采用橡胶圈密封，具有绝缘作用，故不易产生电腐蚀。水泥砂浆内衬可以提高球墨铸铁管的耐腐蚀性能，同时起到保护水质的作用。

② 球墨铸铁管采用优质低硫、低磷生铁，经过球化处理、离心浇铸后制成，具有良好的韧性、耐冲击及震动性能和优越的耐腐蚀性，是一种高质量的理想管道材料。球墨铸铁管沿轴线允许的接转角为 3°～5°，具有良好的密封性和可挠性，减少漏水概率。施工安装方便，大大减轻了铺管劳动强度。球墨铸铁管管壁比普通铸铁管薄，其重量约为

后者的 60%。球墨铸铁管可用自爬式液压切管机、手动式砂轮切割机、等离子切割等工艺裁切。

③ 球墨铸铁管标准壁厚

球墨铸铁管的标准壁厚根据公称直径 DN 的函数来计算：

$$e = K(0.5 + 0.001DN)$$

式中　e——标准壁厚，mm；

　　　DN——公称直径，mm；

　　　K——壁厚级别系数，取一系列整数：9、10、11、12……

离心球墨铸铁管最小标准壁厚为 6mm，非离心球墨铸铁管的最小标准壁厚为 7mm。管壁厚级别系数 K 应在合同中注明，凡合同中不注明的均按照 K9 级供货。

④ 球墨铸铁管管节及管件的规格、尺寸公差、性能应符合国家有关标准的规定和设计要求，管节及管件表面不得有裂纹，不得有妨碍使用的凹凸不平的缺陷；采用橡胶圈柔性接口的球墨铸铁管，承口的内工作面和插口的外工作面应光滑、轮廓清晰，不得有影响接口密封性的缺陷。

⑤ 球墨铸铁管按照接口形式可分为滑入式柔性接口（如 T 型）、机械柔性接口（如 K 型）、自锚接口、法兰接口等形式。T 型承插连接：适用于球墨铸铁管管节与管节、口径 ≤300mm 管节与管件、口径 ≤300mm 管件与管件之间的连接，其方法是通过承口与插口相互对胶圈进行挤压达到止水作用；K 型机械连接：用于球墨铸铁管口径 ≥400mm 管件与管节、口径 ≥400mm 管件与管件之间的连接。

⑥球墨铸铁管与灰铁管的不同是对原铁成分的严格精选，然后在熔化了的铁水中加入镁和镁合金等碱土金属，使铁中石墨呈球状存在，结果使其抗拉、抗弯拉强度大大提高（抗拉强度 >4.2MPa、弯拉极限 >6MPa），这个数值与钢的强度几乎相等。可见球墨铸铁管在强度上具有钢的性能。在压环试验中将压环的直径压扁到直径的 50% 时，环两侧管壁上都不会发生裂纹，由此可见球墨铸铁管还具有很好的韧性，总之球墨铸铁管除具备了灰铁管所有的如抗腐蚀、易加工等优点之外，还具有很好的延伸率，且管壁厚度只有灰口铸铁管的 2/3，因此可大量节省钢铁及能源。国际上许多国家如美国、日本、法国、德国等都大量采用，我国自 20 世纪 70 年代也开始制造使用球墨铸铁管于输配水管道上，而且逐年发展，首都北京自密云水库向怀柔引水全长 45km，就使用了 $DN2600$ 球墨铸铁管，自 1996 年投产至今一直运行正常。南京自主城区向溧水、高淳长江引水全长约 100km，也使用了 $DN1600$、$DN1200$、$DN1000$ 球墨铸铁管。

2）钢管

钢管能耐高压，普通级的钢管试验压力、工作压力都较高，远远超过灰口铸铁管所规定的数值，也超过球墨铸铁管的规定数值。

钢管在我国得到大量应用，尤其在穿越障碍、工作压力较高等条件下更为普及。目前，我国钢管生产技术成熟、质量安全可靠、故障率较低，但耐腐蚀性差、造价高，须做管内外壁的防腐。钢管是目前管道施工中常用的管材，优点是强度高、耐高压、韧性好、管壁薄、重量轻、运输方便、管身长、接口少、耐震动，管材长度可根据现场需要一次焊接组装完成。比如架桥管、定向钻、沉管等施工中，只要有足够吊装或顶、拖机械设备，一次性安装长度可达到数百米。

制造钢管所用的钢板有镇静钢和沸腾钢两种，前者是在浇筑钢锭前先进行脱氧，因此它的机械性能、韧性、焊接性、低温状态下的稳定性都较后者为优，输水干管采用镇静钢，选用钢材时要加以注意。钢材由"Q＋数字＋质量等级符号＋脱氧方法符号"组成。它的钢号冠以"Q"，代表钢材的屈服点，后面的数字表示屈服点数值，单位是 MPa。例如 Q235B 表示屈服点为 235MPa 的碳素结构钢。必要时钢号后面可标出表示质量等级和脱氧方法的符号。质量等级符号分别为 A、B、C、D。脱氧方法符号：F 表示沸腾钢，b 表示半镇静钢，Z 表示镇静钢，TZ 表示特殊镇静钢，镇静钢可不标符号，即 Z 和 TZ 都可不标。

钢管可分为无缝钢管和有缝钢管（焊接成型），在有缝钢管中又分直缝焊接和螺旋卷焊焊接，给水管道上使用的一般是直缝焊接钢管，至于螺旋卷焊的钢管，虽然在工厂中可大量生产，但因其焊缝多，在防腐层施工上不好处理，且焊缝多不宜断管施工，故较少采用。无缝钢管常使用在建筑给水的管线上，安装位置均在建筑主体内部，如室内管廊井内、地下室、地下车库和设备层内。

钢管管节的材料、规格、压力等级等应符合国家有关标准规定和设计要求，管节宜工厂预制，表面应无斑疤、裂纹、严重锈蚀等缺陷；焊缝外观质量应符合国家有关标准规定和设计要求，焊缝无损应检验合格。

钢管连接方法有焊接、法兰连接、螺纹连接和卡套式连接四种。焊接又分电焊和气焊。施工现场多采用手工电弧焊焊接，气焊适用于外径小于或等于 50mm、壁厚小于 3.5mm 的碳素钢管。焊接的优点是接头强度大、严密性高、接口牢固耐久、不易渗透、工作性能可靠。缺点是接口固定、不易拆卸、焊接工艺要求高，必须由受过专门训练的焊工进行施工。

3）塑料管

塑料管从材质来分有聚氯乙烯管（UPVC）、聚乙烯管（PE）和三型聚丙烯管（PPR）三大类。目前，聚乙烯管和三型聚丙烯管在给水管道中较为常用。

① 聚乙烯管

聚乙烯管限定要用符合食品级的材料作为制管原料，PE 管在外型上有软硬之分，这是原料选用上的区别，软管是用高压聚乙烯原料制成的，而硬管是用低压聚乙烯制成的，应注意所谓高、低压是原料制作工艺过程的区别，而不是耐水压的概念。给水工程中应用比较广泛的是聚乙烯给水管，即给水 PE 管。与其他管材相比，PE 管有以下优点：

a. 使用寿命长达 50 年；

b. 耐低温、抗冲击性能好；

c. 具有良好的耐受性；

d. 防腐蚀、耐强震、可挠性好；

e. 内壁光滑、水流阻力小；

f. 卫生性能好，无毒无锈，输送饮用水安全可靠，不会产生异味，更不会助长滋生微生物，无二次污染的问题；

g. 搬运方便，施工费用低；

h. 连接可靠，无滴漏现象，无污染，符合环保要求。

聚乙烯材料长期静液压强度表示聚乙烯管材在20℃下应有50年的寿命，97.5％置信度的最小环向（强度），单位为MPa，是聚乙烯材料定级命名和强度设计的依据，受环境温度、材料密度和熔融指数的影响。长期静液压强度（MRS）是一个与应力有相同量纲的量，表示在温度T和时间t下预测的平均强度。

根据聚乙烯管的长期静液压强度，国际上将聚乙烯管材料分为PE32、PE40、PE63、PE80和PE100五个等级。目前国际上使用量最大的管材树脂的MRS值为8.0～9.99MPa（PE80级）；MRS值为10.0～11.19MPa（PE100级）的管材树脂已开发成功，这种树脂采用双峰分布、己烯共聚技术，在提高长期静液压强度的同时，也提高了耐慢速裂纹增长和耐快速开裂扩展性能，并具有良好的加工性，为提高管网输送压力、增大管道口径、扩大管道应用范围创造了条件。

标准尺寸指的是管材的公称外径（DN）和工程壁厚（S）的比值，即$SDR=DN/S$。目前常用的是SDR11和SDR17.6两个系列的管材。

聚乙烯管道用于给水时，主要的连接形式为热熔连接。

② 三型聚丙烯管

PPR管又称三型聚丙烯管或无规共聚聚丙烯管，PPR管采用无规共聚聚丙烯经挤出成为管材、注塑成为管件。PPR管除了具有一般塑料管重量轻、耐腐蚀、不结垢、使用寿命长等特点外，还具有以下主要特点。

a. 无毒、卫生。PPR的原料分子只有碳、氢元素，没有有害有毒的元素存在，卫生可靠，不仅用于冷热水管道，还可用于纯净饮用水系统。

b. 保温节能。PPR管导热系数为0.21W/(m·K)，仅为钢管的1/200。

c. 较好的耐热性。PPR管的维卡软化点为131.5℃，最高工作温度可达95℃，可满足建筑给水排水规范中热水系统的使用要求。

d. 使用寿命长。PPR管在工作温度70℃、压力1.0MPa条件下，使用寿命可达50年以上（前提是管材必须是S3.2和S2.5系列以上）；常温下（20℃）使用寿命可达100年以上。

e. 安装方便，连接可靠。PPR具有良好的焊接性能，管材、管件可采用热熔和电熔连接，安装方便，接头可靠，其连接部位的强度大于管材本身的强度。

f. 物料可回收利用。PPR废料经清洁、破碎后回收利用于管材、管件生产。回收料用量不超过总量的10％，不影响产品质量。

PPR是目前家装工程中采用最多的一种供水管道，管径可以从16mm到160mm，家装中用到的主要是20mm和25mm两种，其中20mm管用得更多些。如果经济允许，建议用25mm的管，尤其是进水的冷水管，以尽量减少水压低、水流量小的困扰。塑料管材具有内壁光滑、不结垢等优点，但其强度仅为铁管的1/8，而壁厚反比铁管厚，所以在地基差及地面载荷大的地方要慎用。

三型聚丙烯管道用于给水时，主要的连接形式为热熔连接。

③ 钢塑复合管

钢塑复合管是由两种或两种以上不同材料复合而成的管道，一般以普通碳素钢（Q235）管为基材，在钢管内壁衬或内表面涂一定厚度的塑料层而成，按照钢管与塑料复合的工艺分为两大类：衬塑复合钢管和涂塑复合钢管。

给水用衬塑复合钢管是将食品级薄壁塑料管粘衬在钢管内壁。根据加工工艺不同，衬塑有过盈配合和粘接配合方式，目前使用的衬塑复合钢管多采用粘结配合方式。过盈配合采用机械牵引，将略大于管内径的塑管强行拉入管中，使塑管在常温下可与钢管内壁紧密贴合。粘结配合是采用特殊的胶粘剂，将略小于管内径的塑管通过高温高压方式粘结于钢管内壁，粘胶剂的选择和加热温度影响二者的结合程度。

根据内衬塑料管材不同，衬塑管又分若干种类型，如衬聚丙烯（PPR）、聚乙烯（PE）、交联聚乙烯（PE-X）和硬聚氯乙烯（PVC-U）。市场上以 PE 衬塑居多。内衬管的壁厚一般为 1.5～3.5mm，导热系数低，可节省保温与防结露的材料厚度。但同样外管径条件下，过水断面小，水流损失与流速均增大，对管网压损会有一定影响。给水用涂塑复合钢管是将树脂粉末熔融涂敷在钢管内壁或内外表面。根据涂敷的粉末不同，分为聚乙烯涂塑钢管和环氧树脂（EP）涂塑钢管。涂塑钢管制造工艺比衬塑稍简单，涂层较薄，约为 0.4～1.0mm，不影响过水端面，但管道端面的密封处理困难。

钢塑复合管的外表面有外镀锌和外涂塑两种。外镀锌方式埋地时必须进行防腐处理，因此外镀锌钢塑复合管主要用于明装，由于镀锌层的防腐能力较差，外镀锌钢塑复合管埋地时应刷涂油漆保护；外涂塑方式采用螺纹连接方式时，丝口连接会破坏涂塑层，故在小口径中应用较少。

钢塑管的连接方式有螺纹连接、法兰连接、沟槽式连接、承插连接，其中螺纹连接沿袭了原来镀锌钢管的安装连接方式，连接刚性好，一般用于管径不大于 100mm 的管道。法兰连接、沟槽连接、承插连接时钢管壁厚可以较薄，价格也较低。

4）混凝土制品管

混凝土制品中有预应力钢筋混凝土管、自应力钢筋混凝土管和钢套筒预应力混凝土管等。

① 预应力混凝土管从制造工艺过程上又可分为三阶段法和一阶段法。所谓三阶段法就是指管身分三个阶段制成：第一阶段先做一个带纵向预应力钢丝的混凝土管芯，大多用离心法生产，或用立模法生产；第二阶段在硬化了的混凝土管芯上缠绕环向预应力高强钢丝；第三阶段在钢丝外喷射水泥砂浆，并进行养护。我国在 20 世纪 60 年代以前都是用此法生产，质量良好，工作可靠。所谓一阶段法，就是把上述三个阶段合并为一次完成，其制造工艺是先把作为环向预应力钢丝的钢筋骨架放在装配好的管模中（外模铁制，内模为橡胶制），再布置好纵向钢筋，用机械法或电热法使其获得预应力，然后浇灌混凝土，此时向橡胶制内模中注水升压，使胶模膨胀，此时混凝土、环向钢筋和外模一齐膨胀产生变形，把混凝土中多余的水分挤掉，同时，环向钢筋获得预应力并立即进行蒸汽养护，待混凝土凝固后，将内模中的水压松掉，脱外模即成管子。我国 20 世纪 70 年代后因其产量高、成本低，故大部分采用此法，不过在质量保证上不如三阶段可靠。

② 加钢套筒的预应力钢筋混凝土管（PCCP）工艺上应属于三阶段法，只不过是在管芯内加入一个钢套筒，其主要目的是增加防渗作用，这种类型的管子多做成直径 1～4m。

③ 预应力管重量大、怕摔、怕砸，对切断、凿孔引接分支管有一定难度，露天放置日晒雨淋增加钢筋的蠕动，甚至有个别崩裂的记载。即使埋于地下也有蠕动的现象，设计

使用周期为 50 年，届时虽不见得报废，但安全系数要有所降低。

④ 自应力管是用膨胀水泥制造的管子，不同于上述三阶段或一阶段的工艺方法，而是在普通管模中，通过离心成型，然后在蒸汽和水中养护，利用膨胀水泥的膨胀作用张拉钢筋，自身产生预应力而生产的管子。从工艺上讲比前两者简单，但此种管材存在日久钢筋预应力减退和混凝土遇水产生二次膨胀，可能将管身胀裂的问题。这种现象虽不普遍但确实存在，故不宜在重要管段上使用。

⑤ 预应力钢筋混凝土管一般为橡胶密封圈柔性接口。当与管件连接时，须用钢制转换柔性接口或做钢制法兰转换口连接。

5.1.2　管件

管件是管道系统中起连接、控制、变向、分流、密封、支撑等作用的零部件的统称，属于管道配件。管件的种类很多，主要可以按用途、连接方式和材质进行分类。

（1）按用途分

1）用于管子互相连接的管件：法兰、活接、管箍、卡套、喉箍等。

2）改变管子方向的管件：弯头、曲管。

3）改变管子管径的管件：变径（异径管）、异径弯头、支管台、补强管。

4）增加管路分支的管件：三通、四通。

5）用于管路封堵的管件：垫片、生料带、线麻、法兰盲板、管堵、盲板、封头、焊接堵头。

6）用于管路固定的管件：卡环、拖钩、吊环、支架、托架、管卡等。

（2）按连接方式分

1）焊接管件

2）螺纹管件

3）卡套管件

4）卡箍管件

5）承插管件

6）粘接管件

7）热熔管件

8）法兰管件

（3）按管件材质分

1）铸铁管件

2）钢制管件

3）塑料管件

（4）管件的品种和名称

1）公称直径小于等于 50mm 的管件，现此类管件多为钢制，常用的品种如图 5-1 所示。

2）公称直径大于等于 40mm 的球墨铸铁管件，常用的品种如表 5-1 所示。

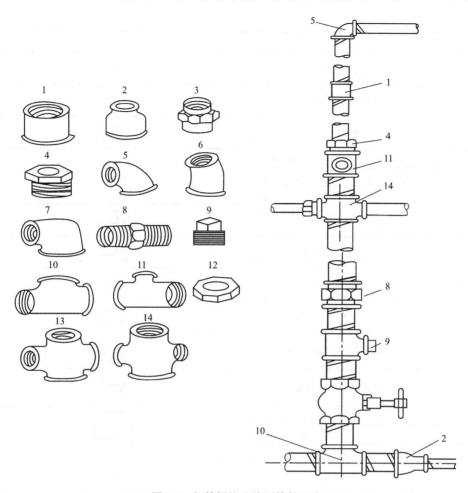

图 5-1 钢管螺纹连接用管件示意

1—管箍；2—异径管箍；3—活接头；4—补心；5—弯头 90°；6—弯头 45°；7—异径弯头；8—外螺丝；9—堵头；
10—等径三通；11—异径三通；12—根母；13—等径四通；14—异径四通

常用管件   表 5-1

序号	名称	图示符号
1	盘承	
2	盘插	
3	承套	
4	双承 90°（1/4）弯头	
5	双承 45°（1/8）弯头	
6	双承 22°30′（1/16）弯头	
7	双承 11°15′（1/32）弯头	
8	承插 90°（1/4）弯头	
9	承插 45°（1/8）弯头	

续表

序号	名称	图示符号
10	承插 22°30′(1/16) 弯头	
11	承插 11°15′(1/32) 弯头	
12	全承三通	
13	$DN40\sim DN250$ 双承单支盘三通	
14	$DN300\sim DN700$ 双承单支盘三通	
15	$DN800\sim DN2600$ 双承单支盘三通	
16	承插单支盘三通	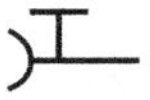
17	承插单支承三通	
18	双盘渐缩管	
19	双盘 90°(1/4) 弯头	
20	双盘 90°(1/4) 鸭掌弯头	
21	双盘 45°(1/8) 弯头	
22	$DN40\sim DN250$ 全盘三通	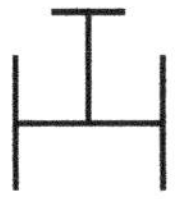
23	$DN300\sim DN700$ 全盘三通	
24	$DN800\sim DN2600$ 全盘三通	
25	双承渐缩管	

5.1.3　阀门及管道设备

（1）阀门及管道设备

供水管网是由管道和阀门等各种管道附件、配件所组成的。根据各种不同的需要（管网的水量、水压的调度和调配、维修抢修的停水需要、新老管线的连接、管道的冲洗等），每天都要进行阀门的开启和关闭。阀门的使用寿命和质量决定着管网的正常运行，在管网中起着举足轻重的作用。阀门是流体管路的控制装置，其基本功能是接通或切断管路介质的流通，改变介质的流动方向，调节介质的压力和流量，保护管路和设备的正常运行。

由此看出，阀门在管网中起着相当重要的作用。平时管理好、运用好，不是件容易的事。所以，在阀门使用方面达到最佳效果，且运用自如，非一日之功。例如：在供水管网中出现管道损坏或爆管，要求及时准确关闭相关的阀门，使损坏管道与其他供水管网隔离，止住跑水，确保其他供水管网正常运行。如操作稍有不慎，就会造成该停水的管段流水不止，而不应停水的供水管网造成无水可用的事故。或者造成部分地区压力下降，影响企业供水服务质量，严重的还可能造成因停水使工厂停产、人民生活不便、锅炉烧毁、医院出现医疗事故等一系列问题。图 5-2、图 5-3 是爆管跑水的严重情况。

图 5-2　某地 DN500 爆管后马路淹泡情况　　　图 5-3　某地 DN500 爆管后交通拥堵情况

管网一旦发生故障，大量跑水，造成部分地区或全市降压。此时就要求阀门操作人员先行到位，起"消防队"的作用。要求"去得快、找得着、关得上、开得开"，做到沉着冷静、迅速出击，准确无误地尽快把漏水止住，使国家和人民财产免受损失。及时止水，是供水企业等级考核指标中修漏及时率的重要保证（图 5-4）。

图 5-4　某地 DN500 爆管抢修现场

给水管网经常使用的阀门有闸阀、蝶阀、截止阀、球阀、减压阀、止回阀等，而每一种阀门根据其结构形式又可分为更多的类别。

阀门的用途广泛，分类方法也比较多。总的可分两大类：

1）第一类自动阀门：依靠介质（液体、气体）本身的能力而自行动作的阀门，如止回阀、安全阀、疏水阀、减压阀等。

2）第二类驱动阀门：借助手动、电动、液动、气动来操纵的阀门，如闸阀、截止阀、蝶阀、球阀、旋塞阀等。

（2）阀门布置原则、种类、构造及其性能

1）阀门的布置原则

在考虑阀门布局时，水厂出厂管源及输配水管线起端，都应设置阀门。配水干线，一般在 1km 左右，应装设主阀门一只。长距离的输水干线可考虑 10km 内装主阀门一只。

分支管线上的出口处都应装设阀门，进户开口处应装设阀门一只。

一般在交叉路口，三通处要有选择地装设两只阀门，四通处装设三只阀门。重要的用户，最好在其入户口三通两端各装设一只阀门，保证其不停水的条件。

设置阀门不要一井多阀，应采用一井一阀，阀门井位置应尽量避开车辆集中地段，最好在不影响交通的地方，以便于开关、维修并保证阀门操作人员的安全。

阀门是一种"养兵千日，用于一时"的控制装置。平时要求阀门开启要到位，减少管段的水头损失，一旦需要，阀门应能迅速关闭、可靠断流。一般阀门选型的原则是选择优质、可靠、适用性强的阀门，对于长期以来不能满足要求的类型，应考虑分步淘汰、选用先进的阀门。

2）阀门的种类

① 阀门产品种类繁多，说法也不完全统一，有的按用途划分，如供水、化工、石油、电站等。

② 有的按介质划分，如煤气、天然气、水蒸气、空气阀等。

③ 有的按材质划分，如铸铁、铸钢、锻钢、钢板焊接阀等。

④ 有的按介质温度划分，如低温、高温阀等。

⑤ 按压力和结构种类来区分的有以下几种。

a. 按压力级分：

工作压力≤1.6MPa 为低压阀；

工作压力 2.5～6.4MPa 为中压阀；

工作压力超过 10.0MPa 为高压阀。

b. 按结构种类分：

闸阀、半球阀——用于启闭管道介质流动；

止回阀——用于自动防止管道内的介质倒流；

蝶阀——用于启闭或调节管道内介质作用。

3）阀门构造概述

① 闸阀

闸阀的结构及各部位名称如图 5-5 所示，闸阀的结构相当复杂，产品有暗杆、明杆、楔式、平行式、立式、卧式等形式。

闸阀的传动方式——除手轮、方头直接驱动外，还有正齿轮传动、伞齿轮传动、电动、气动、液动等。

闸阀的连接方式——有法兰、螺纹、焊接、对夹等。

闸阀的密封形式——金属硬密封、橡胶软密封。

a. 暗杆楔式单闸板闸阀（SZ45T-10）

该产品的阀杆端顶带有保护套罩，这种套罩一方面保护了阀杆端头的方棱，另一方面又统一了阀杆的方棱尺寸，便利了启闭器的配套，适合从地上启闭地下闸阀。

b. 橡胶软密封闸阀（SZ45X-10）

20 世纪 70 年代，欧洲开始研制出软密封闸阀，是在阀板上包一层橡胶，使阀板通过其表面橡胶与阀体接触，形成斜面密封和端面密封，取得了良好的密封效果。因为取消了闸槽，避免了积存异物，使严密程度更加可靠，并且在很大程度上减少了机加工量和有色金属用量，成为一种先进的闸阀。1991 年年初，我国有的厂家也开始进行制造，目前在城市给水管网中广泛采用（图 5-5）。

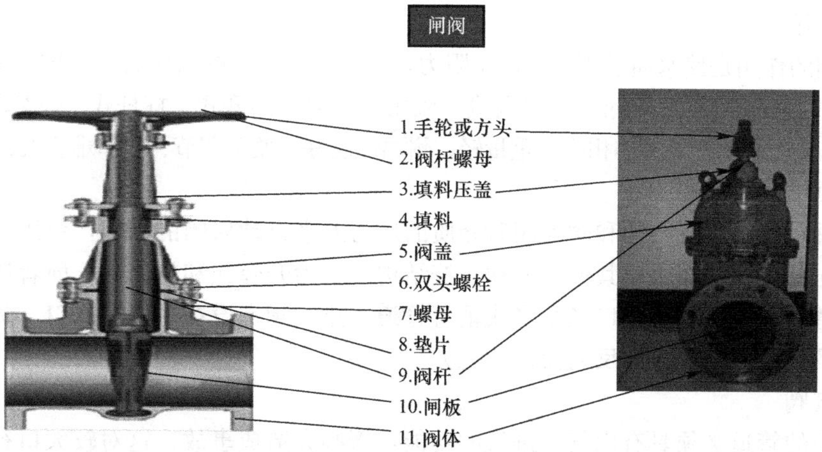

闸阀

1.手轮或方头
2.阀杆螺母
3.填料压盖
4.填料
5.阀盖
6.双头螺栓
7.螺母
8.垫片
9.阀杆
10.闸板
11.阀体

图 5-5　橡胶软密封闸阀（SZ45X-10）

② 蝶阀

蝶阀的阀板是通过阀板轴两端定位于阀体，可通过调节阀板旋转来控制管道的流量，具有一定的调流功能。但是当阀板开启度≤15°时，急速的水流可引起阀板、阀体及阀体下游附近管壁产生气蚀，而造成阀门或管道的损坏，所以蝶阀不适用于较小角度和频繁的调节（图 5-6）。

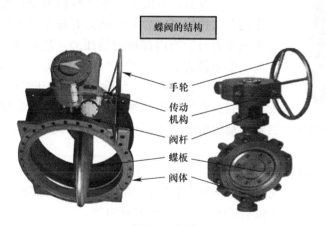

蝶阀的结构

手轮
传动机构
阀杆
蝶板
阀体

图 5-6　蝶阀

③ 截止阀

截止阀主要用来切断介质通路，也可调节流量和压力，可分为直通式、直角式和直流式。直通式适用于直线管路，便于操作，但阀门流阻较大；直角式用于管路转弯处；直流式流阻很小，与闸阀接近，但因阀杆倾斜，不便操作。

截止阀的特点是制造简单、价格较低、调节性能好；安装长度大，流阻较大；密封性较闸阀差，密封面易磨损，但维修容易；安装时应注意方向性，即低进高出，不得装反。

④ 球阀

球阀主要用于管路的快速切断，主要特点是流体阻力小、启闭迅速、结构简单、密封性能好。

球阀适用于低温、高压及黏度较大的介质，以及要求开关迅速的管道部位。

⑤ 减压阀

减压阀的作用是使水通过阀瓣时产生阻力，减少压力，使阀前压力在一定范围内无论如何变化，都能使阀后压力降低为恒定数值。减压阀可分为活塞式、杠杆式、弹簧薄膜式和气动薄膜式。减压阀的特点是体积小、重量轻、耐温性能好、便于调节、制作难度大、灵敏度低。

⑥ 止回阀

止回阀是利用本身结构和阀前阀后介质的压力差来自动启闭的阀门，作用是使介质只做一个方向的流动，而阻止其逆向流动。按结构可分为升降式和旋启式，前者适用于小口径水平管道，后者适用于大口径水平或垂直管道。止回阀常设在水泵的出口、疏水器的出口管道以及其他不允许流体反向流动的地方。

⑦ 排气阀

管网中的管道必须具有出气、进气的功能，否则会造成事故，这对较大口径管道的安全运行尤为重要。排气阀在管网出气、进气的过程中起着很重要的作用。

一方面，管网中存在的气体如果不能及时排出，积在管道最高点顶部，形成气囊，压缩了过水断面，减小管网的输水能力，同时由于气囊的存在，导致发生气阻，既增加了额外的水头损失，增大耗能，又造成水压失真，影响对管网运行状态的正确判断。管网上合理地安装排气阀，可以及时排除管网中存在的空气，避免类似情况的发生。

另一方面，当供水管道因检修需要，必须停水并将管道中的存水排出时，如果管网只有排水口与空气接触，会因为大气压力与管道内部压力的压差，造成排水的速度较慢。此时，如果管道上安装了排气阀，管道外部的空气就可以通过排气阀进入管道内部，消除压差，便于管道快速排水。

目前常用的排气阀为浮筒式，随着我国水务产业不断发展，萌生出科技含量较高的复合浮筒式高速进排气阀，如图 5-7 所示。

图 5-7　复合单孔浮筒式进排气阀

复合浮筒式高速进排气阀基本结构如图 5-8 所示。

复合浮筒式高速进排气阀主要分为外壳组件和附体组件两大部分。外壳组件主要包括阀体和阀盖，浮体组件主要包括浮体罩、浮体和升降罩等。

4）阀门的工作原理

① 闸阀的工作原理

旋转闸阀方头（或手轮），阀杆旋转，使阀杆上的丝母带动阀板上下移动而达到开启关闭的目的。

② 蝶阀的工作原理

旋转输出头使其驱动阀轴，带动蝶板在阀体中反复旋转 90°运动，达到开启和密封的作用。

5）阀门的特性与性能测试

阀门的特性可分为两种：使用特性和结构特性。

① 使用特性

阀门的使用特性确定了阀门的主要使用方法和使用范围。属于阀门使用特性的有：

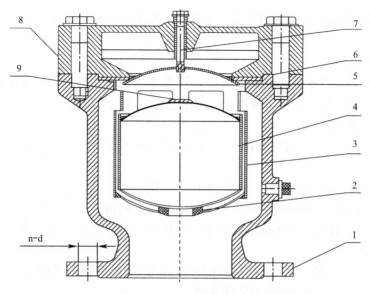

图 5-8 排气阀基本结构图

1—阀体；2—衬垫；3—浮体罩；4—浮体；5—升降罩；6—大密封垫；7—导向套；8—阀盖；9—小密封垫

a. 产品类型：闸阀、蝶阀、半球阀等。

b. 阀门主要零件：阀体、阀盖、阀杆、阀瓣、密封面的材料等。

c. 阀门传动方式。

② 结构特性

阀门的结构特性确定了阀门的安装、维修、保养等方法的特性。属于结构特性的有：

a. 阀门的结构长度和总体高度。

b. 与管道的连接形式：法兰连接、焊接连接、内螺纹连接、外螺纹连接等。

c. 密封面的形式：镶圈、螺纹圈、堆焊、喷焊等。

d. 阀杆结构形式：旋转杆、升降杆等。

③ 评价阀门的性能与性能检测时，要关注以下几点。

a. 阀门在工作水压下启闭灵活、轻便，用扭矩扳手检测开启力矩。

b. 阀门封闭严密，在试验水压下不渗漏或滴漏，符合标准要求，这要求阀门的两侧轮流承压、分别检测，且多次启闭达到同样效果。要求各种口径、不同类型的阀门，均应在制造厂家及有检测资格的单位，进行带负荷启闭的寿命检测。这种检测也包括对阀轴密封效果的评价。

c. 阀门过流能力要强。特别是蝶阀，蝶板的过流阻力要小、过流有效面积要大。这要求各种口径、不同类型的阀门也应在有检测资格的单位，进行流阻系数的测定。

d. 阀体承压的能力应与管道一致，也就是阀门开启状态下，阀门能承受管道试验压力的要求。

6）闸阀与蝶阀优缺点比较

① 闸阀的优缺点

a. 暗杆阀适用于非腐蚀性介质，以及在地下管道上使用。

b. 明杆阀则适用于腐蚀性介质，以及在室内管道上使用。

c. 闸阀的结构复杂，高度尺寸较大，尤其卧式大口径闸阀占据位置大，密封面容易磨损，阀体下槽容易积物。但优点是流体阻力小，介质可以从两方面流动，修理比较简单容易。

② 蝶阀的优缺点

由于近年来城市供水量需求不断增加，管线口径也越来越大。原先使用的闸阀在体积、重量、长（高）度、扣数、扭矩上，均不能适应现代管道的需要，所以大口径阀门、闸阀势必要以蝶阀代替。

a. 蝶阀可以克服上述闸阀的缺点，以 DN500 闸阀为例相比，蝶阀体积小，闸阀体积大。

b. 闸阀阀体有槽易积物，蝶阀阀体平滑不易积物。

c. 蝶阀启闭力矩小于闸阀，同样 DN1000 口径的闸阀，至少需要 4 个人操作，很费力，关闭一次所需用时 30～40min；而相同口径蝶阀只需要两个人操作，很省力，仅用 10min 就可关闭。

d. 蝶阀扭矩小，按习惯操作闸阀的用力搬动蝶阀（或用闸门启闭机时），容易损坏蝶阀传动装置，严重时甚至可将传动箱体胀裂。

e. 蝶阀启闭标志指针丢失或有误，容易引起操作失误，也可能使传动装置损坏。

7）蝶阀所用阀板的形式：轴的位置、密封方法、驱动形式等

① 蝶板轴的位置

一般采用中心对称式（如对夹中线阀）或偏式（如 SD341X-10），对于通轴、半轴各有利弊。通轴强度大、抗弯曲性能好，但其阀板较厚，流体阻力就大。而半轴受力大时，或装配稍有不同心，则会使扭力增大，但阀板中间薄，对流体阻力小。

② 蝶阀密封方法

最好的方式是采用蝶板软密封，这种是将密封胶圈卡紧在蝶板上不易脱落，调整也容易。也有像 XD3A41X-10 的密封圈，虽全在阀板上，但因结构不合理，容易脱掉，而胶圈脱落后，压板掉下，冲入管道内卡在其他闸槽中，后患无穷。现在对夹式蝶阀 "A" "LT" 型密封圈双面固定在阀体上，并采取全衬胶方式，不易脱落，有相当优势。

橡胶密封圈在阀板上以采用燕尾形或倒 "T" 字形为好，总之使其夹牢为宜。

③ 驱动形式和传动方法

a. 驱动形式

从使用经验来说，驱动形式，在上水配水管网中，应以手动为宜。因为：其一蝶阀扭矩不大，且转数不多，手动足以满足；其二管路中电源不方便；其三阀门均设在地下井内，湿度大，或井内进水，如用电机必须防潮、防水，很不方便，故不宜采用。

采用手动方头式，方向朝上，以利于在地面用钥匙套在方头上旋转操作。

b. 传动方式：有丝杆螺母和蜗轮蜗杆两种

丝杆螺母传动：根据使用经验，丝杆螺母传动由于速比可变，呈不匀速运动状态，在接近开、关点 20°位置时传动慢，中间位置时传动快，这是它的特点也可说是优点。但丝杆螺母传动大部分限位不准，有时闸板关不到位或过位，达不到完全密封阻水的目的。丝杆螺母如果材质不佳，螺母的连接轴部分最易损坏。由于丝杆下部无支撑点，容易造成丝杆弯曲或驱动箱体胀裂。另外，箱体密封性能较差，易进水进泥，导致丝杠锈蚀，启闭阻力增大。

蜗轮蜗杆传动：蝶阀口径 DN1000 以下，其传动为蜗轮蜗杆时用一级传动即可，

$DN1200$~$DN2200$ 可采用两级传动。如铁岭 $DN2200$ 蝶阀：一级传动速比为 60：1，二级速比为 62：1，启闭 $90°$，930 转，输出扭矩不大于 $10N\cdot m$。像这么大口径阀门，只用两个人就可不费力地操作，是相当方便了。总之，传动级越多，扭矩越小，而转数越多，所以传动方式最好采用蜗轮蜗杆传动为好。

蜗轮蜗杆构造传动力矩大，限位明显、准确、易调，如 D341 则只 9 转即可关闭。并且启闭很灵活，容易检修（图 5-7）。但注意，蜗轮蜗杆的限位螺栓强度一定要够，且不宜太长，不然可把限位螺栓顶弯。蜗轮与蜗杆滑出，使开关失灵，这种情况也应注意。

④ 蝶阀采取的连接形式

连接方式习惯以法兰连接最为可靠，但要注意安装对夹式时，稍偏就能卡住蝶板，而开不到 $90°$。为了便于更换，不论大小口径都须加柔口。在小口径管上也加柔口，经济上就不划算了。所以，一般口径 $DN400$ 以上才用蝶阀。

根据经验，蝶阀采用 SD341X-10 为好，启闭指针很直观，而且易操作和维修。

5）常见阀门的型号

① 闸阀

暗杆楔式单阀板闸阀 SZ45T-10Q。

② 蝶阀

对夹式蝶阀 D371X-10Z。

蝶阀 D341X-10。

③ 截止阀

内螺纹截止阀 J11X-10。

④ 止回阀

内螺纹旋启式止回阀 H14T-10。

（4）我国阀门产品型号的编制方法

1）阀门型号的编制方法

国家标准化管理委员会日前发布了《阀门 型号编制方法》GB/T 32808—2016，由中国机械工业联合会提出，按照《标准化工作导则 第 1 部分：标准的结构和编写》GB/T 1.1—2009 给出的规则起草，阀门型号编制方法由全国阀门标准化技术委员会（SAC/TC 188）归口，编制方法如下。

① 阀门产品型号由七个单元组成，用来表明阀门类型、驱动方式、连接形式、结构形式、密封面材料、公称压力和阀体材料。

② 产品型号的七个单元按下列顺序排列：

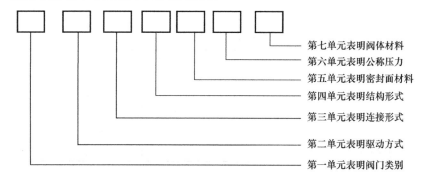

第七单元表明阀体材料

第六单元表明公称压力

第五单元表明密封面材料

第四单元表明结构形式

第三单元表明连接形式

第二单元表明驱动方式

第一单元表明阀门类别

③ 第一单元按表 5-2 规定，用汉语拼音字母表示。

阀门类别表示　　　　　　　　　　　　　　　　表 5-2

阀门类别	代号	阀门类别	代号
蝶阀	D	安全阀	A
隔膜阀	G	球阀	Q
闸阀	Z	止回阀	H
旋塞阀	X	减压阀	Y
截止阀	J	放料阀	FL
过滤器	GL		

④ 第二单元按表 5-3 规定，用一位阿拉伯数字表示驱动种类，对于手轮、手柄或扳手（包括方头）等直接传动的阀门或自动阀门则省略本单元。

驱动方式表示　　　　　　　　　　　　　　　　表 5-3

驱动方式	代号	驱动方式	代号
电磁驱动驱动	0	气动驱动	6
电磁液动驱动	1	液动驱动	7
电液动驱动	2	气液动驱动	8
涡轮传动的机械驱动	3	电动机驱动	9
正齿轮传动的机械驱动	4	手柄、手轮	无代号
伞齿轮传动的机械驱动	5		

⑤ 第三单元用一位阿拉伯数字表示阀门的连接形式（表 5-4）。

连接形式表示　　　　　　　　　　　　　　　　表 5-4

连接形式	代号	连接形式	代号
内螺纹	1	法兰	5
外螺纹	2	焊接	6
两不同连接	3	对夹	7
法兰	4	卡套	9
卡箍	8		

⑥ 第四单元用一位阿拉伯数字表示阀门的结构形式，根据不同的阀门种类按表 5-5～表 5-7 表明结构形式。

蝶阀结构形式的代号　　　　　　　　　　　　　　表 5-5

蝶阀结构形式		蝶阀代码	蝶阀结构形式		蝶阀代码
密封形	单偏心	0	非密封形	单偏心	5
	中心垂直板	1		中心垂直板	6
	双偏心	2		双偏心	7
	三偏心	3		三偏心	8
	连杆机构	4		连杆机构	9

闸阀结构形式的代号　　　　　　　　表 5-6

闸阀结构形式				闸阀代码
阀杆升降式明杆	楔式闸板	弹性闸板		0
		刚性闸板	单闸板	1
	平行式闸板		双闸板	2
阀杆非升降式暗杆	楔式闸板		单闸板	3
			双闸板	4
	平行式闸板		单闸板	5
			双闸板	6
			单闸板	7
			双闸板	8

球阀结构形式的代号　　　　　　　　表 5-7

球阀结构形式		球阀代码	球阀结构形式		球阀代码
浮动球	直通流道	1	固定球	四通流道	6
	Y 形三通流道	2		直流通道	7
	L 形三通流道	4		T 形三通流道	8
	T 形三通流道	5		L 形三通流道	9
				半球直通	0

⑦ 第五单元按表 5-8，用汉语拼音字母表示密封面材料。

阀门密封面材料的代号　　　　　　　　表 5-8

密封面材料	代号	密封面材料	代号
巴氏合金	B	尼龙塑料	N
搪瓷	C	蒙乃尔	P
渗氮钢	D	衬铅	Q
18-8 系不锈钢	E	Mo2Ti 不锈钢	R
氟塑料	F	塑料	S
玻璃	G	铜合金	T
Cr13 不锈钢	H	橡胶	X
衬胶	J	硬质合金	Y
蒙乃尔合金	M	阀体直接加工	W

⑧ 第六单元公称压力用数字直接表示，并用"——"与第五单元隔开。

⑨ 第七单元按表 5-9，用汉语拼音字母表示阀体材料，对于 $P_g \leqslant 1.6\text{MPa}$ 的灰口铸铁阀门或 $P_g \geqslant 2.5\text{MPa}$ 的碳钢阀门则省略本单元。

阀门密封面材料的代号　　　　　　　　表 5-9

阀体材料	代号
灰口铸铁	Z
可锻铸铁	K
球墨铸铁	Q
钛及钛合金	A
碳钢	C

阀体材料	代号
Cr13 系不锈钢	H
铬钼钢	I
铝合金	L
Mo2Ti 系不锈钢	R
塑料	S
铜及铜合金	T
18-8 系不锈钢	P

2）阀门产品型号、编制举例

① SZ45T-T10

表明竖式，闸阀（手动省略），法兰连接，暗杆顶楔式单闸板，铜密封，公称压力 1.0MPa，阀体灰口铸铁，不注明。

② WZ545-6

表明卧式闸阀，齿轮传动，机械驱动，法兰连接，暗杆模式单闸板，密封圈，公称压力 0.6MPa。

③ SD341X-10

表明地下竖式，蝶阀，蜗杆传动，法兰连接，橡胶密封，公称压力 1.0MPa，阀体灰口铸铁可不标注。

④ D941X-6

表明蝶阀是电动的，压力级为 0.6MPa，其他同③。

⑤ D241-2.5

表明蝶阀是齿轮传动，压力级为 0.25MPa，其他同③。

⑥ D71Y-10

表明蝶阀，手动省略，对夹连接，其他同③，此外如天津塘沽阀门厂引进美国马克公司的对夹蝶阀，则按美国马克公司的编制，"A" 型为对夹式，"LT" 型为终端蝶阀，法兰孔是内螺丝式。

（5）新装阀门的验收标准及安装注意事项

1）验收标准

① 核对阀门、排气阀安装的位置，以及数量是否与竣工图纸相符。

② 安装的阀门、排气阀是否与原设计要求型号相符，是否为本工程允许使用的型号与厂家产品。

③ 阀门、排气阀井室是否按照设计的标准，包括深度、井口收口、深井有无爬梯、井砖是否勾通缝、井内有无抽水坑、方头距井口尺寸、井盖和现地面高低、各部距离闸的主要尺寸（如蝶阀卧式的 A 值）。

④ 井盖花纹是否标准（字样、轻重、平稳、钥匙眼）。

⑤ 是否已冲洗管道，是否化验合格，是否已通水，排气阀是否开启状态。

⑥ 开关阀门试验：应开关试验其阀门密封性、灵活性，是否有柔口，柔口位置对不对，有无漏水，启闭指针是否有效准确及箭头方向等。

⑦ 检查排气阀：检查是什么类型的，是否大小孔，有无差错，安装位置是否正确。蝶阀也应开闭试验，是否已开，有无漏水，驱动手柄能否转动 $90°$。

2）安装阀门时要用的一些附件

① 柔口

柔口（SSJR-10）适用于 $P_。<1.0$MPa 的管路，安装于阀门等设备的来水方向一侧，便于设备安装、拆卸及维修，也可安装在管路直管段的任意位置。主要用于补偿管路在温度变化条件下所产生的伸缩量，柔口的伸缩量可达 200mm。同时允许管路偏离中心线或有小于等于 2.5°微小角度倾斜。

② 传力柔口

传力柔口不但能起到一般柔口的作用，还能传递轴向的力，越过阀体本身传导到管道上，使阀体本身不受拉力或压力。

③ 变径法兰短管

可安装于阀门等设备管路中，用于连接两个变径的管路，可以用法兰连接，也可以做成承口、插口、焊接等形式。

（6）法兰

闸阀法兰、蝶阀法兰的通用尺寸为国标，各部尺寸见表 5-10。

法兰的形式和尺寸 表 5-10

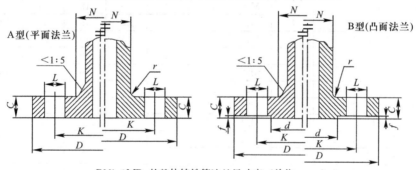

法兰的形式和尺寸应符合下图及下表的规定（单位：mm）

$PN1.0$MPa 的整体铸铁管法兰尺寸表（单位：mm）

公称通径 DN	法兰外径 D	连接尺寸				密封面尺寸		法兰厚度 C			颈部尺寸 N	圆角半径 r
		螺栓孔中心圆直径 K	螺栓			外径 d	高度 f	灰口铸铁	球墨铸铁	可锻铸铁		
			通孔直径 L	数量 n	螺纹规格							
40	150	110	19	4	M16	84	3	18	19	18	70	5
50	165	125	19	4	M16	99	3	20	19	20	84	5
65	185	145	19	4	M16	118	3	20	19	20	104	6
80	200	160	19	8	M16	132	3	22	19	20	120	6
100	220	180	19	8	M16	156	3	24	19	22	140	6
125	250	210	19	8	M16	184	3	26	19	22	170	6
150	285	240	23	8	M20	211	3	26	19	24	190	8
200	340	295	23	8	M20	266	3	26	20	24	246	8
250	395	350	23	12	M20	319	3	28	22	26	298	10
300	445	400	23	12	M20	370	4	28	24.5	26	348	10
350	505	460	23	16	M20	429	4	30	24.5	—	408	10

续表

公称通径 DN	法兰外径 D	连接尺寸				密封面尺寸		法兰厚度 C			颈部尺寸 N	圆角半径 r
		螺栓孔中心圆直径 K	螺栓			外径 d	高度 f	灰口铸铁	球墨铸铁	可锻铸铁		
			通孔直径 L	数量 n	螺纹规格							
400	565	515	28	16	M24	480	4	32	24.5	—	456	10
450	615	565	28	20	M24	530	4	32	25.5	—	502	12
500	670	620	28	20	M24	582	4	34	26.5	—	559	12
600	780	725	31	20	M27	682	5	36	30	—	658	12
700	895	840	31	24	M27	794	5	40	32.5	—	772	12
800	1015	950	34	24	M30	901	5	44	35	—	876	12
900	1115	1050	34	28	M30	1001	5	46	37.5	—	976	12
1000	1230	1160	37	28	M33	1112	5	50	40	—	1080	12
1200	1455	1380	40	32	M36	1328	5	56	45	—	1292	12
1400	1675	1590	43	36	M39	1530	5	62	46	—	1496	12
1600	1915	1820	49	40	M45	1750	5	68	49	—	1712	12
1800	2115	2020	49	44	M45	1950	5	70	52	—	1910	15
2000	2325	2230	49	48	M45	2150	5	74	55	—	2120	15
40	150	110	19	4	M16	84	3	18	19	18	70	5
50	165	125	19	4	M16	99	3	20	19	20	84	5
65	185	145	19	4	M16	118	3	20	19	20	104	6
80	200	160	19	8	M16	132	3	22	19	20	120	6
100	220	180	19	8	M16	156	3	24	19	22	140	6
125	250	210	19	8	M16	184	3	26	19	22	170	6
150	285	240	23	8	M20	211	3	26	19	24	190	8
200	340	295	23	12	M20	266	3	30	20	24	246	8
250	405	355	28	12	M24	319	3	32	22	26	296	10
300	460	410	28	12	M24	370	4	32	24.5	28	350	10
350	520	470	28	16	M24	429	4	36	26.5	—	410	10
400	580	525	31	16	M27	480	4	38	28	—	458	10
450	640	585	31	20	M27	548	4	40	30	—	516	12
500	715	650	34	20	M30	609	4	42	31.5	—	576	12
600	840	770	37	20	M33	720	5	48	36	—	690	12
700	910	840	37	24	M33	794	5	54	39.5	—	760	12
800	1025	960	40	24	M36	904	5	58	43	—	862	12
900	1125	1050	40	28	M36	1001	5	62	46.5	—	962	12
1000	1255	1170	43	28	M39	1112	5	66	50	—	1076	12
1200	1485	1390	49	32	M45	1328	5	—	57	—	1282	12
1400	1685	1590	49	36	M45	1530	5	—	60	—	1482	12
1600	1930	1820	56	40	M52	1750	5	—	65	—	1696	12
1800	2130	2020	56	44	M52	1950	5	—	70	—	1896	15
2000	2345	2230	62	48	M56	2150	5	—	75	—	2100	15

5.1.4　消火栓

（1）消火栓概述

消火栓分为室内用和室外用两种，此处重点讲述室外用的消火栓。

传统的室外消火栓有地上式和地下式，新型的有室外直埋伸缩式消火栓（如 ZS100/

65-1.6)。寒冷地区设置的室外消火栓应有防冻措施。

地上式消火栓在地上接水，操作方便，但易被碰撞、易受冻。地下式消火栓防冻效果好，但需要建较大的地下井室，且使用时消火队员要到井内接水，非常不方便。室外直埋伸缩式消火栓平时消火栓压回地面以下，使用时拉出地面工作。这种消火栓比地上式能避免碰撞、防冻效果好，比地下式操作方便、安装简单，是一种新型先进的室外消火栓。具体采用地上式还是地下式需要根据实际使用情况进行确定。

消火栓来水口径有 $DN100$ 和 $DN150$ 两种，出水口径有 $DN65$ 和 $DN100$ 两种。地上式消火栓有三个出水口（两个 $DN65$、一个 $DN100$），地下式消火栓有两出水口（一个 $DN65$、一个 $DN100$）。

一般城镇和居住区管网内平时水压较低，火场上水枪的压力是通过消火车或其他移动消火泵加压形成的。消火车从低压给水管网消火栓内取水，直接用吸水管从消火栓上吸水，或者用水带接上消火栓往消火车水罐内放水。

室外消火栓给水的流量取决于火场上所出水枪的数量。每个消火栓一般只供一辆消火车出水，常出两支口径为 19mm 的直流水枪，火场要求水枪充实，水柱为 10～15m，则每支水枪的流量为 5～6.5L/s，两支水枪的流量为 10～13L/s，考虑接口及水带的漏水，所以每个消火栓的流量按 10～15L/s 计。

考虑火场供水需要，室外低压消火栓最大布置间距不应大于 120m。

1）室外地上消火栓

① 型号、主要参数（表 5-11）

室外地上式消火栓型号及参数 表 5-11

型号	公称通径（mm）	出水口径（mm）	公称压力（MPa）	开启高度（mm）
SS100/65-1.0	100	100×65×65	1.0	50
SS100/65-1.6			1.6	

② 室外地上式消火栓示意图（图 5-9）

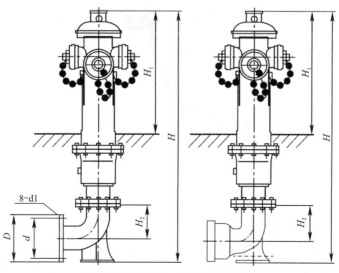

图 5-9　室外地上式消火栓示意图

型号	公称通径	H	H_1	H_2	D	d	d_1
SS	100	1180	550	250	215	180	16

近年来，地上式消火栓衍生出了加密式消火栓，主要是在现有的消火栓上安装磁性防盗装置。防盗装置采用永磁传动原理，需要专用的防盗消火栓扳手才能启闭，从而达到防止盗用的目的。

2）室外地下式消火栓

① 型号、主要参数（表 5-12）

室外地上式消防栓结构安装尺寸　　　　　表 5-12

型号	进水口径（mm）	出水口径（mm）	公称压力（MPa）	外形尺寸长×宽×高（mm）
SA100/65-1.6	100	100×65	1.6	455×280×700

② 室外地下式消火栓示意图（图 5-10）

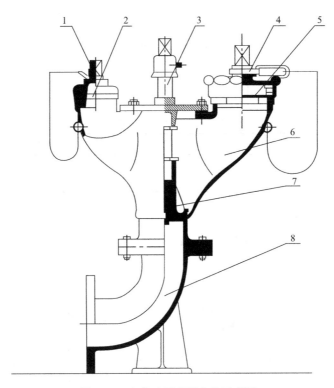

图 5-10　室外地下式消火栓示意图

1—65 闷盖；2—接口；3—阀杆；4—100 出水嘴盖；5—100 出水嘴；6—栓体；7—阀瓣；8—法兰弯管

（2）消火栓的安装注意事项

1）埋设标准：地上式消火栓顶端距路面 550mm 左右，上下误差不超出 50mm。地下式消火栓的顶部出水口与消火井盖底面的距离不得大于 400mm，井内应有足够的操作空间。

2）消火栓要求可以正常开关，配件完整，确保有水。

3）消火栓安装位置要求合理，便于取水。地上式消火栓可安装在街道的十字路口区，在保证醒目又不影响行人、行车的位置上，同时考虑维护和日常排水、泄水方便，如人行道街沿上、雨水排泄口旁、人行道树侧。不得设置在盲道、道路中间等影响交通的位置，也不得设置在容易被车辆撞击的位置。

5.2 管道的支挡墩

管网中三通、弯头、管堵等部位管件，由于管内承受水压，在这些管件处产生了各种不同的推力（特别是完工验收时，泵压试水的压力较大）。而这些推力有时不是接口的粘结力所能抵抗的，尤其是现在通用的柔性接口管更不能抵抗这些推力。因此要设置支墩来克服管内水压在该处产生的推力，避免接口松脱，确保管道正常供水。

5.2.1 支挡墩分类

根据异形管件在管道中的布置方式，支墩分为以下几种常用类型。

（1）按支墩承受力的方向分

1）水平支墩：水平支墩指为抵消水平力而设置的支墩。根据管件类别分为水平弯管支墩、管道末端的堵板支墩和水平三通支墩。

2）垂直弯管支墩：管线由水平方向转入铅垂方向的弯头支墩。根据弯头向上、向下转弯方向的不同，分为垂直向上弯管支墩和垂直向下弯管支墩。

3）空间两相扭曲支墩：管道中线既水平转向同时又垂直转向的异形管支墩。

（2）按支墩构筑形式分

1）全包支墩：异形管四周用混凝土浇筑成一整体。

2）侧向支墩：在异形管传导推力的一侧，并按支墩传力角的要求设置侧向支墩。侧向支墩占地面积较大。

3）带桩支墩：借助摩擦桩或承压桩的形式用以缩小支墩体积尺寸，在向上、向下弯管支墩中，选用带桩支墩较多。

4）接口加固的异形管件支墩：利用金属卡箍将异形管的承插口间进行加固，以减少支墩尺寸，同时也可采用卡箍、钢筋和混凝土整体浇筑支墩，以缩小支墩尺寸。

（3）设置支墩的原则

1）承插口石棉灰填料

当管径≤DN350时，石棉接口的粘结力抵消管道受力，试压<1.0MPa，在一般土壤处的弯头、三通处可不设置支墩，在松软土壤中，则应计算确定是否设置支墩；当管道转弯角度<10°时，可不设置支墩。

2）承插胶圈接口

承插胶圈接口无粘结力，三通、弯头外都需要设置支墩。

5.2.2 支挡墩受力分析

在历年接触的工程实例中，常见的多为水平异形管件支墩及垂直弯管支墩，因此本次主要分析给水管在正常埋设情况下，一般性土壤地区，水平异形管件支墩及垂直弯管支墩的计算。对于设置在淤泥、湿陷性黄土、多年冻土、膨胀土地区的支墩需特殊计算，软土地区支墩的沉降问题应特殊考虑。

1）管道截面外推力标准值

$$P = \frac{\pi}{4}d_n^2 F_{wd,k}/1000 \tag{5-1}$$

式中　　　d_n——管道接口设计内径，mm；

$d_n = \alpha_D D$，α_D——管道接口设计内径与管内径的转换系数，D——管内径，mm；

$F_{wd,k}$——管道设计内水压力，MPa；

P——管道截面外推力标准值，kN。

2）水平支墩承受截面外推力 P 对支墩产生的水压合力标准值 $F_{wp,k}$

弯管处：
$$F_{wp,k} = 2P\sin\alpha/2 \tag{5-2}$$

式中　α——弯管的角度。

三通及管堵处：
$$F_{wp,k} = P \tag{5-3}$$

3）垂直向支墩承受水压合力产生的垂直力 N 及水平力 F_h 标准值

① 垂直向上弯管

垂直向下分力：　$N = P\sin\alpha$；水平分力：$F_h = P(1-\cos\alpha)$ $\tag{5-4}$

② 垂直向下弯管

垂直向上分力：　$N = P\sin\alpha$；水平分力：$F_h = P(1-\cos\alpha)$ $\tag{5-5}$

4）支墩承受土压力计算

① 支墩迎推土侧的主动土压力标准值 $F_{ep,k}$

地下水低于支墩底面时：　$F_{ep,k} = 1/3[\gamma_{s3}(Z_2^2 - Z_1^2)/2]L$ $\tag{5-6}$

地下水高于支墩顶面时：

$$F_{ep,k} = 1/3\left[\frac{\gamma_s'(Z_2^2 - Z_1^2)}{2} + (\gamma_{s3} - \gamma')Z_w(Z_2 - Z_1)\right]L \tag{5-7}$$

② 支墩抗推力侧的被动土压力标准值 F_{pk}

地下水低于支墩底面时：

$$F_{pk} = \text{tg}^2(45° + \phi_d/2)[\gamma_{s1}(Z_2^2 - Z_1^2)/2]L \tag{5-8}$$

地下水高于支墩顶面时：

$$F_{pk} = \text{tg}^2(45° + \phi_d/2)\left[\frac{\gamma_s'(Z_2^2 - Z_1^2)}{2} + (\gamma_{s1} - \gamma_s')Z_w(Z_2 - Z_1)\right]L \tag{5-9}$$

式中　$F_{ep,k}$——支墩迎推力侧的主动土压力标准值；

F_{pk}——支墩抗推力侧的被动土压力标准值；

γ_{s1}——地下水位以上的原状土重度；

γ_{s3}——主动土压力计算采用的回填土重度；

γ_s'——地下水位以下土的有效重度；

Z_1——支墩顶在设计地面以下的深度；

Z_2——支墩底在设计地面以下的深度；

Z_w——地下水位在设计地面以下的深度；

ϕ_d——土壤等效内摩擦角。

5）支墩底部滑动平面上摩擦力标准值 F_{fk} 计算

支墩的重量 $\qquad G=\gamma_C V_C$ （5-10）

支墩顶部覆土的重量 $\qquad W=\gamma_{s2} V_S$ （5-11）

支墩及其顶部覆土所受浮托力标准值

$$F_{fw,k}=\gamma_w A(Z_2-Z_w)$$ （5-12）

水平向支墩滑动平面上摩擦力标准值

$$F_{fk}=(G+W-F_{fw,k})f$$ （5-13）

垂直向上弯管支墩滑动平面上摩擦力标准值

$$F_{fk}=(G+W+N-F_{fw,k})f$$ （5-14）

垂直向下弯管支墩滑动平面上摩擦力标准值

$$F_{fk}=(G+W-N-F_{fw,k})f$$ （5-15）

式中 N——支墩承受的水压合力的垂直向上/下分力；

$\quad\gamma_C$——混凝土重度；

$\quad\gamma_{s2}$——支墩、管件基础顶部覆土重度；

$\quad\gamma_w$——地下水重度；

$\quad V_C$——支墩混凝土体积；

$\quad V_S$——支墩顶部覆土体积；

$\quad A$——支墩底面积；

$F_{fw,k}$——支墩及其顶部覆土所受浮托力标准值；

$\quad F_{fk}$——支墩滑动平面上摩擦力标准值；

$\quad G$——支墩混凝土自重；

$\quad W$——支墩顶部覆土重量；

$\quad f$——土对混凝土支墩底部摩擦系数。

此外，还须进行支墩抗推力稳定验算、地基承载力验算，包括水平向、垂直向上、垂直向下弯管支墩抗推力稳定验算，以及垂直向下弯管支墩的垂直向稳定验算。现列举一些常用支墩的设计图（图 5-11～图 5-14）。

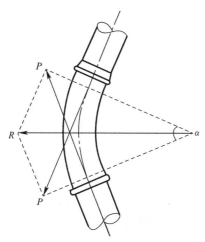

图 5-11 弯管受力示意

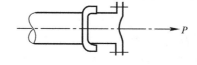

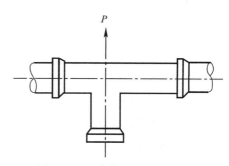

图 5-12 丁字管及堵头受力示意

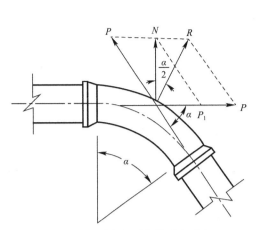

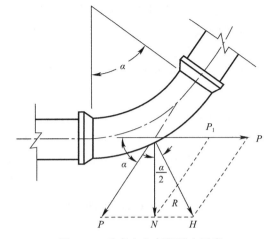

图 5-13　垂直向下弯管受力示意　　　　图 5-14　垂直向上弯管受力示意

6）支墩天然土壁后背的安全核算

① 后背受力面积

根据顶管需要的总顶力，核算后背受力面积，应使土壁单位面积上受力不大于下列土壤的允许承载力（t/m^2）：

湿度较大的粉砂允许承载力：$10t/m^2$。

比较干的黏土、亚黏土及密实的砂土允许承载力：$20t/m^2$。

② 后背受力宽度

根据顶管需要的总顶力，核算后背受力宽度，应使土壁单位宽度上受力不大于土壤的总被动土压力。后背每米宽度上土壤的总被动土压力（t/m）可按下式计算：

$$P = \frac{1}{2}\gamma h^2 \tan^2\left(45° + \frac{\Phi}{2}\right) + 2Ch\tan\left(45° + \frac{\Phi}{2}\right) \qquad (5\text{-}16)$$

式中　γ——土壤的容重，t/m^3；

　　　h——天然土壤后背的高度，m；

　　　Φ——土壤的内摩擦角，°；

　　　C——土壤的黏聚力，t/m^2。

7）后背长度（沿后背受力方向）

核算后背长度可采用以下经验公式：

$$L = \sqrt{\frac{P}{B}} + l \qquad (5\text{-}17)$$

式中　L——后背长度，m；

　　　P——支墩传来总推力，t；

　　　B——后背受力宽度，m；

　　　l——附加安全长度，m；砂土可取 2，黏砂土可取 1，黏土、砂黏土取 0。或采用后背土体的厚度不小于自地面以下至支墩底脚深度的 3 倍。

5.2.3 支墩尺寸确定

（1）支挡墩的尺寸

支挡墩的尺寸随管径、管道弯管的角度、管道的设计内水压力、覆土深度、土壤等效内摩擦角、地基承载力特征值等参数的变化而变化。水平支墩通常以被动土压力来计算土壤反力，以这种反力来平衡异形管传给支墩的外推力，并通过这样的平衡试算，确定支墩的高度和长度。对于弯管支墩的计算长度不是按弧形长度，而是按弧形投影面的支线长度。若支墩后的土层被破坏，使被动土压力消失，为了保持管道还能正常运行，应复核支墩重量，加上管重、管内介质重、管上覆土重共同对土壤的摩擦力，以及管道接口的阻力或许用拉力及剪切力值，是否能承受住管道在工作压力下所形成的外推力。一般计算式也可以用支墩重量与地基之间的摩擦力来计算。

（2）支挡墩结构的附加条件

垂直向上弯管支墩一般按覆土条件计算，支墩高度应符合施工工作坑的深度要求。垂直向下弯管支墩也是按覆土状态来计算，支墩尺寸可通过试算方法来确定。支墩顶面高于管顶的距离为 h，当支墩高度 $H=h$ 时，该支墩砌筑在管顶上；当 $h=0.5H$ 时为全包支墩；当 $h \leqslant 0.1\text{m}$ 时，应采用 U 形钢箍将给水管固定在混凝土支墩中。

几点说明：

1）混凝土强度等级一般采用 C15，当处于腐蚀性环境或对耐久性有特殊要求时，按照《混凝土结构设计规范（2015 年版）》GB 50010—2010 等规范要求自行适当提高混凝土强度等级，当达到设计强度后方可做管道压力试验；

2）钢筋采用 HPB235 级钢筋；

3）水平支墩抗推力侧必须是原状土，并保证支墩和土体紧密接触，否则应以 C15 素混凝土填实，垂直向下弯管支墩必须在管道压力试验前回填土并分层夯实，且回填土应满足覆土深度要求；

4）垂直向上弯管支墩，弯管被支墩包入部分的中心角不得小于 135°；

5）有地下水时，施工降水后，应在支墩底部敷设 100mm 厚碎石层。

5.3 供水管道及附属构筑物

5.3.1 管道上的设备井

管道上的附属设备包括闸门、消火栓、排气阀、水表、测压测流设备等，每项设备都要砌筑井室。各种井室依其设备的形状、使用方面的要求等具有不同的形状及尺寸，但概言之仍有通性。

井室的尺寸首先应满足操作方便，使工作人员在地面上能进行操作。其内部空间，以能在井内更换设备零件即可，一般不需要更换整个设备。而且原则上每座井内只装一个设备，如一个闸门、一个消火栓等。井室的几何形状多数是圆形，只有较大的闸门井或表井才做成矩形。

（1）常用的各种闸门井、排气阀井（图 5-15～图 5-19）

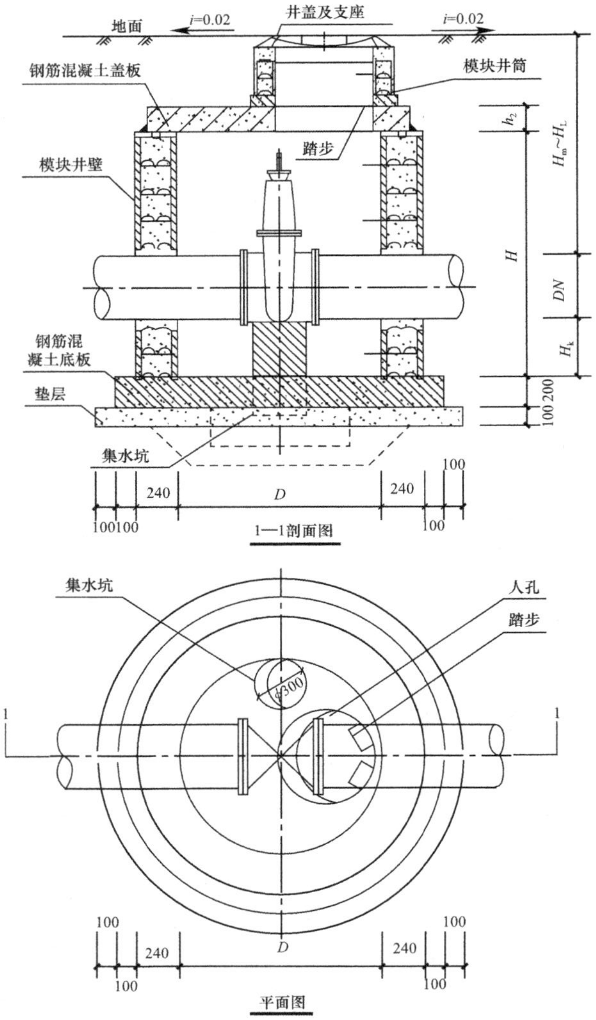

各部尺寸表（单位：mm）

闸阀直径 DN	井径 D	井室深 H	盖板厚度 h_2	管底距井底深 H_k	管顶覆土深度 $H_m \sim H_L$
50	1200	1220	150	300	1220~4000
65	1200	1220	150		1205~4000
80	1200	1220	150		1190~4000
100	1200	1580	150		1530~4000
125	1200	1580	150		1505~4000
150	1200	1580	150		1480~4000
200	1200	1760	150		1610~4000
250	1400	1760	150		1560~4000
300	1400	1940	150		1690~4000
350	2000	1940	200	400	1590~4000
400	2000	2480	200		2080~4000
450	2000	2480	200		2030~4000
500	2000	2840	200		2340~4000
600	2000	3020	200		2420~4000

注：当采用井下操作时，人孔偏置；当采用地面操作时，人孔居中。

图 5-15　圆形立式闸阀井（模块式）

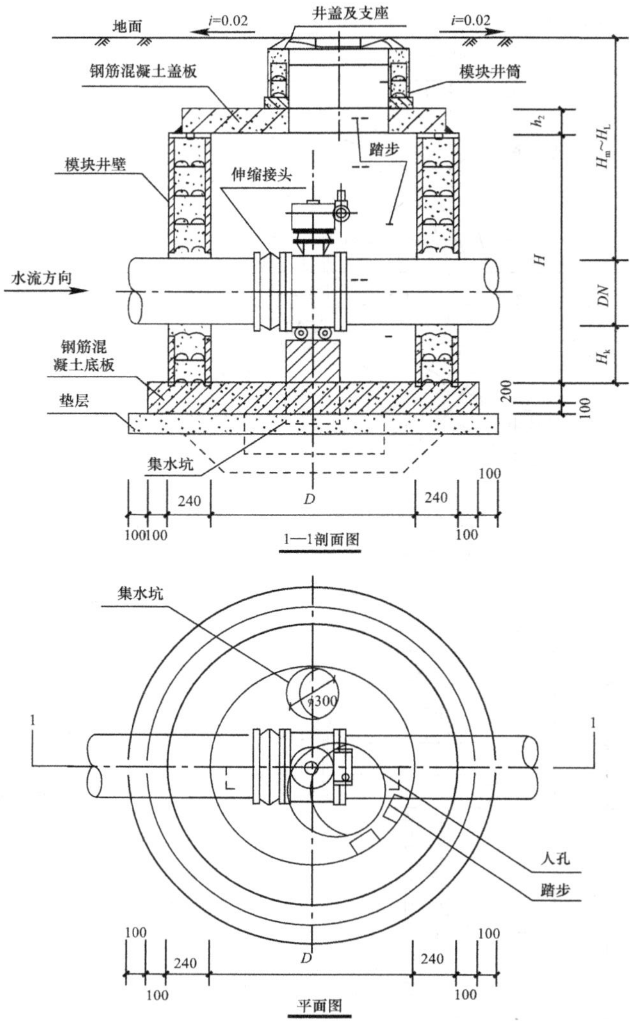

各部尺寸表（单位：mm）

蝶阀直径DN	井径D	井室深H	盖板厚度h_2	管底距井底深H_k	管顶覆土深度 $H_m \sim H_L$
100	1200	1580	150	300	1530~4000
150	1200	1580	150		1480~4000
200	1200	1760	150		1610~4000
250	1500	1760	150		1560~4000
300	1500	1760	150		1510~4000
350	1800	1940	200	400	1590~4000
400	1800	1940	200		1540~4000
450	1800	2480	200		2030~4000
500	1800	2840	200		2340~4000
600	1800	2840	200		2240~4000

注：蝶阀启闭可可地面操作，也可井下操作。

图5-16 圆形立式蝶阀井（DN100~DN600）（模块式）

各部尺寸表(单位:mm)

闸阀直径 DN	井径 D	井室深 H	壁厚 C	底板厚度 h_1	盖板厚度 h_2	管底距井底深 H_K	管顶覆土深度 $H_m \sim H_L$	阀中心距井中心 e
450	2800	1940	240	250	200	400	1490~4000	200
500	2800	1940	240	250	200		1440~4000	300
600	2800	1940	240	250	200		1340~4000	250
700	3000	2120	300	250	200		1420~4000	250
800	3000	2120	300	250	200		1320~4000	250
900	3000	2300	300	250	200		1400~4000	300
1000	4000	2480	300	300	250	500	1530~4000	300
1200	4000	2660	300	300	250		1410~4000	350
1400	4000	2840	300	300	250		1390~4000	350

注:当采用井下操作方式时,取消操作孔。

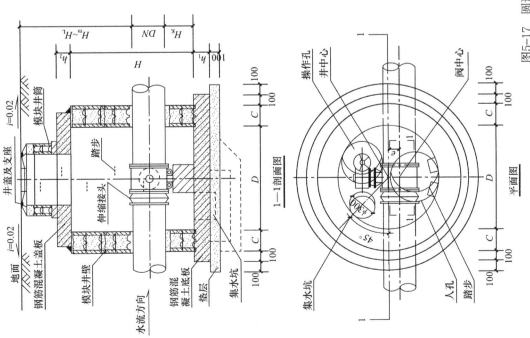

图5-17 圆形卧式蝶阀井(模块式)

各部尺寸表（单位：mm）

蝶阀直径 DN	各部尺寸										
	A	B	B_1	B_2	H	h_1	h_2	H_k	$H_m\sim H_L$	X	Y
450	1800	2600	1600	1000	1760	250	250		1360~4000	200	650
500	1800	2600	1600	1000	1760	250	250		1310~4000	200	650
600	1800	2600	1600	1000	1760	250	250	400	1210~4000	200	650
700	1800	2600	1600	1000	1940	250	250		1290~4000	200	650
800	2200	3000	1900	1100	1940	250	250		1190~4000	200	850
900	2200	3000	1900	1100	2120	250	250		1270~4000	200	850
1000	2200	3000	1900	1100	2120	250	300		1220~4000	250	1000
1200	2600	3800	2300	1500	2480	300	300	500	1280~4000	300	1300
1400	2600	3800	2300	1500	2660	300	300		1260~4000	300	1300
1600	2600	4600	2800	1800	2840	300	300		1240~3000	450	1550
1800	2600	4600	2800	1800	3020	300	300		1220~3000	450	1550

注：1. 当采用井下操作方式时，取消操作孔。
2. 各部尺寸表中X、Y值仅供参考，施工中应根据实际操作阀位置做调整。

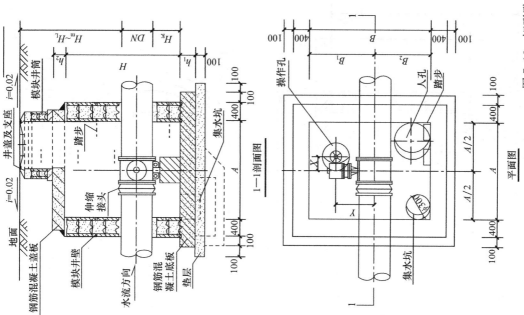

图5-18 矩形卧式蝶阀井（DN100~DN600）（模块式）

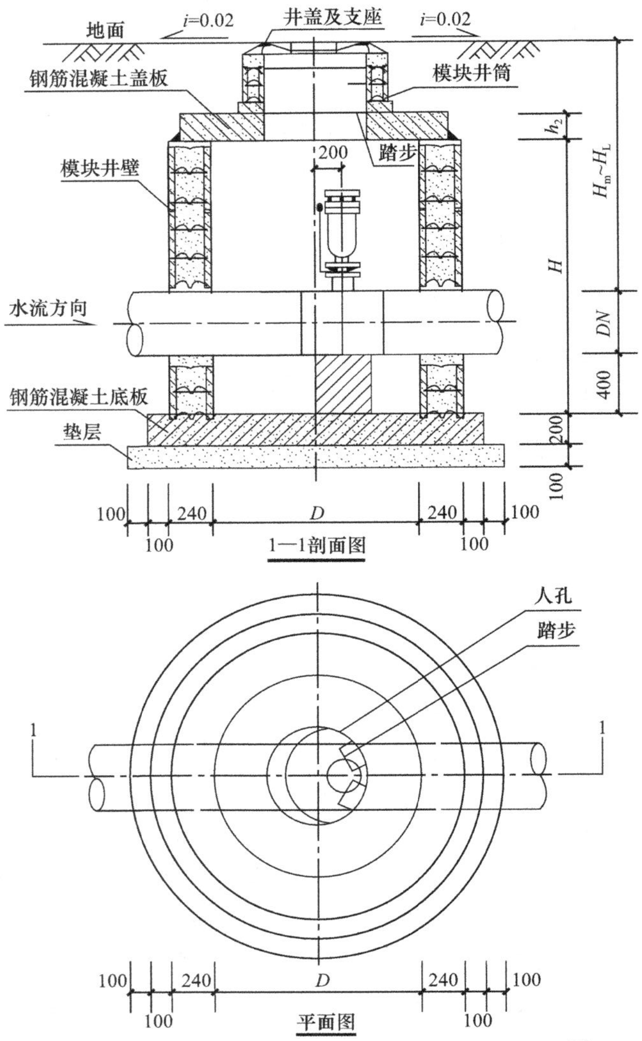

各部尺寸表(单位：mm)

管道直径 DN	井径 D	井室深 H	管顶覆土深度 $H_m \sim H_L$	盖板厚度 h_2	排气阀直径 DN
100	1200	1580	1430~4000	150	50
150	1200	1580	1380~4000	150	50
200	1200	1580	1330~4000	150	65
250	1200	1760	1460~4000	150	65
300	1200	1760	1410~4000	150	80
350	1200	1760	1360~4000	150	80
400	1200	1760	1310~4000	150	80
450	1200	1760	1260~4000	150	80
500	1200	1940	1390~4000	150	80
600	1200	1940	1290~4000	150	80
700	1400	2300	1550~4000	150	80
800	1400	2300	1450~4000	150	80
900	1600	2480	1530~4000	150	80
1000	1600	2480	1430~4000	150	80
1200	2000	2840	1640~4000	200	100
1400	2000	3020	1620~4000	200	150
1600	2400	3200	1600~4000	200	150
1800	2400	3560	1760~4000	200	200

注：1. 排气阀直径以设计人选定为准，本处仅供参考。
2. 当H≥2000mm时，在井内回填粗砂，以使井内净高在1800为宜，且不得超过管顶。

图5-19　圆形排气阀井（模块式）

118

（2）室外给水管道附属构筑物（砖砌式）

1）立式闸阀井

① 闸阀直径：$DN50\sim DN600$。型号：SZ45T-10、SZ45T-16、SZ45X-10、SZ45X-16。

② 结构形式：砖砌圆形井、钢筋混凝土矩形井。

③ 闸阀开闭均为地面操作。

④ 管顶覆土深度：$H\leqslant 3000mm$。

2）蝶阀井

① 蝶阀直径：$DN100\sim DN200$，$PN=0.6MPa$、1.0MPa、1.6MPa；

$\qquad\qquad DN250\sim DN1800$，$PN=0.6MPa$、1.0MPa。

② 蝶阀传动方式：蜗杆、正齿轮、锥齿轮。

③ 结构形式：砖砌圆形井、钢筋混凝土矩形井。

④ 管顶覆土深度：$H\leqslant 3000mm$。

⑤ 蝶阀开闭均为地面操作。

⑥ 蝶阀井的设计原则。

a. 蝶阀井分立式蝶阀井（$DN100\sim DN200$，$PN=0.6MPa$、1.0MPa、1.6MPa；$DN250\sim DN1800$，$PN=0.6MPa$、1.0MPa）和卧式蝶阀井（$DN450\sim DN1800$，$PN=0.6MPa$、1.0MPa），阀桅向上对着人孔或操作孔，开闭采用闸钥匙或开闸机，当管顶覆土深度大于最小覆土深度 H_m 时，可选用带加长杆的产品。

b. 蝶阀井的尺寸按长系列法兰式蝶阀及伸缩节计算选定，伸缩接头安装的位置可以由设计人员根据工程的需要确定，但须核定安装尺寸以确保阀桅位置与人孔兼操作孔或操作孔位置匹配。

c. 蝶阀井的设计标有水流方向与阀桅限位的关系（图 5-20），选定蝶阀时要复核其构造及安装尺寸。

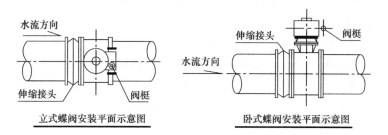

图 5-20　蝶阀安装示意图

d. 高于 $PN1.6MPa$ 的蝶阀产品只要安装尺寸适宜。

3）排气阀井

① 结构形式：砖砌圆形井、钢筋混凝土矩形井。

② 管顶覆土深度：$H\leqslant 3000mm$。

4）排泥阀井

① 给水管道直径：$DN200\sim DN1800$。

② 结构形式：砖砌圆形井。

5）附属构筑物主要控制尺寸

① 法兰面与平行法兰的井壁间垂直距离：

$DN50 \sim DN300$，$\geqslant 400mm$。

$DN350 \sim DN1000$，$\geqslant 600mm$。

$DN1100 \sim DN1800$，$\geqslant 800mm$。

② 法兰边距垂直法兰面的井壁间距离：$\geqslant 400mm$。

③ 给水管管底距井底距离：

$DN15 \sim DN40$，$\geqslant 150mm$。

$DN50 \sim DN300$，$\geqslant 300mm$。

$DN350 \sim DN1000$，$\geqslant 400mm$。

$DN1100 \sim DN1800$，$\geqslant 500mm$。

④ 设备顶端距盖板内顶距离：

排气阀$\geqslant 300mm$；闸阀$\geqslant 300mm$；蝶阀$\geqslant 600mm$。

6）采用材料

① 砖砌井：砖采用强度等级$\geqslant MU10$级烧结实心砖，水泥砂浆采用 M10 级水泥砂浆。当采用其他代用砖时，应保证砌体强度不降低（不小于 C10 混凝土）。

② 抹面：砖砌井壁外表面及人孔井筒外表面均不抹面，如须抹面均用防水砂浆（1：2 水泥砂浆内掺水泥重量5％的防水剂）抹面厚 20mm，内表面用砖砌原浆勾缝。钢筋混凝土井的盖板（系指多块板组合的）及预制井圈内外表面抹面厚 20mm，材料同砖砌井。若盖板是单块板的则不须抹面。

③ 钢筋混凝土井壁、底板、盖板、砖砌井的底板及盖板混凝土强度等级采用 C25，垫层采用 C10。

④ 钢筋 HPB235 级、HRB335 级（Q）。

⑤ 钢筋混凝土保护层：钢筋混凝土井壁、盖板保护层厚度为 30mm，底板底面有垫层时为 40mm，顶面为 30mm。

⑥ 混凝土的密实性应满足抗渗要求，抗渗等级为 S6。

⑦ 混凝土的碱含量应符合现行混凝土碱含量限值标准。

7）施工注意事项

① 混凝土构件必须保持表面平整光滑、无蜂窝麻面，制作尺寸误差±5mm。

② 壁面处理前，必须清除表面污物、浮灰等。

③ 预制盖板之间的缝隙用 1：2 水泥砂浆填实。

④ 所有外露铁件均涂防锈漆二道。

⑤ 各个井的底板均为双层钢筋，要求施工时在上下层钢筋之间加马凳，用 $\phi 10$ 钢筋，间距 600mm，梅花形布置，所需材料另计。

⑥ 钢筋混凝土井的井壁双层钢筋间须加拉接筋，用 $\phi 6$ 钢筋，间距 600mm，梅花形布置，所需材料另计。

⑦ 受拉钢筋位于同一连接区段内的搭接钢筋面积百分率为 25％，其绑扎搭接长度 $l_1 = 1.2 l_a$，$l_a = 35d$，且不小于 300mm。

⑧ 砖砌体砂浆必须饱满、表面平整、砖缝均匀。

⑨ 各类井施工验收合格后，在其周围进行回填土，要求对称均匀回填，分层夯实，压实系数不小于 0.95。

⑩ 寒冷地区井壁在冰冻线以上回填时，沿井外壁加填 300mm 宽的非冻胀土，并满足路基要求（用于在车行道下），以防止井壁因土壤冰冻膨胀挤压而引起开裂。

⑪ 在有地下水或雨季施工时，要做排水措施，防止基坑内积水及边坡坍塌。

⑫ 井室设于铺装地面时，井口应与地面平；设于非铺装地面时，井口应高出地面 50mm；设于野外或农田应视情况相应增加井口高度。

⑬ 各类闸阀、蝶阀、水表下设的支墩尺寸由选用人确定。

⑭ 管道穿钢筋混凝土井壁采用预埋防水钢套管，钢套管的制作参照国标 02S404《防水套管》设计。

⑮ 管道穿砖砌井壁应预留孔洞，当穿井壁留洞直径 $D \geqslant 320$mm 时，采用砖砌拱，具体做法如图 5-21、图 5-22 所示。

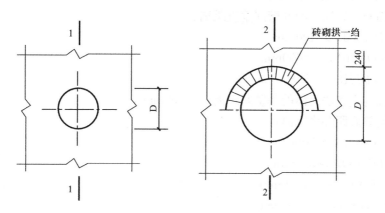

图 5-21　管道穿井壁预留平面图

（3）混凝土模块式室外给水管道附属构筑物砌筑

混凝土模块式管道附属构筑物为混合式结构，由预制钢筋混凝土盖板、混凝土模块灌孔砌体井墙、现浇钢筋混凝土底板三部分组成。

1）立式闸阀井

闸阀直径及压力等级：$DN50 \sim DN600$，$PN = 1.0$MPa、1.6MPa。

立式闸阀启闭可地面操作，也可井下操作。

管顶覆土深度 $H \leqslant 4000$mm。

当采用非金属管道时，闸阀启闭会产生扭力，阀体的稳定由选用人自行解决。

2）蝶阀井

蝶阀直径及压力等级：$DN100 \sim DN200$，$PN = 0.6$MPa、1.0MPa、1.6MPa；$DN250 \sim DN1800$，$PN = 0.6$MPa、1.0MPa。

蝶阀传动方式：蜗杆、正齿轮、锥齿轮。

当管顶覆土深度大于最小覆土深度 H_m 时，可选用带

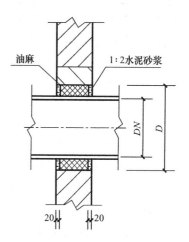

图 5-22　管道穿井壁做法

加长杆的产品。

管顶覆土深度：$H{\leqslant}4000\text{mm}$（除 $DN1600$、$DN1800$ 卧式蝶阀井 $H{\leqslant}3000\text{mm}$ 外）。

3）蝶阀井的设计原则

① 蝶阀井分立式蝶阀井（$DN100{\sim}DN200$，$PN=0.6\text{MPa}$、1.0MPa、1.6MPa；$DN250{\sim}DN1800$，$PN=0.6$、1.0MPa）和卧式蝶阀井（$DN450{\sim}DN1800$，$PN=0.6\text{MPa}$、1.0MPa）。

② 蝶阀启闭均按地面操作设计，亦可用于井下操作。

③ 蝶阀井的尺寸按长系列法兰式蝶阀及伸缩接头计算选定。伸缩接头安装的位置可以由设计人员根据工程的需要确定，但须核定安装尺寸，以确保阀桎位置与人孔兼操作孔或操作孔位置匹配。

④ 蝶阀井的设计标有水流方向与阀桎限位的关系（图 5-20），选定蝶阀时要复核其构造及安装尺寸。

4）附属构筑物主要控制尺寸

① 法兰面与平行法兰的井壁间垂直距离：

$DN50{\sim}DN300$，$\geqslant400\text{mm}$

$DN350{\sim}DN1000$，$\geqslant600\text{mm}$

$DN1100{\sim}DN1800$，$\geqslant800\text{mm}$

② 法兰面与垂直法兰面的井壁间距离：$\geqslant400\text{mm}$。

③ 给水管管底距井底距离：

$DN15{\sim}DN40$，$\geqslant150\text{mm}$

$DN50{\sim}DN300$，$\geqslant300\text{mm}$

$DN350{\sim}DN1000$，$\geqslant400\text{mm}$

$DN1100{\sim}DN1800$，$\geqslant500\text{mm}$

④ 设备顶端距盖板内顶距离：

排气阀$\geqslant300\text{mm}$，闸阀$\geqslant300\text{mm}$，蝶阀$\geqslant600\text{mm}$。

5）采用材料

① 井墙：采用混凝土模块砌体，强度等级为 MU10，砌筑砂浆为 M10 水泥砂浆。严寒、寒冷地区，处于冰冻线以上部分的墙体，灌孔混凝土采用 C30。其他地区和处于冰冻线以下部分的墙体，灌孔混凝土采用 C25。灌孔混凝土采用高流动性、低收缩性混凝土，其骨料的最大粒径：当墙厚为 300mm 时，不大于 20mm；当墙厚为 400mm 时，不大于30mm。坍落度应控制在 $160\pm20\text{mm}$ 范围内。

② 墙体不足半块模块尺寸处，均用灌孔混凝土浇筑。

③ 底板混凝土强度为 C25，抗渗等级为 S6，垫层混凝土强度等级为 C15。

④ 预制混凝土盖板的混凝土强度等级为 C30。

⑤ 混凝土中的碱含量最大限值应符合现行混凝土碱含量限值标准。

⑥ 钢筋采用 $\varPhi$-HPB300、$\varPhi$-HRB335 级钢筋。

⑦ 混凝土净保护层厚度：井室底板下层为 40mm，底板上层为 30mm，预制盖板为30mm。

⑧ 预制盖板应设置吊钩，吊钩应采用 HPB300 级钢筋制作，严禁使用冷加工钢筋，且吊钩埋入混凝土的深度不应小于 $30d$，并应焊接或绑扎在钢筋骨架上。

⑨ 预制盖板一般采用工厂预制加工，如因运输及施工条件等因素限制，也可改用现场原位现浇方式，钢筋按相应盖板配置，取消吊钩；井室底板均为现场浇筑混凝土。

⑩ 勾板缝、坐浆、抹三角灰：M10 水泥砂浆；当盖板位于地下水位以下时，应采用M10 防水砂浆。

⑪ Φ700、Φ800 井筒采用与井室井墙同强度的混凝土模块砌体材料砌筑。

6）施工及验收

① 无地下水时：C15 混凝土垫层下素土夯实，压实系数为 0.95；有地下水时：C15 混凝土垫层下铺碎石或卵石层，厚度≥100mm。

② 穿管与井墙洞口的间隙封堵做法：

a. 抗震设防地区穿管与井壁洞口的间隙应优先采用柔性材料封堵。

b. 当穿管与井墙洞口的间隙采用刚性材料时，应在井墙外的刚性管道上就近设置柔性连接。

③ 井室井墙模块须对孔、错缝砌筑，砌体施工质量控制等级为 B 级。

④ 砌筑前应清理模块表面和孔洞内的杂物及落灰，遇到气候炎热干燥的季节，应在模块砌筑前 1～2h 将模块喷水湿润。

⑤ 模块砌筑采用砂浆砌筑。砂浆砌筑应分层进行，宜使用专用工具均匀铺浆，防止孔内落入砂浆。模块砌体灰缝应平直，采用 M10 水泥（防水）砂浆勾缝。

⑥ 井墙砌体底层模块的灌孔混凝土须与底板混凝土同步浇筑。

⑦ 灌孔混凝土连续灌注的控制高度：当模块宽度小于或等于 300mm 时，不宜超过 15 层；当模块宽度大于或等于 400mm 时，不宜超过 20 层，且混凝土一次投料高度不大于 400mm，并用振捣棒隔孔插捣，确保灌孔混凝土密实。

⑧ 当模块墙体砌筑砂浆的抗压强度达到 1.0MPa 时，方可进行灌孔混凝土的浇筑，在混凝土灌孔之前，须在构筑物角隅及相关部位做必要的临时支撑与紧固（详见国家工法《混凝土模块砌体施工工法》YJGF 200—2006）。

（4）混凝土模块式室外给水管道附属构筑物施工方法

1）材料准备

① 根据检查井的井型及强度要求，接入管径，选择配套模块；

② 井壁墙体模块安装前先做基础垫层，无设计要求时，可用 C20 混凝土，做 10～15cm 厚；

③ 采用井壁墙体模块构筑检查井，砌筑时用 1：2 水泥砂浆勾缝，保证灌注混凝土时不漏浆且外形美观。

2）砌筑施工

① 放线：圆形井以两节管预留间距中心为圆心画圆，以两节管预留间距中心按设计尺寸向四边放线。标高：总高度应考虑基础到井盖的尺寸减去方井盖高，混凝土井圈高除以 180mm＋灰缝高，误差可通过 QLI 或切割砌块进行调整。

② 砌筑首层砌块，坐浆应密实，凹凸槽口衔接牢固，首层砌好，浇筑 5～10mm 混凝土底板，以防井底渗漏。

③ 砌筑 3～4 层时，应备好模板，将接入管与砌块缝口封堵，从砌块孔洞灌注混凝土，振动密实。

④ 踏步安装：踏步可直接镶嵌于两层砌块之间，用切割机在设计安装位置切割数刀，

凿出槽孔，放入踏步，用混凝土包裹严实，同时调整好踏步夹角、平整度和外露长度。

⑤ 灌孔：应根据设计要求进行，对有闭水要求的，应采用微膨胀细石混凝土土，每3～4层灌注为宜，分次灌注时，应灌至灌注层砌块的2/3，两个灌层灌注间隔时间不得超过下层混凝土的冷凝时间，确保混凝土的连续性。灌注混凝土的水泥、石子、砂、水、外加剂等应符合相关标准，一般强度等级不应小于C20，坍落度8～10cm。

3）注意事项

① 连接接入管时，模块可用切割机切割，切割后的连接缝应控制在10～15mm，以便流入砂浆，防止渗漏；

② 踏步安装应随砌随安，避免后凿孔安装，损坏模块，混凝土凝固前不得踩踏步；

③ 边砌模块边灌砼时，应用紧固器将模块周边收紧，防止跑模、模块移位；

④ 砌体较高时，应搭设脚手架，严禁在模块上凿脚手架孔；

⑤ 砌筑模块方法正确，砂浆密实，严禁使用断裂、壁肋上有竖向裂缝的井壁墙体模块砌筑；

⑥ 墙面应保持清洁，灰缝均匀一致，横竖缝交接处平整，有闭水要求时，不得用模块两平面对接；

⑦ 灌孔时混凝土灌注量应达到计算需用量，质量检查时，用小锤敲击砌体，应无异常空洞，必要时应凿开异常声响处的模块，进行灌孔混凝土质量检查；

⑧ 施工搬动模块时，应轻起轻放，严禁翻斗自卸，损坏模块。

5.3.2　地埋式水表箱

常见水表井砌筑如图5-23和图5-24所示。以南京水务集团为例，简单介绍几种水表箱的制作及安装要求。

（1）材料选择

1）安装水表口径小于DN50（含DN50）的水表箱，表井材料采用预制表箱。

2）安装水表口径大于DN50的水表箱，表井材料应采用砖砌。

3）表箱盖材料应采用球墨铸铁，景观表的表箱盖可依据现场适当调整。

（2）表井

1）表井的制作满足表箱盖的适配性，确保安装后使用稳定、固定。

2）表井底部配有钢筋混凝土底板，底板应设有排水孔或集水坑。

3）表井的支撑强度满足相应承载等级表箱盖的安装要求。

4）砖砌表井内外壁采用防水砂浆勾缝抹面。

（3）分类与规格尺寸

1）水表箱分类

按水表箱尺寸分为两大类五小项，分别是A1、A2、A3、B1和B2。

① A类用于口径DN80以下水表的安装。

② B类用于口径DN80（含DN80）以上水表的安装。

2）水表箱的规格A类

A1：单表箱500mm×350mm。

适用于口径DN15、DN20、DN25机械类水表的单表安装（图5-25）。

圆形水表井主要材料表

地下水	活载荷	管道直径 DN(mm)	钢筋混凝土底板		井盖及支座	
			强度等级	体积(m³)	规格	数量(套)
有或无	堆载 10kN/m²	15~40	C25	0.56	φ600	1

管道主要材料表

管道直径(mm)		15	20	25	32	40
编号	名称	数量(个)	数量(个)	数量(个)	数量(个)	数量(个)
1	水表	1	1	1	1	1
2	闸阀	2	2	2	2	2
3	止回阀	1	1	1	1	1
4	伸缩接头	1	1	1	1	1

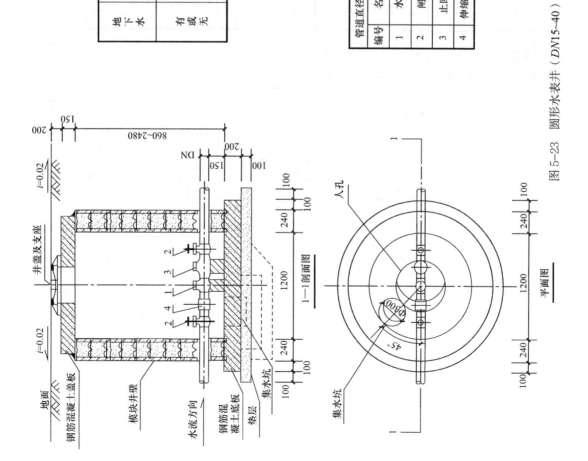

图 5-23 圆形水表井（DN15~40）

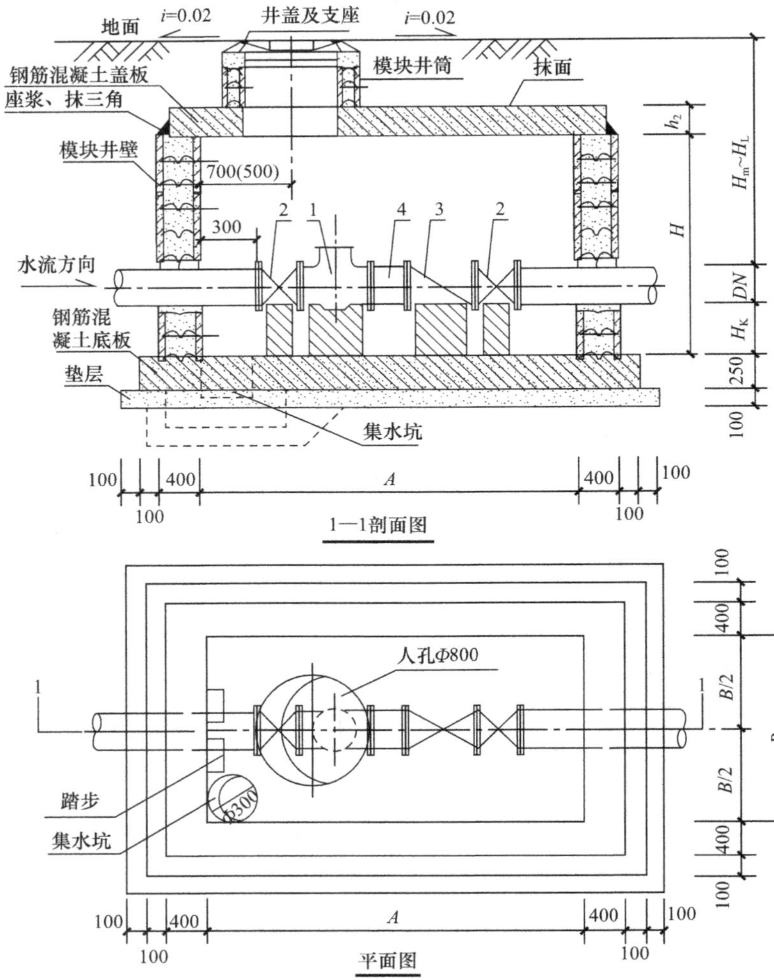

各部尺寸表(单位：mm)

管道直径 DN	各部尺寸					
	A	B	H	H_k	h_2	$H_m \sim H_L$
50	2200	1200	1400 / 1940	300	150	1400~3000 / 1940~3000
80	2200	1200	1400 / 1940	300	150	1370~3000 / 1910~3000
100	2200	1200	1400 / 1940	300	150	1350~3000 / 1890~3000
150	2800	1400	1400 / 1940	300	200	1350~3000 / 1890~3000
200	2800	1400	1580	400	200	1380~3000
250	3200	1400	1940	400	200	1740~3000
300	3200	1400	1940	400	200	1690~1940
400	4000	1800	1940	400	200	1640~1940 / 1540~1940

各部材料数量表

管道直径 DN (mm)	水表 1	蝶阀 2	止回阀 3	伸缩接头 4
50	1	2	1	1
80	1	2	1	1
100	1	2	1	1
150	1	2	1	1
200	1	2	1	1
250	1	2	1	1
300	1	2	1	1
400	1	2	1	1

材料数量表(个)

图5-24 矩形水表井

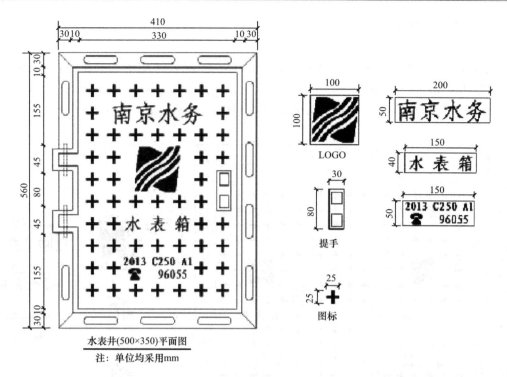

图 5-25 A1 规格

A2：三表箱 500mm×650mm。

适用于口径 DN15、DN20 机械类水表的双表或三表安装（图 5-26）。

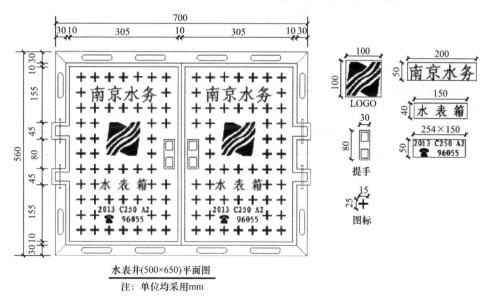

图 5-26 A2 规格

A3：四表箱 500mm×750mm。

适用于口径 DN15、DN20 机械类水表的四表安装，以及口径 DN40、DN50 机械类水表的单表安装。

3）水表箱的规格 B 类

B1：900mm×650mm。

适用于口径 DN80～DN100 机械类水表和 DN80～DN300 电子类水表的单表安装。

B2：1200mm×1000mm。

适用于口径 DN150～300 水表的单表安装（图 5-27）。

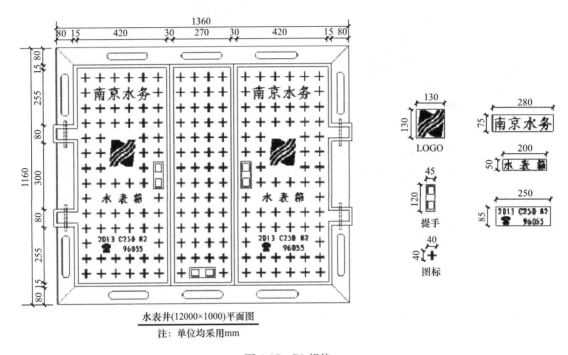

水表井(12000×1000)平面图

注：单位均采用 mm

图 5-27　B2 规格

（4）安装环境要求

1）水表箱应安装在不被任何液体和杂质所淹没的地方，与室外化粪池、厕所、下水道、煤气管道、暖气管道的距离应不小于 1.5m，距离用户建筑物应在 5m 以内，禁止在水表箱与用户建筑物之间存在其他建筑物。

2）水表箱应尽量避开汽车及重型机械频繁通过的地方。

3）水表箱禁止安装在建筑物内部、农田等位置。

4）户表水表箱应根据情况在单元楼入口两侧路沿或绿化带内安装，离开楼体 1.5～2m 距离，并避开单元楼入口。

5）水表箱应便于检修和读数，若安装在草坪或绿化带中，应设有足够的抄表步行道，便于抄表和换表。

6）水表箱不宜安装在可能堆放杂物、垃圾等的位置。

7）政府机关、厂矿企业、学校、医院、部队、私人院落等用户的水表箱应安装在大门外侧，避开机动车常碾压地面的地方。

8）商业办公用房水表箱应安装在商业办公用房门前。

9）口径 DN15～DN40 水表在水表箱内放置表具与前后阀门；口径 DN50（含 DN50）以上水表在水表箱内放置表具与管道伸缩节，表前后阀门与过滤器应另行单独放置。电子类水表无须在表具前安装过滤器。

10）表井内底部应清理整洁，排水孔与集水坑应通畅，确保水表箱内积水能够快速渗透排出。

11）表箱盖应与路面平行，以不影响路面的平整度为宜。

5.3.3 管道上的设备井井盖

井盖和踏步适用于给水排水管道工程中的给水井、排水井及给水排水构筑物的各种出入口、进口。井盖分重型和轻型两种：重型适用于车行道、停车场等场所；轻型适用于人行便道、小区内部绿地等。井盖选用时应优先使用球墨铸铁井盖，踏步选用时应优先使用塑钢踏步和球墨铸铁踏步。

井盖大部分都是铁制，现在多用球墨铸铁，郊区地段为防止丢失，在输水干管上也有用混凝土的，铁井盖有轻型、重型两种，分别用于便道、庭院或马路上。

井盖的制造，原则上以牢固为主，同时也兼顾轻便。用于上水的井盖要有明显的标志，而且型号要求统一。在已成型的道路上，井盖与路面高程应尽量一致。在郊外农田内，为便于寻找，井盖可比地面高出 10～20cm。

结合给水排水管道工程施工及运维管理的特点，现着重介绍较常使用的球墨铸铁五防井盖。

（1）五防闸门井盖

1）五防井盖是指防响、防滑、防位移、防坠落和防盗五种。

① 防响：井盖与井圈接触面进行机加工，使之更吻合，无异响。

② 防滑：井盖表面铸出菱形块花纹，检查井圈使用了环与环相连的结构形式，并且在环口的表面设置了增加磨阻系数的十字凸起，由此来增加摩阻系数。

③ 防位移：由于井圈与地面有锚固螺栓的固定，使检查井盖在施工中，不会因压路机的碾压而造成井圈圈口的错口。

④ 防坠落：新型五防井盖内置防坠落网格，防止因井盖丢失而导致人员或其他物体坠落，造成伤害。

⑤ 防盗：井盖在井圈下设置了防盗暗盒、开启折板，替代了防盗链，起到彻底防盗的作用。

2）一般要求

① 五防闸门井盖一般采用圆形，闸门井盖净开孔 650mm，承压等级为 $D400$。

② 闸门井盖材料应采用球墨铸铁。

③ 球墨铸铁应符合《球墨铸铁件》GB/T 1348—2009 的规定。闸门箱要求符合《检查井盖》GB/T 23858—2009 的检测标准。

④ 五防闸门井盖一套含有井盖、井框。

（2）制作要求

1）产品的表面应完整，材质均匀，无明显缺陷。

2）检查井盖上表面应有防滑花纹，高度为 3～8mm，凹凸部分面积与整个面积相比应不小于 10%、不大于 70%。

3）井座限高：井座高度不得小于 100mm。

4）井盖与井座的接触面应平整、光滑。井盖与井座装配尺寸应符合《铸件　尺寸公差、几何公差与机械加工余量》GB/T 6414—2017 的要求。

5）闸门井盖和井座之间必须配备防盗螺丝，必须进行防噪声处理。

（3）技术要求

1）井盖的承载能力应符合表 5-13 的规定

井盖试验载荷

表 5-13

类别	试验载荷 F(kN)	嵌入深度 A(mm)
D400	400	≥50

2）嵌入深度

嵌入深度为井座支承面至井座顶面的高度，如图 5-28、图 5-29 中所示的 A 值。

井盖的嵌入深度应符合表 5-13 的规定。

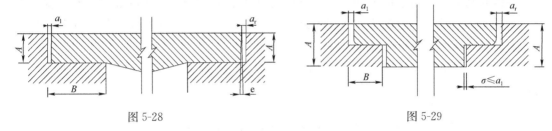

图 5-28　　　　　　　　　　　　　　图 5-29

3）总间隙

井座与井盖之间的间隙总和，如图 5-28、图 5-29 中的 a 值（a_1 为左间隙、a_r 为右间隙）；井盖与井座的总缝宽≤5mm。

4）井座支承面的宽度

支承井盖的井座平面为井座支承面，如图 5-28、图 5-29 中的 B 值，代表井座支承面的宽度；井座支承面的宽度应≥24mm。

5）斜度

检查井盖外沿上下形成的斜度，如图 5-28 中的 e，检查井的斜度 e 以 1:10 为宜。

6）残留变形

井盖的允许残留变形值应符合表 5-14 的规定。

井盖的允许残留变形值

表 5-14

类型	允许的残留变形	
A1 和 B125	当 CO<450mm 时，为 $CO/50$；当 CO≥450mm 时，为 $CO/100$	
C250~F900	① $CO/300$ 当 CO<300mm 时，最大为 1mm	② $CO/500$ 当 CO<500mm 时，最大为 1mm

注：对于 C250~F900 的产品，当采用锁定装置或特殊设计的安全措施时，采用①要求；当产品未采取特殊安全措施，仅依靠产品重量达到安全措施时，采用②要求；井座净开孔（CO）指检查井井座孔口的最大内切圆直径。

6）井座

检查井盖的制造应当确保井座的适配性。对于 D400 型，其井座的制造应当确保使用时的安静、稳定与固定。检查井盖应通过如接触表面的加工、防噪声的橡胶垫圈或三点接触卡扣的设计，以确保无噪声。

7）防沉降要求

五防闸门井盖须具有法兰式上盘面结构，通过承插方式和路面结合，法兰面宽度不小于 10cm。检查井须具备一定的高度调节功能。

法兰盘面外边缘须设一定的反扣结构，其嵌入沥青层的深度为 10mm，使井座能与路面紧密结合为一体，不易产生滑动。

井盖底面须铸有一体铸造成型的具三条刚性弹簧臂的弹性锁定装置，弹簧臂扣入井壁深度为 2~3mm、宽度≥15mm。当井盖闭合时可使之与支座紧扣，防止井盖脱离支座。

5.4 管道防腐

5.4.1 管道的腐蚀

埋于土壤中的金属管道产生腐蚀的原因大体可分为两种，即化学腐蚀（包括细菌腐蚀）和电化学腐蚀（包括杂散电流的腐蚀）。

（1）化学腐蚀

化学腐蚀是由于金属和周围介质直接相互作用发生置换反应而产生的腐蚀。

置换反应的结果是生成氢氧化物。若是这种氢氧化物易溶于水，则制作管道的金属为活泼性金属，这种管道容易腐蚀；反之若生成的氢氧化物难溶于水，管道周围的介质就不易对管道产生腐蚀作用。

埋于土中的钢管（包括铸铁管）经过化学反应生成的氢氧化物是难溶于水的，假若周围的土壤不具有腐蚀性（pH=7），则一般不易发生化学腐蚀。地下管道发生化学腐蚀的地方多半在化工厂区域，因为在这里管道遭受化工厂排放污水的（pH<7）侵袭，易于造成腐蚀。

土壤中的某些细菌对金属管道的腐蚀也有一定的关系，最常见的是硫酸盐还原细菌，它在自然界中分布很广，当土壤的 pH 值、温度和电阻率有利于这些细菌繁殖的时候，细菌就起腐蚀作用。这也可称为化学腐蚀。

（2）电化学腐蚀

金属管道在土壤中的电化学腐蚀是指金属在土壤中发生电解作用。其特点在于金属相当浸于电解液中，溶解损失的同时，还产生腐蚀电池作用。就像我们平时使用的锌皮电池，日久锌皮破损，里面的氯化铵流出来一样。

形成腐蚀电流有三类：第一类是微腐蚀电池，第二类是宏腐蚀电池，第三类是杂散电流腐蚀。

1）微腐蚀电池

金属组织不一致的管道和土壤接触时，这种不均匀的金属管材，就好像两块不同金属放在同一电解液中一样，在这两部分组织有差异的金属管道间发生电位差而形成腐蚀电池。如钢管的焊缝熔渣与管材母材金属之间的电位差可能高达 0.275V，这也就是钢管漏水常发生在焊缝的缘故。

2）宏腐蚀电池

由长距离（有时达几公里）金属管道沿线的土壤特性不同致使管道本身产生电位差而形成的腐蚀电池。

一般所说的土壤电化学腐蚀常是上述两种腐蚀电池的综合作用。

3）杂散电流腐蚀

地下杂散电流对管道的腐蚀，是一种因外界因素引起的电化学腐蚀的特殊情况，其作用类似于电解过程。土壤中的杂散电流可能来自两个方面：

① 某些直流电力网络利用大地作为接地回路；

② 某些和土壤接触的导体，因绝缘不良而发生漏电。

杂散电流的腐蚀过程，可用图 5-30 的原理表示。

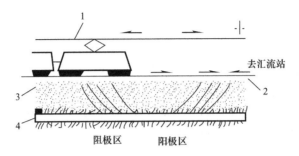

图 5-30　杂散电流的腐蚀过程示意图
1—架空导线；2—铁轨；3—土壤；4—管道

由钢轨漏入土壤中的电流，当遇到埋设于侧旁的管道时，便可能借管道作为回路，而引起管道的腐蚀。杂散电流由钢轨流入土壤，实质上就是钢轨上的金属离子溶于土壤，而使该处的钢轨被腐蚀。杂散电流由土壤进入管道，也就是土壤中的正离子趋向管道表面。而杂散电流从管道返回土壤时，管道上的金属离子溶入土壤，致使该处的管道被腐蚀，由于杂散电流来源的电位很高，电流也大，故杂散电流所引起的腐蚀远比一般的腐蚀严重。

对于预应力管，自应力管的钢筋混凝土管材，应该说砂浆或混凝土对钢筋会起到良好的保护作用，但当管道埋于严重腐蚀性土壤中时，砂浆或混凝土就会受到酸性地下水的侵蚀，产生微孔，使杂散电流进入钢筋，钢筋就会发生腐蚀，最终导致爆管事故。钢筋在混凝土中的腐蚀机理，仍属于电化学腐蚀的概念。质量低、有缺陷的砂浆层或混凝土层是钢筋受到腐蚀的基本起因，当砂浆不够致密，具有高透水、高透气时，具有侵蚀性的地下水就会加速这种腐蚀。

5.4.2　防止管道外壁腐蚀的措施

工程技术人员为了延长管道使用年限，对防止管道腐蚀做了长期不懈的努力，他们对管道除使用耐腐蚀的管材外，在管道外壁也采用了许多防腐方法，可分为金属或非金属覆盖的防腐蚀法和电化学防腐蚀法。

（1）覆盖防腐蚀法

主要是在金属表面覆盖一层电位低于管材本身的金属，倘有腐蚀也是它坏，叫作金属覆盖法；或覆盖一层绝缘性强的非金属物质，加强管身与外管的绝缘性，叫作非金属覆盖法。但不论用什么方法，首先要对管身的外表面进行处理。金属的表面处理是做好覆盖防腐层的前提，清洁管道表面可采用机械或化学处理的方法。

1) 金属的表面机械处理

① 擦锈处理：是最简易的机械处理方法，就是用钢丝刷、砂纸等将管外表面上的铁锈、氧化皮除去，然后涂上防腐材料，如树脂漆、沥青漆等，这种方法通常用在施工现场管道接口部位做防腐前的处理。

② 喷砂处理：采用压力喷射的原理，将研磨材料喷到金属表面。研磨材料有石英、砂钢珠、钢砂等。喷砂法多用干式喷砂法，喷射时是用压力约 0.4MPa 以上的空气，将砂喷射到管道表面，除去铁锈、氧化皮，然后喷涂防腐漆。由于除锈彻底，可产生镜面，外表喷漆层致密牢固。这种方法工时消耗量少，适合工厂化作业，同时可以回收研磨材料。

2) 化学处理

化学处理是用酸或碱将金属表面附着物溶解掉的方法，这种方法没有噪声和粉尘，分酸洗法和脱脂法两类，目前使用较少。

3) 覆盖式防腐处理

按照管材和口径的不同，覆盖防腐处理的方法亦有不同。

① 小口径钢管及管件的防腐处理。对于小口径钢管及管件，通常是采用热浸锌的方法。将酸洗后再用清水冲洗干净的管材，浸泡在加热到 450～480℃ 的融锌槽中进行浸锌作业。其防腐机理在于锌比钢的电位低，在锌和钢之间形成局部电池，使锌被消耗而钢管受到保护。

② 大口径钢管的外防腐处理。因为钢管的腐蚀主要是由电化学腐蚀所引起的，根据其原理，如果在管外用绝缘材料锻一层保护层，隔绝钢管与其周围土壤中电解质的接触，使形不成腐蚀电池现象，就可达到防止管道腐蚀的目的。通常采用的防腐材料有石油沥青、环氧煤沥青、氯碘化聚乙烯、聚乙烯塑料、聚氨酯涂料、沥青塑料和沥青编织布胶带等。

对于大口径钢管的防腐处理及防腐层的类别一般应根据管道周围土壤对管道腐蚀的强弱，按表 5-15 来选择，通常选择"三油二布"的做法。在土壤腐蚀性强或管道穿越沟渠等较为重要的地方，则采用"五油四布"的方法来加强防腐。

防腐涂层结构　　　　表 5-15

防腐材料	防腐等级	防腐层结构	总厚度（mm）
石油沥青玻璃布	普通级	底漆 1 层沥青 3 层，涂层间缠绕玻璃布 2 层（三油二布）	6
	加强级	底漆 1 层沥青 4 层，涂层间缠绕玻璃布 3 层（四油三布）	8
	特加强级	底漆 1 层沥青 5 层，涂层间缠绕玻璃布 4 层（五油四布）	10
环氧煤沥青玻璃布	普通级	底漆 1 道面漆 3 道，涂层间缠绕玻璃布 2 层	0.5～0.6
	加强级	底漆 1 道面漆 4 道，涂层间缠绕玻璃布 3 层	0.7～0.8
	特加强级	底漆 1 道面漆 5 道，涂层间缠绕玻璃布 4 层	0.9～1.0

底漆由汽油与沥青配制而成（汽油：沥青＝3：1——体积比）。沥青一般采用 10 号石油沥青，熔化沥青时，其加热温度不超过 200℃，而且在此温度下也不要超过 2h，否则沥青老化，干后生裂纹。玻璃布用每厘米 8×8 或 10×10 格，宽度 30cm 缠绕，每层搭接宽度 5cm，对被破坏了的防腐层修补时可用沥青漆代替石油沥青，绝对不可修漏后把已破坏了的保护层放置不管。

石油沥青作为钢管外防腐材料，耐电压性能是很好的，且价格便宜，但是必须热涂，而且由于其中环氧本身不耐日光晒，受紫外线作用涂层即在表面发生粉化，而涂层仅厚0.6mm，后果是可虑的。尽管已使用了 50 余年，制造厂家也不断设法改进，例如生产厚浆型、低温固化的，但收效不明显。氯磺化聚乙烯涂料虽然附着力强、对日晒要求不严、抗蚀性高，但固体含量更低、针孔发生率更高，有些地区的经验用于架空管线，再于全管身做一层由涂料和水泥混合而成的很薄的腻子，上面再涂氯磺化聚乙烯效果还是很好的，此外用聚乙烯薄膜作套或松包虽都也是办法，但施工方面都比较费事，使用得还不太普遍。

近年出现的塑化沥青软胶带防腐，以塑料（PE）及编织带为基板，包以改性塑化沥青，做成卷材，分热缠和冷缠两种。热缠在使用时用喷灯在卷材上喷烤，使沥青熔化，气温低时对管身局部喷烤，然后将卷材缠包；冷缠不必加温，将管身表面清理干净后，涂上底漆，待干后即将卷材缠上，操作很方便，对现场焊缝处补口及对防腐层破损后的修补尤为简单易行，该法无污染，对工人无伤害。热缠胶带−10℃低温时仍可施工，一层卷材就可达抗电火花 15000V 检查（表 5-16），由于这些优点，在众多防腐材料中一经试用便崭露头角，具有后来居上之势。

新型防腐卷材沥青防蚀胶带结构简介

表 5-16

防腐材料		施工型式	防腐等级	总厚度
沥青胶带	塑料 PE 基板	冷缠	1. 只缠一层即可达抗电火花检查 15000V 以上； 2. 撕三角口不露金属面； 3. 热缠可耐低温−10℃仍可操作； 4. 冷缠需在+3℃施工； 5. 耐热性强，冷热缠均可达 70℃	冷缠卷材本身厚 1.5mm，热缠卷材厚 3mm
	编织布基板	冷缠或热缠	施工前对金属表面先做处理，然后涂底漆，待干后即可缠卷材。螺旋状行走缠绕，每层搭压 15～20mm，每卷接头搭压 100mm		

4）钢质管道的外防腐工艺

管道外防腐主要采用涂层保护法，该方法通过覆盖涂层的方式，将管道的外表面与周围环境隔离，以阻止腐蚀。涂层材料的选取要综合考虑材料的绝缘性、粘结性、抗阴极剥离性、抗机械损伤能力、环境稳定性、施工难易程度和补口难易程度等，做出最佳选择。下面介绍目前常见的外防腐工艺。

① 石油沥青防腐层

石油沥青防腐层以石油沥青为主要材料，或用石油沥青浸渍玻璃纤维布缠绕而成。原料来源广、技术成熟、价格便宜，在我国曾广泛使用。但该防腐层吸水率高、电性能和机械强度差、工作温度范围小、寿命短（不足 20 年），难以抵抗微生物和植物根茎的穿透，而且对环境和施工人员有较大危害，因此已被部分发达国家淘汰，在我国的使用也在减少。

② 聚乙烯胶粘带防腐层

聚乙烯胶粘带防腐层由底漆、内带和外带组成。可根据防腐要求和施工方法选取内外带规格。该防腐层绝缘电阻高，能有效抵抗杂散电流，且施工干净高效、价格适中，曾在防腐领域广泛应用。但在施工现场除锈质量不高或粘结、搭接不严密时，胶带层下会出现局部剥离，屏蔽阴极保护，这类腐蚀也很难用外检测仪发现。所以此工艺只用于使用年限不长的中、小口径管道。

③ 聚乙烯防腐层

聚乙烯防腐层由底层胶粘剂和面层聚乙烯组成。若热熔胶的粘结性不强，则聚乙烯与钢管剥离而对阴极保护产生屏蔽。为提高聚乙烯层的防腐性能，又引入了底层熔结环氧粉末覆盖层，出现了三层结构聚乙烯防腐层（3PE），这是目前公认的最先进的防腐层。但该防腐层必须在固定地点、工厂加工预制，且三层结构的价格昂贵，这是限制其发展的主要因素。

④ 熔结环氧粉末（FBE）外涂层

FBE 外涂层分为单层防腐涂层和双层防腐涂层。单层 FBE 的粘结性、抗腐蚀性、耐老化和阴极剥离性能均十分优良，能够使用的温度范围也很广，但应用中因抗冲击和耐划伤性能不足常产生损伤。为弥补这种不足，出现了双层 FBE。该涂层是复合涂层结构，由防腐型环氧粉末底层和抗机械损伤型环氧粉末面层喷涂而成。底层即为单层 FBE，起防腐作用，外层为增塑性 FBE，保护底层免受机械损伤。双层 FBE 结合了单层 FBE 的防腐性能和塑性 FBE 的抗机械损伤性能，在国外使用广泛。但是该工艺的涂敷要求非常严格，且价格较昂贵，补口较困难。FBE 的应用已有将近 50 年的时间，实践证明，它是一种可长期防腐的覆盖层，已成为主流防腐技术之一，也是国内防腐技术发展的重要趋势。

⑤ 煤焦油瓷漆外覆盖层

煤焦油瓷漆在我国有悠久的使用历史，而且相比石油沥青防腐层，煤焦油瓷漆外覆盖层具有吸水率低、粘结性好、能抵抗植物根茎穿透、耐细菌、绝缘性好等优点，而且使用温度为 $-25\sim80℃$，寿命可达 60 年以上，价格也十分低廉，在国外曾广泛使用。但煤焦油瓷漆外覆盖层机械强度低，生产施工过程中产生毒气，须进行严格的烟雾处理。由于环境保护因素的限制，该防腐层逐渐被其他覆盖层代替，但国内仍是主要的外防腐材料。

（2）电化学防腐蚀法

由于许多电器设备经常采用接地法作为安全措施，有些埋地导线漏电或电车用铁轨作为导线回路，当铁轨间接触不良时，这些都造成地下产生所谓的杂散电流。当金属管道埋于土壤中，如果没有保护层或保护层损坏，杂散电流便进入管道，我们把这个地区叫作阴极区；电流在管道中流动，在适当地区如在电车变电站附近又流出管道，我们把这个地区叫作阳极区。电流进入管道对管身没有损害，但流出时往往要携带走一部分金属离子，这就造成了管身的腐蚀，如果有意识地在管身通入一定量的负极直流电，使其相对于设置的阳极接地装置变成一个大阴极，则阳极遭受腐蚀而管身受到保护。我们把这种方法称为阴极保护法，阴极保护法又分为外加电流法和牺牲阳极法。

电化学防腐蚀法是排流法和阴极保护法的总称，其中尤以排流法更为经济有效。现分别介绍如下。

1）排流法

当金属管道遭受来自杂散电流的电化学腐蚀时，埋设的管道发生腐蚀处是阳极电位。如若在该处管道和流至电源（如变电站的负极或钢轨）之间，用低电阻导线（排流线）连接起来，使杂散电流不经过土壤而直接回到变电站的负极去，就可以防止发生腐蚀，这就是排流法。

排流法防腐蚀的效率很高，费用较低，是普遍采用的方法。埋设金属管道和变电站负极连接起来进行排流时，若只有一个变电站电源，而且不可能从电源流入逆电流的情况下，两者可直接用排流线连接，这称为直接排流法。其设施费用很低，但电气机车轨道和地下管道排列都比较复杂，而且变电站数量往往较多，运转情况变化很大，管道处的电位经常变动，弄不好管道会变成阴极区而产生逆向电流，故在排流线上加装一个能阻止逆电流的单向选择装置和排流线串联起来，称为选择排流，这样就安全可靠了（图 5-31）。

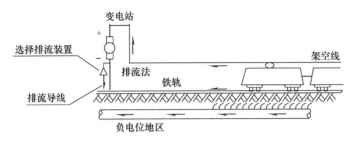

图 5-31　管道选择排流防腐法

2）阴极保护法

阴极保护法是从管的外部给一定量的直流电流，由于输水管道上电流的作用，将金属管道表面上不均匀的电位消除，使不能产生腐蚀电流，从而达到保护金属不受腐蚀的目的。从金属管道流入土壤的电流称为腐蚀电流。从外面流向金属管道的电流称为防腐蚀电流。阴极保护法又分为外加电流法和牺牲阳极法两种。

① 外加电流法

外加电流法如图 5-32 所示。

它是通过外部的直流电源装置把必要的防腐电流经埋在地下的电极（阳极）流入金属管道的一种方法。所用直流电源，通常都是交流电源经整流后，变为直流的。而所用的阳极必须是非溶性的物质，如石墨、高硅铸铁等。将阳极埋在地下，周围填充焦炭或炭末等，以降低接地电阻，并扩散产生氧气。在电极更换较方便的地方，可以使用旧钢管、旧钢轨等较大尺寸的电极。而电源的电压降低，这种方法所用的整流装置由硅整流器和活动电阻组成，也有用恒压稳流器方式的，后者工况要好些，但价格较贵。另外使用非溶性阳极时，可作为永久性的防蚀措施，除电费外无其他费用。缺点是这种方法对其他地下管道也会造成一定的影响，即可使其某个地方变为阳极，故在市区管道相距较近地区不宜使用。

② 牺牲阳极法

牺牲阳极法如图 5-33 所示。

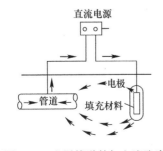

图 5-32　金属管道外加电流防腐

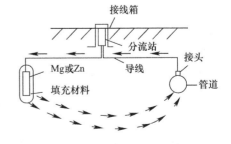

图 5-33　牺牲阳极法示意图

它是用比被保护金属管道电位低的金属材料作阳极，和被保护金属连接在一起，利用两种金属之间应有的电位差，产生防蚀电流的一种防腐方法。阳极随着流出的电流而逐渐消耗，所以称之为牺牲阳极。这种阳极消耗较快，安设位置必须便于更换。低电位金属材料有镁、锌、铝及其合金等。但一般采用镁合金较多，锌仅用于土壤电阻率在 $1000\Omega/cm$ 以下的低电阻区。这种方法的优点是施工简易、设备费用低，缺点是电压低而不能调整，阳极必须定期更换。

使用外加电流保护必须得当，例如管道对地电压一般取 $-0.85V$，不宜低于此值，倘电压相差太大，由于电流分解了土壤中的地下水，产生了氢气，可将管身保护层破坏，反起副作用。

5.4.3 防止管道内壁腐蚀的措施

水泥砂浆衬里防腐是一种最切实可靠的方法，价格低廉、坚固耐用，特别是对水质无任何影响是最大的优点。现在凡大口径管材无论钢管或铸铁管一概全都使用这种办法，现把这种衬里的作用重点介绍如下。

水泥砂浆防腐结构如图 5-34 所示。

（1）特点

1）起隔离作用，水泥砂浆层把水体与管壁分隔开来，也就少受水的侵蚀。

2）砂浆层是碱性，与管壁形成高达 pH＝12 后，金属表面处于钝化状态，即使带有侵蚀性的水质浸透到底，仍有抵御腐蚀的能力。

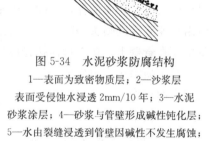

图 5-34 水泥砂浆防腐结构
1—表面为致密物质层；2—沙浆层
表面受侵蚀水浸透 2mm/10 年；3—水泥
砂浆涂层；4—砂浆与管壁形成碱性钝化层；
5—水由裂缝浸透到管壁因碱性不发生腐蚀；
6—裂缝（会自动愈合）；7—管内壁

3）砂浆衬里起了"拱"的作用，粘结力强，在钢管变形 1/10 情况下，也不发生剥落，若有裂缝甚为微小，仍然能紧贴于管壁上。

4）砂浆衬里的表面会生成致密层，有保护砂浆层不被水冲刷掉的作用。

5）即使有裂缝，水浸透至管壁也不会腐蚀，且砂浆中的游离石灰被水析出具有自动愈合的能力。

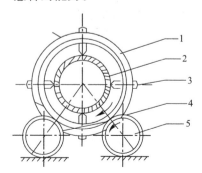

图 5-35 地面离心机示意图
1—滚笼；2—涂衬水管；3—定心螺丝；
4—从动托轮；5—主动托轮

（2）涂衬设备及操作原理

对金属给水管道内壁防腐采用水泥砂浆涂衬时，其工艺方法有两种：

地面离心法——管道在埋设之前，在地面上进行离心加工涂衬；

地下喷涂法——管道已埋设在地下，喷浆机由预留口进入管道进行喷涂作业。

1）地面离心法

设备比较简单，涂衬时将管子放在离心机上，把水泥砂浆均匀投入管内，然后启动按钮，速度由慢逐步加快，形成砂浆涂层（图 5-35）。

2) 地下喷涂法（喷涂作业法）

喷浆机是由送浆电机、喷射电机、抹光电机、行车电机以及照明五部分动力机构所组成。利用螺旋输送器将砂浆由储浆桶送至喷头，向管壁四周散射砂浆颗粒，以达到喷涂的目的。

喷浆机在地下的施工情况，如图 5-36 所示。

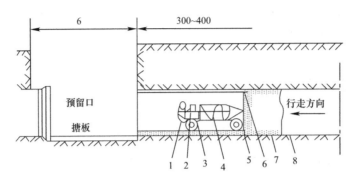

图 5-36　喷浆机工作示意图

1—操纵座椅；2—电控箱；3—行走变送箱；4—贮浆桶螺旋；5—喷头；
6—抹光；7—砂浆涂层；8—管道（单位：m）

机器在管道中施工时，可先快速地把机器开到所需喷涂处，然后换工作速度排挡，再启动送浆机，一面搅拌，一面把砂浆输送到喷头，同时打开抹光片，按下喷头按钮，砂浆就由高速旋转的喷头经叶片口喷射到管壁四周，同时整机缓慢地向后退走，这时水泥砂浆就堆积在管壁上，接着慢速抹光以形成光滑的水泥砂浆涂层。

整个喷涂过程由操作人员在机身后面的操作椅上，分别来控制送浆、喷射、行走、抹光四方面动作。

（3）技术要求

1) 材料：主要为水泥及黄砂，有特殊需要时再掺入外加剂。

① 水泥应采用强度等级为 42.5 的普通硅酸盐水泥或矿渣水泥，不得混有硬块。散装水泥必须过筛方可使用。

② 砂子最大粒径应小于 1.2mm，级配砂浆配比由设计选定，必须经过 16 目/英寸洗筛或经过 12 目/英寸筛子干筛，筛前应经过水洗，去除有机杂质，含泥量小于 2%。

2) 配比：水泥与黄砂配比为 1∶15，水灰比为 0.4∶1～0.47∶1；砂浆稠度保持在坍落度 7～8mm。

3) 粗糙系数：$n < 0.0125$。

4) 厚度：设计规范一般为 6～10mm。

5) 外观质量：涂层表面应光滑，无气泡、凸起、流淌、漏衬、开裂，但允许存在0.8mm 的裂纹，沿管道纵向长度不应大于 2m，环向不应大于管道周长，也允许存在浅螺纹线。

6) 涂衬成型后立即把管两端封堵，终凝后进行潮湿养护 4～17d。

（4）其他常用的管道内防腐工艺

管道受管内水的腐蚀会使水管内壁产生一层由沉积物、锈蚀物和黏垢相互结合成的复合体，含大量金属元素和细菌、藻类，影响供水的水质和安全性。抑制管道的内腐蚀，常采用的方法有水泥砂浆衬里法、环氧树脂涂衬法、内衬软管法等。

内衬软管法是旧管道防腐的有效方法，包括滑衬法、反转衬法、"袜法"及使用"Po-ly-Pig"拖带聚氨酯薄膜的方法等。这些方法通过形成"管中有管"的形式，用防腐性能优越的内管将易锈蚀的外层管道与管内液体隔开，防止管道内部锈蚀，防腐效果很好。该方法适合长距离无支管输水，但不适合多支管的城市供水管道。

第6章 管道安装施工技术

6.1 供水管道工程测量

工程测量技术是供水管道工程一项基本技术，是工程建设顺利施工的重要保证。它贯穿供水管道工程建设的勘察设计、施工建设和运营管理各阶段。它的主要任务如下：

1）测绘大比例尺地形图：把工程建设区域内的地貌和各种物体的几何形状及其空间位置，按照规定的符号和比例尺绘制成地形图，并把供水管道工程所需的数据用数字表示出来，为规划设计提供图纸和资料。

2）施工放样（测设）：工程建设阶段将图纸上设计好的管线平面位置和高程，运用测量仪器和测量方法在地面上标定出来，便于施工。

3）竣工测量：工程结束后，将已施工的管线反映到竣工图纸上，为工程验收、管线维修和变更提供资料。

供水管道工程中测量主要是进行施工放样（测设）和竣工测量。

6.1.1 水准测量

测定地面点高程的工作称为高程测量。高程测量按所使用的仪器和施测方法的不同，可分为水准测量、三角高程测量、卫星定位测量（GPS）和气压高程测量等。水准测量是一种直接得到点位高程的方法，不仅精度较高，而且施测简便，是工程测量中获取点位高程最常用的方法。本节主要介绍水准测量。

（1）水准测量原理

水准测量时利用水准仪提供的水平视线，借助于带有分划的水准尺，直接测定地面上两点间的高差，然后根据已知点高程和测得的高差，推算出待定点的高程。

如图 6-1 所示，已知 A 点的高程为 H_A，欲测定待定点 B 点的高程 H_B。在 A、B 两点上立水准尺，两点之间安置水准仪，当视线水平时分别在 A、B 尺上读数 a、b，则 A 点到 B 点的高差 h_{AB} 为：

$$h_{AB} = a - b \qquad (6-1)$$

设水准测量是由 A 向 B 进行的，则 A 点为后视点，A 点尺上的读数 a 称为后视读数；B 点为前视点，B 点尺上的读数 b 称为前视读数。因此高差等于后视读数减去前视读数。

（2）地面点的高程

高程是确定地面点高低位置的基本要素，分为绝对高程和相对高程两种。

1）绝对高程（海拔）

地面上任意一点到大地水准面的铅垂距离，称为该点的绝对高程，简称高程。

为建立全国统一的高程基准面，我国把 1950～1956 年的黄海平均海水面作为大地水

准面，也就是我国计算绝对高程的基准面，其高程为零。凡以此基准面起算的高程属于
"1956 年黄海高程系"。我国从 1987 年开始，决定采用青岛验潮站 1952～1979 年的周期平
均海水面的平均值，作为新的平均海水面，并命名为"1985 国家高程基准"。

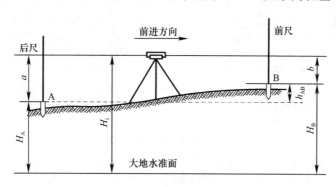

图 6-1　水准测量原理

在工程设计时需要查找黄海高程（或吴淞高程）与当地高程系统之间的高差关系，并
且复核，这一点十分重要。

2）相对高程

在有些测区，引用绝对高程有困难，为工作方便而采用假定的水准面作为高程起算的
基准面，那么地面上一点到假定水准面的铅垂距离称为该点的相对高程。

3）高差

地面上两点间的高程之差叫作高差。

设：A 点高程为 H_A，B 点高程为 H_B，则 B 点相对于 A 点的高差 $h_{AB} = H_B - H_A$。当
h_{AB} 为负值时，说明 B 点高程低于 A 点高程；h_{AB} 为正值时，则相反。

（3）待定点高程计算

测得 A 点到 B 点间高差 h_{AB} 后，如果已知 A 点的高程 H_A，则 B 点的高程 H_B 为

$$H_B = H_A + h_{AB} = H_A + (a - b) \tag{6-2}$$

或者 B 点高程也可以通过水准仪的视线高程 H_i 来计算，即：

$$H_i = H_A + a \tag{6-3}$$

$$H_B = H_i - b \tag{6-4}$$

6.1.2　水准测量的仪器和工具

水准测量所使用的仪器为水准仪，工具有水准尺和尺垫等。

水准仪按其精度分，有 DS_{05}、DS_1、DS_3 及 DS_{10} 等几种型号。"D"表示大地测量，
"S"表示水准仪，05、1、3 和 10 表示水准仪精度等级，数字越大代表误差越大。按其结
构分，主要有微倾式水准仪、自动安平水准仪和数字水准仪。在工程测量领域主要使用
DS_3 级水准仪。本节将以 DS_3 微倾式水准仪为重点进行讲述。

（1）DS_3 微倾式水准仪的构造

DS_3 微倾式水准仪主要由望远镜、水准器和基座三部分组成（图 6-2）。

1）望远镜

望远镜是用来精确瞄准远处目标并对水准尺进行读数的装置，主要由物镜、目镜、调

焦透镜和十字丝分划板组成。

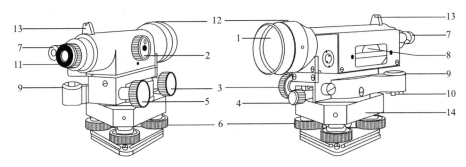

图 6-2　DS₃ 微倾式水准仪的主要构造

1—物镜；2—物镜调焦螺旋；3—水平微动螺旋；4—水平制动螺旋；5—微倾螺旋；6—脚螺旋；
7—水准管气泡观察窗；8—水准管；9—圆水准器；10—圆水准器校正螺丝；11—目镜调焦螺旋；
12—准星；13—照门；14—基座

物镜和目镜多采用复合透镜组，目标 AB 经过物镜成像后形成一个倒立而缩小的实像 ab，通过调焦螺旋可沿光轴移动调焦透镜，使不同距离的目标均能清晰地成像在十字丝平面上，再通过目镜的作用，便可看清同时放大了的十字丝和目标虚像 ab，如图 6-3 所示。

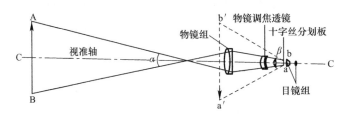

图 6-3　光学成像

2）水准器

① 管水准器

管水准器与望远镜固连在一起，用于指示视准轴是否处于水平位置。它是一个玻璃管，其纵剖面方向的内壁研磨成一定半径的圆弧形，水准管上一般刻有间隔为 2mm 的分划线，分划线的中点 O 称为水准管零点，通过零点与圆弧相切的纵向切线称为水准管轴。水准管轴平行于视准轴。水准管分划越小，灵敏度越高，用其整平仪器的精度也越高。

② 圆水准器

圆水准器装在水准仪基座上，用于仪器粗略整平，使仪器的竖轴竖直。圆水准器是在玻璃盒内表面研磨成一定半径的球面，球面的正中刻有圆圈，其圆心称为圆水准器的零点。

气泡中心偏离零点时竖轴所倾斜的角值，称为圆水准器的分划值，精度较低，故用于仪器的粗略整平。

3）基座

基座的作用是支承仪器的上部，并通过连接螺旋与三脚架连接，主要由轴座、脚螺旋、底板和三角压板构成。转动脚螺旋，可使圆水准气泡居中。

（2）水准仪的使用

微倾式水准仪的基本操作程序为安置仪器、粗略整平、瞄准水准尺、精确整平和读数。

1）安置仪器

首先在测站上松开三脚架架腿的固定螺旋，按需要的高度调整架腿长度，再拧紧固定螺旋，张开三脚架将架腿踩实，并使三脚架架头大致水平。然后从仪器箱中取出水准仪，用连接螺旋将水准仪固定在三脚架头上。

2）粗略整平

通过调节脚螺旋使圆水准器气泡居中。具体操作步骤如下：如图 6-4 所示，用两手按箭头所指的相对方向转动脚螺旋 1 和 2，使气泡沿着 1、2 连线方向由 a 移至 2 方向。用左手按箭头所指方向转动脚螺旋 3，使气泡由 b 移至中心。整平时气泡移动的方向与左手大拇指旋转脚螺旋时的移动方向一致。

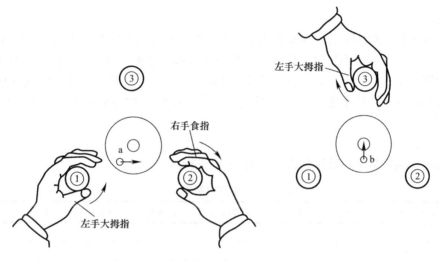

图 6-4 粗略整平

3）瞄准水准尺

① 目镜调焦　松开水平制动螺旋，将望远镜转向明亮背景，转动目镜对光螺旋，使得十字丝成像清晰。

② 初步瞄准　通过望远镜筒上方的照门和准星瞄准水准尺，旋紧水平制动螺旋。

③ 物镜调焦　转动物镜对光螺旋，使水准尺的成像清晰。

④ 精确瞄准　转动水平微动螺旋，使十字丝的竖丝瞄准水准尺中央，如图 6-5 所示。

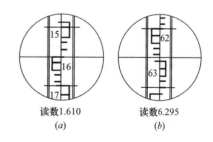

读数1.610　读数6.295
(a)　(b)

图 6-5 瞄准水准尺
(a) 读数 I；(b) 读数 II

⑤ 消除视差　眼睛在目镜端上下移动，如果看见十字丝的横丝在水准尺影像之间相对移动，这种现象叫视差。产生视差的原因是水准尺的尺像与十字丝平面不重合，如图 6-6（a）所示。视差的存在将影响读数的正确性，应予消除。消除视差的方法是仔细地转动物镜对光螺旋和目镜调焦螺旋，直至尺像与十字丝平面重合，如图 6-6（b）所示。

4）精确整平

水准管的精确整平简称精平。观察水准管气泡和窗内的气泡影像，转动微倾螺旋，使气泡两端的影像严密吻合，此时视线即为水平视线。微倾螺旋的转动方向与左侧半气泡影像的移动方向一致，如图 6-7 所示。

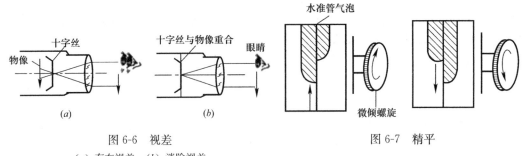

图 6-6　视差　　　　　　　图 6-7　精平

(a) 存在视差；(b) 消除视差

5）读数

符合水准器气泡居中后，应立即用十字丝横丝在水准尺上读数。无论是倒像还是正像的水准仪，读数时应从小数向大数读取。直接读取米、分米、厘米，并估读出毫米，共 4 位数。如图 6-5 (a) 所示，横丝读数为 1.610m，图 6-5 (b) 所示，横丝读数为 6.295m。读完读数后，要复核长水准管气泡是否居中，若居中则读数有效，若不居中，应再次精平，重新读数。

6）统计

测量的各项数据可按顺序依次填入表 6-1，进行统计汇总。

水准测量读数表　　　　　　表 6-1

桩号	后视高程	后视读数	视线高	前视读数	实测高程	设计高程	高差	备注
1								
2								
3								
4								
5								
6								
7								
8								
9								
10								

6.1.3　坐标测量

全站仪是一种集光、机、电为一体的测量仪器，也是集水平角、垂直角、距离、高差测量功能于一体的测绘仪器系统。因其一次安置仪器就可完成该测站上全部测量工作，所以称之为全站仪。

全站仪具有角度测量、距离测量、三维坐标测量、导线测量、交会定点测量和放样测量等多种用途，广泛用于工程施工现场。本节简要介绍全站仪的坐标测量。

（1）全站仪

1）主机

目前国内流行的全站仪种类较多，但主机部件名称及其功能大同小异，图 6-8 为流行较广的全站仪主机部件示意图。

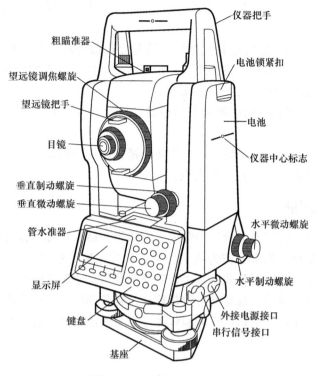

图 6-8 全站仪部件示意图

2）棱镜

电磁波测距是通过接受目标反射的测距信号实现测距功能的。有些用激光作载波的全站仪，可以利用目标的漫反射信号测距，不需要棱镜配合，称为免棱镜全站仪，这类仪器一般价格较贵，常用于特殊过程测量。

（2）全站仪的使用

在图 6-9 中，A、B 为已知控制点，P 为待定点。测定 P 点坐标的作业流程如下。

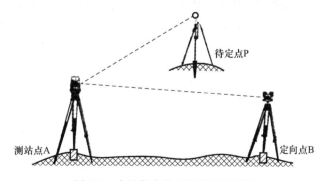

图 6-9 全站仪点位坐标测量示意图

1）安置仪器和棱镜：分别在 A 点安置全站仪、B 点安置棱镜，在待定点 P 安置棱镜。仪器与棱镜安置包括对中和整平工作。

2）开机：按电源开关键开机。

3）输入已知点坐标及参数：利用翻页键使页面显示坐标测量模式，利用软功能键分别输入测站点 A 坐标和高程、定向点 B 坐标、仪器高、气象元素、P 点棱镜常数、P 点棱镜高等。

4）定向与检查：输入定向点 B 坐标后，盘左位置精确瞄准 B 点棱镜，然后轻按回车键、开始观测，显示屏显示 B 点实测坐标。检查实测坐标与 B 点的已知坐标是否一致，如果其差值满足精度要求，则定向工作完成。

5）观测：轻转照准部，精确瞄准 P 点棱镜。显示屏显示 P 点的平面坐标和高程，即 X、Y、H。

上述盘左观测为半测回观测结果，为了防止错误、提高精度，还应该在盘右位置进行观测，即以 B 点为测站点、A 点为定向点。

6.1.4　管道施工测量

施工测量的任务是把图纸上设计的管道平面位置和高程，按照设计和施工的要求在施工作业业面上测设（放样）出来，作为施工的依据，并在施工过程中进行一系列测量工作，以指导和衔接各施工阶段和工种间的施工。施工测量贯穿于施工的始终。

施工中每道工序完成后，都要通过测量检查过程各部位的实际平面位置和高程是否符合要求，还要编绘竣工图和资料，作为验收时鉴定工程质量和工程交付后管理、维修、改建的依据。

（1）施工放样

在城镇供水管道施工中，大部分管道用钢尺即可对管道起点、终点、转向点及各管件等位置进行放样。即从路牙等给定的起始点开始，沿给定的方向和长度，用钢尺量测，定出水平距离的终点。

同时对管道起点、终点、转向点及各管件等位置进行临时点选取，各临时点间距以40m 为宜，沟槽开挖前对各临时点的地面标高进行复核，施工时只需用钢尺量取地面到槽底的距离，便可检查是否挖到管底设计高程。

在非城镇或钢尺难以测量的区域，测设放样点平面位置的方法通常有直角坐标法、极坐标法、角度坐标法、距离交会法等。因极坐标法只要通视、容易量距，安置一次仪器可测多个点位，效率高，适应范围广，精度均匀，没有误差积累，故本节主要介绍极坐标法的测设方法。

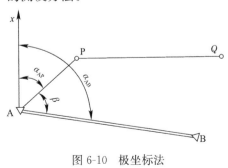

图 6-10　极坐标法

如图 6-10 所示，A、B 为已知平面控制点，其坐标值分别为 A（x_A，y_A）、B（x_B，y_B），P、Q 为设计的管道起始点，设计坐标分别为 P（x_P、y_P）、Q（x_Q，y_Q），下面以测设 P 点为例说明测设方法。

1）计算测设数据

① 计算 α_{AB} 和 α_{AP}

依据坐标反算公式有：

$$\alpha_{AP} = \arctan \frac{y_P - y_A}{x_P - x_A} \tag{6-5}$$

$$\alpha_{AB} = \arctan \frac{y_B - y_A}{x_B - x_A} \tag{6-6}$$

② 计算 AP 与 AB 之间的夹角

$$\beta = \alpha_{AB} - \alpha_{AP} \tag{6-7}$$

③ 计算 AP 间的水平距离

$$D_{AP} = \sqrt{(x_P - x_A)^2 + (y_P - y_A)^2} \tag{6-8}$$

2）点位测设方法

① 安置全站仪与 A 点，瞄准 B 点，按逆时针方向测设 β 角，标定出 AP 方向。

② 沿 AP 方向自 A 点测设水平距离 D_{AP}，定出 P 点的位置。

③ 用同样的方法测设 Q 点，待测设完毕后，可通过量取 PQ 的距离来检查测设的准确性。

全站仪坐标放样的本质是极坐标法，适合各类地形情况，而且精度高，操作简便，在生产实践中已被广泛采用。

（2）竣工测量

供水管道在施工过程中，经常会出现由于设计时没有考虑到的问题而使设计有限变更，使得设计图与竣工图一般不会完全一致，此时这种变更设计的情况必须通过测量反映到竣工图上，因此，施工结束后应及时编绘竣工图。

对于供水管道，应准确测量其起点、终点、转向点和各管件的坐标，以及沟槽和管顶等的高程。再将竣工测量结果用不同颜色的墨线绘在设计图上，并将其坐标和高程注在图上。随着施工的进展，逐渐在底图上都绘成墨线，即成为完成的竣工总平面图。

6.2 供水管道开槽施工及安装技术

在给水管道施工中，沟槽开挖和回填的工程量是相当大的，合理组织土方施工，是确保敷管安全、提高安管质量、加快工程进度、节约施工费用的一项主要工作。

6.2.1 施工前的准备工作

（1）施工前的准备

1）挖槽前应"吃透"图纸，进行调查研究，充分了解挖槽地段的土质、地下水位、地下构筑物、沟槽附近地上构筑物以及施工环境等。调查方法除学习了解设计施工图及有关资料外，还须组织有关人员进行现场勘查。

2）合理制定土方开挖施工方案，根据调查掌握的资料制定土方开挖的施工方案。

① 土方开挖平面布置：包括沟槽上口开挖边线、堆土地点、运土线路、雨期施工及施工排水路线、土方调配平衡图等。

② 确定开挖断面，并结合考虑施工排水及沟壁支撑技术措施。

③ 确定开挖方法，尽可能采用机械开挖，提高工作效率。

④ 测量计算土方数量。

⑤ 制定质量、安全技术措施。

⑥ 根据施工组织设计，合理安排施工人员。

3）做好拆迁准备工作

① 在现有地下管线附近挖槽时，事先与有关管理单位联系，采取妥善措施防止损坏管道。

② 在现有地上建筑物及电杆附近的挖槽地段，对其有发生下沉和变形影响时，应制定采取预防加固措施。

③ 施工区域内，有碍施工的房屋、道路、地下管道等需拆除者，进行妥善处理。

④ 修筑临时道路，架设临时便桥：挖土方前结合现场修筑临时道路，保证施工正常进行，当原有道路被挖断，又不宜断绝交通和绕行时，应根据道路的交通量及最大的载荷，架设临时便桥。

⑤ 设置临时排水设施：雨期施工沟槽切断原有排水沟和排水管道，如无其他适当排水出路，应架设安全可靠的渡槽和渡管，并规划和设置排水系统，防止雨水浸泡房屋和淹没农田和道路。

⑥ 协调供电部门，合理安排好施工临时用电。

（2）施工中的临时措施

管道工程施工中的临时措施是施工所需的生产和生活设施。施工准备中的大型临时设施主要有居住房屋、办公室、料具库房和仓库等。现场施工因管线等经常穿越道路，河流或与其他管道相交，施工现场常设置的有施工便桥、挡坝围堰及地下管道保护等设施。

1）施工便桥

根据通行情况，施工现场设置的临时便桥有行人便桥、车辆便桥等，桥梁上部构造常用的有工字钢梁和木梁桥。

① 各种类型临时便桥的结构及使用条件

a. 工字钢梁：工字钢梁桥上部结构主梁为工字钢（槽钢），桥面板是在工字钢梁上横向铺设方木或圆木，并在桥面板上沿车行方向铺设车道板并用扒据钉牢，为钢木混合结构。

b. 木梁桥：木梁桥一般多用于槽口宽度小于 4m 的人行桥、车行桥，上部结构一般采用单梁木桥面。如桥跨度大于 6m，主梁规格尺寸不能满足要求，宜采用人字撑加固桥。木梁桥适用于工期短的工程。

人行桥多采用木梁桥，人行桥不要搭设过宽，一般桥宽不超过 1.5m。

② 搭设便桥应注意的事项

a. 桥下开挖段应采取槽壁支撑措施，支撑应牢固。

b. 桥纵向主梁伸出槽外不小于 1.5m。

c. 桥的主梁支撑搭在沟槽两侧槽帮时，主梁下要垫方木或木板做简易的墩台处理，扩大承载面积，以保护槽的边坡。

d. 工字钢纵向主梁，横向进行连接，防止纵梁倒伏。

e. 一般桥面应高于路面。

f. 桥上应设置牢固的栏杆，栏杆下面在桥面板上加设踢脚板或做挡板防护。

g. 便桥应有照明设施，夜间设红灯标志。

h. 载重车桥应标明载重吨位及交通安全标志。

2）围堰

围堰的作用是将水中施工部位围护起来，以便在其中进行正常施工，围堰是项临时施工设施，构造应力求简单、安全，尽量就地取材，使其造价低廉。

① 在选择围堰形式和施工时应考虑的因素及要求

a. 考虑河流断面内的地形条件和坑的水文地质情况，如围堰作为导流坝或在狭窄河床施工时，应考虑水流对围堰的冲刷，并应注意水流对河底的冲刷。

b. 考虑施工期限和季节，施工期间流量的宣泄和河床的压缩过程中，由洪水期间泄洪条件来确定围堰断面尺寸，一般围堰高出最高水位 0.5m 以上。

c. 考虑围堰的施工条件和拆除条件。应保证围堰最大不透水性，水压下渗透过程中，围堰的基础与围堰本身的土壤不发生管涌现象。

d. 考虑沟槽或地基坑的深浅和面积大小，围堰和基槽边界之间，应有足够距离，以满足围堰的排水和施工需要。

e. 考虑当地建筑材料和其他建筑的具体情况，可就地取材、合理应用。

② 围堰的种类及使用范围

a. 土堰

土堰是围堰最简单的结构形式，凡水深在 1.5m 以下，流速缓慢，无冲刷作用，均可采用。土堰堰顶宽度可为 1.0m，堰高较水深度大于 0.5m，迎水坡为 1：2，背水边坡为 1：1.5，填筑土堰前应先将修堰河坡及河床处的各种树根、乱石清除，并沿堰的纵轴挖土，挖至硬土层的槽道或沿堰坡脚打入短桩。然后分层填筑，填筑土堰宜采用砂质黏土。

b. 草袋装土填筑围堰

采用草袋装土填筑围堰，适用于水深度低于 3m，作为施工临时的防水措施，应用较广。草袋装土围堰可与土堰混合应用，用草袋装土做护坡，边坡可以较陡，一般可 1：(0.5～1.5)。

c. 土石围堰

这种围堰适用于河床石方爆破工程，可就地取材，其结构迎水坡填筑沙壤土，堰主体用石块，这种围堰可在河流流速较小的情况下填筑，但拆除比较困难。

d. 板桩围堰

适用于水较深，且河床上土壤允许打桩处。板桩围堰是用垂直木板桩来代替土堰背水坡的一种结构，这种围堰不但减小土堰的断面尺寸，同时还可减小水流的渗透。

（3）现场探坑调查

1）探坑调查的内容

沟槽开挖之前，必须弄清与施工相关的地下情况。根据图纸及提供的有关资料，采用现场开挖探坑的方法，查明其情况。

一般探坑的内容及工作程序与注意事项参见表 6-2。

探坑内容及工作程序与注意事项　　　　　　　　　　　　　表 6-2

探坑内容	工作程序与注意事项
无现场近期水文地质资料，但需要了解施工时地下水位及土质情况	1. 开挖探坑； 2. 观测水位
已有地下管道与施工管线有关或交叉，需要找到具体位置	1. 请管理单位代表在现场指出已有管线位置，估计其深度； 2. 在保证安全的前提下试挖； 3. 在管理单位代表现场指挥下开挖探坑

续表

探坑内容	工作程序与注意事项
在施工图上标出，与施工有关又找不到管理单位的地下管线需要确定有、无，及其具体位置	1. 根据管线的类别，可参考同类管线的安全防护措施和开挖方法； 2. 探明有管线后，根据类别，找其管理单位核实，否则登报声明处理

注：1. 开挖探坑时应尽量避免和减小对管线地基的破坏；

2. 通常开挖前须得到规划部门、勘测部门的详细资料，或可能的有关各单位（如供电、电信、广播、军事等可能有地下设施的单位）会审，以保证探坑开挖过程中的安全。

2）与已建成管道、构筑物衔接的探坑

所施工工程如与已建成的管道、构筑物衔接，必须在挖槽之前，对其平面位置和高程进行校对，必要时开挖探坑核实，若与施工图及有关资料提供的位置和高程不符时，应及时通知设计人员进行变更调整。

6.2.2 沟槽断面选择及开挖

管道施工沟槽的开挖断面，是指垂直于管道中心线方向开挖的形状和尺寸，叫沟槽断面。

沟槽的开挖断面应考虑管道结构的施工方便，确保工程质量和安全，具有一定的强度和稳定性。同时也应考虑尽量少挖方、少占地、经济合理的原则。在了解开挖地段的土壤性质及地下水位的情况下，可结合管径大小、埋管深度、施工季节、地下构筑物情况、施工现场以及沟槽附近地上、地下构筑物的位置因素来选择开挖方法，并合理确定沟槽开挖断面。

（1）沟槽断面形式

在管道开槽施工中，沟槽断面形式有直槽、梯形槽、混合槽和联合槽等多种形式（图6-11）。

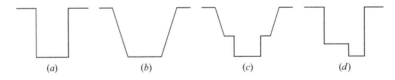

图6-11 沟槽断面种类

(a) 直槽；(b) 梯形槽；(c) 混合槽；(d) 联合槽

1）直槽

即槽帮边坡基本为直坡，一般用于工期短、深度较浅的小管径工程。直槽深度一般不超过1.5m。如地下水位高于槽底，采用直槽时则须考虑支撑。

2）梯形槽

即槽帮具有一定坡度的开挖断面，开挖断面槽帮放坡，不用支撑。槽底如在地下水位以下，目前多采用人工降低水位的施工方法，减少支撑。采用此种梯形槽断面，在土质好（如黏土、粉质黏土时）虽然槽底在地下水以下也可以在槽底挖成排水沟，进行表面排水，保证其槽帮土壤的稳定。梯形槽断面是应用较多的一种形式，尤其适用于机械开挖的施工方法。

3）混合槽

即由直槽与梯形槽组合，由此混合而成的多层开挖断面。较深的沟槽宜采用此种混合槽分层开挖断面，混合槽一般多为深槽施工。采取混合槽施工时上步槽尽可能采用机械施工开挖，下步槽的开挖常须同时考虑采用排水及支撑的施工措施。

4）联合槽

此种沟槽形式多见于多道管线同槽施工，且埋深不一，沟槽断面形式为上述三种槽断面形式的结合。

（2）断面尺寸及对挖方的要求

挖槽断面由底宽、挖深、槽帮边坡以及槽层和层间留台宽度等因素组成。

1）挖深

指沟槽的深度，由管线埋设深度而定，槽深影响着断面形式及施工方法的选择。较深的沟槽，宜分层开挖，每层槽的深度，人工开挖时以 1.5m 为宜，机械挖槽根据机械性能而定，一般不超过 5m。当地下水位低于槽底时，采用直槽施工，不用支撑，但槽深不得超过表 6-3 的规定。

直槽开挖限制深度　　　　　　　　　　　　　表 6-3

土质情况	最大挖深（m）
砂土和砂砾土	1.0
砂质粉土和粉质黏土	1.25
黏土	1.5

2）确定沟槽底部开挖宽度

底宽指沟槽最底部的开挖宽度，如沟槽采用支撑时，肩宽指支撑的撑板间的净宽，槽底宽度应满足管沟的施工要求，由管沟的结构宽度加上两侧工作宽度构成。

① 沟槽底部的开挖宽度应符合设计要求。

② 当设计无要求时，可按经验公式计算确定（沟宽＝管外径＋工支模）：

$$B = D_0 + 2 \times (b_1 + b_2 + b_3) \tag{6-9}$$

式中　B——管道沟槽底部的开挖宽度，mm；

　　　D_0——管外径，mm；

　　　b_1——管道一侧的工作面宽度，mm，可按表 6-4 选取；

　　　b_2——有支撑要求时，管道一侧的支撑厚度，可取 150～200mm；

　　　b_3——现场浇筑混凝土或钢筋混凝土管渠一侧模板厚度，mm。

管道一侧的工作面宽度　　　　　　　　　　表 6-4

管道的外径 D_0（mm）	管道一侧的工作面宽度 b_1（mm）		
	混凝土类管道		金属类管道、化学建材管道
$D_0 \leqslant 500$	刚性接口（管基座、抹带）	400	300
	柔性接口	300	
$500 < D_0 < 1000$	刚性接口	500	400
	柔性接口	400	
$1000 < D_0 < 1500$	刚性接口	600	500
	柔性接口	500	
$1500 < D_0 < 3000$	刚性接口	800～1000	700
	柔性接口	600	

注：1. 槽底需设排水沟时，b_1 应适当增加；

　　2. 管道有现场施工的外防水层时，b_1 宜取 800mm；

　　3. 采用机械回填管道侧面时，b_1 需满足机械作业的宽度要求。

3）确定沟槽边坡

① 当地质条件良好、土质均匀、地下水位低于沟槽底面高程，且开挖深度在 5m 以内、沟槽不设支撑时，沟槽边坡最陡坡度应符合表 6-5 的规定。

深度在 5m 以内的沟槽边坡的最陡坡度　　　　　　　　　　表 6-5

土的类别	边坡坡度（高∶宽）		
	坡顶无载荷	坡顶有静载	坡顶有动载
软土（经井点降水后）	1∶1.25	—	—
中密砂土	1∶1.00	1∶1.25	1∶1.50
中密碎石砂土	1∶0.75	1∶1.00	1∶1.25
硬塑粉土	1∶0.67	1∶0.75	1∶1.00
中密碎石黏土	1∶0.50	1∶0.67	1∶0.75
硬塑的粉质黏土、黏土	1∶0.33	1∶0.50	1∶0.67
老黄土	1∶0.10	1∶0.25	1∶0.33

② 当沟槽无法自然放坡时，边坡应有支护设计，并应计算每侧临时堆土或施加其他载荷的量，进行边坡稳定性验算。

4）层间留台

人工开挖多层槽的层间应留台阶，便于开挖时人工往上倒土，梯形槽与直槽之间的台阶宽度一般不小于 0.8m，直槽与直槽之间一般不小于 0.5m。

5）槽边堆土

指堆放在沟槽附近一侧或两侧的土方。

在沟槽开挖之前，应根据施工环境、施工季节和作业方式，制定安全、易行、经济合理的堆土、弃土、回运土的施工方案及措施。

① 沟槽边堆土（一般土质）的原则

a. 堆土的坡脚距槽边 0.8m 以外；

b. 留出运输道路、井点干管位置及排管的足够宽度；

c. 在适当的距离要留出运输交通路口；

d. 堆土高度不宜超过 1.5m；

e. 堆土坡度不陡于自然休止角；

f. 槽边堆土应及时覆盖、降尘。

② 城镇市区开槽时的堆土

a. 路面渣土与下层好土分别堆放，堆土要整齐，便于回收利用及保证市容整洁；

b. 合理安排交通、车辆、行人路线，保证交通安全；

c. 不得埋压消火栓、雨水口、测量标志及各种市政设施，各种地下管道的井室、井盖及建筑材料等；

d. 消火栓及测量标志周围（5m 之内）不得堆土，且须保留有足够的交通道路。

③ 靠近建筑物和墙堆土

a. 须对土压力与墙体结构承载力进行核算；

b. 一般较坚实的砌体，房屋堆土高度不超过檐高的 1/3，同时不超过 1.5m；

c. 严禁靠近危险房和危险墙堆土。

④ 农田里开槽时的堆土

a. 表层土与下层生土分开堆置；

b. 要方便原土原层回填时的装取和运输。

⑤ 高压线和变压器附近堆土

a. 一般尽量避免在高压线下堆土，如必须堆，应事先会同供电部门至有关单位勘察确定堆土方案；

b. 要考虑堆、取土机械及行人攀援高压线类的安全因素；

c. 要考虑雨、雪天的安全因素；

d. 按供电部门的有关规定办理。

⑥ 雨季堆土

a. 不得切断或堵塞原有排水路线；

b. 防止外水进入沟槽，堆土缺口应加垒闭合防汛埂；

c. 向槽一侧的堆土面，应铲平、拍实，避免雨水冲塌；

d. 在暴雨季节堆土，内侧应挖排水沟，汇集雨水引向槽外；

e. 雨期施工不宜靠近房屋和墙壁堆土。

（3）沟槽开挖

1）土方开挖的一般原则

① 沟槽及基坑开挖时，应合理确定开挖顺序和分层开挖深度。如相邻沟槽和基坑开挖时，应遵循先深后浅或同时进行的施工顺序。当接近地下水位时，应先完成标高最低处的挖方，以便在该处集中排水。在土方开挖过程中，应对土质情况、地下水位标高等的变化随时测量，做好原始记录及绘制断面图。当挖到设计标高以后，应会同设计单位（或建设单位）验槽，检查地基土质是否符合要求。

② 土方开挖不得超挖，并尽量减少对基底土的扰动。采用机械挖土时，可比设计标高保留 20cm 土层不挖，待人工清理。人工挖土后，如不能立即进行基础或垫层施工时，要留 15cm 厚土层暂时不挖。若个别地方超挖时，应用与基底土相同的土质填补，并要分层夯实达到要求的密实度。

③ 采用机械开挖时，应指派专人负责掌握标高，以防超挖。保护好测量标志，对地下电缆、管道等要有醒目标志，以防损坏。

④ 软土、膨胀土地区开挖土方或进入季节性施工时，应遵照施工验收规范的有关规定。

2）开挖的方法

土方开挖可采用人工、半机械化和机械化等方法。当土方量不大或不适于机械开挖时，采用人工开挖。凡有条件的均采用机械开挖。

（4）地基处理

1）地基

地基就是基础下面承受载荷的那部分土层。

① 地基的承载力

地基和基础都是结构最重要的部分，为上部结构服务，共同保证构筑物的坚固、耐久和安全，因而，要求它们必须具备足够的强度和稳定性。

地基土的承载力是指在保证地基稳定的前提下，建（构）筑地基变形值不大于地基变形容许值，地基单位面积上所能承受的最大压力。地基上承载力的大小取决于土层的抗剪强度和压缩性，又受土质、含水量、孔隙比等物理力学指标的影响。

以施工中常见的砂土和黏性土为例：密实的粗砂、中砂容许承载力为 $40t/m^2$，中密度为 $20\sim34t/m^2$，黏性土若孔隙体积与土颗粒体积相等，地基承载力约为 $10t/m^2$，同类黏土当孔隙体积为土颗粒体积的 50% 时，地基的承载力可达 $40t/m^2$。含水的粉砂地基承载能力为 $20t/m^2$，水完全充满孔隙时即降为 $10t/m^2$。

② 地基变形与地基的不均匀沉降

土是可压缩性的，地基在压力作用下就会产生变形，由于地基中不同点可压缩土层的厚度、土质和受力的差异，地基的变形往往是不均匀的，出现地基的不均匀沉降，将导致管基断裂、管道接头脱开，影响工程质量。

造成地基不均匀沉降，一般情况下主要是由构筑物载荷引起的，还有土质不均匀、地下水位升降、施工中超挖、土的冻胀等因素。

2）管道工程对地基的要求

管道工程中的管道和附属构筑物大部分是在地下，一般埋置较浅。我们所指的地基，是地表面以下一定深度长久未经扰动的土层，又称老土、原状土。管道应铺设在未被扰动坚实的原状土层上，管道工程中的钢管、铸铁管、预应力混凝土管一般不用作基础，直接铺设在地基上，管道工程一般情况下地基不做加固处理。但在管道施工中会经常遇到地基的土质与设计不同或因地基土壤在施工过程中遇到破坏等因素，造成地基不均匀沉降。

为克服地基不均匀沉降，在施工中采取的最主要技术措施就是加固地基、加强基础刚度、加强上部结构物的刚度、设置沉降缝等。

3）管道施工中地基需处理的内容

① 管道施工中发现槽底地基土质松软，与设计不符，或发现坟穴、枯井、地质不匀等。

② 管道通过旧河床、苇塘、洼地。

③ 管道地基土层为砂性土、粉砂、细砂、砂质粉土，位于地下水位以下，呈饱和土壤，由于排水不慎，致使管底受力层土壤被地下水扰动，丧失承载能力。

④ 人工和机械挖土槽底超挖和被扰动。

⑤ 管道交叉处，上层管道落在下层管道的开槽回填土上，造成上层管道地基不均匀沉降。

4）做好地基土的勘察与地基处理记录

① 验槽

沟槽开挖至控制槽底后，应全面检查整个槽底，进行验槽。

a. 检查槽底是否为老土（原状土），是否与设计要求相同。

b. 检查槽底高程，是否超挖，地基是否因施工被扰动。

c. 槽底坚硬程度是否一致，有无局部松软或坚硬的地方，土的颜色、土质是否均匀。

d. 局部含水量是否有异常现象，在其上部行走有无颤动感觉等。

凡是有特殊情况与设计不符时，均应会同设计等单位共同研究是否需做补探。采用工地简测法，确定地基处理措施。

② 地质勘测资料

管道工程设计施工图一般应具有地质勘测资料。勘测资料应包括钻孔剖面图、地质剖面图和土壤试验报告。

③ 工地简易测量方法

施工现场经常采用一些简易的测量方法，决定处理的地段及处理厚度。

钎探法：是用钢筋做探杆，探测地基扰动的深度。可用 $\phi12\sim\phi16$ 钢筋杆，对槽底地基土层进行人力钎探，原状地基土未被扰动时，钎探深度一般仅在 $10\sim20\text{cm}$，地基土被扰动时，槽内任何处均可插入较大深度。

④ 做好地基处理记录

将地基处理的部位、处理方法、使用材料、质量标准等资料记录下来，作为竣工资料。

5）做好地基处理段与不处理段交接处不均匀沉降的处理

① 基础应做成渐变段。

如果采用基桩加固时，桩的长度应逐渐减短；采用换土加固时，换土厚度应逐渐减薄，可在交界处做成台阶形。

② 管道本身接口处应做柔性处理。

6）地基处理加固方法

当地基的强度不能满足要求时，对地基进行加固处理，处理的目的是增加地基的强度和稳定性，减少基础变形。地基加固按其做法和性质不同，常用的有换土法、夯实挤密法、化学加固法和基桩。地基处理加固方法的选择，必须根据工程和地基的具体情况，并考虑处理深度、面积、地下水位情况，做到技术上可靠、经济上合理。

① 换土法

目前最常用的一种方法，适用于较浅的地基处理地段，一般用于地基扰动深度不大于 0.8m 处。

换土处理是将基础底面下一定范围内的软弱土层及被扰动的土挖掉，换填其他低压缩性材料，进行分层夯实，作为地基的持力层。有回填素土、灰土、砂土、块石及混凝土等多种材料。

a. 素土垫层

素土垫层是先将基础底面下一定范围内的软弱土层挖出，然后分层回填较好的素土夯（压）实而成。素土垫层具有一定的承载力，不用建筑材料，施工简便，可大幅度降低施工造价，加快建设速度。适用于处理软土、湿陷性黄土和杂填土地基。但由于素土的稳定时间较长，承载力较低，一般仅用于上部载荷不大和相对沉降差要求不高的浅层地基加固。

槽底在地下水位以上的干槽，挖槽施工时超挖或软土层在 15cm 内需处理者，回填素土夯实，其密实度不低于地基天然的密实度。

土料要求：

土料一般用黏土和砂质黏土，有机物含量不得超过 5%，也不得含有冻土和膨胀土；用于湿陷性黄土地基时，土料中不得加有砖、瓦和石块。

施工要点：

在填土前，应先清除地基上的草皮、树根、淤泥、耕植土层、杂物和要求深度范围内的软弱土层，排出积水，以保证正常施工和防止边坡遭受冲刷。在地形起伏之处，即填土与天然土交接处，应修筑台阶形边坡。

填土应从最低处开始进行整片分层回填夯实，不应任意分段接缝。填土地区应碾压成中间稍高、两边稍低，以便排水。

小面积填土，可用人工铺土，用人力夯或蛙式打夯机进行夯实；大面积填土，用人力或推土机铺土，用中、重型碾压机械分层碾压。

施工中每班所铺平的土料，必须夯实（碾压）完毕，不得隔日夯实；如遇下雨，填土层表面有泥浆、积水时，应清除后才能继续回填。

b. 灰土垫层

灰土垫层是将基础底面下要求范围内的软弱土层挖去，用一定比例的石灰与土，在最优含水量情况下，充分拌和，分层回填夯实或压实而成。灰土垫层具有一定的强度、水稳定性和抗渗性，施工工艺简单，取材容易，费用较低，是一种应用广泛、经济、实用的地基加固方法。适用于加固深1~4m的软弱土、湿陷性黄土、杂填土，还可用作结构的辅助防渗层。

槽底在地下水位以上的干槽，需处理层厚度在15cm以上者，常用灰土处理，灰土一般用2∶8或3∶7体积比（石灰∶土＝1∶8%~1∶10%重量比），其密实度不低于95%。

材料要求：

土料：采用黏性土，土内不得含有松软杂质或使用耕植土，土料应过筛，其颗粒不应大于15mm。

石灰：应用三级以上新鲜的块灰，含氧化钙、氧化镁越高越好，使用前1~2d消解并过筛，其颗粒不得大于5mm，且不应夹有未熟化的生石灰块粒及其他杂质，也不得含有过多的水分。

施工要点：

对沟槽应先验槽，消除松土，并打两遍底夯，要求平整干净。如有积水、淤泥应晾干；局部有软弱土层或孔洞，应及时挖除后用灰土分层回填夯实。

灰土配合比应符合设计规定，一般用3∶7或2∶8（石灰∶土，体积比）。多用人工翻拌，不少于三遍，使其达到均匀、颜色一致，并适当控制含水量，现场以手握成团，两指轻捏即散为宜，一般最优含水量为14%~18%；如含水分过多或过少时，应稍晾干或洒水湿润，如有球团应打碎，要求随拌随用。

铺灰应分段分层夯实，每层虚铺厚度可参见表6-6，夯实机具可根据工程大小和现场机具条件用人力与机械夯打与碾压，遍数按设计要求的干密度由试夯（或碾压）确定。

灰土最大虚铺厚度　　　　　　　　　　　　　　　　　　表6-6

夯实机具种类	质量（t）	虚铺厚度（mm）	备注
石夯、木夯	0.04~0.08	≤200	人力送夯，落距400~500mm，一夯压半夯，夯实后约80~100mm厚
轻型夯实机械	0.12~0.4	200~250	蛙式夯机、柴油打夯机，夯实后约100~150mm厚
压路机	6~10	200~300	双轮

c. 砂和砂砾石垫层

砂垫层和砂砾石垫层用砂和砂砾石混合物（级配砂石），经分层夯实，作为地基的持力层，提高基础下部地基强度，并通过垫层的压力扩散作用，降低对地基的压应力，减少变形量，同时垫层可起排水作用，地基土中孔隙水可通过垫层快速排除，能加速下部土层的沉降和固结。

砂和砂砾石垫层具有广泛的应用范围；不用水泥、石材；由于砂颗粒大，可防止地下水因毛细作用上升，地基不受冻结的影响；能在施工期间完成沉陷；用机械或人工都可使垫层密实，施工工艺简单，可缩短工期、降低造价。

适于处理 3.0m 以内的软弱、透水性强的黏性土地基；不宜用于加固湿陷性黄土地基及渗透系数小的黏性土地基。

在处理沟槽时，多用于槽底有地下水，或地基土壤含水量较大的情况，不能加夯时，可用级配砂石和块石处理。石料的最大颗粒不大于 10cm。需处理深度在 10cm 以内者，可铺天然级配砂石或砾石处理。10cm 以上采用天然级配砂石处理者，应每层回填厚度不超过 15cm，分层回填，可用平板振捣器夯实。当处理深度在 10~30cm 时，可填块石和大卵石处理，填块石时应由一端顺序进行，大面向下，块石之间要相互挤紧，脚踩时不得有松动及颤动情况，块石之间应用级配砂石和砾石填充空隙和找平表面。

材料要求：

砂：宜用颗粒级配良好、质地坚硬的中砂和粗砂，当用细砂、粉砂时，应掺加粒径 20~50mm 的卵石（或碎石），但要分布均匀。砂中不得含有杂草、树根等有机杂质，含泥量应小于 5%，兼作排水垫层时，含泥量不得超过 3%。

砂砾石：用自然级配的砂砾石（或卵石、碎石）混合物，粒级应在 50mm 以下，其含量应在 50% 以内，不得含有植物残体、垃圾等杂物，含泥量小于 5%。

施工要点：

铺设垫层前应验槽，将基底表面浮土、淤泥、杂物清除干净，两侧应设一定坡度防止振捣时塌方。

垫层底面标高不同时，土面应挖成阶梯和斜坡搭接，并按先深后浅的顺序，施工搭接处应夯压密实。分层铺设时，接头应做成斜坡或阶梯形搭接，并注意充分搞实。

人工级配的砂砾石，应先将砂、卵石拌和均匀后，再铺夯压实。

垫层铺设时，严禁扰动垫层下以及侧壁的软弱土层，防止被践踏、受冻或受浸泡，降低其强度。如垫层下有厚度较小的淤泥和淤泥质土层，在碾压载荷下抛石能挤入该层底面时，可采取挤淤处理。先在软弱土面上堆填块石、片石等，然后将其压入以置换和挤出软弱土，再做垫层。

另外，换垫法还有碎石和矿渣垫层、碎砖三合土垫层、粉煤灰垫层等。

② 夯实挤密法

处理松散的地基土如含水量较低的填土和杂填土，经碾压和夯实后地基的密度增加，压缩性减小，一般处理加固表面层土较为常用。

a. 重锤夯实法

重锤夯实是利用起重机械将夯锤提升到一定高度，然后自由落下，重复夯击基础表面，使地基表面形成一层比较密实的硬壳层，从而使地基得到加固。

b. 强夯法

强夯法是用起重机械将大吨位（一般 8~30）夯锤起吊到 6~30m 高度后，自由落下，给地基土以强大的冲击能量的夯击，使土中出现冲击波和很大冲击应力，迫使土层孔隙压缩，土体局部液化，在夯击点周围产生裂隙，形成良好的排水通道，孔隙水气体逸出，便土粒重新排列，经时效压密达到固结，从而提高地基承载力，降低其压缩性的一种有效的地基加固方法。

③ 短木桩法

用短木桩加密排列，挤实被扰动的土壤，恢复其承载能力，如桩与桩间的土壤松散时，还应在桩间挤压块石。这种处理方法用得较多，尤其在大型管道上效果较好。短木桩法多采用木桩，因木桩制作容易，搬运吊装方便，所需打桩设备轻便是其优点；但需用大量木材，承载能力较低，一般适用于地下水位较高且变化不大的地基加固。

④ 长桩法

这种方法是用木桩或混凝土桩将构筑物的荷载传到深层地层中。

6.2.3　沟槽支撑

（1）支撑结构的重要性与应用范围

支撑结构的作用是在基槽（坑）挖土期间挡土、挡水，保证基槽开挖和基础结构施工能安全、顺利地进行，并在基础施工期间不对邻近的建筑物、道路和地下管线等产生危害。

支撑结构一般是临时性结构，管道、基础施工完毕即失去作用。一些支撑结构（如钢板桩、型钢支柱木桩板、工具式支撑等）可以回收重复利用，也有一些支撑结构（如灌注桩、水泥土桩、混凝土板桩）就永久埋在了地下。

支撑结构为起到上述作用，必须在强度、稳定性和变形等方面都满足要求。在沟槽开挖施工中，由于各种条件及原因，必须采用适当的方法对沟槽进行支撑，使槽底不致坍塌，以便进行施工。采用支撑的条件如下：

1）施工现场狭窄而沟槽土质较差、深度较大时；

2）开挖直槽，土层为地下水较多，槽深超过 1.5m，并采用表面排水方法时；

3）沟槽土质松软有坍塌的可能，或需晾槽时间较长时，应根据具体情况考虑支撑；

4）沟槽槽边与地上建筑物的距离小于槽深时，应根据情况考虑支撑；

5）施工操作工作坑为减少占地范围而采用临时的基坑维护措施，如管顶工作坑内支撑、基坑的护壁支撑等。

（2）沟槽支撑的结构形式

1）支撑的结构形式

① 横向支撑

即撑板（挡土板）水平放置，然后沟两侧同时对称竖立方木再以撑木顶牢。横向支撑用于土质较好、地下水量较少处，安设容易，但拆除时不太安全。

② 竖向支撑

即撑板（挡土板）垂直立放，然后每侧上下各放置方木，再用撑木顶牢，竖向支撑用于土质较差、地下水较多或有流砂的情况。

横向支撑和竖向支撑根据所使用的材料可分为木板撑、钢木混合的木板工字钢撑等形式。

③ 板桩

将板桩垂直打入槽底一定深度增加支撑强度，抵抗土压力，防止地下水及松土渗入，起到围护作用。板桩多用于地下水严重并有流砂的情况，根据所用材料可分为木板桩、钢板桩以及钢筋混凝土板桩。

④ 横板柱桩

挡土板（撑板）水平横放钉在柱桩内侧，柱桩一段打入土中，外侧用斜桩支撑；或柱桩用拉杆与远处锚桩拉紧。横板柱桩多用于开挖较大基坑而不能支撑，或槽壁坍塌临时处理的情况。

⑤ 坡脚挡土墙支撑

当开挖宽度大的沟槽或基坑，部分地段下部放坡不足，或槽底采用明沟排水，坡脚被冲刷可能造成坍塌时采取，常在坡脚处用草袋子装土垒砌和打设短桩用横板支撑。

⑥ 地下连续墙

在地面上用一种特殊的挖槽设备，沿着深开挖槽坑的周边，在泥浆护壁的情况下开挖一条狭长的深槽，在槽内放置钢筋笼灌混凝土，筑成一条地下连续的墙壁，供截水防渗、挡土和承重之用。地下连续墙技术可使新建的工程构筑物在距原构筑物十分临近处的地基不受破坏，不产生附加沉降。

地下连续墙既能挡土，又能挡水，且结构刚度大、变形小，于地下水位高的软土地基地区，施工深度大且邻近的建（构）筑物、道路和地下管线相距甚近时，往往是优先考虑的支护挡墙方案。地下连续墙单纯用作支护挡墙，费用较高，可能是支护挡墙中费用最高的，如能与地下结构结合应用，即施工后成为地下结构的一个组成部分，则较为理想。

地下连续墙施工法，因成槽机具与方法不同，有多种施工方法，有抓斗式、旋转式、切削多头钻式、冲击式，还可利用螺旋钻机钻孔组成排桩式连墙。

2）支撑的形式和结构应满足下列要求：

① 支撑的材料应结实，杆件及其组成结构应有足够强度，支撑各部联结牢固；

② 节约材料；

③ 支撑构造不应对以后施工造成不便；

④ 支搭、拆除施工操作简便，安全可靠。

（3）木板支撑

以木材作为主要支撑材料，木板作为撑板（挡土板）的结构形式，是应用较早的一种支撑方法，也是最基本的支撑方法。施工时不需任何机械设备，因而应用较广，施工操作简便，因耗用大量木材，现逐渐被其他支撑方法所代替，但目前还是工地上经常使用的一种主要支撑方法。

支撑由横撑、垂直或水平垫板、水平或垂直撑板等组成。

横撑是支撑架中的撑杆，横撑的长度与沟槽宽度有关，在木材供应条件许可的情况下，用圆木和方木，在现场锯成和沟宽相对应的长度。在横撑两端下方垫托木，并用铁扒钉固位。

撑板是指同沟壁接触的支撑构件，按安设的方法不同，分水平撑板和垂直撑板。作为水平撑板，为了敷管时临时拆除局部横撑的需要，它的长度应大于 5～6m；垂直撑板的长度比沟槽的深度略长，所用材料类别及尺寸同水平撑板。作为木质企口板桩时，板厚约为 6.5～7.5cm。

垫板是指横撑和撑板之间的传力构件，垫板按安设的方法不同，分水平垫板和垂直垫板。水平垫板和垂直撑板配套使用，垂直垫板和水平撑板配套使用，垫板的长度类似于撑板的要求。

木板撑的主要结构形式及选用：

局部加固：单板撑、连续横撑（井字撑、稀撑、横板密撑）、连续竖撑（立板密撑、企口板桩）。

1）单板撑

一块立板紧贴槽边，横撑撑在立板上，作为单独体，起局部支撑加固土壤的作用（图 6-12）。

2）井字撑

两块横板紧贴槽帮，两块立板紧靠的横板上撑木撑在立板上（图 6-13）。

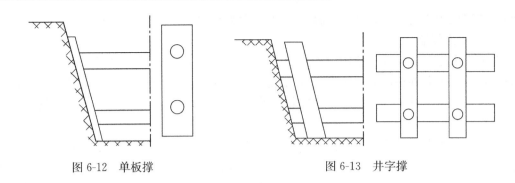

图 6-12 单板撑

图 6-13 井字撑

单板撑和井字撑在槽深 1.5～2m、土质良好、地下水位低、非雨期施工时采用，有时也常用于槽上有地上建筑，或局部土质不好，进行加固土壤之处。

3）稀撑

3～5 块撑板紧贴槽帮，用方木靠在撑板上，用横撑支在方木上（图 6-14）。

稀撑用于黏土、粉质黏土地段，在地下水位不高、非雨期施工、槽深超过 5m 的混合槽处使用，当直槽部分在砂土地段的混合槽时，直槽应是在地下水位以上部分。

4）横向密撑

基本同于稀撑，但横板为密排，紧贴槽帮，用方木靠在横板上，再用横撑撑在方木上（图 6-15）。

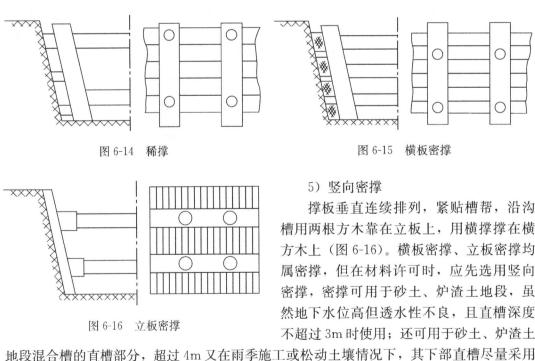

图 6-14 稀撑

图 6-15 横板密撑

图 6-16 立板密撑

5）竖向密撑

撑板垂直连续排列，紧贴槽帮，沿沟槽用两根方木靠在立板上，用横撑撑在横方木上（图 6-16）。横板密撑、立板密撑均属密撑，但在材料许可时，应先选用竖向密撑，密撑可用于砂土、炉渣土地段，虽然地下水位高但透水性不良，且直槽深度不超过 3m 时使用；还可用于砂土、炉渣土地段混合槽的直槽部分，超过 4m 又在雨季施工或松动土壤情况下，其下部直槽尽量采用立板撑，如槽帮有坍塌情况时不得使用横板密撑，因拆除时不安全。另外在汽车便桥下的沟槽多用密撑。

（4）工字钢柱木撑板

以钢代木，充分利用工字钢的构造及力学特性，用工字钢作为立柱，中间夹放木板作为挡土板的一种钢木混合结构。在沟槽开挖前，先将工字钢打入地下，作为支撑立柱。

（5）钢板撑

将板桩垂直打入槽底下一定深度，增加支撑强度并可防止地下水渗入。目前常用的为槽钢、工字钢或特制的钢板桩。

在各种支撑中，钢板撑是安全度最高的支撑。因此在土质较差地段的施工中，经常采用钢板撑。

（6）支撑使用条件（表 6-7）

支撑使用条件　　　　　　　　　　　　　　　　　　表 6-7

项　　目	黏土、粉质黏土紧密回填		粉砂、砂质粉土		砂土、砾石、炉渣土	
	无水	有水	无水	有水	无水	有水
第一层支撑直槽	单板撑或井撑	稀撑	稀撑	立板密撑或板桩	稀撑	密撑
第二层支撑直槽	稀撑	稀撑	稀撑或密撑	立板密撑或板桩	立板密撑	立板密撑或板桩

1）支撑作业应符合的要求

① 支撑的沟槽应随开挖及时支撑，雨季施工不得空槽过夜。

② 沟壁铲除平整，撑板均匀紧贴沟壁。

③ 横撑、垫板、撑板必须互相贴紧靠牢。采用木料支撑时，横撑支在垂直垫板上，横撑端下方应钉托木；在水平垫板上，横撑应用铁扒钉与水平垫板钉牢，且横撑端头下方亦钉托木。

④ 横撑的支撑位置，应考虑下步工序的方便，安管时尽量不倒撑或少倒撑。

⑤ 横撑顺沟槽方向的间距一般为 1.5m 左右。

⑥ 横撑应尽量使用支撑调节器，减少木材消耗。若用方圆木作横撑时，撑木长度比支撑未打紧前的空间长 2～6cm 为宜；如横撑稍短时，可在端头加木衬板并钉牢。

⑦ 采用水平撑板密撑时，如一次挖至沟底再支撑有危险，往往挖至一半深度先初步支撑，见底后再倒撑。

⑧ 沟槽支撑应经常检查，发现横撑木弯曲、松动、劈裂的迹象时，应及时加固或更换撑木，每次雨后及春季化冻时加强检查，对施工便桥下的支撑，应注意加固。支撑调节器松动应及时旋紧，以免掉下伤人。

⑨ 上下沟槽应设立安全梯子，严禁攀登横撑。

⑩ 在软土和其他不稳定土层中采用撑板支撑时，开始支撑的开挖沟槽深度不得超过 1.0m。之后，挖槽与支撑交替进行。每次交替的深度宜为 0.6～0.8m。

⑪ 竖向密撑，其撑木长度超过 4m 时应考虑加斜撑。

⑫ 劈裂、槽朽的木料不得作为支撑材料。

2）拆除支撑作业时的注意事项

① 拆撑前仔细检查沟槽两侧的建筑物、电杆及其他外露管道是否安全，必要时进行加固。

② 采用排水井排水的沟槽，将从两座排水井的分水岭向两端延伸拆除。

③ 多层支撑的沟槽，应按自下而上的顺序逐层拆除，必须等下层槽拆撑还土完成后，再拆除其上层槽的支撑。

④ 竖向密撑或板桩，一般先填土至下层横撑底面，再拆除下面横撑，然后还土至半槽，拆除上层横撑，拔出木板或板桩。

⑤ 水平撑板的密撑或稀撑，一次拆撑有危险时，必须进行倒撑，另用横撑将上半槽撑好后，再拆原有横撑及下半槽撑板；下半槽还土后，再拆上半槽的支撑。

⑥ 如拆撑确有困难或拆撑后可能影响附近建筑物的安全时，应研究采取妥善的措施。

6.2.4　沟槽排水

市政管道工程多为地下构筑物，开挖坑（槽）如在地下水位以下时，因含水层被切断和地下水位的压力，地下水就不断渗入沟槽或基坑内，雨期施工，地面水也会流入沟槽。这时，如果沟槽内积水不及时排除，致使槽内积水、泥泞，不但使施工条件恶化，而且更为严重的是槽底基础土壤被水泡软后，扰动和破坏天然地基，降低地基的承载力，直接影响管道工程的质量，同时还会造成沟槽塌方。因此在沟槽开挖前和开挖时，进行施工排降水，使槽底干燥便于操作，并保持槽底不被扰动。凡为此而排除沟槽或基坑内的积水和降低施工区内地下水位所采取的施工措施称为施工排降水。

施工排降水是管道施工中，保证正常施工和保护基础不被破坏，确保工程质量所必须而又关键的工序，在开工前要合理选择排降水方案，并在施工中予以重视。

（1）集水井明沟排水

坑（槽）土方开挖时，为了防止地表水和地下水的渗入而形成积水，必须做好地面截水、疏水、排洪与坑（槽）内的排水工作。

1）地表水的排除

施工前应做好施工区域内临时排水系统规划，临时性的排水设施应尽量利用原有天然沟道排泄。雨季开挖坑（槽）时，可利用开挖的素土筑堤截水，防止地表水流入坑（槽）内。

湿陷性黄土地区，防水更显得重要。现场应设排洪防水设施，以防止坑（槽）受水浸泡。

临时排水沟和截水沟的纵向坡度一般不小于 3‰，平坦地区应不小于 2‰，沼泽地区可减至 1‰。横断面应按施工期内最大流量确定，其边坡一般为 1：0.7～1：1.5，流速视土质类别而定，一般为 0.5～1.5m/s。

2）坑（槽）内的排水

对于深度较浅或水量不大的坑（槽），可采用坑（槽）内排水（即集水井明沟排水）。此法是在坑底四周或沟槽两侧开挖有一定坡度的明沟，将地下水汇集到预先挖好的集水井内，然后用水泵从集水井中将水抽出，以使坑（槽）内的地下水位降至坑（槽）底一定深度，如图 6-17 所示。

排水明沟底宽一般不小于 30cm，沟底纵向坡度一般不小于 3‰。集水井直径或宽度一般应大于 0.8m，排水明沟和集水井应设在基础范围以外、地下水流的上游方向。集水井的井壁应用木板或混凝土管加固。当坑（槽）挖至设计标高以

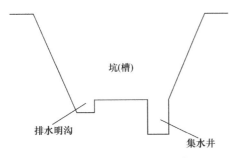

图 6-17　坑（槽）内的排水

后，井底应低于坑（槽）底 1~2m，并铺 10~15cm 厚的碎石滤水层进行封底。

施工时，当沟（槽）开挖到将接近地下水位时，即应修建集水井和安装排水水泵，而后继续开挖。为防止对坑（槽）底地基的扰动，并便于在槽内施工，将排水明沟设在槽的两侧。

坑（槽）底、排水明沟底、集水井底应有一定的高差，明沟深度为 150mm。

集水井间距根据土质和地下水水量确定，一般每隔 100m 左右设置一个集水井。集水井与坑（槽）之间应设进水口，进水口宽度一般为 1.0~1.2m，随坑（槽）同时挖深。

排水明沟与进水口须经常疏通，集水井需要经常清除井底的积泥，保持必要的存水深度，以维持水泵的正常工作。

集水井明沟排水法设备少、施工简单，是目前常用的一种施工排水方法。适用于水量不大、土质较好的场合，但遇流砂时不宜使用。

坑（槽）内排水所用的水泵有离心泵、潜水泵等，水泵的选择主要根据抽水量与所须的扬程确定。

（2）人工降低地下水

对于坑（槽）较深、地下水位较高、砂性土质，宜采用人工降低地下水位的方法。人工降低地下水位常用井点降水的方法，使地下水位下降，形成降落漏斗。

1）当基坑开挖较深、基坑涌水量大且有围护结构时，可选择井点降水方法。即用真空（轻型）井点、喷射井点或管井深入含水层内，用不断抽水的方式使地下水位下降至坑底以下，同时使土体产生固结以方便土方开挖。

2）轻型井点布置应根据基坑平面形状与大小、地质和水文情况、工程性质、降水深度等来定，当基坑（槽）宽度小于 6m 且降水深度不超过 6m 时，可采用单排井点，布置在地下水上游一侧；当基坑（槽）宽度大于 6m 或土质不良、渗透系数较大时，宜采用双排井点，布置在基坑（槽）的两侧；当基坑面积较大时，宜采用环形井点。挖土运输设备出入道可不封闭，间距可达 4m，一般留在地下水下游方向。

3）轻型井点宜采用金属管，井管距坑壁不应小于 1.0~1.5m（距离太小易漏气）。井点间距一般为 0.8~1.6m。集水总管标高宜尽量接近地下水位线并沿抽水水流方向有 0.25%~0.5% 的上仰坡度，水泵轴心与总管齐平。井点管的入土深度应根据降水深度及储水层所在位置决定，但必须将滤水管埋入含水层内，并且比挖基坑（沟、槽）底深 0.9~1.2m，井点管的埋置深度应经计算确定。

4）真空井点和喷射井点可选用清水或泥浆钻进、高压水套管冲击工艺（钻孔法、冲孔法或射水法），对不易塌孔、缩颈地层也可选用长螺旋钻机成孔；成孔深度宜大于降水井设计深度 0.5~1.0m，钻进到设计深度后，应注水冲洗钻孔，稀释孔内泥浆。孔壁与井管之间的滤料应填充密实、均匀，宜采用中粗砂，滤料上方宜使用黏土封堵。封墙至地面的厚度应大于 1m。

5）管井的滤管可采用无砂混凝土滤管、钢筋笼、钢管或铸铁管。成孔工艺应适合地层特点，对不易塌孔、缩颈地层宜采用清水钻进；采用泥浆护壁钻孔时，应在钻进到孔底后清除孔底沉渣并立即置入井管、注入清水，当泥浆相对密度不大于 1.05 时，方可投入滤料。滤管内径应按满足单井设计流量要求而配置的水泵规格确定，管井成孔直径应满足填充滤料的要求；井管与孔壁之间填充的滤料宜选用磨圆度好的硬质岩石成分的圆砾，不宜采用棱角形石渣料、风化料或其他黏质岩石成分的砾石。井管底部应设置沉砂段。

6.2.5　沟槽回填

（1）沟槽回填的必要性

城市给水管道主要采用沟槽埋设的方式，由于回填土部分和沟壁原状土间不是个整体结构，整个沟槽的回填土对管顶都存在一个作用力。又由于给水管道埋设于地下，一般不做人工基础，回填土的密实度要求较严，实际上若达到这一要求并不容易。管道在安装及输水的初期一直处于沉降的不稳定状态。对土壤而言，这种沉降通常可分为三个阶段，第一阶段是逐步压缩，使受扰动的沟底土壤受重压；第二阶段是土壤在其弹性限度内的沉降；第三阶段是土壤承受超过其弹性限度的压实性的沉降。

管道的沉降是管道垂直方向的位移，由管底土壤受力后变形所致，不一定是管基础的破坏。沉降的快慢及沉降量的大小，随着土壤的承载力（管道作用于沟底土壤的压力）、管道和土壤接触面形状的变化而变化。

如果管底土质发生变化，管接口及管胸腔回填土的密实度不好，就可能发生管道的不均匀沉降。引起管接口的应力集中，造成接口漏水等事故，从而又引起管基础的破坏，水土流移，加剧了管道更严重的不均匀沉降，最后发生管道爆裂或接口填料冲脱。

由此看来，管道沟槽的回填，特别是管道胸腔土的回填极为重要，否则会因应力集中管道而变形、破裂。

（2）沟槽回填土的压实度要求

具体压实度及检查详见表 6-8、表 6-9，柔性管道沟槽回填部位与压实度见图 6-18。

刚性管道沟槽回填土的压实度要求　　　　　　　表 6-8

序号	项目			最低压实度		检查数量		检查方法
				重型击实标准	轻型击实标准	范围	点数	
1	石灰土类垫层			93	95	100		用环刀法检查或采用现行国家标准《土工试验方法标准（2007 年版）》GB/T 50123—1999 中的其他方法
2	沟槽在路基范围外	胸腔部分	管侧	87	90		每层每侧一组（每组 3 点）	
			管顶以上 500mm	87±2（轻型）				
		其余部分		≥90（轻型）或按设计要求				
		农田或绿地范围表层 500mm 范围内		不宜压实，预留沉降量，表面整平				
3	沟槽在路基范围内	胸腔部分	管侧	87	90	两井之间或 1000m²		
			管顶以上 250mm	87±2（轻型）				
		由路槽底算起的深度范围（mm）	≤800	快速路及主干路	95	98		
				次干路	93	95		
				支路	90	92		
			>800～1500	快速路及主干路	93	95		
				次干路	90	92		
				支路	87	90		
			>1500	快速路及主干路	87	90		
				次干路	87	90		
				支路	87	90		

柔性管道沟槽回填土的压实度要求 表 6-9

槽内部分		压实度（%）	回填材料	检查数量		检查方法
				范围	点数	
管道基础	管底基础	≥90	中、粗砂	—		用环刀法检查或采用现行国家标准《土工试验方法标准（2007 年版）》GB/T 50123—1999 中的其他方法
	管道有效支撑脚范围	≥95		每 100m	每层每侧一组（每组 3 点）	
管道两侧		≥95	中、粗砂，碎石屑，最大粒径小于 40mm 的砂砾或符合要求的黏土	两井之间或 1000m²		
管顶以上 500mm	管道两侧	≥90				
	管道上部	85±2				
管顶 500～1000mm		≥90	原土回填			

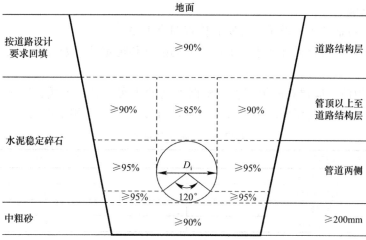

图 6-18 柔性管道沟槽回填部位与压实度示意图

（3）回填土注意事项

1）管道工程必须在隐蔽验收合格后及时回填。

2）有支撑的沟槽，填土前拆撑时，要注意检查沟槽及邻近建筑物、构筑物的安全。

3）填土应在管道基础混凝土达到一定强度后进行；砖沟应在盖板安装后进行；现浇混凝土沟按设计规定。

4）沟槽回填顺序，应按沟槽排水方向由高向低分层进行。

5）沟槽两侧应同时回填夯实，以防管道位移。

6）回填土时不得将土直接砸在抹带接口及防腐绝缘层上。

7）井室等附属构筑物回填土应在四周同时进行。

8）与本管线交叉的其他管线和构筑物，回填时，要做妥善处理。

（4）回填土施工

回填土施工包括还土、摊平、夯实和检查四个工序。

还土填方土料应符合设计要求，保证填方的强度和稳定性，如设计无要求时，应符合下列规定。

1）沟槽回填前，应建立回填制度。根据不同的压实工具、土质、压实度要求、夯击遍数、走夯形式等确定每层回填土的虚铺厚度，可按表 6-10 的规定选取。

每层回填土的虚铺厚度   表 6-10

压实机具	虚铺厚度（mm）
木夯、铁夯	≤200
轻型压实设备	200～250
压路机	200～300
振动压路机	≤400

2）含水量符合压实要求的黏性土，可作各层填料。

3）碎块草皮和有机质含量大于 8% 的土，仅用于无压实要求的填方。

4）沟槽采用明沟排水，还土时沟槽应继续排水，而还土从两相邻集水井分水处开始向集水井延伸。

5）还土一般用沟槽原状土。在土中不应含有粒径大于 3cm 的砖块；粒径较小的石子含量不应超过 10%；不能采用淤泥土、液化状粉砂、细砂、黏土等回填，当沟槽属于上类土时，应换土回填。

6）两侧胸腔应同时分层还土摊平，夯实也应同时以同一速度前进。管子上方土的回填，从纵断面上看，在厚土层与薄土层间、已夯实土与未夯实土间，均应有一较长的过渡段，以免管子受压不均发生开裂。相邻两层回填土的分装位置应错开。

7）胸腔和管顶上 50cm 范围内夯土时，夯击力过大，会使管壁或沟壁开裂。因此应根据管沟的强度确定回填标准。

8）每层土夯实后，应测定压实度。测定的方法有环刀法和贯入法两种。采用环刀法时应确定取样的数目和地点。由于表面土常易破碎，每个土样应在每层夯实土的中间部分切取。土样切取后，求出湿重度、含水量、干重度数值，即可求出压实度。

（5）冬期和雨期回填土施工的技术措施

1）冬期施工的技术措施

① 应尽量缩短施工段，分层薄填，迅速夯实，铺土需当天成活。

② 冬期填土其上方计划修筑路面者不得回填冻土；上方无计划修筑路面者，胸腔及管道顶以上 50cm 范围内不得回填冻土，其上部回填冻土含量也不能超过填方总体积的 30%，且冻块尺寸不得大于 15cm。

③ 冬期施工应根据回填冻土含量、填土高度、土壤种类来确定预留沉降度，一般高出地面 10～20cm。

2）雨期施工的技术措施

① 还土应随还随碾压夯实，当日回填当日夯实。

② 雨后还土应先测土壤含水量，对过湿土壤应做处理。

③ 槽内有水时，应先排除，方可回填，取土还土时，应避免造成地面水流向槽内的通道。

（6）压实机械

软弱土在含水量适当时，经过碾压和夯击后，可以降低压缩性，提高承载力。目前我国常用的夯实工具有木夯、蛙式夯，用于整平基坑或对填土分层夯实，其夯实影响深度较浅。对要求达到影响深度较深的地基处理时，就必须采用具有较大夯击（压实）能量的机械设备，如目前常用的机械碾压、振动压实和重锤夯实的方法，除了用于整平基坑或对填土分层夯实外，还应用于处理杂填土和地基表层的松散土。

1）木夯

木夯是一种最基本的夯实工具，目前主要用于较小口径管道胸腔回填土的夯实，也可用于回填压实度要求不高的土的夯实。

2）蛙式夯

该机具轻便，构造简单。夯土时，根据压实度要求及土的含水量，由试验确定夯土要求。在最佳含水量条件下，铺土厚度 20mm，夯击 3～4 遍，即可达到回填土压实度基本要求。

3）内燃打夯机

又称火力夯，是一种采用内燃机作动力的打夯机，目前广泛使用。启动后能自动连续点火，具有使用机动、灵活、方便、夯击能量大、夯实工效高的特点。内燃打夯机对于夯实沟槽、穴坑、墙边、墙角比较方便，但成本较高，操作者容易疲劳。

4）压路机

填土工程中还常采用轻型压路机，主要取决于压路机的压实能量和被压土的含水量。压路机的压实能量越大，最佳含水量也随之增大，压实影响深度也增大。因此在实际工作中，若要求获得较好的压实效果，应根据具体的压路机的压实能量，控制碾压土的含水量，选择合适的压路机、铺土厚度和碾压遍数。

5）振动压路机

振动压路机是利用其自身的重力，振动压实各种回填材料。在沟槽回填施工中，振动压路机最适宜压实各种非黏性土壤、碎石、碎石混合料以及各种沥青混凝土。

6.2.6 管道安装

在给水管道施工中，沟槽挖好后，就需将管道下入沟槽内，稳好后再进行接口作业。本节内容为下管、稳管、接口及管材的切割。要求掌握下管的方法、注意事项以及各种材质管道的接口形式、操作规程与质量标准。

（1）下管前的检查及处理

把管子从地面下入沟槽的方法很多，应以施工安全、操作方便为原则，并根据工人操作的熟练程度、管径大小、每节管的长度和重量、管材和接口强度、施工环境、沟槽深度及吊装设备供应条件，合理确定下管方法。

下管一般都沿着沟槽把管子下到槽位，管子下到槽内基本上就位于铺管的位置，减少在沟槽内的搬动，这种方法称为分散下管。如果沟槽旁场地狭窄、两侧堆土，或沟槽内设支撑、分散下管不便，或槽底宽度大、便于槽内运输时，则可选择适宜的几处集中下管，再在槽内把管子分散就位，这种方法称为集中下管。施工中为了减少槽内接口的工作量，也可以在地面上先将几节管子接口接好，再下管，这种方法称为长串下管。采用这种方法下管时，接口的强度要能承受震动与挠曲，因此，长串下管主要用于焊接钢管或热熔 PE 管。铸铁管和非金属管材，一般都采用单节下管。因此，选择哪种方法下管要根据施工的具体情况确定。

1）沟槽的检查

下管前应对沟槽进行检查。

① 检查槽底是否有杂物，有杂物应清理干净。槽底如遇朽木、粪污等不洁之物，应清除干净并做地基处理，必要时须消毒。

② 检查槽底宽度及高程，应保证管道结构每侧的工作宽度，槽底高程要符合现行的检验标准，不合格者应进行修整，按规定处理。

③ 检查槽帮是否有裂缝及坍塌的危险，如有用支撑加固等方法处理。

④ 检查槽边堆土高度，下管的一侧堆土过高、过陡的，应根据下管需要进行整理，须符合安全要求。

⑤ 检查地基、基础，如有被扰动的，应进行处理，冬季管道不得铺设在冻土上。

⑥ 在混凝土基础上下管时，除检查基础面高程必须符合质量标准外，同时混凝土强度应达到强度标准方可在基础上下管。

⑦ 下管前对下管工具及设备必须进行安全检查，发现不正常情况，必须及时修理或更换。

⑧ 铸铁管运到现场后，应按设计管件结合图配齐管件，如条件允许，尽可能沿槽边顺序排列，承口面向来水方向，各种管件也要按计划放在指定地点。

2）管材的检查

下管前应详细检查管材、管件及接口材料是否符合质量要求。

① 铸铁管、球铁管的检验

a. 管材必须有合格证书，且批量、批号相符。管材的外形尺寸允许偏差应符合现行国家标准。

b. 管材表面不得有裂纹、凹凸不平等妨碍使用的缺陷。

检查管材破裂，可用小锤轻轻敲打管口、管身，破裂处发声嘶哑，有破裂的管材不能使用。

c. 对承口内部、插口端部的沥青可用气焊、喷灯烤掉。对飞刺和铸砂可用砂轮磨掉，或用錾子剔除。

d. 承插口配合的环向间隙，应满足接口嵌缝的需要。

e. 采用橡胶圈柔性接口的铸铁管、球铁管，承插口的内外工作面应光滑、轮廓清晰，不得有影响接口密封性的缺陷。

f. 法兰和螺栓应满足有关标准的要求。

g. 法兰接口的垫圈和螺栓应逐个试安。

h. 对内衬水泥砂浆防腐层进行检查，如有缺陷或损坏，应按产品说明书的要求修补、养护。

② 钢管、钢管件的检验

a. 钢管的材料、规格、压力等级、加工质量应符合设计规定。

b. 钢管应有加工制造厂家的合格证明书，并注明按国家标准检验的项目和结果。

c. 钢管的表面焊缝外观质量、管子几何尺寸的允许偏差应符合表 6-11、表 6-12 中的规定。

直焊缝卷管管节几何尺寸允许偏差　　　　　　　　　表 6-11

项　目	指　标
外观	不得有熔化金属流到焊缝外未熔化的母材上，焊缝和热影响区表面不得有裂纹、气孔、弧坑和灰渣等缺陷；表面光顺、均匀，焊道与母材应平缓过渡
宽度	应焊出坡口边缘 2～3mm
表面余高	小于等于 1.2 倍坡口边缘宽度，且不大于 4mm
咬边	深度小于或等于 0.5mm，焊缝两侧咬边总长不得超过焊缝长度的 10%，且连续长不大于 100mm
错边	小于或等于 $0.2t$，且不大于 2mm
示焊满	不允许

注：t 为壁厚，mm。

焊缝外观质量指标　　　　　　　　　　　　　　　表 6-12

项　目	允　许　偏　差（mm）	
周长	$D \leqslant 600$	±2.0
	$D > 600$	±0.0035D
圆度	管端 0.005D；其他部位 0.01D	
端面垂直度	0.001D，且不大于 1.5	
弧度	用弧长 1/6D 且不小于 300mm 的弧形板量测与管内壁或外壁纵缝处形成的间隙，其间隙为 $0.1t$＋2，且不大于 4；距管端 200mm 纵缝处的间隙不大于 2	

注：D 为管径，mm；t 为壁厚，mm。

d. 弯头、异径管、三通、法兰及紧固件等需进行检查，其尺寸偏差应符合现行标准和设计的要求。

e. 钢管件的加工制造厂家要有产品合格证明，并注明按有关标准要求检验的项目和结果。

f. 法兰密封面应平整光洁，无伤痕、毛刺等缺陷。螺栓与螺母应配合良好，无松动或卡涩现象。

g. 法兰垫片应质地柔韧、无老化变质或分层现象，表面不应有折损、皱纹等缺陷。

③ 预应力混凝土管材的检验

a. 管子必须有合格证书，质量应满足国家现行标准。

b. 管承口外表面应有标记，管子应附有出厂证明书，证明管子型号及出厂水压试验结果、制造及出厂日期，并需有质量检查部门签章。

c. 管体内外表面应无露筋、空鼓、蜂窝、裂纹、脱皮、碰伤等缺陷，用重为250g的轻锤检查保护层空鼓情况。

d. 承插口工作面应光滑平整，局部凹凸度用尺量不超过2mm。

e. 用尺量并记录每根管的承口内径、插口外径及其圆度、承插口配合的环行间隙，应满足选配胶圈的要求。

f. 对出厂日期过长（跨季）、质量有所下降的管子应经水压试验合格后，方可使用。

（2）下管

下管方法分为人工下管和机械下管。施工时采用何种方法，应根据管径的大小、每节管的长度和重量、管材及接口强度、沟槽的土质情况、施工现场的宽窄及施工单位拥有的机械设备等条件选择。

机械下管适用于管径较大、重量大、工程量大、施工现场允许的条件下。

人工下管适用于管径小、重量轻、工程量小、机械不能进入的施工现场。

无论是人工下管还是机械下管，一般都沿沟槽分散下管，这样可以减少沟槽内的运输工作。当沟槽两侧狭窄或沟底宽度较大时，则可采用集中下管。

1）人工下管方法

① 立管溜管法

利用大绳及绳钩由管内勾住管端，人拉紧大绳的一端，管子立向顺槽边溜下的下管方法（图6-19）。

② 压绳下管法

压绳下管法是一种最常用的人工下管方法，其方式较多，但最常见的有人工压绳法和竖管压绳法（图6-20、图6-21）。

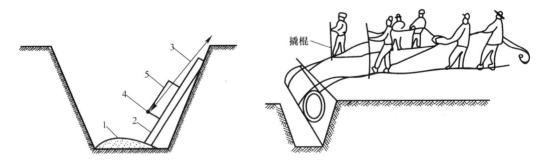

图6-19　立管溜管法 　　　　　　　　　　图6-20　人工压绳法
1—草袋；2—杉木溜子；3—大绳；4—绳钩；5—管

当管径≤400mm时，可采用人工压绳下管。人工压绳法就是数人脚踩一头绳子，手拉另一头绳子，松绳时一齐动作，使管子逐步下放至沟槽内，也可在绳中打一钢钎，以增加摩擦力，控制下管速度和承受部分重量。当管子直径较大时（600mm以上），则应用竖管压绳法。竖管压绳就是在沟槽上方埋设立管（埋深不得小于0.6m），并在管内填土，增大稳定性。下管时将绳子一端固定拴在立管上，另一端绕过立管，利用绳子与管之间的摩擦力控制下管速度。

③ 塔架法

常用的塔架有三角塔架、四角塔架等，采用塔架下管，是利用装在塔架上的手动葫芦吊起管子。此法可用于长串下管，也可用作下较大阀门、三通等管件（图 6-22）。

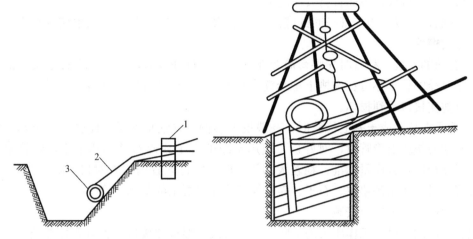

图 6-21 竖管压绳法　　　　　　　图 6-22 塔架法
1—竖管；2—大绳；3—管道

2）机械下管方法

尽可能采用机械下管法，因为机械下管速度快、灵活、安全且能减轻工人的劳动强度。机械下管一般采用汽车起重机和履带式起重机，下管时机械一般沿沟槽移动，因此，土方开挖最好一侧堆土，另一侧作为下管机械工作面。若必须两侧堆土，其一侧的土方与沟槽之间应有足够下管机械行走和保证沟槽不致塌方的距离，管子堆放应在下管机械的臂长范围之内，以减少管材的二次搬运。机械下管时应由专人统一指挥，以保证施工的安全（图 6-23）。

图 6-23 机械下管

机械作业时，臂杆的最大倾斜角度不得超过起重机所吊重量下的允许值。

起重机禁止在斜坡地方吊着管子回转，轮胎式吊车作业前应将支腿撑牢，使轮胎不承担起吊的重量。支腿距沟槽边要有一定的安全距离，必要时垫木板以扩大地面的承载面积。

起吊及搬运管材时，对于法兰盘面、承插口工作面、金属管的防腐层等均应采取保护措施，可采用吊带，以免损伤。吊装闸阀等附件，不得捆绑在操作轮及螺栓孔上。

起吊管材时不应用一点起吊。两点起吊时，吊绳位置找好重心，避免管材倾斜。

起吊作业不应在带电的架空线路下操作。在架空线路一侧作业时，起重臂杆与架空线路应保持安全距离，并设专人看管。

（3）稳管

稳管是将每节管子按设计的平面位置和高程，稳定在基础上。稳管工作包括管子的对中和对高程两道工序。

稳管的要求及方法如下。

1）管道中的介质在压力的作用下进行流动。压力流管道稳管的中心和高程的精度都可以稍低一些，可根据不同管材具体确定。

2）承插口间或套筒与管身间的缝隙应力求均匀。可在间隙中楔入木楔或铁楔，接口时，再除去楔块。

3）套筒的安装，稳管时先将套筒套在管子上，对好口后，再把套筒移至接口的中间位置。小口径的管子亦可在沟槽上把套筒套在管子一端接好口，其稳管与承插口管一样，但需注意勿使接口受到损坏。

4）管子在枕基或土基上稳管时，一般挖弧形槽，并铺垫沙子，使管子与土基接触良好，在平基或垫块上稳管时，对好口，应用干净的石子或碎石从两边卡牢，将管道稳定好。管子高程应符合质量标准。稳较大的管子时，宜进入管内检查对口，减少错口现象。浇筑混凝土时，所用的垫块、石子、碎石等浇筑在混凝土的基础或管座中。

（4）承插式管道接口安装

根据使用的管材和工作压力的不同，承插式接口形式和接口材料有多种类型。可归纳为刚性接口和柔性接口两大类。

1）承插式刚性接口

承插式刚性接口，由嵌缝和密封填料组成。

嵌缝的主要作用是使承插口缝隙均匀，并防止填料进入管内。

嵌缝的材料有油麻、粗麻绳、石棉绳和橡胶圈等，其中给水管线多采用油麻和橡胶圈。

① 油麻的填塞

麻是目前使用较广的接口填料，因为麻具有较好的柔性和韧性，不会因敲打而断裂，同时又具有良好的挡水能力，一般麻在击实以后可以承受 0.2～0.3MPa 水压力。

油麻是用无麻皮的长纤维麻加工成麻辫，在矿物油内浸透，并经风干而成。油麻易受污染，造成细菌繁殖，因此，在油麻加工、存放、填塞过程中，都应保持洁净。

填麻前，承插口间应刷洗干净。将每缕麻拧成麻花状，为了填麻的紧密，其粗度约为接口间隙的 1.5 倍。每缕麻在管口绕过整圈后，应有 5～10cm 的搭接长度。填麻时用麻錾向承口缝隙内填塞并将其击实，然后再填第二圈，再击实，依次填至承口深度的 1/3 为止。

填麻应做到缝隙均匀，麻面紧密、平整。

② 橡胶圈的填塞

采用圆形断面橡胶圈作为接口嵌缝材料，比采用油麻密封性能好，即使填料部分开裂或微小位移，接口也不至于漏水。这种接口形式又称半柔性接口，常用在土质较差、抗震防烈度 6～8 度以下地区。

橡胶圈直径按压缩比为 40%～50% 的幅度选用。

橡胶圈在下管时把它套在插口端部，对好口以后，在往承口填塞前，先将管口和橡胶圈清扫干净，然后用橡胶圈推进器或打口钢錾锤击，使橡胶圈在承口上滚入接口内。

采用锤击法进行橡胶圈嵌缝时，应注意以下几点：

a. 首先用楔錾将接口缝找匀，然后用捻錾均匀施力扎橡胶圈，錾子紧贴插口面锤击，使橡胶圈沿一个方向依次均匀滚入，防止出现"麻花"现象；

b. 橡胶圈一次不宜滚入承口太深，以免形成疙瘩或橡胶圈填扎得深浅不一；

c. 当插口有凸台时，橡胶圈捻至凸台；无凸台时，捻至距插口边缘 10mm 处为宜，防止橡胶圈掉入承插口端缝内。

③ 石棉水泥填料

石棉水泥是广泛使用的一种接口材料。

a. 材料的配比和拌制

石棉在填料中主要起骨架作用，改善刚性接口的脆性，有利于接口的操作。所用石棉应有较好的柔性，其纤维应有一定长度，纤维过长或极短（粉状）都不好。常采用Ⅲ、Ⅳ级石棉绒。石棉在拌合前宜晒干，以利于拌合均匀。

水泥是填料的主要成分，直接影响接口的密封性、填料的强度、填料与管壁间的粘着力。作为接口填料的水泥不应低于 32.5 级，不允许使用过期、结块或低强度等级水泥。

石棉水泥的配合比可按重量计算，一般按石棉∶水泥＝3∶7，水占水泥重量的 10%～12%，在气温较高时适当增加水量。

加水拌合后的石棉水泥，宜用塑料布或潮湿的布覆盖，并在 1h 内用完，否则水泥开始凝固，使用效果变差，影响接口质量。

b. 填打石棉水泥

在已经填打合格的油麻或橡胶圈承口内，将拌合好的石棉水泥，用捻灰錾自下而上往承口内填塞。

填打油麻或橡胶圈与填打石棉水泥流水作业至少相隔 2～3 个接口，以免填打油麻影响填打石棉水泥接口质量。

接口填打的操作是采用分层填打，每一遍填灰按规定深度填塞，直至灰表面呈灰黑色，并有较强回弹力。

管径小于 300mm，一般一人操作；大于 300mm，可两人操作。

c. 接口的养护

石棉水泥接口填打完毕后，保持接口湿润是相当重要的。在暖和、湿润的季节，可用湿黏土糊盖接口处；炎热夏季，可覆盖淋湿的草袋，定时洒水，一般应养护 24h 以上。气温低于−5℃的寒冷地区，不宜进行上述接口施工，否则应采取相应的保温措施，如将水加热。

④ 膨胀水泥接口

膨胀水泥砂浆接口（也称为自应力水泥接口），采用的接口材料为麻-膨胀水泥砂浆、胶圈-膨胀水泥砂浆。因为石棉水泥在硬化过程中收缩和操作费力，也可采用膨胀水泥砂浆代替石棉水泥。这种接口也为膨胀性接口，膨胀水泥砂浆不必打口，填塞密实即可，操作省力。此外，膨胀水泥砂浆作为填料与管壁的粘结力比石棉水泥好。

膨胀水泥在水化过程中体积膨胀、密度减小、体积增大，提高水密性和与管壁的粘结力，并产生密封性微气泡，提高接口抗渗性。

膨胀水泥由硅酸盐水泥、矾土水泥和石膏组成。硅酸盐水泥为强度成分，矾土水泥和石膏为膨胀剂。用于接口的膨胀水泥水化膨胀率不宜太大，以免胀裂承口。

施工中常采用膨胀水泥砂浆，其配比为膨胀水泥∶砂∶水＝1∶1∶0.3（重量比），当气温较高、风力较大时，可适当加水，但最大水灰比不宜超过 0.35。

膨胀水泥砂浆，选用干净的中砂，最大粒径不大于 1.2mm，含泥量小于 2%。

膨胀水泥砂浆填塞前，先检查嵌缝质量，清洗管口，填塞膨胀水泥砂浆应分层填入和搞实，但不必击打，可以减轻劳动强度。

膨胀水泥砂浆接口的养护方法基本上与石棉水泥接口相似，保持接口潮湿，但不得在刚填塞后 2h 内浇水，以免损坏未凝固的填料。

⑤ 青铅接口

青铅接口是铸铁管接口中使用最早的材料之一。这种材料填打以后，不需要养护，施工完毕即可通水。通水后发现有渗漏处，不必剔除，只需要在渗漏处，重新锤击即可堵漏。因此，在管线过河、穿越铁路、地基不均匀沉陷等特殊地段，或要求立即通水时，宜采用青铅接口。

由于青铅成本高、来源少，且操作中容易出现事故，目前基本上已被石棉水泥接口所替代。

常用工具有化铅炉、铅锅、布卡箍等。

a. 灌铅

在灌铅前检查油麻填打情况，承口内刷洗干净并擦干，将特制的布卡箍或泥绳贴在承口外端，布卡箍的上方留一灌铅口，布卡箍用卡子卡紧，贴紧承口，卡箍与管壁接缝部分用湿黏土抹严，以防漏铅。

灌铅及化铅人员佩戴石棉手套、眼镜，灌铅时人站在浇口承口一侧，铅锅距管浇口高约 20cm，铅液慢慢灌入，以便浇口内空气能排出。

每个铅接口应一次完成，凝固后，取下泥绳或布卡箍。

b. 填打铅口

首先用錾子将铅口飞刺剔除，再用铅錾捻打。捻打方法：捻打时一錾压着半錾打，使铅表面平整，最后用厚錾将铅表面找平，并使铅表面凹进管口 1～2mm 为宜。

采用橡胶圈作嵌缝材料时，在灌铅前，先打一圈油麻，以防烧坏橡胶圈。

2）承插式柔性接口

刚性接口抗应变性能较差，受外力作用容易使密封填料产生裂缝，造成向外漏水事故。尤其在地基松软和地震区，接口破坏率较高。因此，可采用柔性接口方式。

目前所使用的柔性接口的密封填料为橡胶圈，橡胶圈在接口中处于受压缩状态。密封性好，起到了防漏作用。

这种接口的橡胶圈不是靠人工打入，而是借助机械的牵引或顶推力，使橡胶圈处于被压缩状态，将插口装入承口的适当部位，减轻劳动强度，加快施工速度，而且不需要养护时间，装好后即可通水。

① 推入式接口球墨铸铁管安装

球墨铸铁管（简称球铁管）均采用柔性接口。近年来推入式柔性接口球墨铸铁管在国内外输配水工程上使用广泛，其推入式为 T 形接口，操作简便、快速，工具配套，适用于 DN80～DN2000 的输配水管道。T 形推入式球铁管安装程序为：下管→清理承口和橡胶圈→上胶圈→清理插口外表面及刷润滑剂→接口→检查。

a. 下管

把管子完整无损地下到沟槽，管子两端不要碰撞槽帮，不要污染管子。如管体标有向上放的标志，注意在摆管时，把标志放在管上顶。

b. 清理承口

清刷承口，铲去所有的黏结物，如沙子、泥土和松散涂层及可能污染水质、划破胶圈的附着物，有任何附加物都可造成接口漏水，影响试压和冲洗（图 6-24）。

c. 清理胶圈、上胶圈

将胶圈清理洁净，如图 6-25 所示。

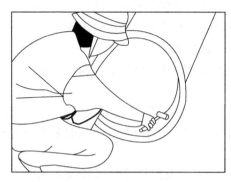

图 6-24　清理承口

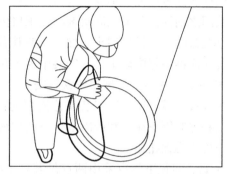

图 6-25　清理胶圈

上胶圈，即把胶圈装入承口槽内。将胶圈弯成心形和花形（大口径）放入承口槽内相应位置（图 6-26）。

把胶圈都装入承口槽，确保各个部分不翘不扭。检查胶圈的固定是否正确（图 6-27）。

d. 清理插口外表面及刷润滑剂

润滑剂不得含有任何有毒成分，应具有良好

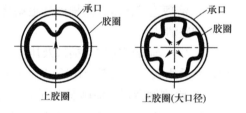

图 6-26　上胶圈

的润滑性质，不影响橡胶圈的使用寿命，应对管道输送介质无污染，且现场易涂抹。

清理插口外表面，插口端应是圆角并有一定锥度，以便装入承口容易。

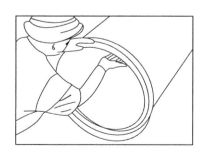

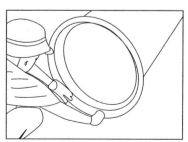

图 6-27　检查胶圈

刷润滑剂：承口内胶圈的内表面和插口外表面刷润滑剂。

e. 安装要点及注意事项

正常的接口方法是将插口端推入承口，或推承口装入插口也可。对于小规格的铸管（一般指小于 $DN400$），使用导链或撬杠为安装工具，使用撬杠作业时，须在承口垫上硬木块保护；对于中大规格的铸管（一般指大于等于 400mm），使用的安装工具为挖掘机。使用挖掘机须在铸管上与掘斗之间垫上硬木块保护，慢而稳地将铸管推入；使用起重机械安装，须使用专用吊具在管身吊两点，确保平衡，由人工扶着将铸管推入承口。

管道弯头和部件有推力（水压）作用时，应设支墩，防止管道脱开。

用的润滑剂对水、胶圈、材料和人无副作用。

试压后复查管子，如有变形或损坏，必须重装和修理。

胶圈存放注意避光，不要叠合挤压，长期储存应装在盒子里，或用其他东西罩上。

上胶圈之前注意不能把润滑剂刷在承口内表面，不然会导致接口失败。

切割短截时注意插口端头要加工，使其有一定的锥度。

安装前应准备好配套工具，安装中为了防止接口脱开，可用手扳葫芦锁住。

② 机械式（压兰式）球墨铸铁管安装

机械式接口球墨铸铁管安装工艺流程为：下管（承口端的标志置于正上方）→清理插口、压兰和橡胶圈→压兰和胶圈定位→清理承口→涂润滑剂→对口→临时紧固→螺栓全方位紧固→检查螺栓扭矩。

a. 下管：机械下管应采用两点吊装，小心将管子及配件吊起缓缓放入槽内，应使用尼龙吊带、橡胶套包钢丝绳和其他适用的吊具，防止管材和防腐层破坏，宜在管子与吊具间垫以缓冲垫。杜绝摔管和往槽内扔倒。

b. 清理连接部位：用棉丝和毛刷将插口端外表面、压兰内外表面、胶圈表面和承口内表面彻底清洁。

c. 压兰与胶圈定位：插口及压兰、胶圈清洁后，吊装压兰并将其推送至插口端部的正位，然后用人工把胶圈套在插口上（注意胶圈安装的反正）。

d. 涂刷润滑剂：涂刷润滑剂前应再清理承插口表面，将润滑剂涂刷在插口及密封胶圈的外表面和承口内表面，涂刷要均匀，不可太多。

e. 对口：插口对正承口，将插口装入承口，并控制好接口间隙，环向间隙要均匀。在插口进入承口并调整好管子中心和接口间隙后，在管子两侧用砂固定管身，然后卸去吊具，将密封胶圈推入承口与插口的间隙。

f. 临时紧固：将胶圈推入承口后，调整压兰，使其螺栓孔和承口螺栓孔对正，压兰与插口外壁间的缝隙均匀。用螺栓在垂直四个方位临时紧固。

g. 螺栓紧固：将接口所用的螺栓穿入螺孔，安上螺母，按上下左右交替紧固次序，均匀地将螺栓上紧（每个螺栓要分数次上紧）。

h. 检查螺栓扭矩：螺栓上紧之后，用力矩扳手检验每条螺栓扭矩。

3）管道安装注意事项

① 安装与稳定

管子在安装前，一定要确认管子印记上所表示的管种是否是设计所要求的管种。

在进行管道安装时，要将管内清扫干净，没有异物存在。安装时，使用边线或中心垂线控制管道中心，砂垫层的标高必须准确，以控制安管高程，并以水准仪校核。

管子安装后不得移动，将管底两侧均匀回填砂土并夯实，或用垫块等将管子固定。

管道弯曲部位尽可能使用弯头，如必须用直管沿曲线铺设管道时，所找角度要在允许转角范围之内，并且用多个接口找回角度。

直线连接及曲线连接的允许转角见表 6-13，表中所表示值是回填完之后的最大值。在施工时应考虑地基、管基础、回填等条件，使之不超过允许值的规定。

允许转角 　　　　　　　　　　　　　　　　　　　表 6-13

管径 D_1(mm)	允许转角（°）
75～600	3
700～800	2
≥900	1

② 管口封堵

一天的铺管施工作业完毕后，不要将施工工具和其他材料放置在管内；为防止土砂、地下水流入管内，用木制堵板堵在管端部。

4）管道回填土注意事项

① 回填土土质原则上采用砂或土质较好的土。当采用开槽中的较好土质作为回填土时，应将土块、砾石、异物等去除。

② 管道安装工作完成后，应邀请有关单位进行隐蔽验收，然后抓紧回填土施工。

③ 在回填土时，应注意不要在沟槽内管的一侧卸入多量的土，防止管道产生位移。

④ 回填时先由管子的两侧向管底均匀回填砂土，然后在两侧胸腔部分同时分层填夯实，禁止只由一侧回填。

⑤ 支墩的背部应是原状土，保持承受土压。

⑥ 直径 700m 以上的管道，回填夯实后，应再次量测管内的各部分安装尺寸，检查管道有无异常并作记录，以备确认和对问题进行研究处理。

（5）法兰接口安装

1）法兰接口所用的环形橡胶垫圈的规格和质量要求

法兰接口所用的环形橡胶垫圈，应质地均匀、厚薄一致、未老化、无皱纹，采用非整体垫片时，应粘结良好、拼缝平整。其规格如表 6-14 所示。

法兰接口所用的环形橡胶垫圈的规格 　　　　　　表 6-14

橡胶垫圈	规格	允许偏差
厚度	≤600mm 为 3～4mm ≥700mm 为 5～6mm	
内径	等于法兰内径	≤150mm+3mm ≥200mm+5mm
外径	与法兰密封面外缘相齐	不超过螺栓孔

2）法兰的检查

① 法兰的试验压力应大于等于管道水压试验压力。

② 法兰面应平整、无裂纹，密封面上不得有斑疤、砂眼及辐射状沟纹。

③ 螺孔位置应准确，相对两法兰螺栓孔必须对称（图 6-28）。

④ 法兰密封面应与管径轴线垂直，允许偏差 $DN \leqslant 300\text{mm}$，$C=1\text{mm}$；$DN \geqslant 300\text{mm}$，$C=2\text{mm}$（图 6-29）。

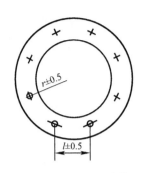

图 6-28 法兰螺孔允许偏差：
尺寸单位（mm）

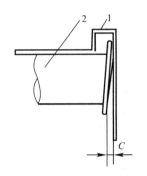

图 6-29 用弯尺检查钢制法兰
与管轴线的垂直度
1—弯尺；2—法兰

⑤ 法兰加工后的厚度偏差不大于 1.5mm，安装螺母部位应平整。

⑥ 螺栓螺母丝号一致、丝扣不乱，螺栓长度合适。

3）法兰接口使用的工具

剪子、铁圆规、扫帚、擦布、铅油桶、机油桶、扳手、弯尺、钢卷尺。

4）法兰接口的安装

① 将法兰密封面清理干净。

② 橡胶垫圈应放置平正。

③ 调整相对两法兰面，使之保持平行，并与管轴线垂直，其偏差 $C-C_1$ 不得大于法兰外径的 0.15%，且不得大于 2mm。法兰接头的歪斜不得用强紧螺栓的方法消除。

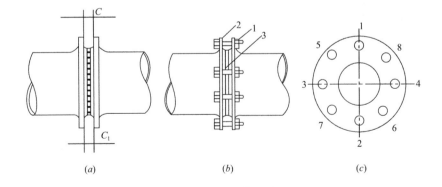

图 6-30 法兰接口图
(a) 法兰平行面检查；(b) 上螺栓图；(c) 法兰拧紧螺栓的顺序
1—螺母；2—法兰；3—橡胶垫

④ 将所有的螺栓、螺母点上机油，螺母上在法兰的同一面上。

⑤ 要分 2～3 次对称均匀地拧紧螺栓，严禁先拧紧一侧再拧另一侧。

5）法兰接口安装的注意事项

① 法兰接口施工要求用同一规格的法兰。

② 当安装闸门或带有法兰的其他管件时，应防止产生拉应力。临近法兰一侧或两侧接口应在闸门或管件法兰上所有螺栓拧紧后，方可连接。

③ 因特殊情况法兰接口需埋入土中者，应对螺栓按设计要求进行防腐处理。

6）法兰接口质量要求

① 两法兰面应平行，法兰与管中心线应垂直。

② 管件或闸门等不产生拉应力。

③ 螺栓应露出螺母外至少两扣丝，但其最多不应大于螺栓直径的1/2。

（6）活箍接口（人字柔口）安装

1）接口形式

人字柔口有铸铁和钢制两种，其接口形式如图6-31、图6-32所示。

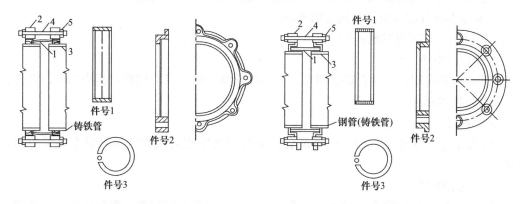

图6-31　铸铁活箍接口（人字柔口）

1—人字环1件；2—边圈2件；3—橡胶圈2件；

4—双头螺栓n件；5—螺母$2n$件

图6-32　钢制活箍接口

1—套环1件；2—边圈2件；3—橡胶圈2件；

4—双头螺栓n件；5—螺母$2n$件

2）活箍接口的安装工具

钢卷尺、石笔、机油桶、扳手、擦布、扫帚。

3）活箍接口安装程序、要点和注意事项

活箍接口是套管式柔性接口的一种，安装时要与管口配合好，其安装程序、要点和注意事项见表6-15。

活箍接口安装程序、要点和注意事项　　　　　表6-15

安装程序	要点和注意事项
检查活箍和边圈	1. 活箍的两端和边圈的密封面上不得有斑疤及粗糙现象； 2. 安装前，应将活箍、边圈先配在一起，详细检查各部尺寸
清理检查管口、划安装线	1. 要求管口椭圆度要小，与胶圈接触面要平整； 2. 安装人字柔口，应使管缝居中，不偏移、不倾斜，安装前宜在管缝两侧划上与管轴线垂直的安装线，以便安装时进行检查
将边圈、胶圈活箍分别套在管口上调整就位	1. 检查两管口之间的对口间隙； 2. 用安装线控制活箍就位，并调整与管壁之间的环形间隙使之均匀； 3. 胶圈贴紧活箍，不允许出现扭曲现象； 4. 移动边圈就位对中，带上螺栓，使之暂时固定
对称拧紧螺栓	1. 所有螺栓及螺母应点上机油； 2. 要对称地分几次均匀拧紧，注意胶圈位置正确、受力均匀

4）活箍接口安装质量要求

① 位置适中、不偏移、不倾斜。

② 胶圈位置正确，受力均匀。

③ 活箍防腐均匀、不脱落。

（7）钢管安装

1）安管前的准备工作

① 钢管的表面要求

a. 钢管表面应无显著锈蚀、裂纹、重皮和压延等不良现象；

b. 各类管子的材质、规格应符合设计要求；

c. 卷焊钢管不得有扭曲、损伤，不得有焊缝根部未焊透的现象；

d. 表面不得有超过壁厚负偏差的凹陷；

e. 管材表面不得有机械损伤。

② 检查合格证

钢管必须具有制造厂的合格证明书，否则应补做所缺项目的检验，其指标应符合现行国家和部颁技术标准。

③ 检查尺寸

管子安装前，应逐根量测、编号配管，应选用壁厚相同且管径相差最小的管节组合对接。

④ 检查防腐层

检查防腐层，经检验合格后方可下管，入沟槽后如有碰撞损伤，要标注记号，按要求修补。

⑤ 管段组合

如钢管组合管段下管时，管段的长度、吊距应根据管径、壁厚、外防腐材料、下管方法及工作环境考虑，在施工设计中制定好方案。

⑥ 配备焊接工具和下管机械

根据管线长短、管径大小、焊接方法与施工环境，配备适当的焊接工具和下管机械。

2）钢管对口

① 修口

钢管对口前必须先修口，使钢管端面的坡口角度、钝边、圆度等符合对口接头尺寸的要求。

② 对口

对口时应使内壁齐平，可采用长 400mm 的直尺在接口内壁周围顺序找平，错口的允许偏差为 0.2 倍壁厚且不大于 2mm。

③ 纵向焊缝

a. 对口时纵向焊缝应错开，错开的间距：管径小于 600mm，间距不小于 100mm；管径大于或等于 600mm，间距不小于 300mm。

b. 纵向焊缝应放在管道中心垂线上半圆的 45°左右处。

④ 环向焊缝

a. 环向焊缝与支架净距不小于 100m。

b. 直管管段环向焊缝距相邻的环向焊缝不应小于 200m。

c. 不得出现十字焊缝。

⑤ 不同壁厚的对口

不同壁厚的钢管对口时，管壁厚度相差不得大于 3mm，当大于 3mm 时，应将厚壁钢管的接口边缘削成坡口，使其与对接的钢管壁厚一致，坡口的切削长度等于或大于 4 倍壁厚之差值。

⑥ 点焊

钢管对口检查合格后进行点焊，点焊时应符合下列规定：

a. 点焊应采用与接口焊接相同的焊条；

b. 点焊厚度应与第一层焊接厚度相近，焊缝的根部必须焊透；

c. 钢管的纵向焊缝和螺旋焊缝处不得点焊。

3）管道焊接

① 焊接

a. 管径小于或等于 800mm 时，可采用单面焊；管径大于 800mm 时，应采用双面焊。

b. 低温环境下焊接，应采取预热措施。

② 焊缝检验

a. 检查前应将妨碍检查的渣皮、飞溅物清理干净。

b. 应在油渗、无损探伤、水压试验前进行外观检查。

c. 管径大于或等于 800mm 应逐口进行油渗检验，不合格者则铲除重新检验。

4）安装要点与注意事项

① 管子垫牢

管子对口后应垫牢固，避免焊接和预热过程中产生变形。

② 不得强力对口

管道连接时，不得强力对口，或用加热管子、加偏垫、多层垫等方法来消除接口间隙偏大、错口、不同心等缺陷。

③ 弯管

弯管起弯点至接口的距离不得小于 100mm，且不小于管外径。

④ 纵缝

a. 卷焊钢管的纵向焊缝应置于易检修的位置，且不宜在底部。最好不应置于下半圆。

b. 有加固环的卷焊钢管，加固环的对接纵缝应与管子纵向焊缝错开，其间距不小于 100mm。加固环边缘距管子的环向焊缝不应小于 50mm。

⑤ 开孔

a. 不得在干管的纵、环向焊缝处接支管或开孔，如必须开孔时，应有可靠的补强措施。管道上任何位置不得开方孔。

b. 直线段上如需加短节管时，其长度宜大于 1000mm，严禁在短节上或管件上开孔。

⑥ 管道闭合

管道闭合焊接，夏季和昼夜温差较大时，应在气温较低时实施焊接，冬季应在气温较高时施焊；必要时，可设伸缩节代替闭合焊接。

⑦ 其他

a. 管道安装工作如有间断，应及时封闭敞开的管口；

b. 接口焊缝处经试压之后，再补做防腐绝缘层；

c. 当工作环境的风力大于5级、雨天、雪天、相对湿度大于90%时，未采取保护措施不得实施焊接。

（8）螺纹接口安装

在城市给水管道中，螺纹接口的镀锌钢管通常作为小口径管道安装在千万家用户的进水管道及室内给水管道上。螺纹接口的给水管道属于小口径给水管道范畴。

1）螺纹接口的形式

螺纹接口的螺纹形式分圆柱螺纹和圆锥螺纹。圆柱螺纹又称平行螺纹，用于活箍（对古）等管件；圆锥螺纹具有1/16的锥度，用于管道接口。

螺纹的基本参数如图6-33所示，包括螺距、螺角、螺纹深度、螺纹内外直径等。两个相邻螺纹的螺峰或螺谷之间的距离称为螺距；螺纹侧边截面形成的角度称为螺角；螺峰到螺谷的距离称为螺纹深度；螺纹相对两边之间峰的距离称为螺纹外径；螺纹相对两螺谷之间的距离称为螺纹内径。

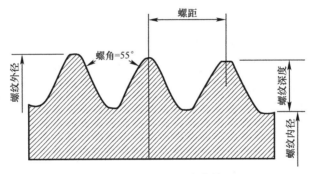

图6-33　螺纹的基本参数

用于机械制造的公制螺纹，螺角是60°。管螺纹是英制螺纹的一种，它的尺寸用英寸表示，螺角是55°。圆柱形管子螺纹的主要尺寸见表6-16。

圆柱形管子螺纹的主要尺寸　　　　　　　　　　　　　　表6-16

螺纹符号（英寸）	螺纹外径（mm）	螺纹内径（mm）	螺距（mm）	螺纹深度（mm）	每英寸扣数	螺纹的最大长度（mm）		螺纹扣数		钻头直径（mm）	
						短的	长的	短的	长的	钢材	铸铁
½	20.96	13.63	1.81	1.162	14	14	45	8	25	19	18.9
¾	26.44	24.12	1.81	1.162	14	16	50	9	28	24.5	24.3
1	33.25	30.29	2.31	1.479	11	18	55	8	25	30.7	30.5
1¼	41.91	38.95	2.31	1.479	11	20	65	9	28	39.4	39.2
1½	47.81	44.85	2.31	1.479	11	22	70	10	30	45.2	45.7
2	59.62	56.66	2.31	1.479	11	24	75	11	33	57.0	56.9
2½	75.19	72.23	2.31	1.479	11	27	85	12	37	—	—
3	87.88	84.98	2.31	1.479	11	30	95	13	42	—	—
4	113.00	110.08	2.31	1.479	11	36	106	15	46	—	—

2）圆锥形螺纹接口

作为给水管道的圆锥形螺纹接口，螺纹长度较短，最后的两扣不完全的螺纹叫作退刀螺纹。退刀螺纹是由绞丝板（丝板）的构造形成的。在丝板的板牙前端螺纹孔径是扩大了的，在套丝时最后的两扣螺纹是不完全的。这种退刀螺纹有助于管件密合在管子上，使接口严密。

带圆锥形螺纹的管子连接在相同螺纹的管件上，称为"锥形套入锥形"的螺纹接口，如图 6-34 所示。若只有管子是圆锥形螺纹而管件是圆柱形螺纹，则这种接口称为"锥形套入柱形"的螺纹接口，如图 6-35 所示。在该图上，圆锥形螺纹的工作部分 b 是由用手拧的长度 a_2 和到退刀螺纹为止的加密部分 a_1 所组成。a_1 和 a_2 的分界面称为基准面。根据基准面绘出螺纹直径（内外径的平均值）。

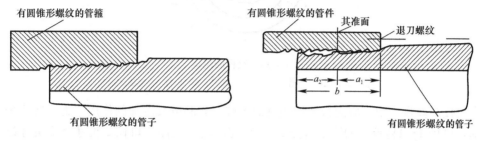

图 6-34 圆锥形螺纹连接　　　　图 6-35 圆锥形与圆柱形螺纹连接

带圆锥形螺纹的管子拧入也带圆锥形螺纹的管件中时，正常的松紧度应是用手能自由地拧到基准面，然后用管钳将管子继续拧入管件内。

若是圆锥形螺纹的管子拧入带圆柱形螺纹的管件内时，在长度 a_2 距离上，用手拧方式把带圆锥形螺纹的管子拧入圆柱形螺纹的管件中，当用管钳继续拧管子时，靠管件的膨胀和螺纹的接合，在三、四扣的区间能紧密地相连接。

3）套丝工具

人工套丝的主要工具是管子丝板。丝板的规格通常可分 1/2 英寸～3/4 英寸（小丝板）、1/2 英寸～2 英寸（大丝板）和 2½ 英寸～4 英寸三种。小丝板可加工 1/2 英寸和 3/4 英寸两种螺纹，1/2～2 英寸大丝板可加工 1/2 英寸、3/4 英寸、1 英寸、1¼ 英寸、1½ 英寸和 2 英寸六种不同规格的管子螺纹。2½ 英寸～4 英寸丝板可加纹连接很少用于给水管道的连接，4 英寸以上的管子多数不采用管螺纹连接。每种规格的丝板都分别附有相应的板牙，小丝板有 1/2 英寸～3/4 英寸、1 英寸～1½ 英寸和 1½ 英寸～2 英寸三组板牙。加工管螺纹时，可按口径分别选用相应的丝板和板牙。丝板由手把、紧固柄、标牌、板牙、板牙座、板牙盘、销轴等组成（图 6-36）。

管子丝板所用的第一组板牙都由 4 块组成，各块板牙在丝板盘的板座上也是对号安入的，否则就会套丝乱扣或套不出丝扣。安装板牙时，先把标牌的刻度对准"0"线，再转动手柄，使板牙固定在板牙座内。

套丝时，把需要套丝的管子固定在压管钳上，注意镀锌层不被压出明显的痕迹。待套丝的一端应伸出压管钳 150mm。操作手柄把丝板后套锁紧装置推到底，并把标牌对准管子口径相应的刻度上，拧紧标牌的紧固手柄，随后将后套推向管端，使管口和板牙达到刚碰的位置，紧固后套的锁紧装置，紧固程度以能使丝板转动为宜。人站在管端方向推转丝板上扣，然后站于侧旁继续转动板把，使板牙徐徐进给。当套丝达到一定长度时，旋转松

183

开手把，再套丝 2～3 扣才能松完，使螺纹丝头成锥形，当管端刚从管子丝板的板牙上套出时，套丝完毕，松开后套及手把取出丝板。

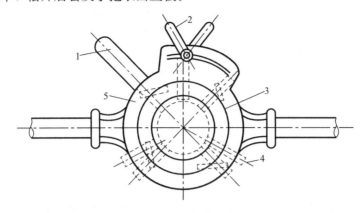

图 6-36 丝板的组成

1—后套手把；2—紧固手柄；3—标牌；4—板牙；5—板牙座

在丝板套丝过程中，应向板牙加注机油少许，起润滑及冷却的作用，为了防止板牙过度磨损，口径 1～1½ 英寸的管子可分 2～3 次完成套丝工序，口径 2 英寸及 2 英寸以上的管子分 3～4 次完成。分几次套丝时前一两次套丝，丝板的标牌对准线要略大于相应的刻度。

机械套丝采用的是电动套丝机，简称为套丝机。它是把早些年前的手动管螺纹绞板电动化，使得管道安装时的管螺纹加工变得轻松、快捷，降低了管道安装工人的劳动强度。套丝机由机体、电动机、减速箱、管子卡盘、板牙头、割刀架、进刀装置和冷却系统组成（图 6-37）。

图 6-37 电动套丝机

套丝机工作时，先把要加工螺纹的管子放进管子卡盘，撞击卡紧，按下启动开关，管子就随卡盘转动起来，调节好板牙头上的开口大小，设定好丝口长短。然后顺时针扳动进刀手轮，使板牙头上的板牙刀以恒力贴紧转动的管子端部，板牙刀就自动切削套丝，同时冷却系统自动为板牙刀喷油冷却，等丝口加工到预先设定的长度时，板牙刀就会自动张开，丝口加工结束。关闭电源，撞开卡盘，取出管子。

套丝机还具有管子切断功能，把管子放入管子卡盘，撞击卡紧，启动开关，放下进刀装置上的割刀架，扳动进刀手轮，使割刀架上的刀片移动至想要割断的长度点，渐渐旋转割刀上的手柄，使刀片挤压转动的管子，转动 4～5 圈后被刀片挤压切断。

管子套丝螺纹要求丝扣端正、光滑、无毛刺、不掉扣，断扣缺口的长度不应大于丝长的 10%。作业时不准用铁器工具敲击丝板各个部位，每日套丝作业完毕应对丝板进行清洗。管螺纹长度可参考表 6-17 中的数据。

管螺纹长度参考表 表 6-17

公称直径（mm）	15	20	25	32	40	50	70	80
连接阀体管螺纹长度（mm）	12	13.5	15	17	19	21	23.5	26
连接管件管螺纹长度（mm）	14	16	18	20	22	24	27	30

管螺纹的套丝加工，常用的规格有 1/2 英寸、3/4 英寸、1 英寸、1½ 英寸和 2 英寸五种。

管螺纹接口处应使用相应的填料，以达到连接的严密性。常用的填料有麻、铅油胶带等。管钳的规格选用要适当，用过大规格的管钳装管件，会因用力过大使管件破裂，反之则因用力不够而安装不紧。使用管钳要左手扶稳钳头部，待与管件咬实后，右手压钳把，渐渐用力。切不可用力过大或用身体加力于钳把，防止钳牙脱出伤人。安装配件时，不仅要求上紧，还需考虑配件的位置和方向，不推荐因拧过头而用倒拧的方法找正。管钳的适用范围见表 6-18。

不同管钳规格使用范围 表 6-18

管钳规格（按长度）	适用安装管子的范围（英寸）
10 英寸	1/2 英寸
12 英寸	1/2 英寸～3/4 英寸
14 英寸	3/4 英寸～1 英寸
18 英寸	1 英寸～1½ 英寸
24 英寸	1½ 英寸～2½ 英寸
36 英寸	2½ 英寸～4 英寸

（9）PE 管安装

塑料管材较多，而聚乙烯给水管因其卫生性、防腐蚀性好，流体阻力小，化学性能稳定等特性，在给水工程中被广泛应用。但其抗老化性较差，因此 PE 管不常用于地面上的管道安装。

1）PE 管的连接方式

PE 管通常采用的连接形式有热熔焊接、电熔焊接和法兰连接。目前热熔和电熔这两种连接方式在国内外 PE 管道系统中都得到了广泛的运用，但由于电熔管件制造技术要求高，成本相对高，因此，目前施工过程中 PE 给水管道主要采用热熔焊接，包括热熔承插焊接（图 6-38）和热熔对接焊接（图 6-39）。

2）PE 管热熔承插焊接

PE 管热熔承插焊接主要适用于 $DN110$ 及以下 PE 管的连接。

① 热熔承插焊接的器具

热熔承插焊接器具称为熔接器，也称热合机，如图 6-40 所示，可根据焊接管材规格选择相应模具。

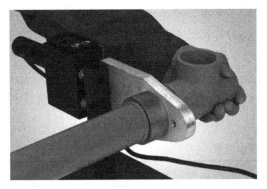

图 6-38　PE 管热熔承插焊接

图 6-39　PE 管热熔对接焊接

② 热熔承插焊接工艺流程

材料准备→清洁→加热→熔融对接→冷却→成品。

热熔承插焊接示意如图 6-41 所示。

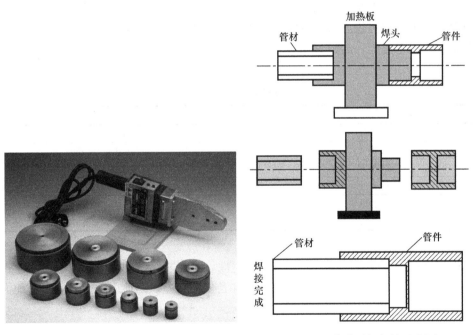

图 6-40　熔接器

图 6-41　热熔承插焊接示意图

a. 准备

首先根据待焊管材规格选择模具，并将模具安装在热板上；并将对接架平稳放置，接通电源（220V），将温控仪调到给定参数（通常为 220℃±10℃）。

b. 清洁

将焊接端倒角，清除碎屑，用整圆器将变形的焊接端复原，并标上熔融深度（熔融深度见表 6-19，熔接时应注意插入深度不可过深，以免造成管道内堵）；用清洁的纸或布擦拭管材焊接区域的外表面和管件内表面，除去微尘、水分、油脂等杂质。

热熔承插连接参数表 表 6-19

管材外径（mm）	熔融深度（mm）	加热时间（s）	熔融时间（s）	冷却时间（min）
20	14.0	5	4	2
25	15.0	7	4	2
32	16.5	8	6	4
40	18.0	12	6	4
50	20.0	18	6	4
63	24.0	24	8	6
75	26.0	30	8	8
90	29.0	40	8	8
110	32.5	50	10	8

注：若环境温度低于5℃，加热时间延长50%。

c. 加热

将管材待焊端和管件同时插入已达到设定温度的模具中加热。

d. 热熔对接

待达到规定要求的时间之后，快速拔出，并将管材焊接端插入管件，一直推到管材上承插深度的标线为止，短时间内，轴向允许进行适当的调整。

e. 冷却

对接完成后，保持该焊接状态至冷却时间，并检查外观，合格后，该热熔焊接完成。

3）PE管热熔对接焊接

① 热熔对接焊接的器具

热熔对接焊机是聚乙烯压力管道热熔对接实施的专用器具，其主要由机架及夹具、油压泵站、加热板、铣刀等部分组成。目前有半自动（普通）热熔对接焊机（图6-42）和全自动热熔对接焊机，二者的主要区别是全自动对接焊机的焊接参数全部储存在芯片上，焊接过程自动控制，并记录焊接全过程的实际焊接数据。在供水管道施工中，最常见的是半自动热熔对接焊机，现对各部分组成分别进行介绍。

图 6-42　半自动热熔对接焊机

a. 机架及夹具

机架上装有快插接头，由装有快插接头的高压油管与泵站连接获得动能，其功能有：夹持被焊接管材或管件，通过高压油管与泵站连接使其做直线往复运动；固定焊接件，保证在运动中具有良好的同轴度；铣刀和加热板的定位；校正管材焊接面的椭圆度。

187

b. 油压泵站

油压泵站是热熔对接焊机机架运动的动力源，为机架提供焊接所规定力值（压力）的动力，由电动机带动液压泵产生油压，经高压油管将压力油输送到机架动夹具的液压油缸内，在导轨固定活塞的作用下，动夹具在固定的导轨上滑动，做往复直线运动，决定机架的闭合、保压和分离。

c. 加热板

加热板为需要焊接的端面提供热量，以达到需要的焊接温度。加热板表面有特殊的镀膜涂层，使管口端面与热板不粘结。

d. 铣刀

铣刀的作用是将需要焊接的两个端面铣削掉氧化层。铣刀由电动机带动双面刀盘旋转，在一定的压力下同时对两个端面进行铣削，铣削完成后的端面应为垂直于中轴线，表面应是清洁、平整、平行的配合面。

② 热熔对接焊接工艺流程

材料准备→夹紧→铣削→对中→加热→熔融对接→冷却→成品。

a. 准备

将 PE 管热熔对接焊机准备好，包括液压站、铣刀、加热板等相关电源，并将对接架平稳放置。

b. 夹紧

将需要热熔对接的两端 PE 管放置于对接架中，连接处置于对接架的中间。合上对接架的上下支架，进行 PE 管对中，用螺栓将 PE 管固定，并测试记录系统的拖动压力。

c. 铣削

将铣刀放置于两 PE 管中间，推动液压站的操纵杆，将两 PE 管与铣刀接触，直至两连接平面铣好，铣出连续的长带状屑。

d. 对中

因为铣削过程中可能会对固定的管材造成偏移，所以一定要再次对中。间隙不大于0.3mm，错边量不大于管材壁厚的 10% 即为合格，否则调整夹具，使之满足要求后，重新铣切，合格后方可进行下一步操作。注意铣切后的管口不得用手摸或被油污等污染。

e. 加热

将铣刀放回至铣刀架，并将加热板从架子上取出放入两 PE 管中间，以焊接压力和拖动压力进行合拢并加热，待两管开始翻边并达到规定要求的时间之后，抽出加热板。

f. 热熔对接

将热板取出后，立即按要求的压力，迅速合拢待对接 PE 管端口。

g. 冷却

对接完成后，有一个保压冷却的时间，最后冷却时间到了，焊口温度和环境温度一致，可以泄压至零，再等数分钟，让已熔接管子完全消除应力后，打开夹具，取下焊好的管子，并检查外观，合格后，拆下管材，该热熔对接完成。

③ 热熔对接的工艺温度

热熔对接焊接的推荐温度为 200～235℃，也可按热熔机制造单位提供的数据或者安装现场的具体工作环境和材料，适当调整热熔温度。焊接不同的管材时，加热板的温度有所不同，对于 PE100 选择 $225\pm10℃$，PE80 选择 $210\pm10℃$。

④ 焊接压力与时间

$a.$ 焊接压力与时间的关系（图 6-43）

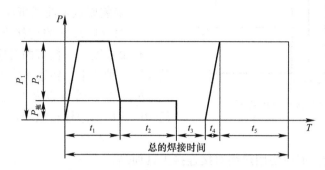

图 6-43 热熔对接焊接与时间的关系

P_1——总的焊接压力（MPa）；

P_2——焊接规定的压力（MPa）；

$P_{拖}$——拖动压力（MPa）；

t_1——卷边达到规定高度的时间（s）；

t_2——焊接所需要的吸热时间（s）；

t_3——切换所规定的时间（s）；

t_4——调整压力到 P_1 所规定的时间（s）；

t_5——冷却时间（min）。

$b.$ 总的焊接压力 P_1 和焊接规定压力 P_2 分别按公式（6-10）和公式（6-11）计算

$$P_1 = P_2 + P_{拖} \tag{6-10}$$

$$P_2 = A_1 \times P_0 / A_2 \tag{6-11}$$

式中　A_1——管材的截面积，mm；

　　　A_2——焊机液压缸中活塞（由焊机厂家提供）的有效面积，mm；

　　　P_0——作用于管材上单位面积的力，取 $0.15N/mm^2$。

$c.$ 管材的截面积按公式（6-12）计算

$$A_2 = \pi \times S \times (d_n - S) \tag{6-12}$$

式中　S——管材壁厚，mm。

$d.$ 吸热时间与管材壁厚的关系

常温时，吸热时间与管材壁厚的关系为 $t_2 = S \times 10$（s）。当环境条件（温度、风力等）恶劣时，应根据实际情况适当调整。

⑤ 熔接接口外观检查

$a.$ 焊环的几何形状

热熔熔接接口应具有沿管材整个外周平滑对称的焊环（也称翻边），焊环应具有一定的对称性和正对性。

$b.$ 焊环的几何尺寸

PE 管道按照下列几何尺寸控制成环的大小（图 6-44），一般可以保证接口质量。

环的宽度 $B = (0.35 \sim 0.45) \times$ 管材壁厚

环的高度 $H = (0.2 \sim 0.25) \times$ 管材壁厚

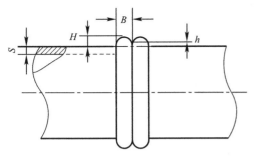

图 6-44　热熔对接焊环示意图

环缝高度 $h＝(0.1～0.2)×$ 管材壁厚

对于上述的选取应遵循"小管径，选较大值；大管径，选较小值"的原则。

⑥ 安装要点及注意事项

a. 两待连接件的连接端应伸出焊机夹具一定自由长度，并校直两对应的待连接件，使其在同一轴线上。错边不宜大于壁厚的 10%。

b. 管材、管件以及管道附件连接面上的污物应使用洁净棉布擦净，并铣削连接面，使其与轴线垂直。

c. 待连接件的段面应使用热熔对接连接工具加热。

d. 加热完毕，待连接件应迅速脱离加热工具，检查待连接件加热面熔化的均匀性和是否有损伤。然后，用均匀外力使连接面完全接触，并翻边形成均匀一致的凸缘，凸缘的高度和宽度应符合有关规定。

e. 不同 SDR 系列的管材、管件产品互焊时，宜通过机械加工使焊接处壁厚相同。

f. PE 给水管道热熔对接应采用同厂家、同材质、同牌号的管材与管材、管材与管件、管件与管件之间连接；不同 SDR 系列的聚乙烯管材不宜采用热熔对接连接。

g. 焊环质量检验分别为破坏性试验和非破坏性试验，在施工现场一般采用非破坏性试验。非破坏性试验的主要手段是目测，也可以称为外观检查。

⑦ 热熔对接易出现的质量问题及解决办法

a. 焊环窄且高。产生的原因：熔融对接压力高，加热时间长，加热温度高。解决办法：降低熔融对接压力，缩短加热时间，降低加热板温度。

b. 焊环太低。产生的原因：熔融对接压力太低，加热时间短，加热温度低。解决办法：提高熔融对接压力及加热板温度，延长加热时间。

c. 焊环两边不一样高。产生的原因：被焊的两管材的加热时间和加热温度不同；两管材的材质不一样，熔融温度不一样，使两管材端面的熔融程度不一样；两管材对中不好，发生偏移，使两管材熔融对接前就有误差。解决办法：使加热板两边的温度相同；选用同一批或同一牌号的材料；使设备的两个夹具的中心线重合，铣削后要使管材对中。

d. 焊环中间有深沟。产生的原因：熔融对接时熔料温度太低，切换时间太长。解决办法：检查加热板的温度，提高操作速度，尽量减少切换时间。

e. 接口严重错位。产生的原因：熔融对接前两管材对中不好，错位严重。解决办法：严格控制两管材的偏移量，管材加热和对接前一定要进行对中检查。

f. 局部不卷边或外卷内不卷或内卷外不卷。产生的原因：铣刀片松动，造成管端铣削不平整，两管对齐后局部缝隙过大；加压加热的时间不够；加热板平面不平整，造成管材局部没有加热。解决办法：调整设备处于完好状态，管材铣削后局部缝隙应达到要求；适当延长加压加热的时间，直到最小的卷边高度达到要求；调整加热板至平整，使加热均匀。

g. 假焊。产生的原因：熔融对接压力过大，将两管材之间的熔融挤走；加热温度高或加热时间长，造成熔融料过热分解。解决办法：降低熔融对接压力；降低加热温度，减短加热时间。

4）PE管法兰连接

法兰连接多用于管道附件的连接，多为PE沉台＋松套法兰。法兰连接需与热熔对接焊接相配合使用，如图6-45所示。

图 6-45 法兰连接

6.2.7 管道切割

管道的切割是管道施工和维修中的常见工序。可根据不同的材质和口径，选用不同的切割方法。常见的切割方法有锯割、气割、管道切割机等。

（1）锯割

锯割是一种常用的方法，用以切断镀锌钢管、铸铁管、塑料管等。锯割有手锯和机锯两种，在管道安装中普遍使用手锯。

手锯由锯弓和锯条组成。锯弓长度可根据锯条长度来进行调节。锯条长度为300mm，有粗齿和细齿两种，安装锯条时，锯齿尖应朝前方。

细齿锯条锯割管子，因齿距小，锯管时会有数个齿同时和管壁的断面接触，操作时用力小而不卡锯齿，但切割速度较慢，适用于切断小口径管。

粗齿锯条锯割管子，锯齿和管壁断面接触的齿数较少，操作时用力大，易卡锯齿，但切断速度较快，适用于切割较大一点口径的管道。

在进行小口径钢管切割操作时，左手扶锯弓前部，右手紧握锯把，用力锯割，回拉时不要用力，平稳推拉手锯，不要在锯弓上加过大的压力，以免折断锯条。锯割时锯条应保持和管轴线垂直，才能使切口平直。若发现锯口偏斜，应将锯弓转换方向再锯。

（2）磨割

磨割是用砂轮切割机进行管子切割，采用电动机带动砂轮高速旋转，以磨削的方式切断管子，管子切断后，要及时消除管口的毛刺和铁屑。

（3）气割

氧气切割简称气割。它是利用氧气、乙炔的气体火将被切割的金属管管壁预热到燃点，对于碳素钢，这个温度大约在1100~1150℃；然后再向气割处喷射高压氧气流，使金属燃烧，形成氧化物溶渣，借助高压氧的吹力将燃烧过程中产生的熔渣吹掉。所放出的热量又进一步加热下层金属使其达到燃点，这种预热—燃烧—吹渣的过程重复进行，并移动割嘴形成切口，这就是氧切割的过程。氧气切割一般多用于钢管。

金属的氧割性能取决于以下几点：

1）金属在氧气气流中的燃点必须低于大气中的熔点，只有这样才能保证金属在固体状态下燃烧，否则金属会熔化，不能实现气割的过程。

2）气割中生成的熔渣的熔点必须低于金属的熔点，并要求熔渣黏度小、流动性好，以利于氧气流吹除熔渣。

3）气割时，金属燃烧能放出大量的热，其发热量应大于金属的导热能，以保证下层金属有足够的预热温度，使气割过程不断进行。

可见，碳钢是符合这些条件的，故其气割性能良好。用普通的气割法切割铸管时，就不易得到均匀平整的切割边。铸铁的气割之所以困难是由于铸铁含碳量高，使铸铁的熔点低于它在氧中燃烧的温度。此外，铁管中含硅也多，在气割过程中形成的含硅氧化层也有比基本金属高的熔点，使熔渣黏度增高，在铸铁燃烧时会有大量一氧化碳产生，弄浊氧气流并减弱它的氧化能力。

管子转动状态下气割可分段进行。每割一段后暂停一下，将管子稍转动再继续气割。气割开始时，预热火焰应预热管侧部位，割嘴和管表面垂直。待割透管壁后割嘴立即下倾，并倾斜到该点切线呈 $70°\sim80°$ 角。在一段切割时，割嘴随切割向前移动的同时要不断改变位置，以保证这一割角度不变。

对于小口径钢管，转动气割可分 $2\sim3$ 次割完，口径较大时可适当多分段气割。管子固定状态下的气割，可从管子底部开始按相反方向分两半割。

管子气割前应先清洗管表面油垢和氧化铁皮等物质，并对气割设备和工具进行检查。

气割时，预热火焰采用中性焰。碳化焰不能使用，否则会使切口边增碳。调整火焰性质时应先开氧气，以免火焰性质发生变化，并在切割过程中不断加以调节。

割嘴离割件表面的距离按照预热火的长度和管壁厚度而定，以焰心末端距离工件 $3\sim5mm$ 为宜。距离太近易使切口边缘熔化和增碳。

在切割过程中，有时因割嘴过热或飞溅物把割嘴堵塞，发生回火而火焰突然熄灭，并在混合管内出现"嘶嘶"响声，应立即关闭切割氧阀，并迅速抬起割矩，关闭预热氧调节阀，关闭乙炔阀。在割嘴稍冷后用通针去掉割嘴端头上的飞溅物，再进行点火切割。

气割结束时应立即关闭氧气阀，相继关闭乙炔阀和预热氧气阀。

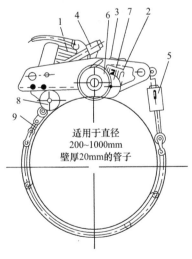

图 6-46　电动割管机

1—电动机；2—变速箱；
3—爬行进给离合器；4—进刀机构；
5—爬行夹紧机构；6—切割刀具；
7—爬轮；8—向导轮；9—被切割管子

（4）自爬式割管机

自爬式割管机是切割铸铁管、钢管的工具，也可用于钢管焊接坡口加工，它适用于给水管安装、维修，尤其是在抢修、停水接拢施工上使用。这种管机在坑下、架空管道上的切割，更具有独特的优点。自爬式割管机又分电动割管机与液压割管机。

1）电动割管机

图6-46为电动割管机结构示意图。它是由电动机、变速箱、爬行进给离合器、进刀机构、爬行夹紧机构及切割刀具等组成。

当割管机装在被切割管子上后，通过夹紧机构把它牢靠地夹紧在管体上，切削管子由两个动作来实现，一个是由切削刀具对管子进行铣削，另一个是由爬轮带动整个割管机沿管子爬行进给，刀具切入和退出是由操作人员通过进刀机构的手摇柄实现的。

根据管材不一，切割刀具的材质也不同。如切割铸铁管用镶嵌硬质合金的锯片铣刀，切割碳钢管用高速工具钢的锯片铣刀。

这种割管机的电动机虽采取了一定措施，但整个机组不能浸泡在水中，因此在坑下切割时，若管内有余水，应配备水泵从切割作业坑内把积水及时排掉。

2）液压自爬式割管机

液压割管机是目前最新型的切管工具之一。它的特点是由液压系统带动爬行轮和进刀，动力由液压泵站引来，没有电机被水浸泡的问题。适于切割钢管、铸铁管（灰口铸铁、球墨铸铁）、混凝土管等各种管材，特别是球墨铸铁管，用其他切割工具均不易切割，这种设备可以说是一种较理想的切割管材的工具（图6-47）。

使用的方法是当切管机装在被切割的管上后，通过收紧链条把它固定在管体上，然后由

液压驱动，可水中作业

图6-47 液压自爬式割管机

两部分系统进行切割，一个是通过切割刀具来切割管子，另一个是通过爬轮带动切管机沿管壁自动爬行。操作时由操作人员原位进刀把管壁割透，然后开始前进，逐步切割直至管身完全断裂。

根据材质的不同可以更换不同刀具进行切割，例如切割铸铁管时，可用镶嵌硬质合金的锯片铣刀，切割碳钢管时用高速工具钢的锯片铣刀，切割球铁管及混凝土管时用镶嵌金刚石的砂轮片刀等。此外还可根据不同需要，选用切坡口、开槽等刀具。可根据被切管道口径的不同增加或减少链条长度进行切割。

自爬式割管机切割作业时的注意事项。

1）切割前应清除管体上的杂物及凸出的包块，画好切割线，切割机与链条轮安装端正。

2）进行切割时，将铣刀一开始就沿切割线把管壁铣削透，然后边爬行边切割，不断校正切割方位，否则切割作业的起点与终点不能吻合。

3）在切割较大口径管道时，机头上爬可用人工稍向上托住；机头下爬可用人工稍向上拉住，以免机头下滑。

4）切割行走时，不得用硬物敲打铣刀片。

5）在使用电动割管机时，必须安装漏电保护器。

自爬式割管机体积小、重量轻、通用性强、使用维修简便、切割效率高、切割面平整，可以切割给水管道的各种材质，所以是较理想的管切割机具。

6.3 水压试验与冲洗消毒

当给水管道安装完毕以后，就要进行验收工作，其中水压试验和冲洗消毒是两项非常重要的验收工作。因此应认真做好这两项工作，为管道竣工验收做好准备。

6.3.1 水压试验

管道安装完毕后应进行试压，以保证管道无安装缺陷，具备运行条件。管道水压试验

按其目的分为强度试验和严密性试验两种，强度试验用测定压力降和承压时外观检查的方法检查管体和接口的强度，严密性试验是用测定渗水量来检验管体和接口的严密性程度。

（1）管道试压前的准备工作

1）后背及堵板的设计；

2）进水管路、排气孔及排水孔的设计；

3）加压设备、压力计的选择及安装的设计；

4）排水疏导措施；

5）升压分级的划分及观测制度的规定；

6）试验管段的稳定措施和安全措施。

（2）试压前的现场检查

1）要求管道基础检查合格，管身两侧及其上部回填不小于 0.5m。接口部分不回填，以供检查。

2）应事先找好排水出路，做好排水设施。

3）各个弯头、三通等管件处应设置的支墩必须做好，并达到设计强度。后背土一定要密实，管端堵板支撑是否牢固以及管线上的防横向移动、支撑等均须仔细检查。

4）打泵设备，管路连接，水源，放气、放水及量测设备，计时、记录设备等。

5）为试压而设置的临时支墩（撑）。

（3）管道试压段划定

若管路很长，为了提高试验的可靠性，便于工作人员的相互联络以便对接口进行检查，应分段进行水压试验。试验段的长度，一般不宜超过 1000m；如因特殊情况，需要超过 1000m 时，应与设计、管理单位研究确定。分段时应考虑试验后管内泄水的排放问题。

管道试压分段通常应考虑下述原则：

1）管道施工环境的变化，如过河、过桥、穿越铁路段，应单独分段试压；

2）要方便取水，排水容易；

3）有利施工，一般分段施工、分段试压；

4）有利已安装好管道的使用，凡能及早使用发挥效益的管段应先试压；

5）每段长度参照地形，应方便试压时排气和检测；

6）应尽量在有良好的天然原土作为后背的地方分段。

（4）试压的堵板（盖堵）与后背

管道试压堵板件的接头：水压试验时，管段两端要封以试压堵板，堵板要求有足够的强度，试压过程中管身的接头处不能漏水。这与堵板件接头和各种管道本身接口及后背支顶方式有关。试验管段不得用闸阀作堵板，不得含有消火栓、水锤消除器、安全阀等附件。

1）刚性接口的承插铸铁管道

如果堵板后背用设计的铸铁管道混凝土支墩（给水设计通用图集），那么，堵板件的接头可用刚性接口；装上法兰堵板的短管甲、乙与管道仍用刚性接口连接（图 6-48）。

如果堵板后背用支顶的方法传力于土壁，那么在传力较大的时候，支顶材料和土壁会产生压缩变形，因此，当公称直径大于等于 600mm 时，管的堵板件与管端的接头应采用柔性胶圈连接柔性接头，可使堵板件稍有轴向偏移也不至于漏水；对小于 600mm 的管道，后背受压产生的变形较小，堵板间与管段连接亦可用刚性接头。

2）钢管

试压堵板与管子连接是刚性的，在管端焊接加筋钢板（盲板）。

3）胶圈接口的预应力钢筋混凝土管道或球管

试压堵板应采用特制的柔性接口管件连接，如转换甲、乙管，并在端口焊接上盲板。

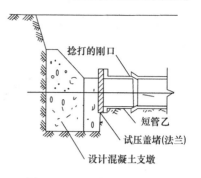

图 6-48 法兰盘盖堵与支墩

4）PE 管

试压堵板和转换接头与管子刚性连接。

（5）管道试压后背和管件支墩

1）用天然土壁作管道试压后背，一般在试压管道的两端各留一段长 7～10m 的沟槽原状土不挖开，作为试压后背，预留土墙后背要求墙面平整并与管道轴线垂直，后背的支撑面积、支撑宽度和后背长度，可进行计算。一般土的容许承载力可按 0.15MPa（15t/m²）考虑。

当后背土质松软时，可采取加大后背受力面积，砌砖墙和浇筑混凝土及钢筋混凝土墙、板桩，或换土夯实的方法进行加固，以保证试压工作安全进行。

如遇浅槽后背受力面积不够时，可将后背受力面向两侧及深处扩大，砌墙及墙后分层还土夯实加高的方法也可满足试压的要求。

2）管径小于或等于 500mm 的刚性接口承插铸铁管道，可用已安装的管段作后背，但长度不宜少于 30m 并必须填土夯实。纯柔性接口的管段，因端部可能存有空隙，故不得作为试压后背。

3）管件支墩应能抵抗管道推力，保证管道正常运行，所做支墩尺寸不应小于设计尺寸，并能满足管道试验压力的要求。支墩外侧应紧贴原状土；遇地下水时，排水后支墩底部应铺 10cm 厚卵石；支墩混凝土需达到设计强度之后方可进行管道试压。

4）从管头盖堵至后背墙的传力段，可用顶木、方木、管子等材料，但必须保证受力后的稳定，并在初始打压后做稳压检查，必要时加固，在加压过程中随时检查位移情况并予以加固。

（6）管道试压堵板的支顶

试压堵板与后背之间，一般用圆木、千斤顶和方木作支顶传力系统，木截面及千斤顶顶力的大小，应根据传力大小决定。其支顶要求如下。

1）紧靠后背墙面横卧枋木一层，二者之间不得有空隙，如有空隙要用沙子填实。

2）当管径较小、后背土质较好、承载能力较强时，常用圆木支顶。

3）用一根圆木时，应支于小管管堵中心；使用两根或两根以上圆木或顶铁时，前后应放横向顶铁，支撑应与管中心对称，方向与管子中心线平行（图 6-49）。

4）当管径较大、盖堵向后传力大，以及用圆木或顶铁支顶后背产生的压缩使接口有破坏危险时，常用螺旋千斤顶支顶（图 6-50）；于横枋木前，立放三根较大的方木或顶铁，试压前，在中间的立木（或顶铁）管堵之间用千斤顶（顶镐）顶开，即对后背施加预压力，使后背产生一定的压缩变形，但应注意压力不可过大，防止破坏接口。然后在两侧立木盖堵之间打入四根撑木，要求上下左右对称，并用小枋木将四根撑木钉为一体，以防受力时掉落。如管道为刚性接口，试压盖堵的接头也是填打刚性接口，应该在支顶完毕后再行打口。

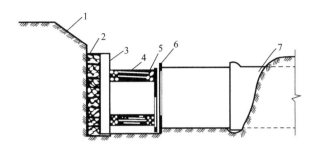

图 6-49 圆木支顶示意图

1—天然土壁；2—横枋木；3—立枋木；4—圆木；

5—横向顶铁或枋木；6—试压盖堵及平塞；7—试压给水管道

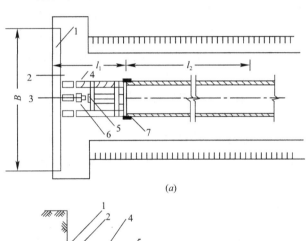

(a)

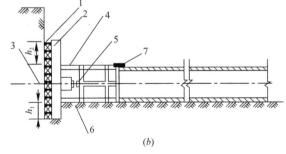

(b)

图 6-50 千斤顶支顶示意图

(a) 平面布置；(b) 立面图

1—横卧枋木或型钢；2—顶铁；3—管中心应与顶铁中心、后背中心对正；

4—撑木；5—拉杆；6—千斤顶；7—盖堵、转换口

B—后背宽；l_1—1.5~2.0m；l_2—10m 内还土并夯实胸腔部分；

h_1—后背向管下降深 0.30~0.50m；h_2—后背超高 0.50m

支撑结构应根据具体情况充分考虑盖堵受压大小及管体可能的破坏情况等来进行设计。

试压时管端所承受的总压力可按下式进行计算：

$$P = p \times s = p \times \pi \times r^2 = p \times \pi \times D^2/4 \tag{6-13}$$

式中　P——管端所承受的总压力，N；

p——试验压力，MPa；

s——管端盖堵受力面积，mm^2；

r——管半径，mm；

D——管直径，mm；

（7）给水管道水压试验标准

1）压力管道水压试验前浸泡时间（表 6-20）

压力管道水压试验前浸泡时间　　　　　　　表 6-20

管材种类	管道内径 D_i(mm)	浸泡时间（h）
球墨铸铁管（有水泥砂浆衬里）	D_i	≥24
钢管（有水泥砂浆衬里）	D_i	≥24
化学建材管	D_i	≥24
现浇钢筋混凝土管渠	$D_i \leqslant 1000$	≥48
	$D_i > 1000$	≥72
预（自）应力混凝土管、预应力钢筒混凝土管	$D_i \leqslant 1000$	≥48
	$D_i > 1000$	≥72

2）试验压力应按表 6-21 选择确定：

压力管道水压试验的试验压力（单位：MPa）　　表 6-21

管材种类	工作压力 P	试验压力
钢管	P	$P+0.5$，且不小于 0.9
球墨铸铁管	≤0.5	$2P$
	>0.5	$P+0.5$
预（自）应力混凝土管、预应力钢筒混凝土管	≤0.6	$1.5P$
	>0.6	$P+0.3$
现浇钢筋混凝土管渠	≥0.1	$1.5P$
化学建材管	≥0.1	$1.5P$，且不小于 0.8

（8）水压试验步骤

1）预试验阶段：将管道内水压缓慢升至试验压力并稳压 30min，期间如有压力下降可注水补压，但不得高于试验压力，检查管道接口、配件等处有无漏水、损坏现象，有漏水、损坏现象时应及时停止试压，查明原因并采取相应措施后重新试压。

2）主试验阶段：停止注水补压，稳定 15min，当 15min 后压力下降不超过表 6-22 所列允许压力降数值时，将试验压力降至工作压力并保持恒压 30min，进行外观检查，若无漏水现象，则水压试验合格。

压力管道水压试验的允许压力降（单位：MPa）　　表 6-22

管材种类	试验压力	允许压力降
钢管	$P+0.5$，不小于 0.9	0
球墨铸铁管	$2P$	
	$P+0.5$	
预（自）应力混凝土管、预应力钢筒混凝土管	$1.5P$	0.03
	$P+0.3$	
现浇钢筋混凝土管渠	$1.5P$	
化学建材管	$1.5P$，且不小于 0.8	0.02

3）管道升压时，管道的气体应排除，升压过程中，发现弹簧压力计表针摆动、不稳，且升压较慢时，应重新排气后再升压。

4）应分级升压，每升一级应检查后背、支墩、管身及接口，无异常现象时再继续升压。

5）水压试验过程中，后背顶撑、管道两端严禁站人。

6）水压试验时，严禁修补缺陷，遇有缺陷时，应做出标记，卸压后修补。

（9）管道严密性试验标准

1）管道的严密性试验标准（表6-23）

允许渗水量表 表6-23

管道内径 D(mm)	允许渗水量［单位：L/(min·km)］		
	焊接接口钢管	球墨铸铁管、玻璃钢管	预（自）应力混凝土管、预应力钢筒混凝土管
100	0.28	0.70	1.40
150	0.42	1.05	1.72
200	0.56	1.40	1.98
300	0.85	1.70	2.42
400	1.00	1.95	2.80
600	1.20	2.40	3.14
800	1.35	2.70	3.96
900	1.45	2.90	4.20
1000	1.50	3.00	4.42
1200	1.65	3.30	4.70
1400	1.75	—	5.00

2）试验步骤

聚乙烯管、聚丙烯管及其复合管的水压试验除应符合规定外，其预试验、主试验阶段应按下列规定执行。

① 预试验阶段，按上述规定完成后，应停止注水补压并稳定30min，当30min后压力下降不超过试验压力的70%，则预试验结束；否则重新注水补压并稳定30min再进行观测，直至30min后压力下降不超过试验压力的70%。

② 主试验阶段，在预试验阶段结束后，迅速将管道泄水降压，降压量为试验压力的10%～15%，期间应准确计量降压所泄出的水量 ΔV，并按下式计算允许泄出的最大水量 ΔV_{max}：

$$\Delta V_{max} = 1.2 V \Delta P \left(\frac{1}{E_W} + \frac{D_i}{en E_P} \right) \tag{6-14}$$

式中　V——试压管段总容积，L；

ΔP——降压量，MPa；

E_W——水的体积模量，不同水温时，E_W 值可按表6-24采用；

E_p——管材弹性模量，MPa，与水温及试压时间有关；

D_i——管材内径，m；

en——管材公称壁厚，m。

温度与体积模量关系　　　　　　　　　　　　　　表 6-24

温度（℃）	体积模量（MPa）	温度（℃）	体积模量（MPa）
5	2080	20	2170
10	2110	25	2210
15	2140	30	2230

3）试验要点

① ΔV 小于或等于 ΔV_{max} 时，则正常进行作业；ΔV 大于 ΔV_{max} 时应停止试压，排除管内过量空气再从预试验阶段开始重新试验。

② 每隔 3min 记录一次管道剩余压力，应记录 30min，30min 内管道剩余压力有上升趋势时，则水压试验结果合格。

③ 30min 内管道剩余压力无上升趋势时，则应持续观察 60min，整个 90min 内压力下降不超过 0.2MPa，则水压试验结果合格。

④ 主试验阶段上述两条均不能满足时，则水压试验结果不合格，应查明原因并采取相应措施后再重新组织试压。

4）大口径球墨铸铁管、玻璃钢管预应力钢筒混凝土管道的接口单口水压试验应符合下列规定：

① 安装时应注意将单口水压试验用的进水口（管材出厂时已加工），置于管道顶部；

② 管道接口连接完毕后进行单口水压试验，市政压力管线试验压力为管道设计压力的 2 倍，且不得小于 1MPa；增压管线为管道设计压力加 0.5MPa，且不得小于 1MPa；

③ 试压采用手提式打压泵，管道连接后将试压嘴固定在管道承口的试压孔上，连接试压泵，将压力升至试验压力，恒压 2min，无压力降为合格；

④ 试压合格后，取下试压嘴，在试压孔上拧上 M10×20 不锈钢螺栓，并拧紧；

⑤ 水压试验时应先排净水压腔内的空气；

⑥ 单口试压不合格且确认是接口漏水时，应马上拔出管节，找出原因，重新安装，直到符合要求为止。

5）水压试验采用的设备、仪表规格及其安装应符合下列规定。

① 采用弹簧压力计时，精度不低于 1.5 级；最大量程宜为试验压力的 1.3～1.5 倍，表壳的公称直径不宜小于 150mm，使用前经校正并具有符合规定的检定证书（图 6-51）。

② 水泵、压力计应安装在试验段的两端部与管道轴线相垂直的支管上。

（10）水压试验管路

水压试验管路安装如图 6-52 所示。

（11）管道水压试验注意事项

1）检查

进行水压试验应统一指挥，明确分工，对后背、支墩、接口、排气等都应规定专人负责检查，并明确规定发现问题时的联络信号。

2）升压

① 开始升压时，对两端盖堵及后背应特别注意，以便发现问题及时停泵处理。

② 水压试验应逐步升压，每次升压以 0.2MPa 为宜，每次升压后，稳定检查没有问题时，再继续升压。

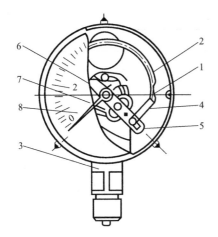

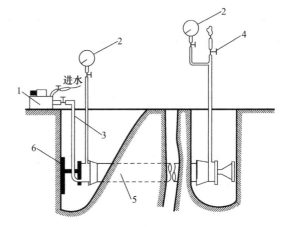

图 6-51　弹簧压力表

1—封口塞子；2—密封弹簧管；3—接管头；4—连杆；

5—扇形齿轮；6—转轴齿轮；7—指针；8—度盘

图 6-52　水压试验管路安装图

1—泵机；2—压力表；3—进水管；

4—排气（泄水）阀；5—试压管段；6—后背支撑

3）安全

水压试验时，后背、支撑、管端等附近均不得站人，检查应在停止试压时进行。

4）冬季施工

冬季进行水压试验应采取防冻措施。可将管道回填土适当加高；用草帘将暴露接口包严；对串水及试压临时管线缠包保温，不用水时放空；工作要安排紧凑，速战速决；遇到管径较小、气温低的情况，有时也要考虑加盐水防冻的方法。

（12）室内给水管道水压试验

室内给水管道系统应做水压试验。室内给水管道的水压试验必须符合设计要求，当设计未注明时，各种材质的给水管道系统试验压力均为工作压力的 1.5 倍，但不得小于 0.6MPa。

水压试验方法：金属和复合管给水管道系统在试验压力下观测 10min，压力降不应大于 0.02MPa，然后降到工作压力进行检查，应不渗不漏；塑料管给水系统应在试验压力下稳压 1h，压力降不得超过 0.05MPa，然后在工作压力的 1.15 倍状态下稳压 2h，压力降不得超过 0.03MPa，同时检查各连接处不得渗漏。

6.3.2　管道冲洗与消毒

给水管道冲洗工序（洗管）是竣工验收前的一项重要工作，冲洗前必须认真拟定冲洗方案，做好冲洗设计，以保证冲洗工作顺利进行。

（1）冲洗方案

1）一般程序

冲洗方案的准备工作→冲洗方案的设计→贯彻冲洗方案→冲洗前的检查→开闸冲洗→检查冲洗现场→目测合格关闸→化验。

2）基本规定

① 管道冲洗时的流量不应小于设计流量或不小于 1.0m/s 的流速。

② 冲洗应连续进行，当排出口的水色、透明度与入口处目测一致时即可取水化验。

③ 冲洗时间应安排在用水量较小、水压偏高的夜间进行。

（2）冲洗方案设计要点

1）冲洗水的水源

管道冲洗要耗用大量的水，水源必须充足，冲洗水的流速，不应小于 1.0m/s。一种情况是被冲洗的管线可直接与新水源厂（水源地）的预留口接通，开泵冲洗；另一种情况与现有的供水管网的管道用临时管接通，必须选好接管位置，设计临时来水管线。

2）放水口

① 放水路线不得影响交通及附近建筑物（构筑物）的安全，并与有关单位取得联系，以确保放水安全、畅通。

② 安装放水管时，与被冲洗管的连接应严密、牢固，管上应装有阀门、排气管和放水取样龙头，放水管的弯头处必须进行临时加固，以确保安全工作。

放水口管的局部示意如图 6-53 所示。

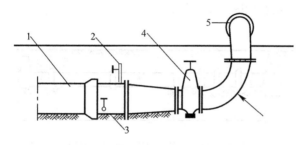

图 6-53　放水口上弯示意图

1—被冲洗（消毒）；2—排气管；3—放水龙头；4—闸门；5—接排水出路

3）排水路线

由于冲洗水量大并且较集中，要选好排放地点，排至河道和下水道时要考虑其承受能力，以及是否能正常泄水。

4）人员组织

管道冲洗设专人指挥，严格实行冲洗方案。派专人巡视，专人负责阀门的开启、关闭。和有关协作单位密切配合联系。

5）制定安全措施

放水口处应设置围栏，专人看管，夜间设照明灯具等。

6）通信联络

配备通信设备，确定联络方式，冲洗全线做到情况明确、指挥得当。

7）拆除冲洗设备

冲洗消毒进行完毕，及时拆除临时设施，检查现场，恢复原有设施。

（3）放水冲洗注意事项

1）准备工作

① 放水冲洗前与管理单位联系，共同商定放水时间、用水量、如何计算用水量及取水化验时间等事宜。冲洗水流速应不小于 1.0m/s；宜安排在城市用量较小、管网水压偏高的时间内进行。

② 放水口应有明显标志和栏杆，夜间应加标志灯等安全措施。

③ 放水前，应仔细检查放水路线，确保安全、畅通。

2）开闸冲洗

① 放水时，应先开出水闸门，再开来水闸门。

② 注意冲洗管段，特别是出水口的工作情况，做好排气工作，并派人监护放水路线，有问题及时处理。

③ 支管线亦应放水冲洗。

3）检查

检查沿线有无异常声响、冒水和设备故障等现象，检查放水口水质外观。

（4）管道消毒

生活饮水用的给水管道在放水冲洗后，如水质化验达不到要求标准，应用漂白粉溶液注入管道内浸泡消毒，然后再冲洗，经水质部门检验合格后交付验收。

管道冲洗消毒管路示意如图 6-54 所示。

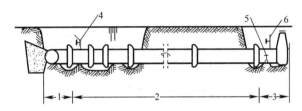

图 6-54　生活饮用水给水管道冲洗消毒管路示意图

1—来水管路；2—被冲洗消毒的管段；3—放水口管段；4—漂白粉消毒液入口；5—放水口；6—排气管

1）漂白粉溶液的制备

① 计算漂白粉用量

$$Q = \frac{4VA}{3B} \tag{6-15}$$

式中　Q——漂白粉用量，kg；

　　　V——消毒管段存水体积，m³；

　　　A——管道中要求的游离氯含量，％，即每立方米水中含游离氯的千克数，也是每升水中含游离氯的毫克数，mg/L；

　　　B——漂白粉纯度，％，标准纯度为 25％；

　　4/3——漂白粉的溶解度，为 3/4 的倒数。

2）材料工具

漂白粉、自来水、小盆、大桶、口罩、手套等劳保防护用品。

3）溶解

① 先将硬块压碎，在小盆中溶解成糊状，直至残渣不能溶化为止，除去残渣；

② 再用水冲入大桶内搅匀，即可使用。

4）含氯量

当管道消毒要求中含氯量 $A = 20\text{mg/L}$，漂白粉的含氯量 $B = 25\%$，漂白粉的溶解率为 75％时，每 100m 管道消毒所需的漂白粉量可参见表 6-25。

每100m管道消毒所需漂白粉用量表 表 6-25

公称直径（mm）	100	150	200	250	300	350	400	450	500
漂白粉（kg）	0.13	0.28	0.50	0.79	1.13	1.54	2.01	2.55	3.14
公称直径（mm）	600	700	800	900	1000	1100	1200	1400	1500
漂白粉（kg）	4.53	6.16	8.05	10.18	12.57	15.21	18.10	24.64	28.28

① 漂白粉含氯量以 25% 计；

② 漂白粉溶解率以 75% 计；

③ 管道要求水中含氯量以 30mg/L 计。

5）漂白粉的注入方法

漂白粉的注入方法可采用在人孔或阀门处进行注入，且应在来水的上游方向，使漂白粉能够充分、均匀地溶解。

6）管道消毒程序和注意事项（表 6-26）

水管消毒程序和注意事项 表 6-26

程序	注意事项
一、准备工作	1. 在消毒前两天，与管理单位联系，取得配合； 2. 制备漂白粉溶液
二、泵入漂白粉溶液	打开放水口和进水处闸门，根据漂白粉溶液浓度、泵入速度，调节闸门开启程度，控制管内流速，以保证水中游离氯含量 25～50mg/L
三、关闸	在放水口放出水的游离氯含量为 25mg/L 以上时，方可关闸
四、泡管消毒	24h 以上
五、放净氯水、放入自来水	关闸并存水 4h
六、取水化验	由管理单位进行，符合标准才算完毕

第7章 供水管道不开槽施工技术

管道穿越铁路、公路、河流、建筑物等障碍物，或在城市干道下铺管，常常采用不开槽施工。与开槽施工相比，管道不开槽施工的土方开挖和回填工作量减少很多；不必拆除地面障碍物；不会影响地面交通；穿越河流时既不影响正常通航，也不需要修建围堰或进行水下作业；消除了冬季和雨季对开槽施工的影响；不会因管道埋设深度增加而增加开挖土方量；管道不必设置基础和管座；可减少对管道沿线的环境污染等。由于管道不开槽施工技术的进步，施工费用也逐步降低。

我国不开槽施工技术和设备的开发与研制工作起步较晚。其应用和发展大致可分为两个阶段：1953～1985 年为第一阶段，即使用传统的非开挖技术阶段；1985 年至今为第二阶段，即引入现代非开挖技术阶段。

我国最早使用的不开槽施工法是顶管法。该方法至今还是我国使用最多的不开槽施工法。

从 20 世纪 80 年代中后期起，由于不允许开挖铺设地下管线的工程量日益增多，且重要性也日趋加大（如穿越河流、高速公路、铁路干线、机场跑道等），现代非开挖技术发展迅速。首先是顶管技术有了较大的进展，引入了中继环顶管技术、触变泥浆技术、自动测斜纠偏技术以及土压平衡和泥水加压平衡技术；其次，顶管直径从 20 世纪 50 年代的 800mm 发展到 3m，一次顶进长度从几十米发展到几百米，甚至上千米，在含水层中施工也已成为可能。近年来南京市供水管道施工中相继采用了顶管施工工艺，如往龙潭供水工程中过栖霞大道 DN1000 供水管道及定淮门大街供水管道改造中就采用了顶管工艺。

随着 PE 管材在供水行业中的广泛应用，定向钻施工工艺在全国各大城市中使用广泛，比如在南京市供水管道施工中，实施较早的靖安供水工程过三江河供水管道就采用了定向钻施工工艺，向江心洲供水过夹江供水管道工程、石杨路过铁路及绕城公路供水管道工程等均采用了定向钻施工工艺。

不开槽施工一般适用于非岩性土层。在岩石层、含水层施工，或遇坚硬地下障碍物，都需要有相应的附加措施。因此，施工前应详细勘察施工地段的水文地质和地下障碍物等情况。

管道不开槽施工方法有很多种，主要可分为顶管、定向钻和夯管，由于沉管施工位于水下，桥管为架空施工，因此将沉管和桥管列入不开槽施工方法范畴。采用何种方法，要根据管径、土层性质、地质条件、管线长度及其他因素选择。不开槽施工方法与适用条件见表 7-1。

不开槽施工方法与适用条件 表 7-1

施工方法	顶管	定向钻（拉管）	夯管	沉管
工法优点	施工精度高	施工速度快	施工速度快，成本较低	施工精度较高
工法缺点	施工成本高	控制精度低	控制精度低，适用于钢管	需水下开槽及浮吊设施

续表

施工方法	顶管	定向钻（拉管）	夯管	沉管
适用范围	给水排水管道综合管道	给水排水管道综合管道	给水排水管道	适用于无法顶管及定向钻施工的过河给水排水管道
适用管径（mm）	800～4000	200～1000	200～1800	400～1400
施工精度	小于±50mm	不超过0.5倍管道内径	不可控	可控
施工距离	较长	一次可达700m以上	短	较长
适用地质条件	各种土层	砂卵石不适用	含水地层不适用，砂卵石地层困难	风化岩地层不适用，砂卵石地层困难

7.1 顶管施工工艺

顶管施工工艺是使用最早的一种施工方法，起源于美国。最初，顶管施工法主要用于跨越孔施工时顶进钢套管。随着技术的改进，顶管法也用于供水管道工程中，多用于顶进钢筋混凝土套管或永久性的钢管。

按工作面的开挖方式可将顶管法主要分为普通顶管（人挖机顶）、机械顶管（机挖机顶）、水射顶管（泥水平衡顶管）、挤压顶管（挤压土柱）等。采用何种方法要根据管径、土层条件、管线长度以及技术经济比较来确定。排土的方式可以是螺旋排土、浆液泵送或用手推车、电瓶车、皮带输送排土。

一般来讲，按工作区间的不同，可将顶管施工分为五个部分：①放线；②工作井及接收井施工；③顶进工作坑轨道安装；④顶管设备布置；⑤管道顶进。

7.1.1 工作井及其布置

工作井位置由地形、管线设计、障碍物种类等因素决定。

（1）工作井种类和尺寸

管道只向一个方向顶进的称为单向井。向一个方向顶进所能达到的最大长度，称为一次顶进长度。其他工作井还有双向井、转向井、多向井和接收井（图7-1）。

图7-1 工作井种类

1—单向井；2—双向井；3—多向井；4—转向井；5—接收井

工作井（包括顶进工作井和接收工作井）的位置根据地形、管线设计、障碍物的种类等因素确定。工作井的平面尺寸取决于管径和管节的长度、顶管机的类型、排土的方式、操作工具以及后座墙等因素，一般按下列公式计算确定。

1）工作井的宽度 B（m）为：

$$B = D_1 + 2b + 2c \tag{7-1}$$

式中　D_1——顶进管的外径，m；

　　　b——管两侧的操作空间，根据管径大小和操作工具而定，一般取 $1.2\sim1.6$m；

　　　c——撑板的厚度，一般为 0.2m。

2）工作井的长度 L（m）为：

$$L = L_1 + L_2 + L_3 + L_4 + L_5 + L_6 \tag{7-2}$$

式中　L_1——管节的长度，一般为 2m、4m；

　　　L_2——千斤顶的长度，一般为 $0.9\sim1.1$m；

　　　L_3——后座墙的厚度，约为 1m；

　　　L_4——前一节已顶进管节留在导轨上的最小长度，通常为 $0.3\sim0.5$m；

　　　L_5——管尾出土所留的工作长度，根据出土工具而定，用小车时为 0.6m，手推车时为 1.2m；

　　　L_6——调头顶进时的附加长度，m。

工作井的施工成本，尤其是当埋深较大时，在总成本中占有较大的比重。因此，应最大限度地减少顶进设备的尺寸，以减少工作坑的尺寸，最终降低工作坑的施工成本。

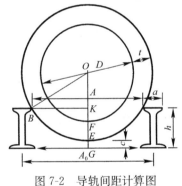

图 7-2　导轨间距计算图

工作井的结构形式一般根据地质条件确定，当地质条件很好时（如老黄土），可采用钢板桩支撑加后座背的简易工作井形式；当地质条件较差时（如粉质黏土或流砂），通常采用钢筋混凝土沉井形式。

（2）顶进工作井内导轨

导轨的作用是引导管子按设计的中心线和坡度顶入土中，保证管子在将要顶入土中前的位置正确。

导轨用轻轨、重轨、槽钢或工字钢做成。两导轨间净距 A（图 7-2）可由下式决定：

$$A = 2BK = 2\sqrt{OB^2 - OK^2} = 2\sqrt{(D+2t)(h-c) - (h-c)^2}\,(\text{m}) \tag{7-3}$$

导轨中距 A_0 为：

$$A_0 = a + A = a + 2\sqrt{(D+2t)(h-c) - (h-c)^2}\,(\text{m}) \tag{7-4}$$

式中　D——管子内直径，m；

　　　t——管壁厚，m；

　　　h——钢导轨高度，m；

　　　c——管外壁与基础面的间隙，约为 $1\sim3$cm；

　　　a——导轨上宽。

导轨高程按管线坡度铺设，也可按水平铺设。导轨用道钉固定于混凝土基础内预埋的轨枕上。导轨面的高程，由刨削轨枕面使之下降或用垫铁使之上升来调节。为了简化安装工作，可根据不同管径预制成工具式钢导轨。还可采用滚轮式导轨，这种导轨的优点是可以调节导轨的两轨中距，而且可减少导轨对管子的摩擦。

（3）后座墙与后背

1）构造

后背的作用是减少对后座墙的单位面积压力。图 7-3 所示为后背的构造，其中钢板桩后背用于弱土层。

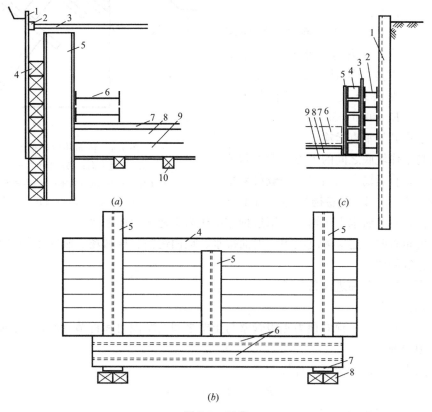

图 7-3　后背

（a）方木后背侧视图；（b）方木后背正视图

1—撑板；2—方木；3—撑杠；4—后背方木；5—立铁；6—横铁；7—木板；8—护木；9—导轨；10—轨枕

（c）钢板桩后背

1—钢板桩；2—工字钢；3—钢板；4—方木；5—钢板；6—千斤顶；7—木板；8—导轨；9—混凝土基础

在工作井双向顶进时，已顶进的管段作为未顶进管段的后背。双向同时顶进时，就不必设后背和后座墙。

转向顶进时，工作坑后背布置如图 7-4 所示。

2）后座墙的计算

应该保证后背在顶力或后座墙土压力作用下不会被破坏；不会发生不允许的均匀压缩变形，不发生不均匀的压缩变形。后座墙在顶进过程中承受全部的阻力，故应有足够的稳定性。为了保证顶进质量和施工安全，应进行后座墙承载能力的计算。计算公式为：

$$F_c = K_r B_0 H(h + H/2)\gamma K_p \tag{7-5}$$

式中　F_c——后座墙的承载能力，kN；

　　　B_0——后座墙的宽度，m；

　　　H——后座墙的高度，m；

h——后座墙顶至地面的高度，m；

γ——土的容重，kN/m³；

K_p——被动土压力系数，与土的内摩擦角 φ 有关，$K_p = \tan^2(45° + \varphi/2)$；

K_r——后座墙的土坑系数，当埋深浅，不需打钢板桩，墙与土直接接触时，$K_r = 0.85$；当埋深较大，打入钢板桩时 $K_r = 0.9 + 5h/H$。

（4）工作井的垂直运输

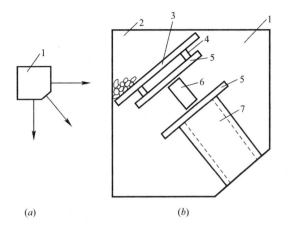

图 7-4　转向井后背布置

(a) 顶进方向；(b) 工作井布置

1—工作井；2—填石后座；3—后背方木；4—立铁；5—横铁；6—千斤顶；7—管子

地面与工作坑底之间的土方、管子和顶管设备等的垂直运输方法很多，一般可采用单轨电动吊车、三脚架-卷扬机等。由于三脚架起重设备不能做水平运输，采用这种方法还需搭地面操作平台。

工作坑布置时，还应解决电源、地面排水、地面运输、堆料场、临时工作场和工人工地生活设施等问题。

（5）顶力计算及顶进设备

1）顶力计算

顶管施工时，千斤顶的顶力克服管壁与土壁之间的摩擦力和首节管端面土的抗剪强度而把管子顶向前进。

顶进阻力计算通常按下式计算：

$$F_p = \pi D_0 L f_k + N_F \tag{7-6}$$

式中　F_p——顶进阻力，kN；

D_0——管道的外径，m；

L——管道设计顶进长度，m；

f_k——管道外壁与土的单位面积平均摩阻力，kN/m²，通过试验确定；对于采用触变泥浆减阻技术的宜按表 7-2 选用；

N_F——顶管机的迎面阻力，kN；不同类型顶管机的迎面阻力宜按表 7-3 选择计算式。

采用触变泥浆的管外壁单位面积平均摩擦阻力 f（kN/m²）　　　表 7-2

管材 \ 土类	黏性土	粉土	粉、细砂土	中、粗砂土
钢筋混凝土管	3.0～5.0	5.0～8.0	8.0～11.0	11.0～16.0
钢管	3.0～4.0	4.0～7.0	7.0～10.0	10.0～13.0

注：当触变泥浆技术成熟可靠，管外壁能形成和保持稳定、连续的泥浆套时，f 值可直接取 3.0～5.0kN/m²。

顶管机迎面阻力（N_F）的计算公式　　　表 7-3

顶进方式	迎面阻力（kN）	式中符号
敞开式	$N_F = \pi(D_g - t)tR$	t——工具管刃脚厚度（m）
挤压式	$N_F = \dfrac{\pi}{4}D_g^2(1-e)R$	e——开口率

续表

顶进方式	迎面阻力（kN）	式中符号
网格挤压式	$N_F = \dfrac{\pi}{4} D_g^2 aR$	a——网格截面参数，取 $a = 0.6 \sim 1.0$
气压平衡式	$N_F = \dfrac{\pi}{4} D_g^2 (aR + P_n)$	P_n——气压强度（kN/m²）
土压平衡和泥水平衡	$N_F = \dfrac{\pi}{4} D_g^2 P$	P——控制土压力

注：1. D_g——顶管机外径（mm）；
　　2. R——挤压阻力（kN/m²），取 $R = 300 \sim 500$ kN/m²。

由于土质变化、坑道开挖形状不规则、土含水量变化、管壁粗糙程度不一、顶进技术水平参差、顶进中间停歇等各种原因，顶力不易事先精确计算。图 7-5 所示为黏质砂土中顶进两条直径 900mm 钢筋混凝土管的实际顶力与顶进长度的曲线图。

2）顶进设备

顶进设备主要是千斤顶。在顶管施工时使用的千斤顶按其功能分为以下三种：

① 主压千斤顶：固定在工作坑内，用于顶进管节。

② 校正千斤顶：固定在盾构机内，用于调节高程和中心线的偏差。

③ 中继千斤顶：固定在管节之间，作为接力顶进的工具，一般为活塞式双作用千斤顶。

主压千斤顶的数量一般为两个或两个以上，总的顶进力取决于顶进管所能承受的安全顶进力。

当顶进距离较长，或者在复杂的地层中顶

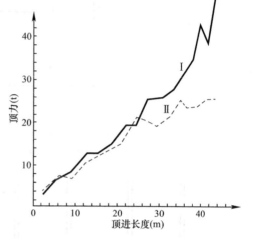

图 7-5　实际顶力与顶进长度曲线图
Ⅰ—第一条管道顶进；Ⅱ—第二条管道顶进

管时，则需将载荷分布在数个点上，以减少每个顶进点的顶进力，中继千斤顶正是为此而设置的。

目前在供水管道施工中大多采用油压千斤顶。图 7-6 所示为油压回路。电动机使油泵工作，把工作油加压到工作压力，由管路输送，经分配器、控制阀送入千斤顶。电能经油泵转换为压力能，千斤顶又把压力能转换为机械能，对负载做功——顶入管子。机械能输出后，工作油以一个大气压状态回到油箱。

工作油应具有如下良好的技术特性：适宜的黏度，较高的化学稳定性，良好的润滑性，不燃或难燃性，低压缩性，良好的防锈性，不会导致油压系统中密封材料膨胀、硬化或熔解。顶管施工中经常采用的是变压器油。

千斤顶在工作井内的布置方式分单列、并列和环周列等（图 7-7）。当要求的顶力较大时，可采用数个千斤顶并列顶进；但是，如果由于某种原因致使各千斤顶出程速度不等，使管子偏斜，则可导致实际总顶力减少。

千斤顶顶力的合力位置应该和顶进抗力的位置在同一轴线上，避免产生顶进力偶，使管子发生高程误差。顶进抗力即为土壁与管壁摩擦阻力和管前端的切土阻力。当上半部管壁与井壁间有孔隙时，根据施工经验，千斤顶在管端面的着力点应在管子垂直直径的 1/4～1/5

处（图 7-8），这是因为，管子水平直径以下部分管壁与土壁摩擦，摩擦阻力的合力大致位于管子垂直直径的 $1/4\sim1/5$ 处。当管子全周与土接触摩擦时，千斤顶可按管子环周列布置，如图 7-7（c）所示。

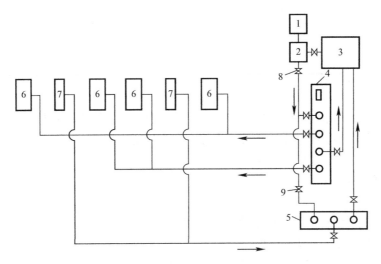

图 7-6　顶管油压系统

1—电机；2—油泵；3—油箱；4—主分配器；5—副分配器；

6—顶进千斤顶；7—回程千斤顶；8—单向阀；9—闸门

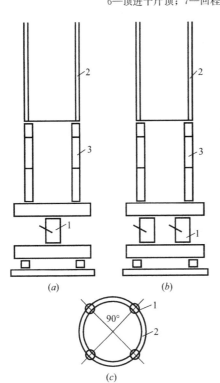

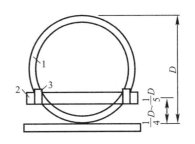

图 7-7　千斤顶布置方式

（a）单列式；（b）双列式；（c）环周列式

1—千斤顶；2—管子；3—顺铁

图 7-8　千斤顶在管口的作用点位置

1—管子；2—横铁；3—顺铁

采用顶铁（图 7-9）传递顶力。顶铁由各种型钢拼接制成，根据安放位置和传力作用不同，可分为顺铁、横铁和立铁。顺铁是当千斤顶的顶程小于单节管子长度时，在顶进过程中陆续安放在千斤顶与管子之间传递顶力的。

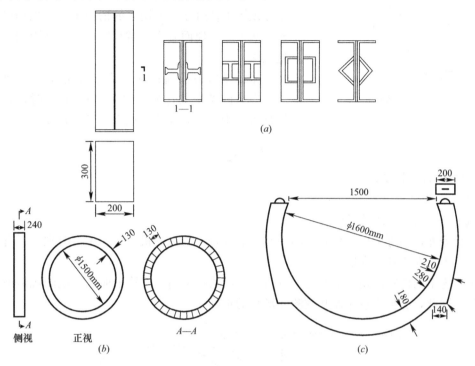

图 7-9 顶铁

(a) 矩形顶铁；(b) 圆形顶铁；(c) U 型顶铁

7.1.2 挖土与出土

工作井布置完毕，开始挖土和顶进。管内挖土分人工和机械两种，图 7-10 所示为人工挖土顶管示意图。密实土层内坑壁与管上方可有 1～2cm 间隙，以减少顶进阻力。孔隙范围愈大，即管壁与坑道壁接触所形成的管中心包角愈小，顶进阻力愈小，但管子偏移随意性增大。如果不允许地基沉降，管壁与坑壁间就不应留孔隙，而且最好是少许切土顶进。

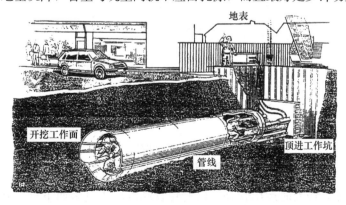

图 7-10 人工挖土顶管示意图

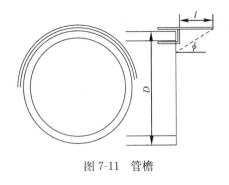

图 7-11　管檐

人工每次掘进深度，一般等于千斤顶顶程。土质较好，挖深在 0.5～0.6m 甚至在 1m 左右。开挖纵深过大，坑道开挖断面就容易发生偏差。因此，长顶程千斤顶用于管前方人工挖土的情况下，全顶程可能分若干次顶进。地面有震动载荷时，要严格限制每次开挖纵深。

土质松散或有流砂时，为了保证安全和便于施工，在管前端安装管檐（图 7-11）。施工时，先将管檐顶入土中，工人在檐下挖土，管檐长度 l 为：

$$l = \frac{D}{\text{tg}\varphi} \tag{7-7}$$

式中　l——管檐长度；

　　　D——管外径；

　　　φ——土的自然倾斜角。

除管檐外，还可采用工具管（图 7-12）装在顶进管段的最前端。施工时把工具管先顶入土中，工人在工具管内挖土。

顶管施工的位置误差，主要是由坑道开挖形状不正确，使管子循已开挖的坑道前进而引起的。因此，必须注意保证开挖断面形状的正确。

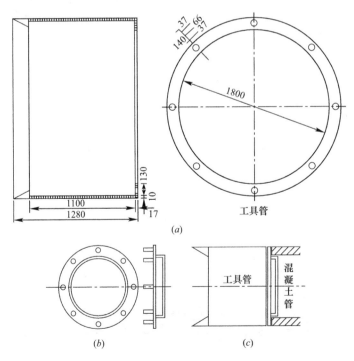

(a)

(b)　　　　　　(c)

图 7-12　工具管（单位：mm）

(a) 工具管；(b) 工具管与钢筋混凝土管的连接设备；(c) 连接方式

前方挖出的土，应及时运出管外，以避免管端因堆土过多而下沉，并改善工作环境。管径较大，可用手推车在管内运土；管径较小，可用特制小车运土。土运到工作坑后，由起重设备吊上来再运到工作坑外。

机械开挖顶管设备示意如图 7-13 所示，电动机经减速箱减速，带动刮刀或刀齿架转动，开挖土方。刮刀为一长形的刀片，刮刀切土示意如图 7-14。为了在坑壁与管壁间留有孔隙，管中心与刮刀旋转中心有一间距 a。因此，这种设备称为偏心水平钻机。

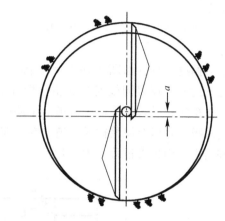

图 7-13　机械挖土顶管示意图　　　　图 7-14　偏心刮刀示意图

也可在刀齿架上安装刀齿切土。为了把工作面开挖成锅底形，刀齿架做成任意锥角的锥形。大直径管子，锥角较大，锥形平缓。

刮刀或刀齿切下的土，由皮带运输机转运卸至运土小车，运出管外。

偏心水平钻机有两种安装方法：一种是安装在钢筒内的整体工具管式；另一种是装配式，施工前安装在顶进的第一节管子内。采用工具管的优点是钻机构造较简单、现场安装方便，但是它只适用于一种管径，而且顶进过程中遇到障碍，只能开槽将其取出。

图 7-15 为直径 1050mm 的整体式偏心水平钻机。

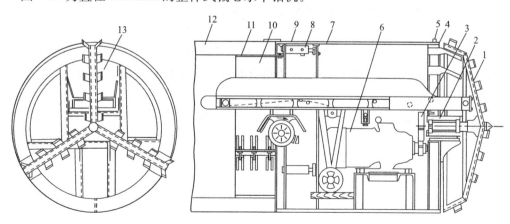

图 7-15　直径 1050mm 整体水平钻机

1—机头的刀齿架；2—轴承座；3—减速齿轮；4—刮泥板；5—偏心环；6—摆线针轮减速电机；
7—机壳；8—校正千斤顶；9—校正室；10—链带输送器；11—内涨圈；12—管道；13—切削刀齿

偏心水平钻机用于黏土、亚黏土、亚砂土和砂土中钻进。在弱土层中顶进时，由于设备重量较大，常会引起管端下沉，导致顶进位置误差。在含水土层内，土方不易从刀齿架上卸下，而且，工作条件恶化。在这种情况下，经常采用工作面封闭的水力顶进。

7.1.3　水力掘进（即泥水平衡顶管）及挤压掘进顶管

（1）水力掘进顶管

水力掘进是利用高压水枪射流将切入工作管管口的土冲碎，水和土混合成泥浆状态输送出工作井。

在高地下水头的弱土层、流砂层或穿越水下（河底、江底）饱和土层，可采用水力掘进顶管。

水力掘进工具管如图 7-16 所示。前段为冲泥舱。为了防止流砂或淤泥涌入管内，冲泥舱是密封的。在刃脚处安装栅格，栅孔的面积取决于土的性质。在吸泥口处再安装栅格，防止粗颗粒进入泥浆输送管道。水冲射方向可由人工调整控制。泥浆由于水射器的作用，进入吸口并压至泥浆输送管道。在有充足工作水水源和泄泥场条件下，这种掘进方法使饱和弱土层内顶管过程大为简化。

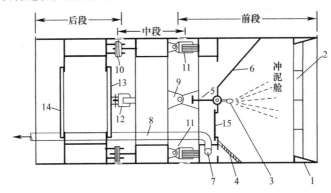

图 7-16　水力掘进工具管

1—刃脚；2—格栅；3—水枪；4—格栅；5—水枪操作把；6—观察窗；7—泥浆吸口；
8—泥浆管；9—水平铰；10—垂直铰；11—上下纠偏千斤顶；12—左右纠偏千斤顶；
13—气阀门；14—大水密门；15—小水密门

掘进方向由校正环控制。在校正环内安装校正千斤顶和校正铰。冲泥舱和校正铰之间由于校正铰的铰接而可做相对转动，开动相应的校正千斤顶可使冲泥舱做上下、左右转动，调正掘进方向。

工具管的后段是气闸室。为了在冲泥舱内检修、清理故障等，工人由小密门进入冲泥舱。此时，应维持工作面稳定和防止地下水涌入，保证操作工人安全。为此，需要提高工具管内的气压。气压系统包括设在工作坑地面的空压机和输气管道。气闸室是工人进出高压区时升压和降压之用。

在冲泥舱、校正环和后段气闸室之间应有可靠的密封。通常采用橡胶止水带密封，橡胶圆条填塞于密封槽内。

在高地下水头及饱和弱土层内水力掘进，铺设的管材采用钢管和永久性焊接口。钢管应做防腐层。

钢管在地面进行防腐处理与预接口，将短管节焊接，然后由门架起重机吊入工作坑内。在坑内与已顶入土中的管子焊接连接。千斤顶呈圆环布置，后背为混凝土墙，与工作坑壁连接。工作水经泵房加压由进水管输入，泥浆由出泥管经水射器作用输送到地面。触变泥浆在泥浆房拌制，经泥浆泵加压，由泥浆管输送到管前端注浆口和中途泥浆槽。中途泥浆槽为中途补浆的贮浆槽。气压顶进的压缩空气由空压机房供给，经进气管输入。为了提供良好的工作条件，管内空调的进风管和回风管也铺设进管道。各种管路系统都应采用可拆卸接口，以便在管道顶进延长时将各种管相应延长。激光经纬仪固定安装于专门的机架上。

混凝土沉井浇筑时，应在混凝土墙上留设洞口，作为始顶时工具管的入口。用钢板将预留洞口临时封闭，以便工作坑内安装、调试工作进行。始顶时，将钢板切割取出。采用这种方法，钢板只能从工作坑内取出，不易保证施工安全。还有采用条木封口方法，在工作坑前方钻孔的目的是提供条木顶散的条件。当工具管向前顶进，数块条木落入钻孔内时，整个封口就瓦解散卸。落入钻孔内的条木由泥浆吊桶取出，而大部分条木由冲泥舱取出。这种方法不但保证了全部封口材料回收、拆封工作在操纵舱外进行，而且条木封口整体性差、散卸容易。

此外，在工作井壁预留洞口应做止水装置（俗称钢封门），防止触变泥浆或流砂渗入工作坑内。

在管线的另一端，也应开挖工作坑（接收井），用以取出工具管。

（2）挤压掘进顶管

在松散弱土层内顶管，可采用挤压切土掘进方法。挤压切土工具管如图 7-17 所示。工具管由千斤顶顶入土层切土，被切土体直径与切口直径 D 相等。土体在工具管的渐缩段被压缩至其直径与割口直径 d 相等，然后进入工具管内卸土并装在小车上，用钢丝绳借卷扬机拉紧，把进入的土体割下，由小车装运经工作坑运到地面。

切口与割口的偏心距为 δ，使顶进时工具管的受力条件改善。

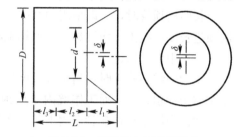

图 7-17 挤压切土工具管示意

土体积压缩率 λ 为：

$$\lambda = \frac{d^2}{D^2} \tag{7-8}$$

因此，应该根据土的孔隙率确定切口与割口的直径。

含水土层内顶进，应考虑由于土体压缩、土内水被挤出而造成的对施工环境的影响。工作坑内应设置地面排水设备。

为了校正顶进的位置，可在工具管内设置校正千斤顶。因此，工具管由三部分组成：切土渐缩部分、卸土部分和校正千斤顶部分。工具管的机动系数 K 为：

$$K = \frac{l_1 + l_2 + l_3}{D} = \frac{L}{D} \tag{7-9}$$

为了保证校正的灵活性，应正确确定机动系数 K 和 l_3 校正千斤顶的安装长度。l_2 取决于割口直径、土容重和小车荷重。l_1 取决于土的压缩性和切口渐缩段斜板的机械强度。综合考虑这些因素，就可确定工作管的各部尺寸。

这种方法由于避免了挖土、装土等工序，顶进速度可较人工掘进顶管速度提高 1～2 倍。

7.1.4 管道的连接

用于顶管施工的顶进管常采用钢筋混凝土管、钢管，在供水管道工程施工中，混凝土管主要用作套管。顶进管必须具有足够的强度，以承受端部载荷，包括顶进时产生的载荷。

单节管的长度一般为 1～5m。单管长，接头少，因而渗漏的可能性较少。但是，管越长，重量越大，要求的顶进工作坑也大，因而施工成本随之增加。

一节管子顶完，再下入工作坑一节管子。继续顶进前，应将两节管子连接好，以提高管段的整体性，减少误差产生的可能性。

顶进时的管子连接，钢管采用永久性的焊接。管子的整体顶进长度愈长，管子位置偏移随意性就愈小；但是一旦产生顶进位置误差，校正较困难。因此，整体焊接钢管的始顶阶段，应随时进行测量，避免积累误差。钢筋混凝土管通常采用钢套环连接，胶圈密封，俗称 F-B 接口连接。

7.1.5　中继间顶进、泥浆套顶进

顶管施工的一次顶进长度取决于顶力大小、管材强度、后座墙强度、顶进操作技术水平等。顶进长度取决于顶进力和管道所能承受的安全载荷。顶进力一方面由管的自重决定，更重要的是由管与土层的表面摩擦力所决定。通常情况下，一次顶进长度达 60～100m。增加顶进长度的方法有两种：一种是在管与土层之间注入润滑液，以减小表面摩擦力；另一种是在管线中间设置中继顶进站，将顶进力分布在数个顶进点上。

长距离顶管时，可以采用中继间、对向顶进、泥浆套顶进、蜡覆顶进等方法，提高一次顶进长度，减少工作坑数目。使用上述方法后，最大的顶进长度可达 1000～1500m。

（1）中继间顶进

采用中继间施工时，当顶进长度达一次顶进长度时，安设中继间。中继间之前的管子用中继千斤顶顶进，而工作坑内千斤顶将中继间及其后的管子顶进。图 7-18 所示为一种中继间。中继千斤顶在管全周上等距布置。在含水土层内，中继间与前后管之间的连接应有良好的密封。另一类型中继间如图 7-19。施工结束时，拆除中继千斤顶和顶铁。采用中

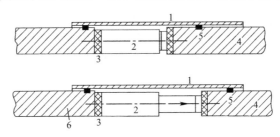

图 7-18　顶进中继间之一

1—中继间外套；2—中继千斤顶；3—垫料；4—前管；5—密封环；6—后管

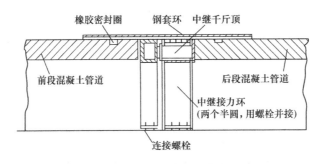

图 7-19　顶进中继间之二

继间的主要缺点是顶进速度降低。通常情况下，每安装一个中继间，顶进速度减慢一倍。但是，当安装多个中继间时，间隔的中继间可以同时工作，以提高顶进速度。

（2）泥浆套顶进

在管壁与坑壁间注入触变泥浆，形成泥浆套，减少管壁与土壁之间的摩擦阻力，一次顶进长度可增加 2～3 倍。

触变泥浆的触变性在于：泥浆在输送和灌注过程中具有流动性、可泵性和承载力，经过一定静置时间，泥浆固结，产生强度。

触变泥浆的主要成分是膨润土。膨润土矿物成分的组成和性能指标因产地不同而不同。

触变泥浆的比重应为 1.3～1.7，黏度 30～40s，静切力 7～8mg/cm²，pH 值≈8.5。触变泥浆的配合比应由试配确定。

膨润土内掺入工业碱是为了提高泥浆的稠度。泥浆稠度应根据土的渗透系数和孔隙率确定，还应具有良好的可泵性。此外，为了提高流动性，可掺入塑化剂松香酸钠；为了在顶进完毕后使泥浆固结，可掺入固化剂氢氧化钙（白灰膏）；而为了施工时保持流动性，可掺入缓凝剂工业葡萄糖。这些成分的掺入量都应根据实验室试配确定。

触变泥浆由泥浆搅拌机拌制，储于泥浆槽内；由泵加压，经输泥管输送到前端工具管的泥浆封闭环，经由封闭环上开设的注浆孔注入到坑壁与管壁间孔隙，形成泥浆套。工具管应有良好的密封，防止泥浆从工具管前端漏出（图 7-20）。注入压力根据地下水位而定，常用 0.08～0.1MPa。

当工作坑修建完毕后，在管道出洞前，应封闭工作坑壁的出洞口，防止泥浆从工作坑壁漏出。在工作井预留洞口预埋焊接有螺栓的钢管，止水胶带由螺母固紧。顶进距离过长，泥浆压力下降，则应在适当部位补浆。泥浆从补浆罐经泵加压，从留设在管壁的补浆孔压入泥浆套（图 7-21），补浆孔间距为 30～50m。

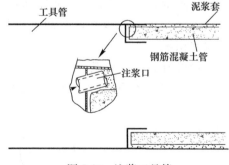

图 7-20 注浆工具管

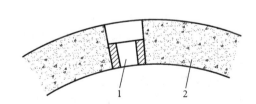

图 7-21 泥浆套补浆的管道压浆口
1—管壁预留孔内用环氧树脂粘结 $d25$ 管箍，连接补浆管；2—钢筋混凝土管壁

管子在泥浆套内顶进，不但减少了顶进的摩擦阻力，而且改善了管道在顶进时的约束条件，使管道的施工应力减小。管四周的泥浆套厚度应该是均匀的。当管道发生位置偏移时，会使管四周泥浆厚度不均，甚至"消失"泥浆。因此，适当增加泥浆套的厚度是必要的。

7.1.6 管道测量和误差校正

掘进顶管敷设的管道，通常情况下，中心水平允许误差为±20mm，高程误差为

＋10mm和－15mm。误差超过允许值，就要校正管子位置。

产生顶管误差的原因很多，大部分是由于坑道开挖形状不正确引起的。开挖时不注意坑道形状质量、坑道一次挖进深度较大、在砂砾石层开挖，都会导致开挖形状不正确。工作面土质不匀，管子向软土一侧偏斜。千斤顶安装位置不正确导致管子受偏心顶力，并列的两个千斤顶的出程速度不一致，管子两侧顺铁长度不等、后背倾斜，均会导致水平误差。在弱土层或流砂层内顶进管端很易下陷，机械掘进的机头重量使管头下陷，管前端堆土过多使管端下陷，顶力作用点不在管壁与坑壁摩擦力合力同一轴线，产生顶进力偶，均会产生高程误差。

由于顶进时管子间已有连接，误差是逐渐积累和校正的，形成误差和消除误差的长度为一弯折段，管道蛇行。顶管施工中的误差校正是指将已偏斜的顶进方向校正到正确的方向。管道弯折区将作为永久误差而留存。随后顶进的管子都将经越这一弯折区间，导致对所有经越的管口连接产生误差应力。因此，应该在误差很小时就进行校正。随时注意使第一节管子位置正确，就可保证全管段位置正确。顶管测量重点是在施工过程中对第一节管子进行测量。

顶管测量分中心水平测量和高程测量两种。

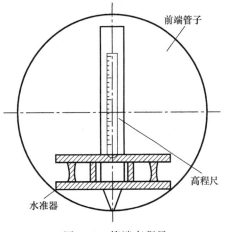

图 7-22　管端高程尺

中心水平误差用经纬仪测量或垂线检查。垂线检查是在工作坑相对两壁的两个中心钉连线，用垂球下引，然后再引中心线进入管内。在最前端管放一水准中线尺。引进管内的中心线交于此中心线尺，就可测出中心水平误差值。

高程误差是用水准仪在工作坑内测量。根据工作坑内水准点标高，测出前端管的实际高程（图 7-22）。

上述方法测量并不精确；由于观察所需时间较长，影响工程进度；测量是定时间隔进行的，容易造成误差积累。

激光测量可避免这些缺点。激光经纬仪照射到管前端的标示牌（图 7-23），即可测得误差值。安装方法同图 7-22，这种方法可兼做中心和高程测量。

顶管过程中，每隔一定时间（一般是每顶进 1m）应测量标高和中心线一次。发现偏差时，除及时校正外，还应每顶进一个行程后，正式测量校正一次。

测量首节管的管底标高一般用水准仪。测量管的中心线时，可在首节管内安装特制的中线尺或目标靶，用经纬仪或激光仪进行测量，也可用"小线垂球延长线法"测量。

图 7-23　激光经纬仪测量的指示牌

当管的偏差超过允许值时，应根据实际情况选用下述方法进行校正。

（1）挖土校正法

当首节管发生偏差，而其余的管节尚符合要求时，可用此法，即通过增减不同部位的挖土方量进行校正。如管的头部抬高时，则多挖位于管前方下半圆的土；当管的头部下垂时，则多挖管前方上半圆的土。这样，当继续顶进时，管的头部自然得到校正。

（2）强制校正法

这是强迫管节向正确方向偏移的方法，有以下几种。

1）衬垫法：在首节管的外侧局部管口位置垫上钢板或木板，迫使管子转向。

2）支顶法：应用支柱或千斤顶在管前设支撑，斜支于管口内的一侧，以强顶校正。

3）主压千斤顶校正法：当顶进长度较短（15m以内）时，如发现管中心有偏差，可利用主压千斤顶进行校正。如管中心向左偏时，可将管外左侧的顶铁比右侧的顶铁加长10～15mm，这样，千斤顶顶进时，左侧的顶进力大于右侧的顶进力，可校正左偏的误差。

4）校正千斤顶校正法：在首节工具管之后安装校正环，在校正环内的上下左右安装四个校正千斤顶。当发现首节工具管的位置偏斜时，开动相应的千斤顶即可实现校正。

7.1.7 顶管施工一般注意事项

1）应根据土质条件、周围环境控制要求、顶进方法、各项顶进参数和监控数据、顶管机工作性能等，确定顶进、开挖、出土的作业顺序和调整顶进参数。

2）掘进过程中应严格量测监控，实施信息化施工，确保开挖掘进工作面的土体稳定和土（泥水）压力平衡；并控制顶进速度、挖土和出土量，减少土体扰动和地层变形。

3）采用敞口式（手工掘进）顶管机，在允许超挖的稳定土层中正常顶进时，管下部135°范围内不得超挖；管顶以上超挖量不得大于15mm。

4）管道顶进过程中，应遵循"勤测量、勤纠偏、微纠偏"的原则，控制顶管机前进方向和姿态，并应根据测量结果分析偏差产生的原因和发展趋势，确定纠偏的措施。

5）开始顶进阶段，应严格控制顶进的速度和方向。

6）进入接收工作井前应提前进行顶管机位置和姿态测量，并根据进口位置提前进行调整。

7）在软土层中顶进混凝土管时，为防止管节飘移，宜将前3～5节管体与顶管机连成一体。

8）钢筋混凝土管接口应保证橡胶圈正确就位；钢管接口焊接完成后，应进行防腐层补口施工，焊接及防腐层检验合格后方可顶进。

9）应严格控制管道线形，对于柔性接口管道，其相邻管间转角不得大于该管材的允许转角。

关于工作井施工质量及顶管质量要求，具体可查阅《给水排水管道工程施工及验收规范》GB 50268—2008。

7.2 定向钻施工工艺

经过多年的发展，目前定向钻施工技术已经成熟，近年来在南京供水管道施工中，长距离、大管径管道定向钻施工已得到广泛应用，比如过夹江至江心洲 *DN*800PE 供水管道工程、石扬路过绕城公路及过双麒路 *DN*1000PE 供水管道工程、引江工程过秦淮河 *DN*1000PE 供水管道工程等都成功采用了定向钻施工工艺。

7.2.1 定向钻施工一般程序

施工时，按照设计的钻孔轨迹（一般为弧形），采用定向钻先进技术施工一个先导孔，待先导孔钻具在被穿越障碍物（河流、公路等）的另一侧出露后，卸下导向钻头换上大直径的扩孔钻头，然后逐级进行反向扩孔，进行多次扩孔满足要求后，进行洗孔，最后回拉管线。

根据地层条件的不同，可选用不同的孔底钻具组合。如在松软的地层中，孔底钻具组合由弯接头和带喷嘴的切削钻头构成；在硬岩或卵砾石地层中，孔底钻具组合由弯接头、泥浆马达、刮刀钻头、牙轮钻头或金刚石钻头组成。

长距离水平定向钻进时，钻杆柱与孔壁之间的摩擦阻力很大，给施工带来困难。解决这一问题的方案之一是采用套洗钻进，即在导向钻杆柱外加一套洗钻杆柱，其前端的钻头由钻机驱动，进行套洗钻进。套洗钻头钻到导向钻头附近位置后，停止钻进，由导向钻杆柱钻进。这样，导向钻进和套洗钻进交替进行，直到完成导向孔施工。

钻孔轨迹的监测和调控是水平定向钻进最重要的技术环节。目前一般采用随钻测量的方法来测定钻孔的顶角、方位角和工具面向角，采用弯接头来控制钻进方向。

如图 7-24 所示，水平定向钻进铺管的施工顺序为：钻进先导孔→扩孔→回拉铺管。

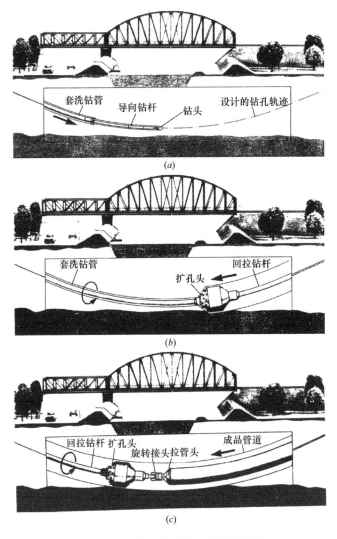

图 7-24　水平定向钻施工流程示意图

（a）钻进先导孔；（b）扩孔；（c）回拉铺管

（1）钻进先导孔

利用泥浆马达（螺杆钻）或喷射钻头钻进先导孔。在松散的地层中，孔底钻具组合由一个弯接头和一个带喷嘴的钻头组成，靠高压水射流来切削地层。钻进时，钻杆柱回转，则钻出的钻孔为直孔；若钻杆柱不回转，则在给进力和水射流的作用下可形成定向的弧形孔。在硬岩或含卵砾石的地层中，利用水射流成孔的效率极低，此时，孔内钻杆柱由弯接头、泥浆马达和切削钻头组成。根据地层条件的不同，可采用刮刀钻头、牙轮钻头或金刚石钻头。

先导孔钻进时，钻杆柱与孔壁之间的摩擦阻力极大，而且随钻孔长度的增加而增大。为了解决这一问题，往往采用套洗钻进，即在钻进距离较长、摩擦阻力较大时，在导向的钻杆柱外套一根套洗钻管，其前端的钻头由钻机驱动。套洗钻头一般落后导向钻头 25～80mm，导向钻进和套洗钻进交替进行。完成先导孔钻进后，抽出导向钻杆柱，以套洗钻管牵引扩孔钻头进行扩孔。导向钻杆柱和套洗钻管的布置如图 7-25 所示。

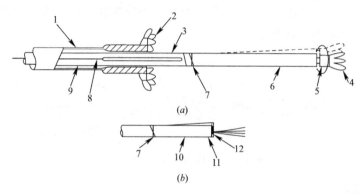

图 7-25　导向钻杆柱和套洗钻管的布置

1—套洗钻管；2—套洗钻头；3—孔底探头；4—刮刀钻头；5—旋转钻头；6—泥浆马达；
7—弯接头；8—信号电缆；9—导向钻杆；10—喷管；11—硬质合金片；12—喷嘴

先导孔钻进时，最重要的技术环节是钻孔轨迹的监测和控制。为此，至少需要确定钻孔的顶角、方位角和工具面向角三个参数，再由公式计算出测点的空间坐标。一般使用随钻测量（MWD）技术来获取孔底钻头的有关信息，并传送到地表，即用加速度计测顶角和工具面向角，用磁通门磁力计测方位角。孔底信号输送到地表的方式主要有：

1）电缆法；

2）电磁波法；

3）泥浆脉冲法；

4）声波法。

电缆法虽然费用相对较低，但操作十分困难。电磁波法的测量范围一般在 300m 以内，近年来在供水管道定向钻进施工中应用较多，比如供水管道过江定向施工工程。泥浆脉冲法和声波法由于费用较高，仅限于石油、天然气行业中使用。

（2）扩孔

当先导孔钻进完成并抽回导向钻杆后，卸下套洗钻头，接上反向扩孔钻头（扩孔器）和旋转接头，然后在旋转接头后接上回拉钻杆，进行扩孔钻进。

扩孔的目的主要是为了减小拉管时的扩孔工作量。对直径较小的管线可不进行专门的扩孔钻进，而是在扩孔的同时将待铺设的管线拉入。对直径较大的管线，可进行多次扩孔钻进，使钻孔直径逐渐增大，在扩孔钻进时，同步拉入钻杆。

扩孔时的钻具组合包括钻杆、扩孔头、旋转接头和回拉钻杆，如图 7-26 所示。

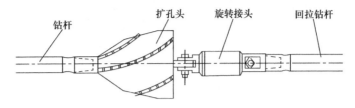

图 7-26　扩孔时的钻具组合

（3）回拉铺管

扩孔钻进完成后，在回拉钻杆后接上扩孔头和旋转接头，在旋转接头后接上拉管头和待铺设的管线进行反扩铺管。当扩孔头到达钻机一侧的地表时，铺管工作也告完成。回拉铺管时的钻具组合如图 7-27 所示。

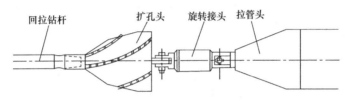

图 7-27　回拉铺管时的钻具组合

（4）钻进泥浆

在水平定向钻进中，使用钻进泥浆的主要作用是冷却孔底钻具、携带钻屑并排到地表、稳定孔壁和降低钻进时所需的扭矩和回拉力。使用孔底马达钻进时，泥浆又是传递动力的介质。因此，钻进泥浆被视为定向钻进铺管施工的一个重要部分。

虽然曾试验过其他类型的钻进泥浆，但目前使用最广的是水基泥浆，主要是膨润土泥浆，少数使用聚合物泥浆。水基泥浆的性能参数有密度、黏度和胶结强度。

控制钻进泥浆的密度可防止孔壁的坍塌（即使钻进泥浆作用在孔壁上的压力大于土层的空隙压力和重力）。但是，钻进泥浆的压力不应太大，以防止钻进泥浆和钻屑渗入土层。加入添加剂，如重晶石、钛铁矿、氯化钠或氯化钙，可增加钻进泥浆的密度。

黏度的大小决定钻进泥浆的排屑能力，而胶结强度则度量钻进泥浆使固体颗粒处于悬浮状态的能力。胶结强度小时，钻屑容易沉积在钻孔的底侧，直到流速足够大时才能被泥浆排出。

钻进泥浆的另一个作用是降低管壁和孔壁之间的摩擦系数，从而降低钻进时所需的扭矩和回拉力。

7.2.2　导向孔轨迹的设计

导向孔的轨迹一般由三段组成：第一造斜段、直线段和第二造斜段，如图 7-28 所示。直线长度是管线穿越障碍物的实际长度，第一造斜段是钻杆进入铺管位置的过渡段，第二造斜段是钻杆出露地表的过渡段。因此，对典型的导向钻进铺管施工，其导向孔的轨迹由以下几个基本参数决定。

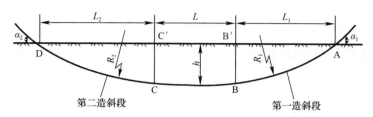

图 7-28 导向孔轨迹：两个造斜段

注：①穿越起点 C′；②穿越终点 C′；③铺管深度 h；
④第一造斜段的曲率半径 R_1；⑤第二造斜段的曲率半径 R_2。

R_1 和 R_2 主要由钻杆的曲率半径和待铺设管线的允许弯曲半径决定。一般取 $R_1 \geqslant$ $1200d$、$R_2 \geqslant 1200D$，d 和 D 分别为钻杆和待铺设管线的直径（mm）。

钻机倾角的可调范围是限制入口倾角的主要因素，一般钻机的倾角可在 $10° \sim 45°$ 之间调节。对于小直径的钢管，考虑到管道的焊接问题，出口倾角 α_2 一般应控制在 $0° \sim 15°$ 内；对于 PE 管一般控制在 $0° \sim 30°$ 以内。对大口径钢管，因弯曲半径 R_2 太大，L_2 增大，一方面使导向孔距离增长，另一方面也浪费管材，因此一般用下管工作坑来代替第二造斜段。

直线段 BC 也可根据需要设计成具有一定曲率半径的曲线，如穿越河流时设计成大致与河床平行的曲线。直线穿越无法避开地下障碍物时，也可考虑将部分直线段变为曲线。但所有这些都必须保证最小曲率半径大于待铺设管线的允许曲率半径。

总之，设计导向孔时要综合考虑工程要求、地层条件、钻杆的最小曲率半径、管线的允许曲率半径、施工场地的条件、铺管深度等多方面的因素，最后优化设计出最佳的轨迹曲线。

7.2.3 定向钻回拖力计算

水平定向钻机安装地下管线可分为 3 个阶段，即钻先导孔、用扩孔器扩大先导孔直径及管道的回拖。扩孔的终孔孔径一般为管道直径的 $1.2 \sim 1.5$ 倍，回拖时管道通过旋转接头与扩孔器连接，并随着钻杆回拖，将管道沿扩大的孔道拖到出口，回拖时钻机的拉力一部分作用于旋转接头和扩孔器，另一部分传递到管道，形成管道的回拖拉力。由于施工时无法确定传递到旋转接头和扩孔器以及管道的拉力各为多少，所以通过理论方式计算管道的拉力对安全施工尤为重要。

（1）管道回拖时的受力特征

理想的钻孔轨迹由进口处的倾斜段、中间的水平直线段和出口处的倾斜段组成。回拖时钻机作用于管道的拉力主要克服管道与地表面摩擦阻力、孔道内壁的摩擦阻力、钻孔液阻力和通过弯曲段时管道变形的阻力。根据以往定向钻施工工程经验，管道的最大回拖力一般出现在管道进入孔道 3/4 位置处，即管道从水平段转向倾斜段处。

（2）计算管道最大回拖力

根据有关资料，可采用下面公式进行估算。

1）与地面摩擦阻力

$$F_d = w_s \times f_d \times (L - \sum L_k) \tag{7-10}$$

式中　w_s——单位长度管道的重力，kN/m；

$\quad\quad f_d$——管道与地表面的摩擦系数，取值范围为 $0.1\sim0.5$；

$\quad\quad L$——管道的总长度，m；

$\quad\quad L_k$——管道在孔道内的长度，m。

2）与孔道内壁的摩擦阻力

$$F_k = |w_s - w_b| \times f_o \times \cos\alpha \times \sum L_k \tag{7-11}$$

$$F_l = \pm |w_s - w_b| \times f_o \times \sin\alpha \times \sum L_k \tag{7-12}$$

式中　w_b——孔道内管道单位长度的浮力，kN/m；钻孔液泥浆的密度，其密度值与膨润

　　　　　　土的含量有关，通常为 1000kg/m^3，最大可达 1440kg/m^3；

$\quad\quad f_o$——管道与孔道壁的摩擦系数，取值范围为 $0.21\sim0.30$；

$\quad\quad \alpha$——孔道与水平向的倾斜角；

$\quad\quad F_l$——管道重力的分量，方向与拉力方向相同时取负号。

3）钻孔液的黏性阻力

$$F_V = 2\pi \times r \times \tau_p \times \sum L_k \tag{7-13}$$

泥浆黏性阻力 τ_p 可根据经验近似取 345Pa。

4）弯曲段变形的阻力

管道通过弯曲段时，由于管道的变形和拉力方向的改变，使弯曲段出口的拉力大于弯曲段进口的拉力，其拉力计算相当复杂，可按前三项和的 10% 考虑。

5）最大回拖力

$$T = [F_d + (F_k + F_l) + F_V] \times 1.1 \tag{7-14}$$

式中　T——最大回拖力，kN。

（3）计算举例

某供水管道工程采用的管材为 $DN800$、$PE100$ 塑料管，$w_s = 1.013\text{kN/m}$，经计算，孔道内管道单位长度的浮力 $w_b = 4.9\text{kN/m}$，管道与地表面的摩擦系数考虑到管道置于水沟中取 0.2，管道与孔道壁的摩擦系数取 0.25，入土角 $10°$，出土角 $6°$，拉管总长度为 252m，管道回拖入孔道部分斜管长度约 90m，水平段长度约 90m。计算最大回拖力。

解：

1）与地面摩擦阻力

$$F_d = w_s \times f_d \times (L - \sum L_k) = 1.013 \times 0.2 \times (252 - 180) = 14.59\text{kN}$$

2）与孔道内壁的摩擦阻力

$$F_k = |w_s - w_b| \times f_o \times \cos\alpha \times \sum L_k$$
$$= |1.013 - 4.9| \times 0.25 \times \cos6 \times 90 + |1.013 - 4.9| \times 0.25 \times \cos0 \times 90$$
$$= 174\text{kN}$$

$$F_l = \pm |w_s - w_b| \times f_o \times \sin\alpha \times \sum L_k$$
$$= -|1.013 - 4.9| \times 0.25 \times \sin6 \times 90$$
$$= -9\text{kN}$$

3）钻孔液的黏性阻力

$$F_V = 2\pi \times r \times \tau_p \times \sum L_k$$
$$= 2\pi \times 0.4 \times 0.345 \times 180$$

$$=156\text{kN}$$

4）最大回拖力

$$T = [F_d + (F_k + F_l) + F_v] \times 1.1 = [14.59 + (174 - 9) + 156] \times 1.1 = 369\text{kN}$$

计算结果与实际基本吻合，回拖力计算公式也可参考其他有关资料。

7.2.4 施工机具

定向钻钻进时所需的机具主要有钻机、导向钻头、扩孔钻头、钻杆、旋转接头和导向仪器等（图7-29）。其中，导向钻头和导向仪器与定向钻进用的导向钻头和导向仪器相差较大，其余则相同或相似，故这里只对导向钻头和导向仪器做一介绍。

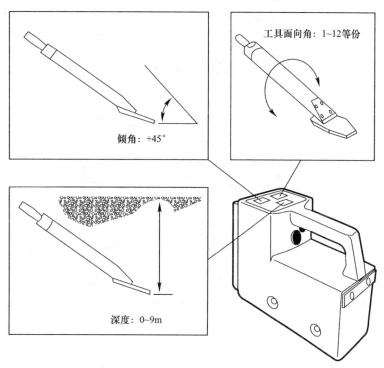

图 7-29　地表接受器探测的主要参数

（1）导向钻机

导向钻机一般为轮胎式或履带式全液压钻机（图7-30）。由于导向钻进大多数在浅层施工，故大多数钻机均以射流辅助钻进为主。近几年，为了适应在含卵砾石的地层中施工，相继推出了使用带冲击动力头的钻机和使用风动潜孔锤的钻机。为了减轻劳动强度和提高施工效率，又陆续推出了带自动钻杆处理（装卸和冲洗）装置的钻机。

（2）导向钻头

导向钻头是导向钻进的关键部件，具有成孔、造斜和通磁的功能。成孔是以高压水射流和切削作用共同完成的；造斜是由带斜面的导向钻头、

图 7-30　导向钻机

钻机、导向仪器的相互配合来实现的。造斜强度的大小与地层条件、钻头斜面的角度、给进力大小、高压射流的压力和流速、钻杆的柔性等因素有关。条件许可时，应尽可能增大曲率半径，以便减小回拉阻力。

导向钻头由探头盒和造斜钻头组成，二者之间一般以插接相连。密封柱兼有密封高压流体和传递钻头扭矩的作用，销限制了探头盒和造斜钻头的轴向位置。高压液流经过过滤器过滤后进入探头盒的导流孔，经过密封柱后到达喷嘴，形成高压射流破土。探头盒用来放置探头，其上开有通磁槽，并用非金属材料密封，以防止高压射流进入。通磁槽内填有通磁材料，探头发射的电磁波经通磁槽而发射。造斜钻头上的斜板在钻头回转时起辅助的切削作用，在给进时起造斜作用。

图 7-31 为适用于不同地层的各种导向钻头，图 7-32 为回拉扩孔及铺管时的钻具组合。

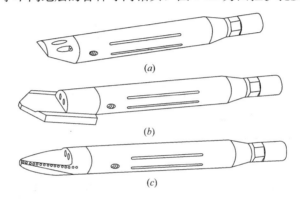

图 7-31　各种导向钻头

(*a*) A 型（砂钻头）；(*b*) B 型（万能钻头）；(*c*) C 型（精确钻头，镶硬质含金）

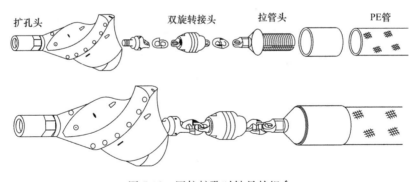

图 7-32　回拉扩孔时钻具的组合

（3）导向仪器

导向仪器是导向钻进的"眼睛"。一般使用手持式导向仪，它可随钻测出钻头在地下的位置、深度、顶角、工具面向角以及温度和电池状况等参数，使操作人员能及时、准确地掌握孔内的情况，随时调整钻进参数，以实现准确铺管的目的。

手持式导向仪一般由三个部分组成（图 7-33）：地下探头、手持式地面接收仪和同步显示仪。常用的导向仪是以无线电波为信号载体来传输信息的，也有个别用电磁信号来进行探测。

探头装在导向钻头的探头盒内。钻进时，发射一定频率的电磁波，地面接收仪将接收到的信号经译码和计算后显示出来。探头的尺寸一般为直径20~40mm、长100~300mm。探头内装有传感器、编码器、发射器、电源等。电源多为可充电式干电池，充电一次可使用12~50h。为了延长电池的使用寿命、降低探头的温度、减少孔内事故，一般探头内还有一套自保护系统。在停止钻进一定时间后能自动关闭电源，处于休眠状态；连续工作一段时间，温度上升到一定值时，会自动发出警报。

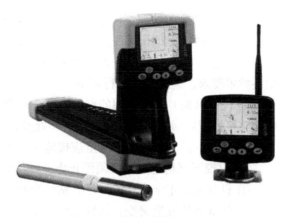

图7-33　RD385型导向仪器

手持式地面接收仪是接收探头发出信号的地面跟踪仪器，由解码器、微处理器、显示器等组成。大部分接收机还配有同步发射器，可将从探头接收的信号同步发射到位于钻机处的同步显示器，以便钻机操作者及时调整钻进参数和控制钻孔方向。

7.2.5　定向钻施工过程中的一般注意事项

1）导向孔钻进应符合下列规定：

① 钻机必须先进行试运转，确定各部分运转正常后方可钻进；

② 第一根钻杆入土钻进时，应采取轻压慢转的方式，稳定钻进导入位置和保证入土角；且入土段和出土段应为直线钻进，其直线长度宜控制在20m左右；

③ 钻孔时应匀速钻进，并严格控制钻进给进力和钻进方向；

④ 每进一根钻杆应进行钻进距离、深度、侧向位移等的导向探测，曲线段和有相邻管线段应加密探测；

⑤ 保持钻头正确姿态，发生偏差应及时纠正，且采用小角度逐步纠偏；钻孔的轨迹偏差不得大于终孔直径，超出误差允许范围宜退回进行纠偏；

⑥ 绘制钻孔轨迹平面、剖面图。

2）扩孔应符合下列规定：

① 从出土点向入土点回扩，扩孔器与钻杆连接应牢固；

② 根据管径、管道曲率半径、地层条件、扩孔器类型等确定一次或分次扩孔方式；分次扩孔时每次回扩的级差宜控制在100~150mm，终孔孔径宜控制在回拖管节外径的1.2~1.5倍；

③ 严格控制回拉力、转速、泥浆流量等技术参数，确保成孔稳定和线形要求，无坍孔、缩孔等现象；

④ 扩孔孔径达到终孔要求后应及时进行回拖管道施工。

3）回拖应符合下列规定：

① 从出土点向入土点回拖；

② 回拖管段的质量、拖拉装置安装及其与管段连接等经检验合格后，方可进行拖管；

③ 严格控制钻机回拖力、扭矩、泥浆流量、回拖速率等技术参数，严禁硬拉硬拖；

④ 回拖过程中应有发送装置，避免管段与地面直接接触和减小摩擦力；发送装置可采用水力发送沟、滚筒管架发送道等形式，并确保进入地层前的管段曲率半径在允许范围内。

4) 定向钻施工的泥浆（液）配制应符合下列规定：

① 导向钻进、扩孔及回拖时，及时向孔内注入泥浆（液）；

② 泥浆（液）的材料、配比和技术性能指标应满足施工要求，并可根据地层条件、钻头技术要求、施工步骤进行调整；

③ 泥浆（液）应在专用的搅拌装置中配制，并通过泥浆循环池使用；从钻孔中返回的泥浆经处理后回用，剩余泥浆应妥善处置；

④ 泥浆（液）的压力和流量应按施工步骤分别进行控制。

5) 出现下列情况时，必须停止作业，待问题解决后方可继续

① 设备无法正常运行或损坏，钻机导轨、工作井变形；

② 钻进轨迹发生突变、钻杆发生过度弯曲；

③ 回转扭矩、回拖力等突变，钻杆扭曲过大或拉断；

④ 坍孔、缩孔；

⑤ 待回拖管表面及钢管外防腐层损伤；

⑥ 遇到未预见的障碍物或意外的地质变化；

⑦ 地层、邻近建（构）筑物、管线等周围环境的变形量超出控制允许值。

6) 拉管工具头与管道连接时应牢固且采取密封措施，以防在管道回拉过程中浆液进入管道内。管道末端亦应采取密封措施，以防出土坑中泥浆及其他杂物进入管道（图 7-34）。

7) 拉管工作完成后，新拖入管道与两头管道连接（俗称管道斗拢）完成后，应采取打桩及浇筑混凝土进行固定，以防接口因管道通水带受压力变形漏水（图 7-35）。

图 7-34　拉管工具头与管道连接　　图 7-35　管道斗拢完成后打桩及浇筑混凝土

7.2.6　拉管常见问题及解决措施

在拉管施工过程中，常会碰到如水平定向钻无法正常运行、钻进轨迹发生突变、坍孔或缩孔、拉管结束两端管道承插接拢后接口漏水等问题，如不及时加以解决，势必影响施工进度及管道的正常运行。

当水平定向钻无法正常运行时，应根据实际情况分别检查动力系统、传动系统、操作控制系统是否存在问题，针对问题及时解决。当在砾石、砂粒、钙质层钻进中，出现卡钻现象时，应及时调整泥浆配比，使用优质膨润土，增加泥浆切力与黏度，使用扭矩大、推力大的钻机和相匹配的钻头，完成导向孔的钻进；当在钻导向孔过程中发生钻进轨迹突变

情况时，很可能是遇到了诸如孤石、地下不明管道、木桩等障碍，这时首先应复查地质报告，进一步询问相关管线部门，核实确认拉管范围内地下管线情况，如只是孤石、木桩等一般障碍，可将钻头换成合金钢钻头，如遇地下管道，就需重新绘制拉管轨迹；为防止扩孔过程中坍孔或缩孔，这就需要根据导向孔施工中产生的土质调配好化学泥浆浓度，并尽量缩短停钻时间，加快钻进速度，保证钻孔不塌方；在拉管结束两端管道接拢后，应及时在拉管区一侧法兰边打桩并浇筑混凝土固定，以防接口漏水。

7.3 夯管施工工艺

夯管施工法是指用夯管锤将待铺设的钢管沿设计路线直接夯入地层，实现非开挖穿越铺管。施工时，夯管锤的冲击力直接作用在钢管的后端，通过钢管传递到前端的管靴上切削土体，并克服土层与管体之间的摩擦力，使钢管不断进入土层。随着钢管的前进，被切削的土芯进入钢管内。待钢管全部夯入后，可用压气、高压水射流或螺旋钻杆等方法将其排出。

由于夯管过程中钢管要承受较大的冲击力，因此一般使用无缝钢管，而且壁厚要满足一定的要求。钢管直径较大时，为减少钢管与土层之间的摩擦阻力，可在管顶部表面焊一根小钢管，随钢管的夯入，注入水或泥浆，以润滑钢管的内外表面。

夯管施工法适用的管径范围较大，可以从 50~2000mm。施工长度一般在 10~80m，最大可达 100m 左右，主要取决于地层条件。

夯管施工法对地层的适用性也较强，几乎可在任何地层中施工，除含有大粗颗粒卵砾石的土层外，均可使用该法。一般来说，这种施工法的水平和高程偏差可控制在 2% 以内。

施工速度主要取决于夯管锤的冲击力大小、钢管的内径和土层的性能，一般为 5~10m/h，最快时可达 20m/h。

7.3.1 夯管工作原理及施工程序

夯管过程中，夯管锤产生的较大冲击力直接作用于钢管的后端，通过钢管传递到最前端钢管的管靴上，克服管靴的贯入阻力和管壁（内、外壁）与土之间的摩擦阻力，将钢管夯入地层（图 7-36）。随着钢管的夯入，被切削的土芯进入钢管内，待钢管抵达目标坑后，将钢管内的土用压气或高压水排出，而钢管则留在孔内。有时为了减少管内壁与土的摩擦阻力，在施工过程中夯入一节钢管后，间断地将管内的土排出。

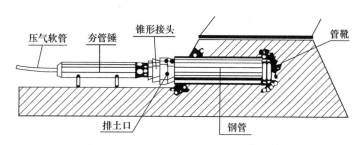

图 7-36　夯管施工法示意

施工前，首先将夯管锤固定在工作坑上，并精确定位。然后通过锥形接头和张紧带将夯管锤连接在钢管的后面（图 7-37）。

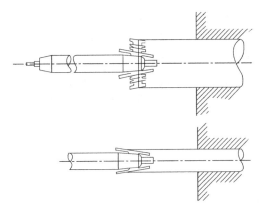

图 7-37　夯管锤和钢管的连接

为了保证施工精度，夯管锤和钢管的中心线必须在同一直线上。在夯第一节钢管时，应不断进行检查和校正。如果一开始就发生偏斜，以后很难修正方向。

每根管子的焊接要求平整，全部管子须保持在一条直线上，接头内外表面无凸出部分，并且要保证接头处能传递较大的轴向压力。

当所有的管子均夯入土层后，留在钢管内的土可用压气或高压水排出。排土时，须将管的一端密封。当土质较疏松时，管内进土的速度会大于夯管的速度，土就会集中在夯管锤的前部。此时，可用一个两侧带开口的排土式锥形接头在夯管的过程中随时排土。对于直径大于 800mm 的钢管，也可以采用螺旋钻杆、高压射流或人工的方式排土。当土的阻力极大时，可以先用冲击矛形成一导向孔，然后再进行夯管施工，如图 7-38 所示。

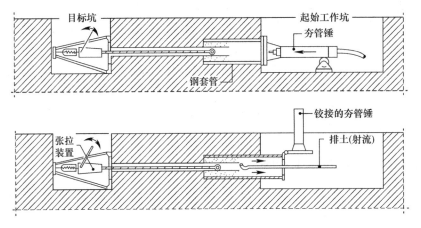

图 7-38　冲击矛和夯管锤联合施工

7.3.2　夯管施工机具

夯管施工时所用的机具主要包括空气压缩机、夯管锤、锥形接头、钢管及管靴。

驱动夯管锤的空气压缩机与驱动气动矛的空压机一样，属于低压空压机，工作压力为 $0.6 \sim 0.7$MPa。但排气量较大，最大达 $50\text{m}^3/\text{min}$，视夯管锤的直径大小而定。

夯管锤也与气动矛一样，通常由低频、大冲击功的气动冲击锤提供夯管所需的冲击力。有时，气动矛也可作为夯管锤使用，这主要用于小口径钢管的施工。

锥形接头由一组钢质锥套叠加而成，其作用是传递冲击能量。根据钢管和夯管锤的直径可确定所需的锥套个数，即可用一种型号的夯管锤，通过不同数量锥套的组合，进行不同直径管线的施工。

在施工过程中，由于管子必须直接承受较大的冲击力，因此夯管法只适用于钢管的施工。一般来说，钢管的直径和施工长度是一定的，而管节的长度和壁厚是不定的。管节的长度是由可获得的施工空间和运输等条件决定的。条件许可时，可使用较长的管节，以减少接头的数量和辅助的施工时间。由于运输方面的原因，管节的长度一般为 5～8m，通常为 6m。钢管的壁厚应与管的内径和夯管长度相匹配，以防止管的破裂。

为了减少摩擦阻力，通常在第一节管的端部焊上内环形或外环形切削具（图 7-39），以形成一定的超挖量。内切削具通常为一个整环，而外切削具则仅覆盖管外周的上部，一般在 270°～320°这一范围，以保证管支撑在底部上。此外，还可每隔 5～6m 焊上类似的外环形切削具。

钢管(管端开口)　　　　钢管(带外切削环)　　　　钢管(带内切削环)

图 7-39　钢管前端的环形切削具

图 7-40 显示的是夯管施工法在施工场地进行铺管作业。

7.3.3　夯管法的优缺点及适用范围

1）夯管法施工的优点

① 对地表的干扰极小；

② 对土层的扰动小；

③ 设备简单、投资少，施工成本低。

2）夯管法施工的缺点

① 不可控制施工方向；

② 不适用于含大卵砾石的地层。

3）夯管法施工的适用范围

① 管径为 50～2000mm；

② 管线长度为 10～80m；

③ 管材为钢套管；

图 7-40　夯管法用于穿越铁路铺管

④ 适用于不含大卵砾石的各种地层，包括含水地层。

7.3.4　夯管法施工的一般要求

1）钢管组对拼接、外防腐层（包括焊口、补口）的质量经检验（验收）合格；钢管接口焊接检验符合设计要求。

2）管道线形应平顺，无变形、裂缝、凸起、凸弯、破损现象；管道无明显渗水现象。

3）管内应清理干净，无杂物、余土、污泥、油污等；内防腐层的质量经检验（验收）合格。

4）夯出的管节外防腐结构层完整、附着紧密，无明显划伤、破损等现象。

5）夯入的起始管节，其轴向水平位置、管中心高程的允许偏差应控制在 ±20mm 范围内。

6）夯锤的锤击力、夯进速度应符合施工方案要求；承受锤击的管端部无变形、开裂、残缺等现象，并满足接口组对焊接的要求。

7.4　沉管施工工艺

沉管法施工技术早在 19 世纪末就被用于排水管道工程中，随着经济建设的迅猛发展，沉管法被广泛应用，近年来在南京市供水管道工程中得到了相应应用。沉管管材一般采用钢管，也有采用 PE 管的。如南京往高淳供水的引江工程，过新桥河管道施工就采用了沉管施工。河底沉管施工方法作为沉管技术的发展和延伸，通过工程实践，成功解决了传统管道工程在过河施工中采用水中围堰或架空横过水道而影响河道通航等施工技术难题，同时具有施工安全、工期短、成本低的优点，凸显河底沉管施工技术在输水管网工程跨河施工中的优越性和先进性。

河底沉管施工是采用管道在岸上一次焊接成型，再将其吊放在水面上，用吊机和运输船配合就位，然后灌水下沉，直至将管道沉放于河底沟槽内为止，管道安放好后进行回填施工。代替以往跨河管道采取的架空横跨河道或修建断水围堰的施工方法，将管道岸上焊接成型后吊运沉放就位，加快了施工进度，降低了施工成本。沉管施工工艺流程如图 7-41 所示。

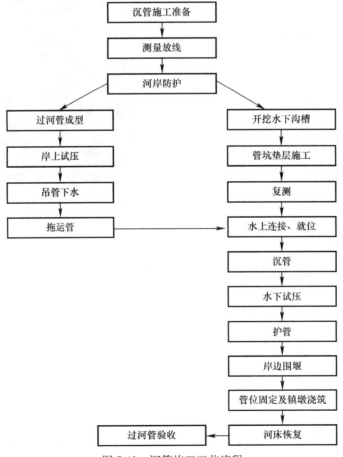

图 7-41　沉管施工工艺流程

7.4.1 沉管施工方法

（1）施工准备

根据工程施工的要求与相关部门协调好施工现场的场地、临设、材料堆放等事宜的落实，组织施工技术人员熟悉施工图纸，配备有施工经验的施工人员和性能良好的施工设备进入施工现场投入生产，确保施工质量和工期。

（2）测量放样

施工前，须对工程水域进行原始河床测量，绘制地形图，经业主、监理认可后，计算出实际的水下开挖工程量后才能进行下道工序施工。

在现场建立坐标测控点，定出管道对接点、转折点，并沿管轴线及开挖边线延长线方向用红、白标杆做好标志，便于沟槽开挖。永久平面控制点、高程点建在不易破坏处，另布设临时水准点，并在水边钉立水尺，便于及时掌握水位。

根据提供的测量坐标点，建立水下沟槽测量控制网，近岸处采用导标法控制，即在开挖轴线和边线向河岸内的延长线上，用钢管作为导标，前后导标间距一般为20m，晚上开挖在导标上设置红灯。远岸段开挖线采用浮标法控制，在水上开挖边线和轴线上设立浮标，浮标间距一般为20m。沉放浮标时采用经纬仪交会法控制浮标的轴线和距离，浮标沉块和连接绳的长短根据水深及潮位高差来定，以保证高潮位和低潮位时目标精准。

为了保证开挖沟槽的位置准确，在开挖过程中，岸边轴线上架设全站仪一台，通过对讲机联络，随时控制挖泥船的开挖线。

（3）水下沟槽开挖

管道沟槽可采用两栖式挖泥船和旋挖式清淤船配合进行开挖。为了防止河内淤泥向已挖沟槽内滑入，采用二次清理沟槽的方法。平面控制采用在岸上建立交会坐标的方法进行定位，控制船只的位置。采用"全站仪、GPS和导向标"相结合的方法进行施工平面的控制，深度控制则根据水位的变化随时调整，以确保沟槽开挖的质量。开挖时要根据导向标和水尺的记录，保证沟槽轴线的准确、槽底的平整。并设专人负责自检工作，沟槽的轴线、宽度、深度、平整度、坡比均应符合设计及规范的要求，并做好相关记录，以便及时备查和修正。沟槽开挖以两栖式挖泥船和旋挖式清淤船为主，同时结合水力冲挖进行施工。河底管槽基础呈圆弧形，开挖时旋挖机与清淤机头与头相对，同时进行沟槽开挖施工。

沟槽开挖完成后，由潜水员潜入河底摸槽，对局部欠挖的地方采用水力冲挖进行修整。开挖完一段后，用测深仪对成型沟槽进行测量，对欠挖点采用泥浆泵吸除法施工，由吸泥管水下工作，潜水员水下高压水枪扫土，将欠挖部分清扫至设计标高，移船至下一断面进行开挖，断面与断面间不得留有接埂。

（4）垫层

水下沟槽开挖完成后，先进行水下粗整平，粗整平结束后进行细整平。

先制作特制水下整平托架，由工程驳船配合放入已粗平的沟槽中，安放时位置由陆上仪器控制，沉入沟槽中的托架高程由测深仪控制，托架由型钢、垫块、滑板等材料组成。水下管沟槽细整平，由潜水员在水下配合操作，制作一个与水下管沟槽宽度相合的刮板，由定位船在船舶定位好的前提下，利用船舶自身的卷扬机进行牵引刮平，保证管沟槽底部的平整度。在细整平的过程中须不断地对管底高程进行测量，不断地进行调整，从而满足设计和施工的要求。

（5）管道组焊及吊运

1）管道焊接

先在岸边施工场地将管道焊接成型。在管道焊接前先平整好管道焊接成型的场地，场地的尺寸应足够大。管道采用焊接方式连接，焊接完成后，须对组对接口进行检验，钢管焊接检验包括外观检验和无损检测，PE 管熔接主要采用外观检验，检验合格后进行试压。按照现场情况可分段试压或整体试压。

2）管道吊运

管段在陆上场地成型后，再进行整体吊装安放工作。最重要的一个环节就是管段吊放下水。为确保管段安全起吊下水，要统一指挥、统一步调。每一节管段要准确计算重量后，选择合适的吊装方式，再进行吊装。为确保人员设备的安全，可采取吊车与多艘吊船同时吊装的方法，将成型的管段从岸上吊送至水面预定位置。

（6）沉管

1）管道进水

当管道完全到达沟槽上方时，打开两管端闷板上面的排气阀，同时打开进水阀门，向管道中灌水。

2）管道下沉

随着水不断地灌入，管道逐渐下沉，为保证管道均匀下沉，各吊点的分布要注意合理性。在管道沉放的过程中，须不断进行管中线与沟槽轴线校正的测量工作。

当管底部距离沟槽底还有最后 20cm 时停止下沉，岸上的测量人员对管道轴线进行最后检查，直至准确无误后，再将管道沉至沟槽基础上。

3）管道定位

当沉管完成后，由潜水员下水进行重新检查，检查管底与沟底接触的均匀程度和紧密性，管下如有冲刷和掏空的情况，再采用粗砂或砾石进行铺填。

4）管道试压

全部管道对接完成，沉放到位后，须对管道进行整体水压试验。

（7）护管

1）袋装砂包包裹

根据设计要求在沉管结束后，由陆上人员配合潜水员将管道周边采用袋装砂包进行水下包裹。

根据设计要求要填充碎石，把船舶在管中线的位置定位，通过串管溜滑到水下，同时由潜水员配合进行铺放。

碎石充填平整后，根据现场情况确定抛石位置，在测量人员的指挥下，按顺序抛填。块石抛投过程中，在测量人员的配合下，严格控制抛投高程，做到不欠抛、漏抛。

2）回填

根据设计规定的回填材料进行回填，由测量人员跟踪测量，确保回填的质量。

7.4.2　沉管施工过程注意事项

（1）水面作业

1）施工期间需向航道管理部门申请发布航行通告。

2）水面作业均应备足救生衣具，进入作业现场必须穿救生衣。

3）在水面作业施工区边界抛设浮筒，浮筒上设信号灯和信号球，以此隔开通航区和施工区。

4）工程船舶锚泊时，白天应挂信号旗等规定信号，夜晚应有灯标且派专人值班。

（2）潜水作业

1）潜水员和潜水助理必须严格遵守操作规程，潜水作业前必须对专用设备进行检查，发现问题及时解决，确保安全正常运转，并配备有应急设备。

2）潜水员穿好衣具下水前，潜水助理必须认真检查，确认安全可靠后才能下水，潜水员下水作业时，潜水助理应坚守岗位，听好潜水电话。潜水作业结束后，整理好潜水记录。

3）水面与潜水同时作业，两者要相互协调、密切配合，不能各自为政、单方面抢赶进度。

4）水下电割、电焊作业，应使用专用工具，采用直流焊机提供电源，潜水员佩戴绝缘胶手套。

（3）电焊作业

1）电焊工必须严格按规程操作，开工之前首先要取得动火证。

2）电焊机要定期进行检验和试验，防止短路和漏电，阴雨天禁止露天作业。

3）使用气割设备时，必须有安全回火装置。

4）在管道内焊接时，要注意通风透气，防止中毒和发生爆炸事故。

（4）船舶施工安全作业

为确保水上施工安全，施工项目部安全技术人员须向施工船舶交底，其内容包括有关安全作业的条件和措施。

船长领到任务后，首先了解现场情况，然后向船员交底。

1）起重船安全作业要点

① 开始作业前，各岗位要对设备机具进行检查，待一切正常后，才允许作业。

② 起重操作由船长统一指挥，哨音要清楚，手势要准确，操作手要坚守岗位、集中精神、听从指挥。

③ 起重作业严格遵守"六不吊"，即吊钩与重物重心不在一铅垂线上不吊；超负荷不吊；水深不够不吊；有风浪影响安全不吊；视线不清不吊；吊物上下有人不吊。

④ 利用机动艇送缆时，缆绳要放松。

⑤ 吊大件时，主绞车必须用慢速，稳起稳落，严禁突然刹车，注意升起高度，防止吊钩绞顶和大件碰吊杆。

⑥ 吊水下不明物时，船长要特别慎重，要同司机加强联系，密切注意负荷表和船舶吃水变化，严格控制，不准超负荷。

⑦ 吊物移船时，要保持船平稳缓慢移动，防止吊物摇摆不定发生危险。

2）安全作业要点

① 船长接受任务后，要向船员交底。

② 挖掘船定位后，应按规定悬挂信号。

③ 锚缆布置应便于泥驳进出。

④ 挖泥过程中应时常观察挖泥标志和潮位标志，严格控制挖船位置，准确控制挖泥断面。

⑤ 移船定位后，开始挖泥时项目部必须留有足够的人员坚守岗位值班。

⑥ 在港内或河道挖泥时，若有来往船舶通过，要及时放松锚缆。

⑦ 严禁带抓斗起吊重物。

7.5　架桥管施工工艺

在城市供水管道跨越河道时，往往采用架桥管施工工艺，架桥管施工一般由桥墩、钢管组对焊接、桥管吊装就位组成。当管道口径较小、地基条件较好且跨越的河道不宽时，一般采用简易桥墩；当管道口径较大、地基承载力条件不满足要求且河道较宽时，一般采用钻孔灌注桩桥墩。

7.5.1　钻孔灌注桩

钻孔灌注桩工艺流程如图 7-42 所示。

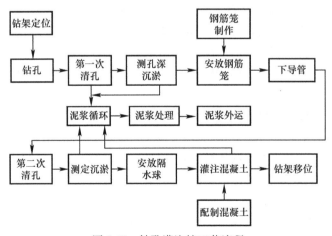

图 7-42　钻孔灌注桩工艺流程

（1）定位测量放样

清理施工现场障碍物，现场施工范围内的垃圾杂草全部清理外运；修建临时便道；平整临时场地。依据设计图，放出纵轴线与平面位置。

（2）拆除障碍

施工位置位于河边，应有防汛措施。与当地防汛部门保持密切联系，施工时不得损坏防汛墙及现场防汛设施。施工完毕后对护坡进行修复。

（3）平台搭设

河道内全部用支架平台搭设，一般采用圆木桩打入河道内，必须保证圆木桩打入实土中。圆木桩打好后，在桩顶纵向搁设方木，形成平台骨架。并确保有足够的刚度、强度及稳定性，以便钻机能在平台上稳定、安全施工。

（4）埋设钢护筒

护筒是起固定桩位，保护孔口、隔离地面水，保持孔内水位高出地下水位，确保孔壁不致坍塌等作用。

钢护筒应拆装方便、可重复使用，一般制作成哈呋形，采用螺栓拼接，护筒两端用法兰连接。护筒各接缝采用橡胶垫，防止漏水。最下节护筒可根据现场实际需要适当加长，下端设加强环箍防止变形，护筒头部设刃脚。

护筒埋设完毕，应对平面位置、顶端标高、垂直度进行复测。

护筒拆除须待混凝土达到强度后方可进行。

（5）钻孔

钻机安装就位后，底座和顶端应平稳，在钻进过程中不应产生位移和沉陷。钻孔前对机身进行检查，并备好各种易损物件，钻孔时应严格控制孔内的水位，并做好钻头的进尺记录，成孔施工应不间断地完成，不得无故停钻，成孔过程中孔内泥浆应保持稳定。

钻孔用泥浆主要是由黏土和水拌成的混合物，必要时可采用膨润土取代黏土。

泥浆沉渣用密封车运至堆放场地，泥浆不得随地排放。

（6）清孔

清孔的目的是置换孔内的泥浆，清除钻渣和沉淀层，尽量减少孔底沉淀厚度。

采用换浆法清孔时，清孔分两次进行，第一次在钻孔完成后进行，第二次在下放钢筋笼和灌注混凝土导管安装后进行。清孔后在 30min 内灌注混凝土，超过 30min 应重新清孔。

（7）下放钢筋笼

吊放钢筋笼，就位固定，钢筋笼宜分段制作、分段吊放，接头处用焊接连接。吊放时要细心轻放，切不可强行下插，以免产生塌孔落土，吊放完毕后应进行标高复测，将钢筋笼加以临时固定以防移动。

（8）灌注混凝土

导管为灌注混凝土的重要工具，导管先在孔旁分段拼装，吊放时再逐段拼接。拼接前检查导管内壁圆滑、顺直、光洁、无局部凹凸。

在灌注前必须做好混凝土的数量预算。灌注过程中注意导管应始终埋在混凝土中，严禁将导管拉出混凝土面，以免形成断桩。

灌注水下混凝土应连续进行，保持导管埋入深度，正确计算导管的提升和拆除。

（9）接桩及承台浇筑

按设计图纸尺寸、标高进行接桩及承台钢筋的绑扎与支模。经验收合格后，进行混凝土的浇筑。浇筑时，应严格按照混凝土施工规范进行，做到外光内实，表面平整，无露筋、空洞、裂缝、蜂窝等。准确埋好预埋件，然后按规范的规定进行养护，确保混凝土的强度质量。

7.5.2 管道支架与钢管吊装

灌注桩承台达到强度后，在承台上面根据设计图纸要求安装管道支架。管道支架与管道的接触面应平整、洁净；导向支架或滑动支架安装应无歪斜、卡涩现象。

在钢管组对焊接完成并经检验合格后，就可对钢管进行吊装就位。供水管道架桥管的吊装一般采用吊机。根据管道重量及吊装距离选择合适的吊机，吊装前，应编制管道吊装专项方案。

管道吊装时应注意：

1）采用吊环起吊时，吊环应顺直；吊绳与起吊管道轴向夹角小于 60°时，应设置吊架使吊环尽可能垂直受力；

2）管节（段）吊装就位、支撑稳固后，方可卸去吊钩；就位后不能形成稳定的结构体系时，应进行临时支承固定；

3）利用河道进行船吊起重作业时，应遵守当地河道管理部门的有关规定，确保水上作业和航运的安全。

第8章　供水管道工程竣工验收

8.1　供水管道验收项目及内容

供水管道工程验收是检验工程质量必不可少的程序，也是保证工程质量的重要措施。

（1）供水管道工程验收的工作内容

供水管道工程验收包括中间验收和竣工验收两个部分。

1）供水管道工程的中间验收内容与竣工验收内容大致相同。

2）供水管道工程竣工验收主要包括以下工作内容：

① 水压试验验收；

② 消毒与冲洗验收；

③ 竣工图纸的验收、阀门及消火栓三线图卡的验收；

④ 现场消火栓的验收；

⑤ 现场阀门的验收；

⑥ 现场井室、阀门井盖的验收；

⑦ 现场管线及附属设施压占情况的验收；

⑧ 现场工程竣工移交条件的验收。

（2）组织工程验收人员

在供水管道验收前，要组织好专门的验收人员。

1）工程验收人员应该包括建设单位、施工单位、设计单位、监理单位以及管线的接收单位相关人员，各组员应能担负起各单位应承担的责任与义务。

2）专业验收人员应具备专业基本理论知识，熟悉有关设计、施工及验收规范。

（3）竣工验收文件

在供水管道工程的竣工验收阶段，应收集和准备相关验收文件。

1）工程立项报告、批复或工作联系委托单；

2）工程承包合同或协议；

3）工程开工报告；

4）建设工程规划许可证；

5）设计图纸；

6）隐蔽工程验收记录；

7）主要材料和制品的合格证或试验记录；

8）管道水压试验合格单、水质化验报告；

9）工程监理报告；

10）工程决算；

11）管道工程竣工图、阀门三线图卡及消火栓三线图卡；

12）变更通知书或技术修改通知单；

13）其他资料。

（4）验收工作的几个关键节点

1）进行水压试验前，必须确保材料质量验收、隐蔽工程验收合格。

2）并网通水前，必须确保水压试验验收、冲洗消毒验收合格。

3）签发《验收合格证明书》前，必须确保验收资料完整，竣工图纸、阀门及消火栓三线图卡准确。

（5）供水管道工程验收资料建档、归档和 GIS 录入

供水管道工程竣工验收合格后，相关验收部门联合开具《验收合格证明书》。纸质验收资料进行建档、归档，工程竣工图纸录入 GIS 管网管理系统。

8.2　供水管道验收标准

（1）阀门的验收标准

1）阀门报验资料的验收

阀门报验时，要提交填写完整的阀门卡片。阀门卡片要求绘制阀门位置示意图及填写完整的阀门属性信息。阀门位置示意图是标识阀门具体位置的一种平面示意图，主要绘制阀门在管道上的大致位置，阀门周边的其他供水附属设施（阀门、消火栓），阀门周边的道路、建筑物、杆线、井室情况，并记录阀门与周边至少三个不同方向的固定参照物的距离。

2）阀门位置示意图

① 绘制阀门周边的建筑物、道路、电杆、检查井（包括雨水井、电信井、煤气井等）并标注。

② 绘制相关供水管线、阀门、排气阀、泄水阀、消火栓、锥管、盖板等并标注。

③ 绘制阀门与周边至少三个不同方向的固定参照物的连线并标注距离。

④ 尽量保证阀门卡上的方向为上北下南，并绘制指北针。

⑤ 位置示意图绝对尺寸不做比例要求，但相对尺寸和相对位置必须准确。

⑥ 位置示意图的标注字体尽量统一大小和格式。

3）阀门的现场验收

① 阀门卡位置图的地名、地址、地貌、三角线坐标要求准确。

② 阀门确保可以正常启闭，除泄水阀门和必须要求关闭的阀门外，其余阀门保证为开启的状态。

③ 泄气阀确保安装在管线中的合理位置。

④ 泄水阀确保通雨水井或者通河道。

⑤ 检查井井室的砌筑符合规范并保持井室内整洁，井内应勾缝或粉刷，立式闸阀应露出上壳，蝶阀应露出涡轮箱，不得漏水。

⑥ 管闸箱应使用规定的统一规格的管闸箱。所有管闸箱应处于方便开关的状态（上无违章建筑或其他覆盖物占压）。

4）管闸箱安装的验收标准

① 井盖应符合道路管理部门的相关规定。

② 井框与路面高差在±15mm 之内。

③ 井盖与井框高差在＋5mm，－10mm 之内。

④ 盖框间隙小于 8mm。

⑤ 车辆经过时，井盖不能出现跳动和声响。

⑥ 确保井边路面结构无碎裂情况。

（2）消火栓的验收标准

1）消火栓报验资料的验收

消火栓验收的报验资料要求参照阀门验收的报验资料要求执行。

2）消火栓的现场验收

① 消火栓位置图的地名、地址、地貌、三角线坐标要求准确。

② 消火栓要求可以正常开关、配件完整、确保有水。

③ 消火栓安装位置要求合理，便于取水。地上式消火栓可安装在街道的十字路口区，在保证醒目又不影响行人、行车的位置上，同时考虑维护和日常排水方便，如人行道街沿上、雨水排泄口旁、人行道树侧。不得设置在盲道、道路中间等影响交通的位置，也不得设置在容易被车辆撞击的位置。

④ 埋设标准：地上式消火栓顶端距路面距离 550mm 左右，上下误差不超出 50mm。地下式消火栓的顶部出水口与消防井盖底面的距离不得大于 400mm，井内应有足够的操作空间。

8.3 室外给水管道验收标准

（1）室外给水管道竣工图的验收

1）编制各种竣工图必须在施工过程中（不能在施工后）进行，及时做好隐蔽工程检查记录，整理好设计变更文件，修改好施工图，确保竣工图质量。编制竣工图的形式，要根据不同情况区别对待。

2）凡按图施工没有变动过的，由施工单位在原施工图上加盖"竣工图"章后，即可作为竣工图。

3）凡施工图结构、工艺、平面布置等有较大改变的，应重新绘制竣工图。施工单位负责在新图上加盖"竣工图"章，并附有关记录和说明，作为竣工图。

4）各种管线竣工图的编制，必须注明与地上永久性建筑物的相对位置尺寸或坐标数据。竣工图应包括合适比例的平面图和纵剖面图、索引图及竣工说明。

① 平面图应包含正确的地物、地貌、指北针，标明管线的起止点、转角点、交叉点、管径、长度以及管材和阀门井、消火栓等主要设施的相对位置或坐标数据及型号。

② 剖面图应标明地面、管顶标高、管径、坡度、桩号以及与其他管线相互交叉的位置数据。

③ 索引图应标明工程的起止点。

④ 竣工说明应注明该项工程的新建、拆除管线和设备数量、材质、型号。

5）"竣工图"章的基本内容应包括："竣工图"字样、施工单位、编制人、审核人、技术负责人、编制日期、监理单位、现场监理、总监。"竣工图"章的样式如图 8-1 所示。

竣工图			
施工单位			
编制人		审核人	
技术负责人		编制日期	
监理单位			
总监		现场监理	

图 8-1　"竣工图"章的样式

（2）室外给水管道的现场验收

1）复核竣工图纸绘制的管线位置是否准确。可以根据沟槽回填的痕迹进行判断，也可以根据现场阀门井的位置进行判断，有条件的可以根据管道施工时采集的 GPS 坐标回放进行复核。

2）复核竣工图纸绘制的阀门、消火栓的数量是否正确，位置是否准确。

3）室外明装管道要检查防腐、保温的实施情况。有需要的地方要安装防爬刺和警示牌。

4）管道上方应设置管道标识（标识贴或者标志桩）。

5）管道不允许被压占或者圈进。

8.4　建筑室内给水管道验收标准

（1）建筑室内给水管道工程竣工图的验收

建筑室内给水管道工程竣工图一般包括平面图、系统轴测图、详图，以及设计说明和设备材料表等，必要时还需绘制剖面图。

1）图纸目录

图纸目录用于说明该套图纸的数量、规格、顺序等，置于整套图纸的最前面。

2）建筑给水工程施工竣工总说明

用文字、表格等形式表达有关的给水工程设计、施工的技术内容，是整个建筑室内给水工程施工、设计的指导性文件。它说明了该工程的基本情况，如给水工程系统的设计依据、设计规范、设计内容，给水工程系统采用何种管材、管道的连接方式，施工、试压的要求与注意事项，管道的防腐、防结露、保温措施等。

3）设备、材料表

以表格的形式列出整个给水工程所用的主要设备、配件、附件、材料的数量、型号、规格等信息。

4）给水工程平面图

建筑室内给水工程平面图是在建筑平面图的基础上绘制的，一般建筑平面图只需要画出与管道布置和用水设备有关的部位。底层平面图中需要画出给水引入管，所以必须单独绘制。如其余各楼层的用水设备和管道布置完全相同时，可以只画出一个平面图（标准层平面）。对给水方式和管道布置不同的楼层，则需要分别画出平面图。平面图的比例一般与建筑平面图相同，也可以根据需要放大。

5）系统轴测图

给水工程系统图主要标明管道系统的立体走向，可采用与平面图相同的比例，如果配水设备较为密集和复杂时，也可以将局部放大比例绘制。

6）详图

详图也叫大样图。原则上，从平面图中看不清楚或需要专门表达的地方都需要画详图，主要是管道节点、水表、消火栓、穿墙套管、管道支架等的安装图，多数可以从标准图集中查到。

（2）建筑室内给水管道的现场验收

1）复核竣工图纸绘制的管线位置是否准确。为区分不同压力的给水管道，要求在管道上进行标注，并标明水流方向。

2）复核竣工图纸绘制的阀门数量是否正确、位置是否准确。

3）要检查管道保温的实施情况。

4）管道安装时，不得有轴向扭曲。

5）管道穿墙或穿楼板时，不宜强制校正。

6）管道穿越楼板时，套管应高出地面 50mm，并有防水措施。

7）管道穿墙时，可预留洞口，洞口尺寸较管道外径大于 50mm。

8）检查管道的连接、管卡、托架的安装情况。

第9章 供水管道的维护与修理

9.1 巡线

巡线是管网管理工作的重要组成部分之一，是预防管道发生故障的积极措施。

（1）巡线的作用

1）通过巡线，可以发现是否有供水管道漏水或附属设施损坏，及时安排维修，避免小漏变成大漏。

2）通过巡线，可以发现供水管道或附属设施是否存在安全隐患，及时安排整改，避免安全隐患变成安全事故。例如发现明管存在锈蚀的情况，或者明管保温缺少的情况，或者发现过河过桥管线的支桩、支墩存在开裂、位移的情况等。

3）通过巡线，可以发现其他施工影响供水管道或附属设施安全的问题，及时加以阻止，避免挖坏管线或者造成对管线的非法压占等情况。

4）巡线人员可以配合其他施工单位进行地下供水管线交底，指明地下供水管线的具体位置，避免施工破坏供水管线。

（2）巡线的工作内容

1）巡视市政道路以及居民小区内的管线及附属设施（消火栓、阀门）是否存在漏水的情况。如有发现，需要及时维修。

2）巡视市政道路以及居民小区内的管线及管线附属设施（消火栓、阀门井、泄气阀）是否存在被圈、压、埋、占等情况。如有发现，需要及时整改。

3）巡视阀门井、水表井的井室状况及井盖情况。发现井室出现下沉、倾斜等情况，或者发现井盖缺失、井盖周边道路破损严重等情况，需要及时整改，避免引发行人摔伤或车辆损失等事故。

4）消火栓的日常巡视，包括以下内容：消火栓是否缺件，消火栓位置是否不佳，消火栓是否存在被压占、圈进等影响使用的情况，消火栓是否破旧、需要重新刷漆出新，是否存在违章使用消火栓等。

5）过河过桥管的日常巡视，包括以下内容：过河过桥管管道外壁及其金属管梁、管托的防腐、防锈情况是否良好，吊管零件是否松动、锈蚀，管托支桩、支墩有无开裂、沉降情况（特别是大雨过后），管道及排气设施保温层是否需要更换或加装，防爬刺、警示牌是否需要维修、更换或加装等。

6）凡穿越铁路或其他建筑物，管沟的检查井要定期打开检查（一年至少一次）。

7）注意供水管道与厕所、化粪池、粪坑等污染源的距离。一般不小于 2m，并且管线应有相应的保护措施（如加套管等）。

8）注意阻止非饮用水管线、自设加压设备与供水管道勾通。自备水源井即使作为饮用水也不允许与市政管网勾通。以上各种情况必须另做水池，从水池中抽水。水池的构造应保证不渗漏，水池的进水口应高出溢水口10cm以上，防止其他水倒流进入自来水管网。

9）注意沿供水管线走向有无施工刨槽取土的情况，避免因覆土减少发生冻管或压坏管道的情况。特别是管道支墩部位，严禁开挖和扰动，以免管道发生整体位移造成爆管事故。

10）发现其他施工影响供水管道或附属设施安全的问题，及时加以阻止，避免挖坏管线或者造成对管线的非法压占等情况。

11）配合其他施工单位进行管线交底，向其指明管线位置，提醒施工单位在管线上方做明显的标识，防止施工过程中损坏给水管道。

12）做好给水管道的现场施工看护工作，督促施工单位开挖探沟，探明管道位置以及埋深。给水管道与其他管线水平、垂直交叉时，根据实际情况和相关规范要求制定处理方案，确保管线水平间距和垂直间距满足相关规范要求以及维修间距要求，既确保管线安全，又保证管线的后续正常维修。此外还要注意因施工暴露出来的钢管保护层是否被破坏，管线附近是否有打桩机、搅拌机、轨道塔吊等会对管线安全产生影响的设备，管线是否会被砌进污水井、电缆井或其他构筑物中等情况。

（3）巡线人员应掌握的管网管理上的规定和规范

巡线人员首先应掌握各自负责区域内的管网分布情况、管道口径、管道材质、埋设年代、管网压力、阀门位置、消火栓分布、管网近期的检修情况等。另外，巡线人员还要掌握一些与管网管理相关的规定和规范，以便更好地开展工作。

1）管道埋深

① 原则上管道埋深应超过冰冻层，避免管道受冻。

我国冻土带主要分布在北纬30°以北的广大地区，北纬30°以南几乎不见冻土。我国各地的冻土深度不一，杭州为5cm，南京为10cm，北京为85cm，沈阳为120cm，哈尔滨为200cm。凡管道覆土小于冰冻层厚度的，管道要做保温措施。

② 除满足冰冻层厚度要求外，管道的埋深还要满足管道受外界载荷碾压时应有足够的覆土保护。

南京地区的供水管线埋设于车行道下时，其管顶覆土要求不小于1.1m；埋设于人行道下时，管顶覆土要求不小于0.7m。

管道上方的覆土也不是越厚越好。管道埋深越大，土层不均匀沉降的概率越大，越容易造成管道接口、钢管焊缝处发生断裂。不同的管径均有对应的最大允许埋深。管径越大，最大允许埋深越小。

2）给水管与其他管线及建（构）筑物之间的最小水平净距的规定：

根据《城市工程管线综合规划规范》（GB 50289—2016），给水管与其他管线及建（构）筑物之间的最小水平净距见表9-1。

给水管与其他管线及建（构）筑物之间的最小水平净距（m）　　表9-1

序号	建（构）筑物或管线名称	与给水管线的最小水平净距（m）	
		$d \leqslant 200mm$	$d > 200mm$
1	建（构）筑物	1.0	3.0
2	污水、雨水管线	1.0	1.5

续表

序号	建（构）筑物或管线名称			与给水管线的最小水平净距（m）	
				$d \leqslant 200mm$	$d > 200mm$
3	再生水管线			0.5	
4	燃气管	中低压	P≤0.4MPa	0.5	
		高压	0.4MPa<P≤0.8MPa	1.0	
			0.8MPa<P≤1.6MPa	1.5	
5	直埋热力管线			1.5	
6	电力管线（直埋、保护管）			0.5	
7	通信管线（直埋、管道、通道）			1.0	
8	管沟			1.5	
9	乔木			1.5	
10	灌木			1.0	
11	地上杆柱	通信照明及<10kV		0.5	
		高压铁塔基础边（≤35kV、>35kV）		3.0	
12	道路侧石边缘			1.5	
13	有轨电车钢轨			2.0	
14	铁路钢轨（或坡脚）			5.0	

3）给水管与其他管线最小垂直净距的规定：

根据《城市工程管线综合规划规范》（GB 50289—2016），给水管与其他管线最小垂直净距见表 9-2：

给水管与其他管线最小垂直净距（m）　　表 9-2

序号	管线名称		与给水管线的最小垂直净距（m）
1	给水管线		0.15
2	污水、雨水管线		0.40
3	热力管线		0.15
4	燃气管线		0.15
5	通信管线	直埋	0.50
		保护管、通道	0.15
6	电力管线	直埋	0.50
		保护管	0.25
7	再生水管线		0.50
8	管沟		0.15
9	涵洞（基底）		0.15
10	电车（轨底）		1.00
11	铁路（轨底）		1.00

4）所有各类地下管道不允许上下重线安装。

5）给水管线与其他市政管网交叉时的处理原则和方法

随着城市的快速发展，地下空间越来越拥挤，在市政工程施工过程中往往会遇到给水管线与其他管线交叉的情况。根据实际施工经验以及相关规范要求，可以总结成以下几点原则：

① 压力管道让重力管道；

② 柔性管道让刚性管道；

③ 小口径管道让大口径管道；

④ 无规划管道让有规划管道。

原则上其他管道不能直接压在给水管道上，给水管道也不能直接压在其他管道上。上下管道之间应留出安全间距以及维修间距，间距应满足规范要求（表 9-2）。管道间距满足不了规范要求的情况下，需要对交叉部位进行局部改造或保护。

给水管与污水管交叉时，给水管应当在上面，且管外壁相距不得小于 0.4m。如果污水管在上面，在交叉部位，给水管要加套管，套管长度应从交叉点处每侧引出至少 1m。

管道与管道之间应做好保护垫层，垫层厚度不少于 20cm，可以采用二灰结石或者天然级配砂石，振捣夯实，并洒水分层夯实。

6）埋深较大或较小、无法开槽施工或者不能开槽检修的管道，可以采用管沟的埋设方式。

① 管沟按结构可以分为钢筋混凝土管、砖墙钢筋混凝土盖板方沟、钢筋混凝土方沟三种，按照是否通行分为通行式和不通行式两类。

② 使用管沟的几种情况：

a. 穿越铁路；

b. 穿越高速公路；

c. 穿越立交桥的挡土墙及其快速道路路口；

d. 穿越永久性建筑物（管道必须在其下穿过）或与构筑物距离过近（净距小于槽深）；

e. 穿越河流或位于污水管下方。

③ 当管沟端部开槽抽出管道检修有困难时，应采用通行式管沟。

④ 管沟结构型式的选用：

a. 采用顶管施工时，首选钢筋混凝土套管；

b. 明槽施工时，首选砖墙钢筋混凝土盖板方沟；

c. 钢筋混凝土方沟仅用于有特殊需要的明槽施工。

⑤ 管沟的两端应做检查井，沟底应做 1‰ 坡度，坡向检查井。

⑥ 通行式管沟的宽度应不小于管径加 1.2m，总高不小于 1.8m，管道下方间距不小于 0.5m，管道上方间距不小于 0.6m。

⑦ 不通行式管沟的直径或宽度应不小于管径加 0.4m。

⑧ 管沟的具体形式和具体尺寸应根据现场情况，由设计单位负责具体设计。

7）给水管穿越铁路时，首先要与铁路有关单位联系，一般做法是加套管或者建设箱涵，并采取顶进的办法，套管及箱涵两端要设检查井。

8）给水管道穿越河道时，可采用建管桥或在桥梁建设时预留管架的方法。除此之外，也可选择拉管或者顶管穿越河道。凡是拉管或者顶管穿越河道原则上应做两条。

9）管线原则上不允许被压占。但是实际上管道上面不可避免会临时堆积建筑材料等物品。如果堆积物品过重，有可能引起管道破裂变形。必须经过核算得出允许堆放的质量和高度。

10）常见的管线保护措施

市政施工过程中，经常需要开挖沟槽，有时会遇到给水管道横跨沟槽或者距离沟槽边非常近的情况。给水管道是有压管道，管道自重较重，如果不采取相应的措施，管道接口、钢管焊缝、弯头支墩等部位就会存在漏水乃至爆管的隐患。最彻底和最安全的措施是进行管道改迁，避开施工范围，施工结束之后在原位进行管线恢复。但在现实情况中，由于施工场地条件的限制，往往不具备现场改管的条件，则必须对管道进行现场保护。还有一种情况，虽然供水管线距离施工区域较远，但是考虑到施工可能会对管道的安全造成影响，也需要对管道进行现场保护。

常见的管线保护措施包括以下几种。

①打桩支护：包括木桩、钢板桩、混凝土桩等。

②悬吊保护：主要针对给水管道横跨施工沟槽的情况。采用什么样的悬吊措施与管道的口径、材质、悬空距离、接口类型、管道使用年限、管道位置等因素有关。具体的悬吊保护方案必须经过严密的计算和论证后方可实施。

③通过换土、注浆等方法对管道周边土壤进行改良，提高管道周边土壤的稳定性。

④通过冷冻法将管道周边土壤进行冻结，提高土壤的稳定性。

管线保护措施的选用，要根据现场的实际情况，可以采取单一的保护措施，也可以多种保护措施结合使用。具体采用何种保护措施，必须经过严密的计算和论证。

9.2　检漏

9.2.1　节水的意义

（1）水资源的分布及紧缺

从太空中看地球是个"水球"，但是绝大部分的水是海水，而淡水中又有相当大的一部分以极地冰和山岳冰川的形式存在，实际上易被人类开采或取用的水只占全球水资源的0.26%。地下水资源在一定程度上缓解淡水资源时空分布造成的供水困难，但对地下水资源的滥采使许多地下水体濒临枯竭。我国就有许多大中城市由于地下水位的过度下降出现了降落漏斗，甚至地面下沉。

另一方面却是人类对淡水资源需求的快速增长。据有关材料统计，世界人口每年以一亿数量增长着，预计到 2025 年，世界人口将增加到 85 亿。人类对淡水的需要量每年以6%的增长率增加，人类对淡水资源的需求远远高于和大于人口的增长速度，其中用水量大的城市这种矛盾将更加突出。

我国水资源总量位居世界第六，但人均占有量居于世界第 110 位，仅为 2220m³，接近中度缺水水平，供需矛盾已相当突出，相当数量的工业项目也极大地受到了供水不足的影响。近年来，我国城市用水"供需比"一直在 0.9 左右徘徊，据测算，若要用建设水库来解决这 10%的缺水，总体费用加水资源费需要约 1 万亿元，而且还受到水源有限的制约；相反，要通过节水解决这一问题，只需几亿元。因此，节水意义重大，势在必行。

（2）节水的常用方法

节水是一个复杂的系统问题，这涉及许多技术和管理环节。一般来讲，节水是从减少漏损、降低用量、废水回用三个主要环节入手的。降低用量是指通过技术革新、加强管理、宣传节水等手段，降低单位产品或个人的用水量，特别是一些高耗水的项目，通过技术改革降低水耗大有可为。废水回用近年来也得到了快速发展，工业废水的处理回用和小区的中水回用发展较好，但回用水的使用范围一般都有限。相对降低用量和废水回用来讲，节漏的投资往往要小得多，只需几十万元甚至几万元就可以明显降低漏耗，而且节约的水是供出的合格水，确是一种经济合理、简单易行的节水措施。我国供水管网的漏耗也较大，有些城市的有效供水率只有 50%，检漏工作大有可为。如果漏失率下降 1%，每年就可节水 4 亿 m^3，是 650 万人一年的生活用水。

（3）我国供水管网管理现状

我国人口众多、幅员辽阔，仅城镇就有近 60 万 km 自来水管线，每天生产和生活供水近亿立方米，而且随着经济的发展，管道长度和供水量还在同步增长。尽管根据城市发展的需求更换了大量的老旧管线，但仍有相当数量的老管线在超期运行，这些老管线的漏损非常严重。另外，还有诸多原因导致漏水，如设备和材料质量不合格、工程施工质量低、仪器和设备不完善或不配套、管理水平低等原因。各种原因使我国供水管网管理水平和检漏水平还处于相对落后的状态，比欧洲、美国和日本等发达国家还有较大差距，特别是一些检漏设备，还是以进口为主。

9.2.2 漏损率及检漏的方法

（1）漏损率

指管网漏损水量与供水总量之比，通常用百分比表示，这是衡量一个供水系统供水效率的指标。

城市自来水漏损率应按下式计算：

$$R_{WL} = (Q_s - Q_a)/Q_s \times 100\% \tag{9-1}$$

式中　R_{WL}——漏损率，%；

Q_s——供水总量，万 m^3；

Q_a——注册用户用水量，万 m^3。

2014 年，我国城市公共供水系统（自来水）的管网漏损率平均达 15.6%。我国水资源相对缺乏，660 个城市中有上百个城市供水短缺。由于供水管网漏损严重，全国城市供水年漏损量近 100 亿 m^3。这使得国家耗巨资给各地城市的调水有不少已经白白流失。住房与城乡建设部已要求各地加快供水管网的改造步伐，在 2005 年年底以前完成对严重老化和漏损管网的改造任务。有关文件要求，各地要将供水管网改造作为重点项目，加大财力投入；各地城市维护建设资金要明确一定的比例专项用于管网的改造；供水企业要积极筹措资金，确保管网改造所需资金按工程建设进度足额到位。

（2）判定地下供水管线存在漏水的主要方法

1）裸视法，即不借助相应的工具或仪器，直接用眼睛发现漏水的方法。一般情况是发现地面冒水、下陷、泥土异常潮湿、绿化地带植物明显茂盛等情况，还有就是发现阀门井及供水管线附近雨水井、污水井存在不间断的清澈流水，再结合对管道和其他相关因素的分析判定，确定供水管线存在漏水的情况。这种方法的优点是成本低、成功率高，缺点是漏点发现率较低，只能发现不足 25% 的漏点。

2）区域装表法，即在供水区域的进水管上安装计量水表（或流量计），通过对用水量的统计和分析，发现用水量突然增加的情况，排除非漏水因素的影响后，可以初步判定供水管线存在漏水的情况。区域装表法中，水表的精度、阀门紧密性是影响测漏结果的两大因素，任何一个因素不满足要求，都会严重影响测量结果，甚至导致错误结论。要排除这两大干扰，要精选水表并检修闸阀。另外，区域装表法中的抄表时间要一致，不能相差太远。

3）音听法

现在最常用的探漏方法，大多是通过对泄漏噪声的侦听和处理来实现的。尽管已经有多项其他测漏技术出现或被正式应用，但最成熟和经济的方法仍然是听音法，所以有必要从理论和实际两个层面上掌握泄漏噪声的特性及其传播，只有这样才能更好地运用听音设备来探测隐蔽的泄漏点，节约水资源，提高经济效益。

① 泄漏噪声的特征及其影响因素

供水管道泄漏时，水在一定的压力下从漏点喷出时，会与管壁和周围介质发生摩擦、撞击，从而发出一种连续但不规则的噪声。泄漏噪声的强度和频率等特性与水压、漏点位置和形状、管道材质、周围介质等因素有密切的关系。不同的情况会产生不同的泄漏噪声，人对声音的可听频率范围为 20～20000Hz，低于 20Hz 的声波称作次声波，超过 20000Hz 的声波为超声波，这两种声波人类是不能直接感知的。泄漏噪声是由多种频率组成的复杂噪声，音听设备一般只处理和接收 20～20000Hz 范围内的振动声波，这样便于我们通过听觉作出判断。

漏水噪声与多种因素有关。压力越大声强越大，在 0.1～0.3MPa 之间的漏水噪声声压随压力的增高而快速增大，水压超过 0.3MPa 时漏水声趋于稳定，在水压低于 0.1MPa 时，漏水声一般都很小，大多数音听探漏仪都会失效。另外，管材、漏点位置和形状也不同程度地影响漏声声强和频率，狭窄的裂缝和坚硬的铁管、钢管等发出的漏声较大，频率也较高。漏声的频率一般在 100～3000Hz，在漏点处漏水噪声频率常会占满整个声频范围。一般金属管道的漏声频率为 500～3000Hz，非金属管道则为 100～700Hz，漏水与周围砂土、泥等介质撞击发出的声频就更低了，一般在 25～275Hz 之间。但情况不同时会有变化，如口径较大的金属管道其漏声的主要频率常会低于 500Hz，在实际分析时，要灵活掌握。

② 泄漏噪声在管道周围介质中的传播

声音在介质中传播时，由于介质对声能的吸收等原因，声强都会有所衰减。衰减程度主要与声波特征和介质特性有关，频率越高，衰减越快。因为介质的固有频率是较低的，漏声频率和介质固有频率相差越大，声音衰减越快。所以，声音在管材中的衰减比在土壤等介质中的衰减要慢得多，在疏松多孔介质中的衰减比在密实介质中的衰减要快。漏水声在土壤中传播的距离非常有限，这正是由声音的分散传播和吸收造成的。另外，漏声经过传播、衰减后，一些较高频率的声音就被"滤"掉，听到的声音和原漏声往往有较大的变化，不同管材、不同介质、不同埋深有不同的变化，在实际分析时要多总结和体验。在地面上听音时，漏孔的朝向对声音的衰减影响也很大，朝下的漏点，介质对漏声的吸收更明显，对探测有一定影响。总之，由于水与周围介质撞击发出的声频较低，又加上介质对较高频率声波的吸收，在地面上采集的漏声频率要大大低于在管道表面上采集的漏声频率。

③ 泄漏噪声沿管道的传播

漏水噪声在管道中以机械振动的形式传播，由于管材，特别是金属管材的弹性模量远大于周围介质，对声波的吸收衰减较小，又加上漏声直接产生在管道上，声波沿管道的传播比在周围介质中的扩散传播能量更加集中，所以漏声在管道中的传播距离较远，速度较快，声音也较清晰。

漏声在管道中的传播也同样受多种因素的影响，主要影响因素有管材、管径、声波特性、水压和漏点特征。

音听法是利用音听设备对地面漏声或管道漏声进行采集处理，从而发现隐蔽漏点的一种方法。一般利用音听法判定漏点后，还经常利用打钢钎或钻孔法加以验证，以确认漏点判定是否正确。音听法的优点是设备简单、投资较少、操作简便灵活；缺点是有时受环境噪声的干扰，需要一定的实践经验，易受一些假象的影响，依赖于水压等条件，处理某些渗漏常常有困难。

4）音听法中的干扰因素较多，也较复杂，常见的干扰有以下几种。

① 正常用水声和环境噪声常给音听测漏法造成影响，在测漏时一般不能中断供水或另择环境，因此这两种干扰就难以避免。在实际测漏时，常用以下一些方法排除用水声和环境噪声的干扰。第一，可以用延长测试时间和增加测试次数的办法来排除用水或其他瞬时噪声；第二，根据泄漏声和噪声的频谱差别，选择合适的滤波范围和方法排除其他干扰；第三，利用先进的分析软件或分析方法减少干扰；第四，可以选择夜间或其他环境噪声和用水噪声较少的时段测漏；第五，尽量使用防风抗干扰设备。

② 仪器的背景噪声（电子听音杆、听漏仪常会带有自身的背景噪声）也同样会干扰测漏，要尽量选择背景噪声小、元器件功能稳定的产品。有些听漏仪背景噪声就很大，给使用带来不便。

③ 管道状况不同也常常会影响音听测漏，如三通、弯头、变径和相叉会使管道发生共振式"串声"，给音听带来影响。这种情况要仔细分析管道状况、相互关系，最好有详细的管网综合图作为参照，排除其他干扰，判断真实的漏点。

④ 确定具体漏水位置的方法

判断供水管线存在漏水后，需要对漏水的位置进行精准定位，以便维修。确定漏点的常规顺序是：面-线-点。先通过区域装表法或其他供水异常来确定漏水区，在此基础上用逐渐缩小测量区的方法或逐条管道听音、测压等方法确定漏水管段，接下来用音听法精确定位漏点。确定具体漏点后，最好用打钢钎听音或钻孔来验证，以提高漏点探测的成功率。当然在某些已知泄漏管段或漏点大概位置的情况下，也可以从某条管段或某个点附近直接查找漏点，精确定位。

9.2.3 常用检漏设备

（1）听音杆

听音杆是最常用的听漏设备，虽然功能有限，但因为其造价低廉、操作简单，仍然受到广大测漏人员的喜爱。有些部门几乎人手一根。听音杆分为机械式听音杆和电子听音杆两种。机械听音杆又有木质结构和金属结构两种。

听音杆的原理是直接在管道暴露部位拾取泄漏噪声、判断漏点。现在的机械听音杆有一个简单的机械放大器，电子听音杆则配有集成电路对漏声进行放大和滤波处理。由于具有放大和滤波功能，电子听音杆的灵敏度往往高于机械听音杆，但机械听音杆听到的是原声，有经验的操作人员有时可以利用微小的原声来判定是否漏水。

听音杆有时也用于精定位，其作用是缩小可疑范围，直到把漏点确定在某两个暴露部件的中间，精确定位还是要依靠听漏仪、相关仪等设备。现在有些听漏仪上就配备了电子听音杆，如德国福润茨公司生产的 DLS500 听漏仪就配有精巧灵敏的电子听音杆（图 9-1）。

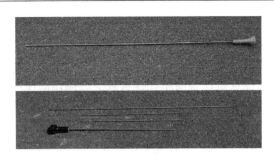

图 9-1　听音杆

（2）听漏仪

听漏仪又称地面听漏仪，主要由拾音器、信号处理器和耳机三部分组成。其工作原理是利用地面拾音器收集漏声引起的振动信号，并把振动信号转变为电信号转送到信号处理器，进行放大、过滤等处理；最后把音频信号送到耳机，把图形、波形或数字等视频信号显示在显示屏上，帮助确定漏点。拾音器有压电式、磁电式、电容式等多种形式，一般以压电式和磁电式为主。拾音器的灵敏度是听漏仪性能的关键指标之一。除此以外，听漏仪的性能主要取决于主机的滤波和分析功能。好的仪器可以很好地过滤干扰噪声和短时噪声，把有效信号保留并放大。

听漏仪是用于漏点精确定位的仪器，在已知泄漏管段的情况下，用听漏仪沿管线做"S"形逐步探测，最终根据泄漏信号的强、弱确定漏点位置（图 9-2）。

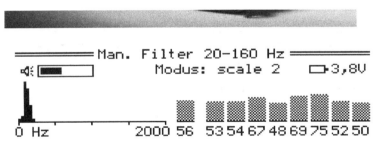

图 9-2　听漏仪

不同听漏仪的操作也不尽相同，总体来讲，听漏仪的操作比较简单，但在判定漏点时需要一定的经验，因为前面也介绍过，音听法的干扰因素较多。现在好的听漏仪都有很好的滤波功能，能有效去除干扰噪声，甚至还配有存储和波形分析功能，大大提高了漏点定位的精度。

（3）相关仪

相关仪是常见测漏仪器中的高档产品，具有测试速度快、精度高、不受埋深影响等特点。相关仪和听漏仪的配合使用可以大幅度提高检漏效率和成功率。一套完整的相关仪包括一台主机、两个高灵敏度振动传感器、两个无线电发射机和一副耳机，主机上集成了无线电技术、信号处理、运算和显示功能（图 9-3）。

1）相关仪的工作原理

管道发生泄漏时，漏水与管道发生摩擦发出的较高频率的声波常被称作第一频率。第一频率沿管道从漏点向两端传播，如果把两个传感器放在漏点两边的管道暴露部位上，漏声信号传到两个传感器的时间有一个差值 T_d（很少有漏点到两个传感器的距离相等），也把这个差值叫作延迟时间。这样利用延迟时间 T_d 就可以推算出漏声到较近传感器的距离 L，这个距离并不是简单的直线距离，而是沿管线的具体长度。设两传感器之间的距离为 D，则有：

$$D = 2L + vT_d$$
$$L = 1/2(D - vT_d) \tag{9-2}$$

式中　v——漏声沿管道的传播速度。

图 9-3　相关仪

一般管材的声速都存储在相关仪的声速表中，只需输入管材和管径就可以自动选定声速，再输入两个传感器之间的距离后就可以做相关分析了。

从理论公式中可以看出，当漏点在两传感器之外时，$D = vT_d$，这样算出的 L 总是等于零，仪器指示漏点在较近的传感器放置外。因此，当相关分析指示漏点在传感器放置点时，一定要慎重判断。最好通过加大两个传感器间距或移动两传感器位置来重新测试。

相关分析的关键是要准确地确定延迟时间 T_d，要做到这一点就必须判断到达 A、B 两传感器的信号是否属于同一信号，只有是同一信号才可以比较出时间差，为此要做复杂的相关分析计算，需要精确的滤波等功能。

2）相关仪的使用方法

相关仪的操作比听漏仪更为复杂，不同的型号操作也不相同，这里对相关仪本身的操作步骤不做介绍，因为各种仪器都有操作手册，这里只强调一下其他该注意的事项。

① 根据管材、管径和水压选择合适的传感器放置，不要总以为相关仪的测试距离较大，在管径大于 600mm 时或在 PVC 管上，其测试距离会大大缩小。

② 要先熟悉管道状况，如水压、管道接口、管网的分支情况等。

③ 传感器要放稳，在放置处不要有太多的污垢或锈迹，传感器应尽量垂直放置在管件上。

④ 尽量选择用水低峰和环境干扰小的时段测试。

⑤ 测试前要先检查电量是否充足，以便提前充电。

⑥ 不要把没有防水功能的传感器放入水中。

⑦ 先用听音杆在管道上听，如果两点都有漏水信号时，再用相关仪测，这样效率较高。

3）相关仪的优缺点

① 优点

a. 不受环境噪声的影响，不受漏口朝向的影响；

b. 不受管道埋深的影响；

c. 测试速度快、准确率高；

d. 可用计算机编辑和存储测试结果；

e. 不需要太多的测漏经验。

② 缺点

a. 必须在适当的范围内有两处管件暴露点（消火栓、阀门）；

b. 对大口径管径的金属管道或塑料管的测试距离较短；

c. 需要清楚测试管道的材质、管径和实际长度。

（4）在线漏水监测设备

现在有多种性能先进的在线漏水监控设备。这些设备大部分都带有多个探测传感器，可以永久安装在供水管网上，对管网上的噪声和压力等异常进行不间断或长时间监测，经过综合分析、评价后即时给出漏点情况，这些在线监测设备大都可以通过 Modem 无线或其他方式将数据传输至中心计算机，进行进一步的综合分析。这些仪器非常适合小区供水的实时监测，有广阔的应用前景，如瑞士古特曼公司生产的 Zonescan 800 交互式无线管网泄漏监测定位系统，可配数千个防水探头，同时对整个供水管网进行监测，自动确定漏点位置，数据网络共享（图 9-4）。

图 9-4　在线漏水监测系统

9.2.4　检漏实际操作及漏量计算

（1）检漏操作

检漏是一项较为复杂的工作，涉及诸多环节，管材、环境、泄漏、仪器设备种类多种多样，再加上复杂的管网深埋于地下，看不见摸不着，任何一个环节的疏忽都有可能导致检漏工作的失败。要科学合理地使用仪器，充分利用已有资料和数据做好时间、地点、人员、仪器的有机结合，发挥检漏工作的最佳效果，就必须有一套严谨、科学、具有可操作性的检漏规程。

1）检漏的准备工作

准备工作主要包括查阅管网分布图和本区的检漏档案，初步分析破损的可能性及原理。管网年代久远或图纸标示不清的要做实地调查，向附近的住户或其他知情者了解情况，也可以配合管线仪巡查。对居民提供的资料要加以鉴别、仅作参考，不可不信，也不可全信。在充分掌握管网资料后，选择好要使用的仪器设备并制定简要的检漏方案。

2）现场勘查分析

到现场后，不要马上就拿出仪器测漏，应该先做初步的现场勘查，看是否有与漏水有关的潮湿区、地面凹陷、草木异常茂盛、降雪先融、管道或阀门井渗水、周围水压过低、地面施工等现象。现场勘查后，根据现场情况和拟定的方案开始查漏。

3）检漏

在前期工作完成后，开始用仪器检漏。检漏时一定要记住，没有 100% 成功的仪器，任何仪器都有其不足的地方，一定要针对不同情况和环境选择最适用的仪器，按操作要求发挥其最佳功能。有些漏点往往一次不能确定，甚至没有漏水迹象，此时要有耐心，仔细分析，尝试用多种方法探查，互相验证。确定漏点后，条件允许的话，最好要打钢钎或钻孔验证，不要轻易开挖，特别是在高级路面上更要慎重决断。

（2）检漏中应注意的问题

检漏工作是一项涉及诸多环节，需要耐心和经验的探索性工作。探索的特点就体现在漏点是暗藏在地下的，需要通过各种手段和方法去判断，所以经常出现被某些假象误导的情况，为此要注意一些常见问题，以减少误判。

1）发现冒水等明漏现象时，不要轻易认为漏点就在下面，要用音听手段加以验证。

2）漏点和三通、变径接头重合时，不要轻易下结论，要用其他方法加以验证。

3）有些泄漏是听不到的，不要因为听不到就否定漏点的存在。

4）要善于利用手中的其他仪器辅助找漏，例如金属管道完全断开时，音听法往往难以奏效，但利用管线仪的电流测量功能却可以解决问题。

5）要学会分析周围环境来帮助找漏，如地面的变形、植被变化、新建构筑物或地表其他施工等都有可能给我们提供有用的信息。

6）重要的也是经常被忽略的一点就是要熟悉管道。初次接触音听检漏设备的人常认为好的仪器不需要详细掌握管网状况，大概了解就够了，这是欠妥的做法。

（3）漏量的测量算法

1）公式法

$$Q_L = C_1 \times C_2 \times A \times \sqrt{2gh} \tag{9-3}$$

式中　Q_L——漏点流量，m^3/s；

　　　C_1——覆土对漏水出流影响，折算为修正系数，根据管径大小取值，$DN15\sim DN50$ 取 0.96，$DN75\sim DN300$ 取 0.95，$DN300$ 以上取 0.94，在实际工作过程中，一般取 $C_1=1$；

　　　C_2——流量系数，取 0.6；

　　　A——漏水孔面积，m^2，一般采用模型计取漏水孔的周长，折算为孔口面积，在不具备条件时，可凭经验进行目测；

　　　h——孔口压力，m，一般应进行实测，不具备条件时，可取管网平均控制压力；

　　　g——重力加速度，取 $9.8m/s^2$。

2）计时称量法（容积法）

漏点开挖后，在正常供水压力下，用能接水的容器（水盆、水桶、塑料袋）或挖坑等接收从漏水点流出的管道漏水，同时用秒表等计时，计算出单位时间内的漏水量，换算成 m^3/h，即可得到漏点的漏水量。为提高结果精度，可以多次平均。

3）便携式流量计测定法

利用便携式流量计，对漏点前后管道测定其瞬时流量，其差值即为漏点漏水量。当漏点下游关闭所有阀门或无用户用水时，在漏点上游测出的瞬时流量即为漏点漏水量。

9.2.5　检漏技术的发展

音听检漏仪器得到了广泛的应用和长足的发展，在检漏设备中独树一帜，但随着各项基础技术的发展和相互渗透，也出现了许多新的检漏技术，这些新技术有的还没有被大家所熟知，但它们确实各有特点。新技术的发展和应用主要包括硬件和软件两大部分。

1）硬件方面的发展主要指新设备和新方法，近几年出现的新设备或新的检测方法主要有以下几种。

① 红外成像法：漏水总会引起周围温度的变化，如自来水在夏天会降低环境温度，而在冬天则会使周围介质温度升高，红外成像法就是利用漏点附近红外信号的变化来确定漏点的新方法。这种方法受环境影响极小，对热力管道的泄漏更显示出优点。

图 9-5　探地雷达

② 探地雷达系统：探地雷达可以反映多种地下异常信号，除管道和其他物体外，对凹陷、积水、空洞等也有所反映，所以也可用于探测漏水。探地雷达由于功能强大，其应用有趋于普遍的趋势，但在水位高的地区或被水漏点浸泡的地方探测较难（图 9-5）。

③ 管道内窥检查法：管内摄像机、麦克风等设备可直接探测管内的异常，这样可以直接或间接地确定漏点，这些技术在测漏中的应用还不太成熟。

④ 新型相关仪：相关仪是漏水探测的常规仪器，但现在有些新型的相关仪不仅精度高、操作简便，还增加了一些新的功能。

2）随着各种高新技术在测漏行业中的应用，测漏仪器和技术的发展也是日新月异。但总体来讲，测漏仪器的发展不外乎以下几个方向：

① 操作简单化；

② 体积、重量小型化；

③ "三高性能"（高效、高灵敏度、高精度）加强化；

④ 功能扩展化（压力、漏量监控、网络数据传输和共享、与 GIS 和 GPS 系统相兼容）；

⑤ 在线监测普及化。

3）软件方面的发展主要指一些新的分析方法、数学模式和分析软件等。现在有人研究把人工神经网络、模糊数学的一些分析方法应用于漏水探测，一些内置分析软件也越来越成熟。

9.3　管道及附属设施的维修与日常维护

9.3.1　管道维修的方法

（1）管道漏水、破损的原因和种类

1）管道漏水、破损的原因

给水管道一般埋设在地下，由于各种原因在输水过程中往往会发生不同程度的漏水或者破损，漏水会渗入地下或者流入下水道，漏水时间长或者流量比较大的时候，还会冒出地面。这种漏水使水厂耗费人力、物力，提高供水企业的漏损率，影响供水企业的经济效益；管道长期破损、漏水，可以造成管网压力的下降，影响用户的水压；特别是大口径管道的突然爆裂，可使管网局部压力骤降，影响正常供水；还会造成路基下沉、影响交通，造成建筑物的下沉，严重时可能造成建筑物的倒塌。管道爆裂引发的大量漏水，对附近的道路、建筑也会造成严重的危害，甚至会发生人身安全事故。

管道漏水、破损的原因大略有：

① 安装不当；

② 材质不好；

③ 管道受腐蚀严重；

④ 外界负荷过大，造成管道不均匀沉降或者发生过大的水平位移、角位移；

⑤ 人为施工损坏；

⑥ 埋深不足或保温措施不足造成的冻裂。

2）管道漏水、破损的种类

管道漏水可以分为明漏、暗漏、工程漏等。明漏指漏水已经冒出地面；暗漏指漏水已经发生，但还没有冒出地面，需要通过检漏才能确定漏点位置；工程漏指施工过程中造成的漏水。此外，还包括阀门、消火栓等管道附属设施漏水的情况。

管道破损、漏水的形式有接口渗漏串水、接口填料冲掉漏水、管道穿孔喷水、纵向断裂、环向开裂、接口脱落等。

（2）供水企业负责维修的范围

供水企业负责维修的管道及附属设施的范围是从水厂开始至用户水表处为止。用户水表至用户接水龙头（或其他用水点）处的管线产权属于用户所有，此段管线（亦称表后水管）如果发生漏水，原则上由用户自己维修或者由用户委托他人维修。

（3）管道及附属设施常用的维修材料

1）管道哈夫节

管道哈夫节，也叫作管道抱箍，分为直通哈夫节（图9-6）和承插哈夫节（图9-7）两种。直通哈夫节可用于直管段小渗漏的维修；承插哈夫节可用于管道接头处渗水的维修。

图9-6 直通哈夫节　　　　　　　　图9-7 承插哈夫节

2）管道伸缩节

管道伸缩节主要用于金属管道断管后的连接（图9-8）。

3）涂塑快接

涂塑快接主要用作小口径金属管段维修的连接器（图9-9）。

图 9-8　管道伸缩节

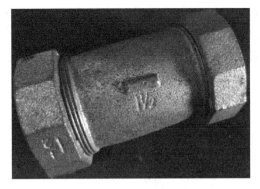

图 9-9　涂塑快接

4）卡箍

卡箍主要用于压槽式管道连接处渗漏的维修（图 9-10）。

5）PE 平承和 PE 平插

PE 平承（臼口）和 PE 平插（插口）主要用于塑料管非热熔修复的连接（图 9-11、图 9-12）。

图 9-10　卡箍

图 9-11　PE 平承

图 9-12　PE 平插

6）钢制伸缩节

钢制伸缩节主要用于各类口径管道在无法断管的情况下，直接进行包封封堵的维修（图 9-13）。

图 9-13　钢制伸缩节

（4）管网的停复水操作

供水管网内部充满了带有一定压力的水，为了维修工作的顺利进行，抢修工作开始前需要进行停水操作。

1）停水影响范围要尽量减小，并及时发布停水信息。

① 根据漏水位置，制定停水方案，确定停水范围，停水范围要尽量减小。

② 停水操作前要核对阀门信息，了解需要关停阀门的数量和所在位置。

③ 停水操作完成后，确定最终停水影响的范围，及时发布停水信息。

2）停水操作时要注意关闭阀门的顺序，防止管道内水流方向发生改变。

① 阀门关闭顺序：先关闭主来水方向阀门，再关闭管网末梢 T 口；先停止大口径管网运行（减少漏损水量），最后停止小口径管网运行（防止浑水流入支管）。

② 阀门关闭操作：先开启 100％圈数，再关闭 80％圈数，往复几次后最后关闭 100％圈数（蝶阀不适用此操作），整个操作过程必须记下闸门关闭完成总圈数，以便恢复供水开启时判断该只闸门是否开足。20 世纪中叶，市政给水管网以单边供水模式为主，存在大口径阀门，其旁边还附带小口径旁通阀门，用于大口径阀门调压作用。关闭前先关闭主阀门，再关闭旁通阀门，开启时先开启旁通阀门，进行调压，待管道内压力平衡后最后开启主阀门。

③ 阀门关闭后开启停水区域内消火栓，以便快速排空管道内积余水。

④ 停水区域内若有泄水阀，在能够通畅排水的情况下，应立即打开，加快排空管道内积余水速度，有助于缩短抢修时间。

3）恢复供水操作时，需要对抢修过程中进入管网的污水进行冲洗，同时对恢复供水过程中管道内部空气进行排放。

① 阀门开启顺序：先开启主来水方向闸门，再开启管网末梢 T 口；先恢复大口径管网运行，最后恢复小口径管网运行。

② 阀门开启操作：先开启 50％圈数，再关闭几圈，往复几次后最后开启 100％圈数（蝶阀不适用此操作）。

③ 恢复供水时，开启区域内消火栓，以便冲洗管道内浑水和排出管道内的空气。

④ 恢复供水时，开启区域内泄水阀，以便冲洗管道内浑水和排出管道内的空气。管道冲洗干净、空气排净后，关闭泄水阀并确认彻底关闭。

（5）常见管道及管件漏损案例和修复方法

1）金属管漏损案例以及修复方法

① 钢管

钢管因接口或管身出现小孔洞而发生漏水，可短期停水而进行补焊。补焊分为点焊和加强板焊接两种方法。若某个别处出现较小孔洞，可以采用点焊的方法进行修复。若漏水部位较大，需要采用加强板焊接的方法进行修复。首先将破损处进行切割等预处理，再用比切割部位略大的钢板进行补焊。搭接部位要大于 100～150mm。焊接后的钢板还须进行除锈防腐处理。

若给水钢管段严重锈蚀不能继续使用，可将该锈蚀管段割除，更换同型号同尺寸的钢管进行焊接连接，并进行除锈防腐处理。

② 铸铁管

铸铁管接口漏水，可剔除原承口处的接缝材料，再填入新的接口材料或直接采用承插哈夫节进行维修。若铸铁管管身破裂，可切断破裂的管段，更换同尺寸的铸铁管或钢管，使用管道伸缩节进行连接。

③ 球墨铸铁管（球管）

球管接口漏水，可直接采用承插哈夫节进行维修。若球管管身被施工机械或打桩机钻出孔洞，可直接采用直通哈夫节进行维修。若球管管身破坏情况严重，可切断破坏严重的管段，更换同尺寸的球管或钢管，使用管道伸缩节进行连接。

④ 镀锌钢管（镀锌管）

镀锌管漏水一般分为两种情况。一种是连接部位出现漏水，一种是管材本身锈蚀造成漏水。对连接部位漏水的情况，需要对连接部位进行重新连接，确保不漏水。如果局部位置出现锈蚀漏水，可以采用钢制伸缩节进行维修。如果锈蚀情况严重或者损坏部位较大，需要将损坏部位进行更换，重新连接。

2）混凝土管漏损案例以及修复方法

混凝土管多为平口，接口一般用水泥套环连接。漏水点一般发生在接口处，可直接把卡盘修复。若接口漏水大，且裂缝是沿套环开裂，此时可破掉套环用合适的柔口修复，也可以用混凝土在关闭闸门后将损漏点浇筑在里面。

3）PE 管材等非自应力管非金属管漏损案例以及修复方法

管材的长期蠕变性能、圆度、环刚度、水及周围环境温度的变化所引起管材的轴向移动、管材受力变形都会影响管材的密封性。

① 机械连接维修

在管材内部放置不锈钢支撑套管、专用 PE 抢修管件连接，这种方法为永久性修复。方法较为可靠，通过在管内加支撑管可以缓解管材的径向蠕变，但管材的内支撑套管因规格不同而不同，故造成维修费用增高。内支撑套管有固定支撑套管和可调式支撑套管两种，在国际市场上应用都较广泛。

固定和可调两种形式的内支撑管，又在 PE 断水专用抢修管件内部接近密封处加设一节带沟槽的回圆管，其主要作用是恢复管材圆度，此外还可起到防止管材部分轴向移动的作用（图 9-14）。

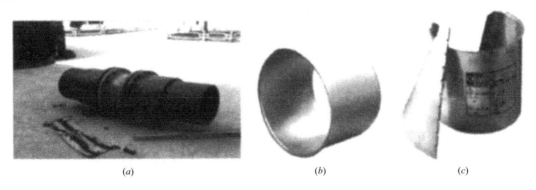

（a）　（b）　（c）

图 9-14　机械连接维修
（a）外观；（b）固定式内支撑管；（c）组合式内支撑管

如果用单一的机械管件不能修复的话，可先切掉已破坏的管材，用两个机械接头和一节尺寸合适的 PE 管材来修复（图 9-15）。如果管材的圆度不大（和 PVC-U 管材的圆度一样），则完全可用内支撑套管来完成抢修。

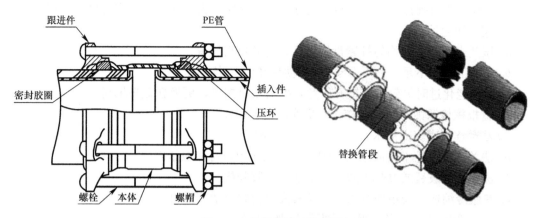

图 9-15　机械接头及装配图

② 法兰连接对直径小于等于 110mm 的小口径 PE 管材的抢修，可用一组 PE 法兰（PE 法兰接头和钢制法兰盘）连接（图 9-16）。

③ 对于直径大于 110mm 的管材也可用法兰形式连接，但连接方式与小口径不太一样。切下已损坏了的管段，但要保证该长度可满足法兰接头安装的要求。将法兰接头和现有管材熔接到一起后，测量两个法兰接头内部的距离，参照管材生产商提供的熔接步骤，连接另两个法兰的法兰接头与一段和现有管材同样外径、SDR 和性能的管材，从而在与现有管材相连的两个法兰接头之间形成一个相匹配的装配件。参照生产商的要求，对中后拧紧螺栓，把装配件与现有管材连接在一起（图 9-17）。

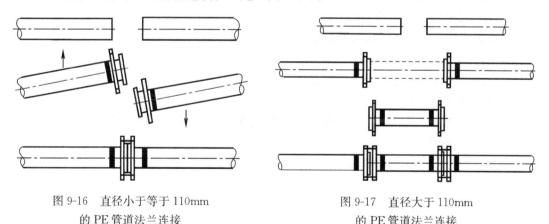

图 9-16　直径小于等于 110mm
的 PE 管道法兰连接

图 9-17　直径大于 110mm
的 PE 管道法兰连接

④ 电熔连接即电熔套筒通电熔接，目前电熔套筒的生产规格为直径小于 250mm，而且价格不菲。这种连接对施工环境的要求比较苛刻，给水管道的抢修过程中必须将管内积水排空，一般常用于燃气管道的抢修。当管材直径大于 250mm 或管材不圆时，要求在离损坏处较远的部位使用回圆器，这将有助于管材的刮削和电熔套管的安装。

4）阀门漏损案例以及修复方法

① 阀门关闭不严、漏水

a. 阀体下槽有异物、有锈——拆开清除异物，或往返启闭阀门将异物或锈磨掉。

b. 密封面磨损——重新加工、修理密封面。

c. 阀杆方头磨圆打滑——重新更换方头，并要使方头尺寸与阀门钥匙尺寸相符。

② 阀杆压兰处跑水

a. 压兰未压紧——均匀拧紧盘根螺栓，将其填料压紧。

b. 压兰下填料不足——拆开压兰，增加盘根绳，均匀压紧。

c. 填料老化过时失效——拆开压兰，把旧填料掏出，更换新盘根填料。

d. 盘根螺栓锈蚀，丝母滑扣——更换新盘根螺栓。

③ 法兰连接密封面渗水

a. 法兰连接螺栓不紧或松紧不匀——将螺栓均匀对称地紧固。

b. 法兰胶垫破裂或过时失效——更换新橡胶胶垫。

c. 热胀冷缩造成胶垫处漏水——尤其大口径阀应增装柔口。

d. 法兰盘断裂——视其阀门或零件分别更换处理。

④ 传动开关不灵活或开关不动

a. 盘根填料过紧——适当放松填料压兰，如填料为橡胶圈时应掏出更换油浸盘根绳。

b. 阀杆弯曲——修复调直，如修复调直不理想，最好更换阀杆。

c. 阀杆螺母过紧或丝扣磨损——更换合适的螺母。

d. 阀杆和螺母积锈过多——拆开除锈，使其灵活再装配。

⑤ 阀杆转动不到头

a. 阀杆折断——更换新阀杆及螺母一套。

b. 阀杆和螺母磨损滑扣——更换阀杆及螺母。

c. 阀杆方头与疙瘩头内方滑动——更换方头或将阀杆锉方。

d. 阀门接杆脱节——重新接牢或去掉接杆。

e. 阀板提肩折断——因阀板不易更换，最好更换新阀门。

5）消火栓管漏损案例以及修复预案

① 消火栓缺少大、小口帽——加装大、小口帽。

② 消火栓无法启闭

a. 消火栓锈蚀，无法开启——使用加力杆套在消火栓扳手上进行启闭，如锈蚀严重无法开启，需要更换消火栓。

b. 消火栓内部传动结构损坏，无法关闭——更换消火栓。

c. 消火栓双平断裂——更换消火栓双平。

9.3.2　管道及附属设施的日常维护

（1）清垢与刮管

给水管道如事先未做内衬，运行一定时间后管道内壁就将产生锈蚀并结垢，有时甚至可使管径缩小 1/2 以上，极大地影响送输水能力，且造成水有铁锈味或黑水。为恢复其输水能力，改善水质，就需根据结垢性质进行管线清垢工作。

对于小口径 DN50 以下水管内的结垢清除，如结垢松软，一般用较大压力的水对管壁进行冲洗。如管径稍大 DN75～DN400，且结垢为坚硬沉淀物，就需由拉耙、盆型钢丝轮、钢丝刷等组成进行清洗。清管器用 0.5t 卷扬机和钢丝绳在管内将其来回拖动，把结垢铲除，再用水冲洗干净，最后放入钝化液，使管壁形成钝化膜，这样既达到除垢目的又延长了管道使用寿命，如图9-18所示。

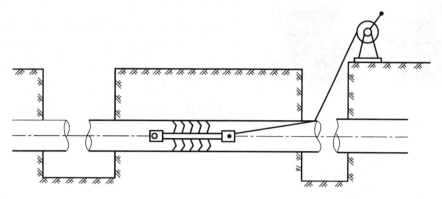

图9-18　卷扬机清管器

对于口径在500mm以上管道可用电动刮管机，操作如图9-19所示。

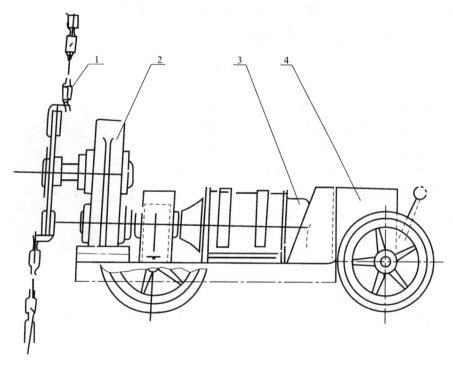

图9-19　电动刮管机
1—链条；2—齿轮减速装置；3—密封防水电机；4—行走动力机构

电动刮管机主要是由密封防水电机、齿轮减速装置、链条、榔头及行走动力机构组成。它通过旋转的链轮带动榔头锤击管壁，把污垢敲击下来。施工时，要求管道在相距200～400m直管段开启检查口作为机械进出口。

现在对清理管中结垢又发明了许多新的措施，有一种商业名字叫作Polleypig的是用聚氨酯做成的刮管器（图9-20）。外形像一枚炮弹，在其表面上镶嵌有若干个钢制钉头，

图 9-20　聚氨酯刮管器

它不用钢丝绳拖拉，用发射器送入管中，仅靠前后水压差就可推动该器前进，同时表面的铁钉可将结垢除下来（图 9-21）。还有一种用铁作骨架，外面包了环状硬橡皮轮（图 9-22），也是用发射器将其送入管内，自己往前走把结垢清除掉，特点是器内装有警报信息装置，在管内走到哪里，在地面上用接收器便可知道，或卡在管中什么地方也可知道。方便操作人员采取相应对策进行处理。

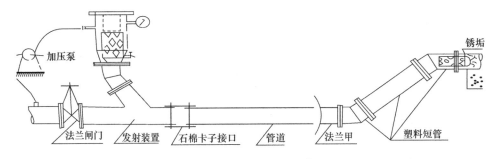

图 9-21　利用水压差刮管

我们知道凡结垢后清理完了的管子，必须做衬里，否则其锈蚀速度比原来发展更快。上面介绍的两种方法，在衬里方面也有特色。例如 DN100、已在地下铺设的管子，若想在地下涂以水泥砂浆比较困难，现在则创造出将聚氨酯或其他无毒塑料制成的软管送入清洗完了的管中，平铺拉直，然后利用原管上的出水口，例如接用户卡子或消火栓等，作为排气口，此时设法向软管内充水，同时把卡子或消火栓打开，排出管壁与软管之间的空气，注意向软管灌水与打开消火栓等排气要同时进行，这时软管就会撑起，很好地贴在管壁上，这样原管道相当于

图 9-22　铁骨架刮管器

外壁是钢或者铸铁内镶塑料的复合管，送水能力大大提高，而且一劳永逸。

（2）过河过桥管的日常维护工作

过河过桥管的日常维护内容包括以下内容：

1）过河过桥管道外壁及其金属管梁、管托的防腐、防锈处理；

2）泄气设施保温层更换或加装；

3）防爬刺、警示牌的维修、更换或加装；

4）管托支桩、支墩的日常维护。

（3）阀门的日常维护工作

阀门作为管网的重要控制设备，能否启闭良好不仅要把好阀门质量关，保证阀门选型恰当、产品质量好，从源头上解决阀门应用问题，而且需要严格按规范安装、精心施工，

另外还需注重阀门日常的维护、检修和保养。

阀门的维护管理很重要，尤其大口径阀门，开关扭矩大、转数多，开关阀门费时费力。一旦发生爆管，如果大阀门不能及时关闭，就会造成很大的损失。阀门的日常维护包括以下几个方面。

1) 阀门技术资料的管理

阀门的技术资料包括阀门出厂说明书、阀门购进后的质量合格证、阀门的安装施工图及位置卡、阀门的检修记录等。对于街道的变迁，阀门卡片应及时更新，有条件的可以建立地理信息管理系统。

随着供水事业的进步和发展，供水管网不断拓展，各类阀门日益增多，传统的阀门管理模式已不能满足现代化供水企业的要求。当前全球定位技术的发展为阀门位置的精细化管理提供了有利条件，完善的管理系统也得到了广泛的应用。南京水务集团有限公司于2016年对南京市江南地区口径500mm及以上阀门进行了GPS坐标定位，建立大口径阀门的电子档案，为日后的阀门维护管理工作提供了可靠的信息保障。

2) 阀门日常运行的管理

阀门日常运行管理的质量要求包括阀门应关闭严密或基本严密，阀门填料不滴漏，阀门启闭轻便、指示完好。阀门日常运行的管理工作包括阀门历次启闭操作单的审批记录及操作记录，阀门定期周检的启闭记录等。对于长期没有操作过的阀门，根据口径的大小，制定相应的检测周期是必要的。对于发现的故障要制定相应的维修或更换计划，关闭后无法开启的阀门必须进行紧急处理。

一般做法是有计划地定期对阀门进行启闭，以确保阀门启闭正常。

① 阀门定期启闭的频次

a. DN600及以上阀门每两年启闭一次。

b. DN300～DN500阀门以上每三年启闭一次。

c. DN200及以下阀门可以视情况定期进行启闭。

② 阀门定期启闭的具体做法

a. DN600及以上带伞形轮的阀门，在启闭时要加油、去土。

b. 在启闭过程中，发现阀门损坏、开关不灵、指针不准、试关不严、盘根漏水等现象，应及时修理更换。

③ 阀门检查井的日常管理

阀门检查井日常管理的质量要求包括阀门井砌筑符合设计要求，井盖无损、与路面衔接完好，操作阀门的孔位准确，井内无杂物及污水。由于阀门井内易形成密闭的空间，导致缺氧，在条件许可的情况下，维修人员下井作业前要进行通风、换气等措施。大口径阀门井应考虑井内空气可长期对流的技术措施。对阀门井应定期巡视，对井盖的丢失和损坏等问题应及时处理。

（4）消火栓的日常维护工作

消火栓的日常维护工作包括以下几个方面。

1) 消火栓技术资料的管理

消火栓要绘制消火栓卡，要标明消火栓安装的具体地址、地貌和三角线坐标。对消火栓卡要进行统一、集中管理，确保资料准确。

2）消火栓的日常巡查工作

由巡线人员负责消火栓的日常巡查工作，发现消火栓缺件或漏水，及时上报，及时处理。发现消火栓位置不佳的，要及时上报，进行移改。发现消火栓被压占、圈进等影响使用的情况，要及时上报，由相关部门进行查处。发现消火栓破旧，需要重新刷漆出新的，及时统计上报，统一处理。

3）消火栓的日常养护工作

① 每年对消火栓进行刷漆出新一次，同步核查消火栓卡位置图的地名、地址、地貌，消火栓的式样，三角线坐标等数据是否变化，核查配件是否完整，核查是否有被压占、圈进等现象。

② 每年对消火栓进行集中放水检查一次，检查消火栓的水量、水压是否正常，检查消火栓的高度、位置是否恰当等。

以上两项工作一般同时进行，工作人员必须认真填写消火栓的核查记录，发现问题的，要及时进行报修、处理。

遇到重大活动时，要提前对周边的消火栓进行突击检查，确保消火栓工作正常。

第 10 章　供水管道施工组织管理

10.1　施工组织与设计

（1）施工组织设计的重要性和作用

现代工程施工的综合特点表现为复杂性和多样性，因此，要使工程施工过程能够有条不紊地顺利进行，以期达到预定的目标，就必须采用科学的方法加强施工管理，精心组织整个施工全过程。施工组织是施工管理的重要组成部分，是施工前就整个施工过程如何进行而做出的全面的计划安排，对统筹施工全过程，以及优化施工管理起到核心作用。

1）施工组织设计研究的对象与任务

一项管道施工工程，需要组织各类施工人员，数量众多的各类机械、设备、管道材料、配件以及辅材的转运、存储和供应工作，组织施工工具的供应、维修和保养工作，组织施工现场的临时供电、供水以及安排施工现场的生产和生活所需的各种临时设施等工作。这些工作的组织协调，对于更好地推进工程建设具有重要的意义。

施工组织的任务是根据工程的技术特点，以及国家相应法律法规及各项技术政策，实现工程建设计划和设计要求，提供各阶段的施工准备工作内容，对人力、资金、材料、机械和施工方法等进行科学合理的安排，协调施工中各施工单位之间、各工种之间、材料与进度之间等合理的关系。在整个施工过程中做出科学、合理的安排，使工程施工取得相对最优的效果。

2）施工组织设计

施工组织设计是指一个拟建工程进行施工准备和组织实施施工的基本技术经济文件。它的任务是要对具体的拟建工程的施工准备工作和整个的施工过程，在人力和物力、时间和空间、技术和组织上，做出一个全面且合理的计划安排。

施工组织设计是长期以来工程建设实践的总结，是组织各类工程施工的客观规律，必须遵照执行，否则必然导致生产损失，如工期拖延、质量不符合要求、停工待料、现场混乱、物料浪费等现象，甚至出现安全事故。

完成一个工程项目的实施，需要结合安排劳动力、材料、设备、资金以及施工方法这五个主要的施工因素。如何在规定工期内，在保证施工质量的前提下，合理安排施工人员，减少损耗、降低浪费，取得利益优化，并且满足安全、文明施工，这就需要根据先进的施工理念、科学的施工方法以及优越的组织手段合理地安排劳动力和施工机械。通过精密的规划、设计、计算，进行分析研究，形成书面的文件，这就是项目的施工组织设计。施工组织设计的根本任务就是根据工程的要求、工程的实际施工条件和现有资源的情况，拟定出最优的施工方案，在技术和组织上做好全面而合理的安排，以保证项目优质、高效、经济、安全。

一个优秀的施工组织设计，如果能够在工程实施过程中切实贯彻，就能够协调好各方面的关系，统筹安排各个施工环节，使复杂的施工过程有条理地进行，也能使得项目取得好的效益。

3）施工组织设计的重要性

施工组织设计作为指导施工全过程各项活动的技术经济纲领性文件，是施工技术与施工项目管理有机结合的产物，它在建设工程招投标阶段就起着重要作用，在工程开工后是施工活动能有序高效开展的保证，最终影响着工程造价。

① 招投标阶段的重要性。招投标阶段施工组织设计从宏观上描述了施工过程，中标后它是施工企业进行合同谈判、条款约束的根据和理由，还是总承包单位进行分包招标的重要依据。

② 施工阶段的重要性。施工阶段施工组织设计直接指导具体施工，是施工单位是否满足质量目标、进度目标、效益目标的重要依据。

③ 施工组织设计对工程造价的影响。施工组织设计是针对施工阶段的特点而编制的。工程资金投放根据工程实施的进度而进行调整，资金投放是项目实施的经济保障。施工组织设计是为了满足设计意图的实现而采取的技术措施，技术措施是以经济作为保障。施工组织设计涵盖了组织措施、技术措施和经济措施，由此可见，施工组织设计对工程造价的影响很大。

施工组织设计是工程技术和施工管理两大要素结合的产物。施工组织设计编制必须对施工过程起到指导和控制作用，在一定的资源条件下实现工程项目的技术经济效益，达到技术效益与经济效益双赢。

4）施工组织设计的作用

① 统一规划和协调复杂的施工活动。工程实施过程较为复杂，如未能提前对施工过程中各种条件、要素以及技术进行合理安排和计划，那么复杂的施工活动就没有统一的行动依据，会使项目实施过程混乱。所以要完成施工任务，达到预期目的，一定要预先制定好计划，并保证落实。施工组织设计就是这种对复杂的施工活动提供行动规划的依据，施工负责人员可以以此统筹行动，协调各方面工作，保证施工过程有条理地实施。

② 对拟建工程施工全过程进行科学管理。施工全过程是在施工组织设计的指导下进行的。当承接到施工任务并得到初步设计后，就可以编制项目总体施工组织设计。施工组织设计经过相关程序报批后，可以进行施工的具体实施准备。在施工工程的实施过程中，要根据施工组织设计的计划安排，组织现场施工，进行各项施工环节的落实与管理，进行施工进度、质量、成本、技术与安全的管理。所以施工组织设计是对拟建项目施工全过程进行科学管理的重要手段。

③ 使施工人员有的放矢，工作处于主动地位。施工组织设计根据工程特点和施工的各种具体条件拟定了施工方案，确定了施工工序、位置、方法和技术措施，并明确了施工进度，施工人员可以根据相应的施工方法，在进度管控要求下，合理安排施工，保证工程项目的完成。通过施工组织设计，可以使施工人员在各工序开始之前掌握所需材料、设备及人力情况，并根据实施方案提前安排人力、材料及机械设备在现场的合理布置，高效开展施工。还可以使施工人员合理安排临时设施，保证物料管理与生产生活的需要。总之，通过施工组织设计，把施工生产有效合理地组织起来，规定了有关施工活动的基本内容，保证了具体工程的施工得以顺利进行和完成施工任务。因此，施工组织设计的编制，是具体工程施工准备阶段中各项工作的核心，在施工组织与管理过程中占有十分重要的位置。如果没有施工组织设计，或施工组织设计脱离实际，或优良的施工组织设计未能很好地贯彻，都将导致工程实施处于被动状态，无法有效组织具体工程施工，难以完成工程任务及其预定目标。

5）施工组织设计和施工方案的区别

① 施工组织设计是施工企业在指导一个拟建项目进行准备组织实施的基本的技术经济文件，是对拟建项目的施工准备工作和整个施工过程在人、财、物、时间、空间、技术和组织方面做出的一个全面计划安排，用于具体指导施工全过程各项施工活动的技术、经

济和组织的综合性文件，特点是系统性、组织协调性和指导性。

② 施工方案是对分部工程中某一项施工工艺或者施工技术的分析，是施工实施过程中，通过技术、经济分析选择的施工工艺和方法。施工方案需要较为详细地说明该分部工程的具体施工方法、人员配备、机械配置、材料数量、进度管控以及质量、安全、文明和环保方面的要求。专项施工方案只针对分部工程进行编制，特点是专业性。

③ 施工组织设计与施工方案的联系

a. 整体与局部的关系。施工组织设计是整体，施工方案是局部；施工方案是工程项目施工组织设计必不可少的一部分，脱离了施工组织设计的施工方案并没有指导意义，无法指导施工。

b. 指导与被指导的关系。施工方案的编制必须在施工组织设计的总体规划与部署下编制和实施。

④ 施工组织设计与施工方案的区别

a. 编制目的的不同。施工组织设计是对施工中的人、材、机的选用方法，时间、位置等环节的周密安排，根据各方面的要求来明确施工方案，是一个整体性计划安排；施工方案是编制某一个分部分项工程具体施工工艺或方法，以保证可操作性以及质量、安全的要求，是指导施工的专业方案。

b. 编制内容不同。施工组织设计编制的对象是工程整体。涉及工程施工的各方面内容，包括项目机构的划分、施工方案的选择、工序、工期以及优化配置和节约所使用的各要素。施工方案编制的对象是分部、分项工程，包括工程的概念、施工方法、技术和重点难点等。

c. 侧重点不同。施工组织设计侧重计划，施工方案侧重实施。

d. 出发点不同。施工组织设计是从项目决策管理的角度出发，施工方案是从项目实施层的角度出发。

（2）施工组织设计的编制

工程项目施工组织的目的是高效、经济、文明、安全地组织工程项目的实施。一般来说编制施工组织设计有以下几点原则。

1）严格执行施工程序

每项工程都有严格的施工程序，遵照施工程序执行是确保施工能够顺利进行的基础核心，违反施工程序不但无法加快工程项目的推进，更可能引起更严重的安全后果。因此，编制施工组织设计的人员必须对该项工程的实际施工程序有清楚的认知，这是编制一切施工组织设计的基础条件。

2）科学安排施工顺序

科学合理地安排施工计划是施工组织设计文件中最重要的组成部分，工地上人力、物料以及机械设备的需求计划，各业务组织、班组的安排以及施工总平面的布置等均须依据施工计划。

3）采用先进的施工技术和设备

4）落实季节性施工的措施

5）确保工程质量和施工安全

6）施工组织设计的编制程序

编制资料依据以下几点。

① 招投标文件、计划文件及合同文件。如已批复的建设计划、可行性报告，项目所在地主管部门的批文、工程招投标文件以及承包合同等。

② 建设文件。如已批准的设计任务书、初步设计、施工总平面图及总概算等。

③ 工程查勘和技术经济资料。如建设地工程查勘资料、地勘文件等。

④ 现行规范、规程和有关技术文件。如国家现行的施工及验收规范、操作规程等。

⑤ 类似建设项目的施工组织设计和有关资料。

⑥ 企业质量体系标准文件。

⑦ 企业的技术力量、施工能力、施工经验、机械设备状况以及自有的技术资料等。

7）施工组织设计的内容

施工组织设计（也称施工总体规划），是以若干个互相联系的单位工程或整个建设项目为对象编制的，用以指导全工地的施工准备和施工技术、经济和组织的综合性文件。施工组织设计组成：工程概况、施工部署和主要施工方案、施工总进度计划、资源需求计划、施工总平面图、主要施工技术和组织措施以及技术经济指标。

① 工程概况

工程概况即对整个建设项目的总体说明和分析，一般包括以下内容。

a. 建设项目的主要情况。主要包括建设地点、工程性质、建设规模、总体工期、主要工程工作量、管线长度、设备安装及其数量、生产流程和工艺特点以及部分新技术、新材料的应用情况等。

b. 建设地区的自然和经济条件。主要包括工程建设期间该地区的气象、地理等情况，施工力量及条件（人力、机具、设备等），材料的供应、运输以及生产生活所需水、电等情况。

c. 建设单位和上级主管部门对工程的要求。包括有关建设项目的决议和协议、土地征用范围以及拆迁安置等事项。

② 施工部署及主要施工方案

施工部署是对整个建设项目的施工做出统筹规划和全面安排，即对工程重要环节做出决策。

施工部署的重点内容有以下几点。

a. 确定工程开展顺序。即确定项目中各分部、各工序的合理开展，关系到整个项目是否能够顺利实施的重大问题。对于规模较大的项目，一般需要根据项目总目标的要求，分期分批建设。

b. 施工任务划分与组织安排。在明确施工项目管理体制、机制的条件下，划分各参与施工的单位、班组的任务，明确总包与分包的关系，建立施工现场统一的组织领导机构及职能部门，确定综合与专业化的施工组织，明确各单位之间的分工关系，划分施工阶段。

c. 重点施工环节的施工方案及机械化施工方案的拟定。施工组织设计应该拟定重点施工环节的施工方案和一些特殊的分项工程的施工方案。机械化施工是一个大型项目施工所必需的，管道工程施工中如超深开挖、非开挖等，必须在施工组织设计中明确机械化施工的具体方案。

d. 施工准备工作规划。包括施工现场三通一平，场地排水、防洪，生产生活场地，材料堆放及设备安置场地等。

③ 施工总进度计划

根据建设单位对工程项目交付使用的时间要求，按照合理的施工顺序和日程安排的建设计划，称为施工进度计划。通常采用横道图式进行反映。

横道图式施工进度表是将所有的单位项目列于一张表格左侧，顺序排列，表的右侧为时间进度，如表 10-1 所示。

表 10-1

工程进度计划表

工程编号：×××××××××
施工员：×××

××××工程
工程进度计划表

序号	工序	2018 年 5 月																					2017 年 6 月								
		11日	12日	13日	14日	15日	16日	17日	18日	19日	20日	21日	22日	23日	24日	25日	26日	27日	28日	29日	30日	31日	1日	2日	3日	4日	5日	6日	7日	8日	9日
1	测量放线																														
2	拆除路面及基层																														
3	土方开挖																														
4	管道及附属设施安装																														
5	回填																														
6	水压试验																														
7	冲洗消毒																														
8	并网通水																														

a. 确定各施工环节、工序的施工期限。施工期限应根据合同工期、施工单位技术力量、管理水平、工程体量、现场条件等综合确定。

b. 确定各施工环节、工序之间的互相衔接。在施工部署中已经确定了的施工期限和总的展开程序，在通过对各环节、工序的分析后，就可以进一步安排相互间的开竣工时间和搭接关系。

c. 施工总进度计划的检查和优化。施工总进度计划表绘制完成后，应从以下几个方面对其进行检查：

是否满足项目总体进度要求以及建设方对工期的要求；

各工序之间搭接是否合理；

主体工程与配套工程、辅助工程之间是否平衡。

对上述存在的问题，需要对工程总进度计划进行调整优化，以满足建设要求。

④ 各项资源需用量计划

a. 劳动力需要计划表（表 10-2）。

劳动力计划表（单位：人）　　　　　　　　　　　　　　　表 10-2

工种级别	按工程施工阶段投入劳动力情况							
	测量放线	拆除路面、基层	土方开挖	管道及附属设施安装	回填	水压试验	冲洗消毒	并网通水
机械工	—	2	4	6	4	2	2	6
技术工	2	2	—	8	—	2	2	8
辅助工	4	6	8	8	4	4	6	10
焊工	—	—	—	2	—	1	—	2
电工	1	1	1	2	1	1	1	1
管理人员	1	1	1	2	2	1	1	2
安保人员	2	2	2	2	2	2	2	2
小计	10	14	16	30	13	13	14	31

b. 主要施工机具需要计划表。主要施工机械如挖土机、吊机、压路机等的需要量，根据施工进度计划，计算主要工程量求得，运输机械的需要量根据运输量计算求得。

c. 主要材料需要量计划表。根据施工图纸、工程概算得出所需施工材料总需求量，再根据施工总进度计划计算出各阶段分计划需求。

⑤ 施工总平面图

施工总平面图是对建设项目的施工现场进行全面规划、合理使用的总体布置，是施工部署在空间上的反映，是确保现场交通道路、供电供水、排水、生活等有序的重要技术文件。它以图纸的形式表达出施工现场的交通道路、材料仓库、附属生产或加工企业、临时建筑、临时水、电、管线等合理规划和布置，从而正确处理全工地施工期间所需各项设施与永久建筑、拟建工程之间的空间关系，指导现场进行有组织、有计划的文明施工。

⑥ 主要施工技术及组织措施

a. 施工质量控制

明确参考的质量体系、施工规范、质量手册、程序文件、作业指导书，并按照相应要求建立有效的检查督促机制。

严格坚持各项技术管理制度，明确图纸会审、技术交底、隐蔽验收等相关规定，建立有效的书面记录要求。

建立严格的设计变更手续，必须严格按照设计文件和施工图纸施工，变更设计必须由业主、监理审核后，设计单位出具变更图纸。

建立材料管理相应机制。把控原材料质量关，不符合质量要求的材料严禁进场。给水管道工程所用的管材、管道附件及其他材料应符合国家现行有关标准，并且有出厂合格证或相应证明。

工程施工过程中，工程技术人员和管理人员应认真及时地收集、整理各种工程资料，并分类归档以保证交工时资料的完整性和准确性。

b. 保证进度措施

建立生产例会制度，在总进度控制下安排月、周作业计划，在例会上对各种情况进行检查，各环节如有拖延应及时协调解决。

配备有经验的精良队伍投入施工，科学合理安排劳动力，做到紧时不缺工、闲时不窝工。

配置先进的施工机械设备，机械设备要定时检查维护，确保完好率，保证在施工过程中不因机械设备故障而影响进度。

提前落实材料计划，充分做好工程材料采购、运输、储存、检查等衔接工作，不得因材料供应不及时或质量不合格而影响进度。

在有关部门的同意下，优先采用新材料、新技术、新工艺提高工作效益。

c. 文明施工措施

工程施工前，应按有关部门的规定办妥各有关手续和资料后，方可进行施工。

施工中产生的垃圾要及时清理。

工程警示牌应按规范设置，各种标语语句要文明礼貌、不生硬，路牌上字迹要清晰、整齐。

施工现场沿线应保持整洁、有序，工程材料应沿线堆放整齐，若无条件可在堆场集中堆放，在工程运输过程中应确保无抛、洒、滴、漏现象。需夜间施工时，应注意防止噪声过大，减少对附近单位和居民的影响。

8）技术经济指标

施工组织设计的主要技术经济指标包括施工工期、施工质量、施工成本、施工安全、施工环境和施工效率，以及其他技术经济指标。

10.2　管道施工技术报告

供水管道工程是城市重要的供水基础设施，是保证城市供水、保障城市居民和企事业单位生产生活、绿化、消防等用途的重要组成部分，与人们的生活息息相关，又与城市的生存、建设和发展有着直接的联系。它能否正常、安全运行直接影响到城市的工业生产和人民的生活。以供水管道项目为例，从实施到竣工验收，有各类技术报告作为项目实施的支撑，如工程竣工报告以及事故分析报告等。

1) 工程竣工报告

① 工程竣工报告是指在项目竣工后，施工单位对工程施工分部分项工程质量、资料等方面进行自评，自评合格后申请进行竣工验收。

② 工程竣工报告的内容

a. 工程概况

工程前期工作及实施情况；设计、施工、总承包、建设监理、设备供应商、质量监督机构等单位；各单项工程的开工及完工日期；完成工作量及形成的生产能力。

b. 执行工程主要法律法规、施工规范、标准及强制性标准的情况。

c. 主要建筑材料、建筑构配件、设备的出厂合格证明和复试的情况。

d. 相关质量检测情况。

e. 工程主要部位的功能性试验检测情况。

f. 主要工序及部位工程质量评定情况。

g. 施工过程中的质量问题及整改情况。

h. 单位工程质量自我评定。

i. 工程遗留质量缺陷情况及其影响。

2) 事故分析报告

① 事故分析报告是指在项目实施过程中，出现安全生产事故后，对发生事故的原因及所造成的经济损失的分析，目的在于吸取教训，杜绝安全事故再次发生。

② 事故分析报告的内容

a. 工程和事故发生单位概况

包括工程或生产现场基本情况；事故单位基本情况；参与工程建设或生产的相关单位的基本情况。

b. 事故经过和应急救援情况

包括人员伤亡或失踪情况；直接经济损失情况；现场及后方应急救援、善后处理情况。

c. 事故原因和事故性质

分析、查明事故发生的直接原因、间接原因及其他原因，明确事故性质。

d. 事故责任认定及处理建议

根据责任大小和承担责任的不同认定事故的直接责任、主要责任和领导责任；提出对事故责任单位的经济处罚建议；提出对事故责任者的组织处理、纪律处分以及经济处罚建议。

e. 事故防范和整改措施

总结事故发生单位和相关单位以及有关人员应吸取的教训；针对事故单位存在的问题，提出事故防范措施和整改建议。

10.3　工程预算

（1）工程预算的意义

工程预算是根据建设工程各阶段的设计内容，具体计算其全部建设费用的文件，在基本建设中坚持实行预算制度，是进行工程管理工作的重要内容。在基本建设中，工程预算是国家确定建设投资，建设单位确定工程造价，编制建设计划，施工单位签订经济合同的主要依据。因此，搞好工程预算工作，在施工行业的管理当中，对改善经营管理、全面完成建设任务，都具有重要的意义。

（2）工程预算分类

1）按工程对象划分

工程预算按工程对象划分有以下几类。

① 建设项目的总概算

建设项目的总概算是确定建设项目从筹建到竣工验收全部建设费用的文件，由该建设项目的各个单项工程的综合概算、工程建设的其他费用预算和预备费汇编综合而成。

② 单位工程综合概算

单位工程综合概算是确定各个单位工程全部建设费用的文件，由该工程项目内的各个单位工程概算汇编而成，是编制单项工程综合概算的依据，是单项工程综合概算的组成部分。

③ 单项工程概算

单项工程综合概算是确定一个单项工程建设费用的文件，由单位工程中的各单位工程概算汇总编制而成，是建设项目总概算的组成部分。

2）按建设阶段划分

工程预算按建设阶段划分有以下几类。

① 设计概算

在初步设计（或扩大初步设计）阶段，应根据设计图纸、概算定额及其他有关费用定额等，概略地计算工程费用，叫作设计概算。设计概算的主要作用是确定基本建设项目的投资额，编制基本建设计划，进行基本建设拨款或贷款以及编制施工图预算，同时也是考核设计经济合理性和建设成本的依据。

② 施工预算

施工预算是施工单位在施工前编制的预算，它是施工单位内部编制施工作业计划、签发任务单、实行定额考核、开展班组核算和降低工程成本的依据。施工预算是在施工图预算的控制数字下，根据施工图和施工定额，结合施工组织设计中的施工平面图、施工方法、技术组织措施及现场实际情况等编制出来的。

（3）工程预算费用项目的划分

工程预算费用项目的划分，分为直接费、间接费和法定利润3个部分。

1）直接费

直接费是指直接用于工程上的费用，一般是根据设计图纸和预算定额，将每一分部分项工程项目的工程量，乘以该工程项目相应的单位预算价格而得到。直接费由人工费、材料费、施工机械使用费和其他直接费组成。

① 人工费

人工费是指直接从事施工工人（包括现场内水平、垂直运输等辅助工人）和附属辅助生产单位（非独立经济核算单位）工人的基本工资、附加工资和工资性质的津贴。

② 材料费

材料费是指材料、构件、零件和半成品的费用。

③ 施工机械使用费

施工机械使用费是指施工机械台班费用定额计算的施工机械使用费、其他机械使用费和施工机械进出场费。

④ 其他直接费

其他直接费是指预算定限分项中和间接规定以外的现场施工生产需要的水电费、冬雨期施工增加费、夜间施工增加费等，以及因场地限制而发生的材料二次搬运费等。

2）间接费

间接费是指组织和管理施工而产生的费用，以及施工中上述直接费用以外的其他费用。它与直接费的区别是这些费用的消耗，并不直接制造出产品（建筑物），因此他不能直接计入分部分项工程中，而只能间接分摊到整个单位工程造价中去。

间接费由施工管理费和其他间接费组成。

3）法定利润

指按照国家规定的法定利润率计取的利润。

（4）工程预算编制的基本方法

1）工程预算编制依据

① 建设工程量清单计价规范。

② 项目所在地区的《建设工程定额》及相关图集。

③ 项目所在地区建设行政主管部门关于工程造价的相关文件及规定。

④ 施工图纸、施工方案。

2）工程预算编制流程

① 熟悉施工图纸及有关资料，根据施工图纸查勘现场。

② 根据现场情况、施工图纸、施工方案及计算规则进行土方计算和管材、管件工程量统计。

③ 根据工程量套用相应的定额。当施工图纸的某些设计要求与定额单价的特征不完全符合时，必须根据定额使用说明对定额基价进行调整和换算。

④ 根据现场实际情况和施工方案计取相应的总价措施费和单价措施费。

⑤ 根据建筑材料市场信息价对定额中人工、材料、机械价格进行调差。

⑥ 按照工程类别进行取费。

第三篇 安全生产知识

第 11 章　安全生产知识

11.1　国家有关安全生产的规章及要求

（1）安全生产的作用和意义

搞好安全生产工作对于巩固社会的安定，为国家的经济建设提供重要稳定的政治环境具有现实意义；对于保护劳动生产力，均衡发展各部门、各行业的经济劳动力资源具有重要作用；对于增加社会财富、减少经济损失具有实在的经济意义；对于生产员工，关系到个人的生命安全与健康、家庭幸福和生活质量。

（2）安全生产的基本目标和任务

《中华人民共和国安全生产法》的第一条，开宗明义地确立了通过加强安全生产监督管理，防止和减少生产安全事故，实现如下三大基本目标，即保障人民生命安全、保护国家财产安全、促进社会经济发展。由此确立了安全（生产）所具有的保护生命安全的意义、保障财产安全的价值和促进经济发展生产力的功能。

（3）安全生产的效益与方针

1）安全生产的经济效益

做好劳动保护工作、保障企业安全生产除了具有重要的政治意义和社会效益外，对于企业来说，重要的是还具有现实的经济意义。从事故损失的角度，发生了生产事故不但有直接的经济损失，大量的是体现在工效、劳动者心理、企业商誉、资源无益耗费等间接的损失。因此，从安全经济学的角度，通常有这样的指标：1 元的直接损失伴随着 4 元的间接损失；安全上有 1 元的合理投入，能够有 6 元的经济产出。安全的"全效益"应该包括：保护人的生命安全与健康的直接的社会效益和间接的企业经济效益，避免环境危害的直接社会效益，减少事故损失造成的企业直接经济效益，保护企业正常生产的间接经济效益，促进生产作用的直接经济效益等。

2）安全也是生产力

安全的生产力作用表现在如下方面：首先，职工的安全素质就是生产力；第二，安全装置与设施是生产资料（物的生产力）的重要组成部分——生产资料是生产力，而安全装置与设施是生产资料不可缺少的组成部分；第三，安全环境和条件保护生产力作用的发挥，体现了安全间接的生产力作用。

3）我国安全生产方针

"安全第一，预防为主"是我国安全生产工作的基本方针。这在《中华人民共和国安全生产法》中有明确规定。

①"安全第一，预防为主"的安全生产方针，是在长期工作实践中总结和提炼出来的，既是党和国家对安全生产工作的总要求，也是安全生产工作应遵循的最高准则。

方针突出了"以人为本"的思想。人的生命是最可宝贵的，人的生命权是人的其他一切权利的基础。只有劳动者的安全得到充分保障，生产才可能顺利进行。"安全第一"是相对于生产而言的，即当生产和安全发生矛盾时，必须先解决安全问题，使生产在确保安全的情况下进行，这就是人们常说的"生产必须安全，不安全不得生产"。这是人命关天的大事，劳动者要提高自我保护意识，不要冒险作业。

② 在生产活动中，必须用辩证统一的观点去处理好安全与生产的关系。越是生产任务忙，越要重视安全，把安全工作搞好，否则就会引发事故。

③ 安全生产必须强调预防为主。做好预防工作，防微杜渐，防患于未然，把事故隐患及时消灭在发生事故之前，这是最理想的。

④ 在事故发生后，要在事故调查的基础上，确定相关人员的责任。对不遵守安全生产法律、法规或玩忽职守、违章操作的有关责任人员，要依法追究行政责任、民事责任和刑事责任。

（4）国家有关安全生产的规章及要求

国家关于建设工程安全生产的法规性文件及江苏省有关文件主要有：《中华人民共和国建筑法》《中华人民共和国安全生产法》《建设工程安全生产管理条例》《生产安全事故报告和调查处理条例》《建设工程安全生产监督管理工作导则》《建筑施工企业安全生产管理机构设置及专职安全生产管理人员配备办法》《危险性较大的分部分项工程安全管理办法》《建筑施工特种作业人员管理规定》《给水排水管道工程施工及验收规范》以及省市有关安全生产的相关要求等。

给水管道工程安全生产具体要求见附件1、附件2和附件3。

附件 1：

危险性较大的分部分项工程范围

一、基坑支护、降水工程

开挖深度超过 3m（含 3m）或虽未超过 3m 但地质条件和周边环境复杂的基坑（槽）支护、降水工程。

二、土方开挖工程

开挖深度超过 3m（含 3m）的基坑（槽）的土方开挖工程。

三、模板工程及支撑体系

（一）各类工具式模板工程：包括大模板、滑模、爬模、飞模等工程。

（二）混凝土模板支撑工程：搭设高度 5m 及以上；搭设跨度 10m 及以上；施工总载荷 $10kN/m^2$ 及以上；集中线载荷 $15kN/m^2$ 及以上；高度大于支撑水平投影宽度且相对独立无联系构件的混凝土模板支撑工程。

（三）承重支撑体系：用于钢结构安装等满堂支撑体系。

四、起重吊装及安装拆卸工程

（一）采用非常规起重设备、方法，且单件起吊重量在 10kN 及以上的起重吊装工程。

（二）采用起重机械进行安装的工程。

（三）起重机械设备自身的安装、拆卸。

五、脚手架工程

（一）搭设高度 24m 及以上的落地式钢管脚手架工程。

（二）附着式整体和分片提升脚手架工程。

（三）悬挑式脚手架工程。

（四）吊篮脚手架工程。

（五）自制卸料平台、移动操作平台工程。

（六）新型及异型脚手架工程。

六、拆除、爆破工程

（一）建筑物、构筑物拆除工程。

（二）采用爆破拆除的工程。

七、其他

（一）建筑幕墙安装工程。

（二）钢结构、网架和索膜结构安装工程。

（三）人工挖扩孔桩工程。

（四）地下暗挖、顶管及水下作业工程。

（五）预应力工程。

（六）采用新技术、新工艺、新材料、新设备及尚无相关技术标准的危险性较大的分部分项工程。

附件 2：

超过一定规模的危险性较大的分部分项工程范围

一、深基坑工程

（一）开挖深度超过 5m（含 5m）的基坑（槽）的土方开挖、支护、降水工程。

（二）开挖深度虽未超过 5m，但地质条件、周围环境和地下管线复杂，或影响毗邻建筑（构筑）物安全的基坑（槽）的土方开挖、支护、降水工程。

二、模板工程及支撑体系

（一）工具式模板工程：包括滑模、爬模、飞模工程。

（二）混凝土模板支撑工程：搭设高度 8m 及以上；搭设跨度 18m 及以上；施工总载荷 $15kN/m^2$ 及以上；集中线载荷 $20kN/m^2$ 及以上。

（三）承重支撑体系：用于钢结构安装等满堂支撑体系，承受单点集中载荷 700kg 以上。

三、起重吊装及安装拆卸工程

（一）采用非常规起重设备、方法，且单件起吊重量在 100kN 及以上的起重吊装工程。

（二）重量 300kN 及以上的起重设备安装工程；高度 200m 及以上内爬起重设备的拆除工程。

四、脚手架工程

（一）搭设高度 50m 及以上落地式钢管脚手架工程。

（二）提升高度 150m 及以上附着式整体和分片提升脚手架工程。

（三）架体高度 20m 及以上悬挑式脚手架工程。

五、拆除、爆破工程

（一）采用爆破拆除的工程。

（二）码头、桥梁、高架、烟囱、水塔或拆除中容易引起有毒有害气（液）体或粉尘扩散、易燃易爆事故发生的特殊建、构筑物的拆除工程。

（三）可能影响行人、交通、电力设施、通信设施或其他建、构筑物安全的拆除工程。

（四）文物保护建筑、优秀历史建筑或历史文化风貌区控制范围内的拆除工程。

六、其他

（一）施工高度 50m 及以上的建筑幕墙安装工程。

（二）跨度大于 36m 及以上的钢结构安装工程；跨度大于 60m 及以上的网架和索膜结构安装工程。

（三）开挖深度超过 16m 的人工挖孔桩工程。

（四）地下暗挖工程、顶管工程、水下作业工程。

（五）采用新技术、新工艺、新材料、新设备及尚无相关技术标准的危险性较大的分部分项工程。

附件 3：

《建筑施工特种作业人员管理规定》有关要求如下。

第三条规定：建筑施工特种作业包括：建筑电工、建筑架子工、建筑起重信号司索工、建筑起重机械司机、建筑起重机械安装拆卸工、高处作业吊篮安装拆卸工、经省级以上人民政府建设主管部门认定的其他特种作业。

第四条规定：建筑施工特种作业人员必须经建设主管部门考核合格，取得建筑施工特种作业人员操作资格证书，方可上岗从事相应作业。

《给水排水管道工程施工及验收规范》有关要求如下。

第 3.2.4 条　沟槽每侧临时堆土或施加其他载荷时，应符合下列规定：

1. 不得影响建筑物、各种管线和其他设施的安全；

2. 人工挖槽时，堆土高度不宜超过 1.5m，且距槽口边缘不宜小于 0.8m。

第 3.3.12 条　上下沟槽应设置安全梯，不得攀登沟槽支撑。

第 4.1.5 条　起重机下管时，起重机架设的位置不得影响沟槽边坡的稳定；起重机在高压输电线路附近作业，与线路间的安全距离应符合当地电业部门的规定。

第 6.3.6 条　采用起重设备下管时应符合下列规定：

1. 正式作业前应试吊，吊离地面 10cm 左右时，检查重物捆扎情况和制动性能，确认安全后方可起吊；

2. 下管时工作坑内严禁站人，当管道距沟槽底 50cm 时，操作人员方可近前工作；

3. 严禁超负荷吊装。

11.2　供水管道施工的安全操作规程

11.2.1　挖掘机、推土机及装载机安全操作规程

（1）挖掘机安全操作规程

1）挖掘机司机应遵守一般安全技术规程的规定。

2）挖掘机在工作前，应做好下列准备工作。

① 向施工人员了解施工条件和任务。内容包括：填挖土的高度和深度，边坡及电线

高度，地下电缆，各种管道、坑道、墓穴和各种障碍物的情况和位置。挖掘机进入现场后，司机应遵守施工现场的有关安全规则。

② 挖掘机在多石土壤或冻土地带工作时，应先爆破再挖掘。

③ 按照日常例行保养项目，对挖掘机进行检查、保养、调整、紧固。

④ 检查燃料、润滑油、冷却水是否充足，不足时应予添加。在添加燃油时严禁吸烟及接近明火，以免引起火灾。

⑤ 检查线路绝缘和各开关触点是否良好。

⑥ 检查液压系统各管路及操作阀、工作油缸、油泵等是否有泄漏，动作是否异常。

⑦ 检查钢丝绳及固定钢丝绳的卡子是否牢固可靠。

⑧ 将主离合器操纵杆放在"空挡"位置上，起动发动机（若是手摇起动要注意摇把反击伤人；若是手拉绳起动，不可将拉绳缠在手上）。检查各仪表、传动机构、工作装置、制动机构是否正常，确认无误后，方可开始工作。

⑨ 发动机起动后，严禁有人站在铲斗内、臂杆上以及履带和机棚上。

3）挖掘机在工作中，应注意下列安全事项。

① 挖掘机工作时，应停放在坚实、平坦的地面上。轮胎式挖掘机应把支腿顶好。

② 挖掘机工作时应当处于水平位置，并将走行机构刹住。若地面泥泞、松软和有沉陷危险时，应用枕木或木板垫妥。

③ 铲斗挖掘时每次吃土不宜过深，提斗不要过猛，以免损坏机械或造成倾覆事故。铲斗下落时，注意不要冲击履带及车架。

④ 配合挖掘机作业，进行清底、平地、修坡的人员，须在挖掘机回转半径以外工作。若必须在挖掘机回转半径内工作时，挖掘机必须停回转，并将回转机构刹住后，方可进行工作。同时，机上机下人员要彼此照顾、密切配合、确保安全。

⑤ 挖掘机装载活动范围内，不得停留车辆和行人。若往汽车上卸料时，应等汽车停稳，驾驶员离开驾驶室后，方可回转铲斗，向车上卸料。挖掘机回转时，应尽量避免铲斗从驾驶室顶部越过。卸料时，铲斗应尽量放低，但又注意不得碰撞汽车的任何部位。

⑥ 挖掘机回转时，应用回转离合器配合回转机构制动器平稳转动，禁止急剧回转和紧急制动。

⑦ 铲斗未离开地面前，不得做回转、走行等动作。铲斗满载悬空时，不得起落臂杆和行走。

⑧ 拉铲作业中，当拉满铲后，不得继续铲土，防止超载。拉铲挖沟、渠、基坑等作业时，应根据深度、土质、坡度等情况与施工人员协商，确定机械与边坡的距离。

⑨ 反铲作业时，必须待臂杆停稳后再铲土，防止斗柄与臂杆沟槽两侧相互碰击。

⑩ 履带式挖掘机移动时，臂杆应放在走行的前进方向，铲斗距地面高度不超过 1m，并将回转机构刹住。

⑪ 挖掘机上坡时，驱动轮应在后面，臂杆应在前面；挖掘机下坡时，驱动轮应在前面，臂杆应在后面。上下坡度不得超过 20°。下坡时应慢速行驶，途中不许变速及空挡滑行。挖掘机在通过轨道、软土、黏土路面时，应铺垫板。

⑫ 在高的工作面上挖掘散粒土壤时，应将工作面内的较大石块和其他杂物清除，以免塌下造成事故。若土壤挖成悬空状态而不能自然塌落时，则需用人工处理，不准用铲斗

将其砸下或压下，以免造成事故。

⑬ 挖掘机不论是作业还是走行时，都不得靠近架空输电线路。如必须在高低压架空线路附近工作或通过时，机械与架空线路的安全距离，必须符合表 11-1 所规定的尺寸。雷雨天气，严禁在架空高压线近旁或下面工作。

表 11-1

线路电压等级	垂直安全距离（m）	水平安全距离（m）
1kV 以下	1.5	1.5
1~20kV	1.5	2.0
35~110kV	2.5	4.0
154kV	2.5	5.0
220kV	2.5	6.0

⑭ 在地下电缆附近作业时，必须查清电缆的走向，并用白粉显示在地面上，并应保持 1m 以外的距离进行挖掘。

⑮ 挖掘机走行转弯不应过急。如弯道过大，应分次转弯，每次在 20°之内。

⑯ 轮胎挖掘机由于转向叶片泵流量与发动机转速成正比，当发动机转速较低时，转弯速度相应减慢，行驶中转弯时应特别注意。特别是下坡并急转弯时，应提前换挂低速挡，避免因使用紧急制动，造成发动机转速急剧降低，使转向速度跟不上造成事故。

⑰ 电动挖掘机在连接电源时，必须取出开关箱上的熔断器。严禁非电工人员安装电器设备。挖掘机走行时，应由穿耐压胶鞋或绝缘手套的工作人员移动电缆，并注意防止电缆擦损漏电。

⑱ 挖掘机在工作中，严禁进行维修、保养、紧固等工作。工作过程中若发生异响、异味、升温过高等情况，应立即停车检查。

⑲ 臂杆顶部滑轮保养、检修、润滑、更换时，应将臂杆落至地面。

⑳ 夜间工作时，作业地区和驾驶室应有良好的照明。

4）挖掘机工作后，应将机械驶离工作地区，放在安全、平坦的地方。将机身转正，使内燃机朝向向阳方向，铲斗落地，并将所有操纵杆放到"空挡"位置，将所有制动器刹死，关闭发动机（冬季应将冷却水放净）。按照保养规程的规定，做好例行保养。关闭门窗并上锁后，方可离开。

5）挖掘机可做短距离自行转移时，一般履带式挖掘机自行距离不应大于 5km。轮胎式挖掘机可以不受限制，但均不得做长距离自行转移。

6）挖掘机可做短距离自行转移时，应对走行机构进行一次全面润滑，行驶时，驱动轮应在后方，走行速度不宜过快。

7）挖掘机装卸车时，应由经验丰富的装吊工指挥。装卸过程中，挖掘机在坡道上严禁回转或转向。装车时若发生危险情况，可将铲斗放下，协助制动，然后挖掘机缓缓退下。

（2）推土机安全操作规程

1）推土机的操作应遵守一般安全技术要求的有关规定。

2）绞盘式推土机钢丝绳的安全技术要求，应符合起重机械的一般安全技术要求。

3）推土机使用前的准备工作，应参照挖掘机使用前的准备工作办理。

4）推土机工作中，应注意以下安全事项。

① 发动机起动后，严禁有人站在履带或推土刀支架上。

② 推土机工作前，工作区内如有大块石块或其他障碍物，应予以清除。

③ 推土机工作应平稳，吃土不可太深，推土刀起落不要太猛。推土刀距地面距离一般以 0.4m 为宜，不要提得太高。

④ 推土机通过桥梁、堤坝、涵洞时，应事先了解其承载能力，并以低速平稳通过。

⑤ 推土机在坡道上行驶时，其上坡坡度不得超过 25°，下坡坡度不得大于 35°，横向坡度不得大于 10°。在陡坡上（25°以上）严禁横向行驶，在陡坡上纵向行驶时，不得做急转弯动作。上下坡应用低速挡行驶，并不许换挡，下坡时严禁脱挡滑行。

⑥ 在上坡途中，若发动机突然熄火时，应立即将推土刀放到地面上，踏下并锁住制动踏板，待推土机停稳后，再将主离合器脱开，把变速杆放到空挡位置，用三角木块将履带或轮胎楔死，然后重新启动发动机。

⑦ 推土机在 25°以上坡度上进行推土时，应先进行填挖，待推土机能保持本身平衡后，方可开始工作。

⑧ 填沟或驶近边坡时，禁止推土刀越出边坡的边缘，并换好倒车挡后，方可提升推土刀，进行倒车。

⑨ 在深沟、陡坡地区作业时，应有专人指挥。

⑩ 推土机在基坑或深沟内作业时，应有专人指挥。基坑与深沟一般不得超过 2m。若超过上述深度时，应放出安全边坡。同时，禁止用推土刀侧面推土。

⑪ 推土机推树时，应注意高空杂物和树干的倒向。

⑫ 推土机推围墙或屋顶时，用大型推土机墙高不得超过 2.5m，用中、小型推土机墙高不得超过 1.5m。

⑬ 在电线杆附近推土时，应保持一定的土堆。土堆大小可根据电杆结构、掩埋深度和土质情况，由施工人员确定。土堆半径一般不应小于 3m。

⑭ 施工现场若有爆破工程，爆破前，推土机应开到安全地带。爆破后，司机应亲自到现场查看，认为符合安全操作条件后，方可将机械开入施工现场。若认为有危险时，司机有权拒绝进入危险地段，并及时请示上级。

⑮ 数台推土机共同在一个工地作业时，其前后距离不得小于 8m，左右距离不得小于 1.5m。

⑯ 推土机在有负荷的情况下，禁止急转弯。履带式推土机在高速行驶时，亦应禁止急转弯，以免履带脱落或损坏走行机构。

⑰ 工作时间内，司机不得随意离开工作岗位。

⑱ 推土机在工作时，严禁进行维修、保养，并禁止人员上下。

⑲ 夜间施工，工作场所应有良好的照明。

⑳ 在雨天泥泞土地上，推土机不得进行推土作业。

5）推土机工作后，应将外部灰尘、泥土、污物冲洗擦拭干净，按例行保养对机械进行检查、保养、调整、润滑、紧固。将机械开到平坦安全地方，推土刀落地，关闭发动机（冬季还应放净冷却水），锁闭门窗后，方可离开。

6）推土机越过浅滩时，应预先检查水深和河床情况，并检查后桥底部螺丝是否紧固，以防泥水进入。

7) 推土机不准做长距离走行。其走行距离，一般不应超过 1.5km。

8) 推土机不得当吊车、绞盘和地垅使用。

9) 推土机不得用于搅拌白灰、推白灰、推烟灰及压石方等工作。

(3) 装载机安全操作规程

1) 装载机司机的一般安全技术要求，参照一般土石方机械的一般技术要求的有关规定执行。

2) 装载机工作前，应做的准备工作参照挖掘机的有关规定执行。

3) 装载机在工作中应注意以下安全事项。

① 刹车、喇叭、方向机应齐全、灵敏，在行驶中要遵守"交通规则"。若需经常在公路上行驶，司机须持有"机动车驾驶证"。

② 装载机在配合自卸汽车工作时，装载时自卸汽车不要在铲斗下通过。

③ 装载机在满斗行驶时，铲斗不应提升过高，一般距地面 0.5m 左右为宜。

④ 装载机行驶时应避免不适当的高速和急转弯。

⑤ 当装载机遇到阻力增大、轮胎（或履带）打滑和发动机转速降低等现象时，应停止铲装，切不可强行操作。

⑥ 在下坡时，严禁装载机脱挡滑行。

⑦ 装载机在作业时斗臂下禁止有人站立或通过。

⑧ 装载机动臂升起后在进行润滑和调整时，必须装好安全销或采取其他措施，防止动臂下落伤人。

⑨ 装载机在工作中，应注意随时清除夹在轮胎（或履带）间的石渣。

⑩ 夜间工作时装载机及工作场所应有良好的照明。

4) 装载机工作后应注意下列安全事项。

① 将装载机驶离工作现场，停放在平坦的安全地带。

② 松下铲斗，并用方木垫上。清除斗内泥土及砂石。

③ 按日常例行保养项目对机械进行保养和维护。

11.2.2　起重吊装安全操作规程

1) 起重吊装的指挥人员必须持证上岗，作业时应与操作人员密切配合，执行规定的指挥信号，操作人员应按照指挥人员的信号进行作业，当信号不清或错误时，操作人员可拒绝执行。

2) 遇有六级以上大风或大雨、大雪、大雾等恶劣天气时，应停止起重吊装露天作业，在雨雪过后或雨雪中作业时，应先经过试吊，确认安全可靠后方可进行作业。

3) 起重机作业时，起重臂和重物下方严禁有人停留、工作或通过。重物吊运时，严禁从人上方通过，严禁起重机载运人员。

4) 起重机行驶和工作的场地应保持平坦坚实，并应与沟渠、基坑保持安全距离。

5) 起重机启动前重点检查项目应符合下列要求：

① 各安全保护装置和指示仪表齐全完好；

② 钢丝绳及连接部位符合规定；

③ 燃油、润滑油、液压油及冷却水添加充足；

④ 各连接件无松动；

⑤ 轮胎气压符合规定；

⑥ 起重机启动前，应将各操纵杆放在空挡位置，手制动器应锁死，并按正确步骤启动内燃机。启动后，应怠速运转，检查各仪表指示值，运转正常后接合液压泵，待压力达到规定值、油温超过30℃时，方可开始作业。

⑦ 作业前，应全部伸出支腿，并在撑脚板下垫方木，调整机体，使回转支承面的倾斜度在无载荷时不大于1/10000（水准泡居中）。支腿有定位销的必须插上，底盘为弹性悬挂的起重机，放支腿前应先收紧稳定器。

⑧ 作业中严禁扳动支腿操纵阀，调整支腿必须在无载荷时进行，并将起重臂转至正前或正后方再行调整。

⑨ 应根据所吊重物的重量和提升高度，调整起重臂长度和仰角，并应估计吊索和重物本身的高度，留出适当空间。

⑩ 起重臂伸缩时，应按规定程序进行，在伸臂的同时相应下降吊钩，当限制器发出警报时，应立即停止伸臂，起重臂缩回时，仰角不宜太小。

⑪ 起重臂伸出后，当前节臂杆的长度大于后节伸出长度时，必须进行调整，消除不正常情况后，方可作业。

⑫ 起重臂伸出后，或主副臂全部伸出后，变幅时不得小于各长度所规定的仰角。

⑬ 汽车式起重机起吊作业时，汽车驾驶室内不得有人，重物不得超越驾驶室上方，且不得在车的前方起吊。

⑭ 采用自由（重力）下降时，载荷不得超过该工况下额定起重量的20%，并应使重物有控制地下降，下降停止前应逐渐减速，不得使用紧急制动。

⑮ 起吊重物达到额定起重量的50%及以上时，应使用低速挡。

⑯ 作业中发现起重机倾斜、支腿不稳等异常现象时，应立即使重物下降至安全的地方，下降中严禁制动。

⑰ 重物在空中需要较长时间停留时，应将起升卷筒制动锁住，操作人员不得离开操纵室。

⑱ 起吊重物达到额定起重量的90%以上时，严禁同时进行两种以上的操作动作。

⑲ 起重机带载回转时，操作应平稳，避免紧急回转或停止，换向应在停稳后进行。

⑳ 当轮胎式起重机带载行走时，道路必须平坦坚实，载荷必须符合出厂规定，重物离地面不得超过500mm，并应系好拉绳，缓慢行驶。

㉑ 作业后，应将起重臂全部缩回放在支架上，再收回支腿。吊钩应用专用钢丝绳挂牢，应将车架尾部两撑杆分别撑在尾部下方的支座内，并用螺母固定，应将阻止机身旋转的销式制动器插入销孔，并将取力器操纵手柄放在脱开位置，最后应锁住起重操纵室门。

㉒ 行驶前，应检查并确认各支腿的收放无松动，轮胎气压应符合规定，行驶时水温应在80～90℃范围内，水温未达到80℃时，不得高速行驶。

㉓ 行驶时应保持中速，不得紧急制动，过铁道口或起伏路面时应减速，下坡时严禁空挡滑行，倒车时应有人监护。

㉔ 行驶时，严禁人员在底盘走台上站立或蹲坐，并不得堆放物件。

11.2.3 焊接、切割安全操作规程

（1）一般规定

1）进入施工现场必须穿好工作服和绝缘鞋，焊接时戴好工作帽、手套、防护眼镜或面罩等防护用品，禁止穿高跟鞋、拖鞋、凉鞋、裙子、短裤，以免发生烫伤。

2）电焊机平稳安放在通风良好、干燥的地方，不准靠近高热及易燃易爆的环境，车间窗户开启。

3）操作前必须从工具箱拿出焊接电缆，并接好焊接设备，检查线路各连接点接触是否良好，防止因松动接触不良而产生发热现象。

4）焊接前应检查焊机是否接地，焊钳、电缆等绝缘部分是否良好，以防触电。

5）任何时候焊钳都不得放在工作台上，应放在指定的架上，以免长时间短路烧坏焊机。

6）禁止在焊机上放置任何物件和工具，启动电焊机前，焊钳与焊件不能短路。

7）人体不要同时触及焊机输出两端，以免触电；检查焊接风扇是否正常转动，禁止焊条插入风扇内。

8）施焊时必须使用面罩，保护眼睛和脸部。

9）乙炔瓶严禁在地面上卧放并直接使用，必须竖立放稳。

10）氧气瓶和乙炔瓶须相距 5m 以上放置，氧气瓶不得撞击和触及油物，附近严禁烟火。

11）检查氧气和乙炔气导管接头处，不允许漏气，以免引起意外事故。

12）气焊时注意不要把火焰喷到身上和胶皮管上。

13）刚焊好的焊件不许用手触及，以防烫伤。

14）发生故障时，应立即切断焊机电源，及时进行检修。

15）焊接场地通风必须良好，以防有害气体影响人体健康。

16）焊后清渣时，要防止焊渣崩入眼中，可以用电焊面罩遮挡。

17）焊接结束时，应切断焊机电源，并检查焊接场地有无火种。

18）焊接结束时，清理好自己的焊接场地，并把焊接电缆放回工具箱。

19）焊接结束后把焊接完的焊件放到指定场地，同时关好窗户。

（2）焊工一般安全规程

1）焊接场地禁止放易燃易爆物品，应备有消防器材，保证足够的照明和良好的通风。

2）在操作场地 10m 内，不应储存油类或其他易燃易爆物品（包括有易燃易爆气体产生的器皿管线）。临时工地若有此类物品，而又必须在此操作时，应通知消防部门和安技部门到现场检查，采取临时性安全措施后方可进行操作。

3）工作前必须穿戴好防护用品。操作时（包括打渣）所有工作人员必须戴好防护眼镜或面罩。仰面焊接应扣紧衣领、扎紧袖口、戴好防火帽。

4）在缺氧危险作业场所及有易燃、易爆挥发气体的环境、设备和容器应事先置换、通风，并经监测合格。

5）对压力容器、密封容器、爆料容器、管道的焊接，必须事先泄压、敞开，置换清洗除掉有毒有害物质后再施焊。潮湿环境、容器内作业还应采取相应的电气隔离或绝缘等措施，并设入监护。

6) 在焊接、切割密闭空心工件时，必须留有出气孔。在管道内焊接，外面必须设人监护，并有良好的通风措施，照明电压应采取 12V。禁止在已做油漆或喷涂过塑料的容器内焊接。

7) 电焊机接零（地）线及电焊工作回线都不准搭在易燃易爆的物品上，也不准接在管道和机床设备上。工作回路线应绝缘良好，机壳接地必须符合安全规定。一次回路应独立或隔离。

8) 电焊机的屏护装置必须完善（包括一次侧、二次侧接线），电焊钳把与导线连接处不得裸露。二次线接头应牢固。2m 及以上的高处作业，应遵守高处作业的安全规程。作业时不准将工作回路线缠在身上。高处作业应设人监护。

9) 遵守《气瓶安全监察规程》有关规定，如不得擅自更改气瓶的钢印和颜色标记，严禁用温度超过 40℃ 的热源对气瓶加热，瓶内气体不得用尽，必须留有剩余压力，永久气体气瓶的剩余压力应不小于 0.05MPa，液化气体气瓶应留有 0.5%～1.0% 规定充装量的剩余气体。气瓶立放时应采取防止倾倒措施。

10) 工作完毕，应检查焊接工作地情况（包括相关的二次回路部分）无异常状况，然后切断电源，灭绝火种。

（3）手工电弧焊工安全操作规程

1) 应掌握一般电气知识，遵守焊工一般安全规程；还应熟悉灭火技术、触电急救和人工呼吸方法。

2) 工作前应检查焊机电源线、引出线和各接线点是否良好，若线路横越车行道时应架空或加保护盖；焊机二次线路及外壳必须有良好接地；电焊钳把绝缘必须良好。焊接回路线接头不宜超过三个。

3) 下雨天不准露天电焊，在潮湿地带工作时，应站在铺有绝缘物品的地方并穿好绝缘鞋。

4) 移动式电焊机从电力网上接线或拆线，以及接地、更换熔丝等工作，均应由电工进行。

5) 推闸刀开关时身体要偏斜些，要一次推足，然后开启电焊机；停机时，要先关电焊机，才能拉断电源闸刀开关。

6) 移动电焊机位置时，须先停机断电，焊接中突然停电，应立即关好电焊机。注意焊机电缆接头移动后应进行检查，保证牢固可靠。

7) 在人多的地方焊接时，应安设遮栏挡住弧光。无遮栏时应提醒周围人员不要直视弧光。

8) 换焊条时应戴好手套，身体不要靠在铁板或其他导电物件上。敲渣子时应戴上防护眼镜。

9) 焊接有色金属器件时，应加强通风排毒，必要时使用过滤式防毒面具。

10) 焊机启动后，焊工的手和身体不应随便接触二次回路导体，如焊钳或焊枪的带电部位、工作台、所焊工件等。在容器内作业，潮湿、狭窄部位作业，夏天身上出汗或阴雨天等情况下，应穿干燥衣物，必要时要铺设橡胶绝缘垫。在任何情况下，都不得使操作者自身成为焊接回路的一部分。

11) 工作完毕应先关闭电焊机，再断开电源。

（4）手工气焊（割）工安全操作规程

1）一般规定

① 乙炔气瓶、氧气瓶及橡胶软管的接头，阀门及紧固件均应紧固牢靠，不准有松动、破损和漏气现象。氧气瓶及其附件、橡胶软管、工具上不能沾染油脂的泥垢。

② 检查设备、附件及管路漏气时，只准用肥皂水试验。试验时，周围不准有明火，不准抽烟。严禁用火试验漏气。

③ 氧气瓶、乙炔气瓶与明火间的距离应在 10m 以上。如条件限制也不准小于 5m，并应采取隔离措施。

④ 禁止用易产生火花的工具去开启氧气或乙炔气阀门。

⑤ 气瓶设备管道冻结时，严禁用火烤或用工具敲击冻块。氧气阀或管道要用 40℃ 的温水融化。

⑥ 焊接场地应备有相应的消防器材。露天作业时应防止阳光直射在氧气瓶或乙炔气瓶上。

⑦ 工作完毕或离开工作现场时，要拧上气瓶的安全帽，收拾现场，把气瓶放在指定地点。

2）橡胶软管

① 橡胶软管需经压力试验。氧气软管试验压力为 2MPa，乙炔软管试验压力为 0.5MPa。未经压力试验的代用品和变质、老化、脆裂、漏气的胶管以及沾上油脂的胶管不准使用。

② 软管长度一般为 10～20m。不准使用过短或过长的软管。接头处必须用专用卡子或退火的金属丝卡紧扎牢。

③ 氧气软管为黑色，乙炔软管为红色，与焊炬连接时不可错乱。

④ 乙炔软管使用中发生脱落、破裂、着火时，应先将焊炬或割炬的火焰熄灭，然后停止供气。氧气软管着火时，应迅速关闭氧气瓶阀门，停止供氧。不准用弯折的办法来消除氧气软管着火，乙炔软管着火时可用弯折前面一段胶管的办法来将火熄灭。

⑤ 禁止把橡胶软管放在高温管道和电线上，或把重的或热的物件压在软管上，也不准将软管与电焊用的导线敷设在一起。使用时应防止割破。若软管经过车行道时，应加护套或盖板。

3）氧气瓶

① 每个气瓶必须在定期检验的周期内使用（三年），色标明显，瓶帽齐全。氧气瓶应与其他易燃气瓶油脂和易燃物品分开保存，也不准同车运输。运送贮存使用气瓶需有瓶帽。禁止用行车或吊车吊运氧气瓶。

② 氧气瓶附件有毛病或缺损，阀门螺杆滑丝时均应停止使用。氧气瓶应直立安放在固定支架上，以免跌倒发生事故。

③ 禁止使用没有减压器的氧气瓶。

④ 氧气瓶中的氧气不允许全部用完，气瓶的剩余压力应不小于 0.05MPa，并将阀门拧紧，写上"空瓶"标记。

⑤ 开启氧气阀门时，要用专用工具，动作要缓慢，不要面对减压表，但应观察压力表指针是否灵活正常。

⑥ 当氧气瓶与电焊在同一工作地点时，瓶底应垫绝缘物，防止被窜入电焊机二次回路。

⑦ 氧气瓶一定要避免受热、曝晒，使用时应尽可能垂直立放，并联使用的汇流输出总管上应装设单向阀。

4）乙炔气瓶

① 乙炔瓶在使用、运输、贮存时必须直立固定，严禁卧放或倾倒；应避免剧烈震动、碰撞；运输时应使用专用小车，不得用吊车吊运；环境温度超过 40℃时应采取降温措施。

② 乙炔瓶使用时，一把焊炬配置一个回火防止器和减压器。

③ 操作者应站在阀口的侧后方，轻缓开启。拧开瓶阀不宜超过 1.5 转。

④ 瓶内气体不能用光，必须留有一定余压。当环境温度小于 0℃时，余压为 0.05MPa；当环境温度为 0~15℃时，余压为 0.1MPa；当环境温度为 15~25℃时，余压为 0.2MPa；当环境温度为 25~40℃时，余压为 0.3MPa。

⑤ 焊接工作地乙炔瓶存量不得超过 5 只。超过时，车间内应有单独的贮存间。若超过 20 只，应放置在乙炔瓶库。

⑥ 乙炔瓶严禁与氯气瓶、氧气瓶、电石及其他易燃易爆物品同库存放。作业点与氧气瓶、明火相互间距至少离开 10m。

11.2.4 砂轮切割机安全操作规程

（1）一般规定

1）使用前必须认真检查设备的性能，确保各部件的完好性。对电源开关、切割片的松紧度、防护罩或安全挡板进行详细检查，操作台必须稳固。

2）夜间作业时应有足够的照明亮度。

3）使用前必须查看电源是否与设备额定电压相符，以免错接电源。

4）点动按钮开关，查看是否正转，否则须调整电源连接线的相序，空载试运转待确认安全无误后才允许继续操作。

5）不得使用额定转速低于 4800 转/min 的锯片。

6）必须稳握切割机手把，均匀用力垂直下切，而且固定端要牢固可靠。

7）不得试图切锯未夹紧的小工件或带棱边严重的型材（如外径小于 15cm 时）。

8）为了提高工作效率，对单支或多支一起切锯之前，一定要做好辅助性装夹定位工作。

9）不得进行强力切锯操作，在切割前要待电机转速达到全速方可进行切割作业。

10）切割时不允许任何人站在切割机的前面及侧面，停电、休息或离开工作场地时，应立即切断电源。

11）切割机停转前，不得将手从操作手柄上松离。

12）防护罩未到位时不得操作，不得将手放在距锯片 15cm 以内。不得探身越过或绕过锯机，操作时身体斜侧 45°为宜。

13）出现不正常声音时，应立刻停止操作，进行检查；维修或更换配件前必须先切断电源，并等锯片完全停止。

14）在潮湿的地方使用切割机时，必须站在绝缘垫或干燥的木板上进行。登高或在防爆等危险区域内使用时，必须做好安全防护措施。

（2）砂轮切割机安全操作规程

1）使用砂轮切割机应使砂轮旋转方向尽量避开附近的工作人员，被切割的物料不得伸入人行道。

2）不允许在有爆炸性粉尘的场所使用切割机。

3）移动式切割机底座上（两个或四个）支承轮应齐全完好，安装牢固，转动灵活。安置时应平衡可靠，工作时不得有明显的震动。

4）穿好合适的工作服，不可穿得过于宽松，严禁戴首饰或留长发，严禁戴手套及不扣袖口进行操作。

5）夹紧装置应操纵灵活、夹紧可靠，手轮、丝杆、螺母等应完好，螺杆螺纹不得有滑丝、乱扣现象。手轮操纵力一般不大于 6kg。

6）操作手柄杠杆应有足够的强度和刚性，装上全部零件后能保持砂轮自由抬起。

7）操作手柄杠杆转轴应完好，转动灵活可靠，与杠杆装配后应用螺母锁住。

8）加工的工件必须夹持牢靠，严禁工件装夹不紧就开始切割。

9）严禁在砂轮平面上修磨工件的毛刺，防止砂轮片碎裂。

10）切割时操作者必须偏离砂轮片正面，并戴好防护眼镜。

11）中途更换新切割片或砂轮片时，必须切断电源，不要将锁紧螺母过于用力，防止锯片或砂轮片崩裂发生意外。

12）更换砂轮切割片后要试运行是否有明显的震动，确认运转正常后方能使用。

13）操作盒或开关必须完好无损，并有接地保护。

14）传动装置和砂轮的防护罩必须安全可靠，并能挡住砂轮破碎后飞出的碎片。端部的挡板应牢固地装在罩壳上，工作时严禁卸下。

15）操作人员操纵手柄做切割运动时，用力应均匀、平稳，切勿用力过猛，以免过载使砂轮切割片崩裂。

16）设备出现抖动及其他故障时，应立即停机修理。

17）使用完毕，切断电源，并做好设备及周围场地卫生。

11.2.5　临时用电

施工现场用电与一般工业或居民生活用电相比具有临时性、露天性、流动性和不可选择性的特点，触电造成的伤亡事故是建筑施工现场的多发事故之一，因此凡进入施工现场的每一个人员都必须都高度重视安全用电工作，掌握必备的电气安全技术知识。

（1）电气安全基本常识

1）基本原则

① 建筑施工现场的电工、电焊工属于特种作业工种，必须按国家有关规定经专门安全作业培训，取得特种作业操作资格证书，方可上岗作业。其他人员不得从事电气设备及电气线路的安装、维修和拆除。

② 建筑施工现场必须采用 TN-S 接零保护系统，即具有专用保护零线（PE 线）、电源中性点直接接地的 220/380V 三相五线制系统。

③ 建筑施工现场必须按"三级配电、二级保护"设置。

④ 施工现场的用电设备必须实行"一机、一闸、一漏、一箱"制，即每台用电设备必须有自己专用的开关箱，专用开关箱内必须设置独立的隔离开关和漏电保护器。

⑤ 严禁在高压线下方搭设临建、堆放材料和进行施工作业；在高压线一侧作业时，

必须保持至少 6m 的水平距离，达不到上述距离时，必须采取隔离防护措施。

⑥ 在宿舍工棚、仓库、办公室内严禁使用电饭煲、电水壶、电炉、电热杯等较大功率电器。如需使用，应由项目部安排专业电工在指定地点安装可使用较高功率电器的电气线路和控制器。严禁使用不符合安全的电炉、电热棒等。

⑦ 严禁在宿舍内乱拉乱接电源，非专职电工不准乱接或更换熔丝，不准以其他金属丝代替熔丝（保险丝）。

⑧ 严禁在电线上晾衣服和挂其他东西等。

⑨ 搬运较长的金属物体，如钢筋、钢管等材料时，应注意不要触碰到电线。

⑩ 在临近输电线路的建筑物上作业时，不能随便往下扔金属类杂物；更不能触摸、拉动电线或接触钢丝和电杆的拉线。

⑪ 移动金属梯子和操作平台时，要观察高处输电线路与移动物体的距离，确认有足够的安全距离，再进行作业。

⑫ 在地面或楼面上运送材料时，不要踏在电线上；停放手推车，堆放钢模板、跳板、钢筋时不要压在电线上。

⑬ 移动有电源线的机械设备，如电焊机、水泵、小型木工机械等，必须先切断电源，不能带电搬动。

⑭ 当发现电线坠地或设备漏电时，切不可随意跑动和触摸金属物体，并保持 10m 以上距离。

2）安全电压

① 安全电压是指 50V 以下特定电源供电的电压系列

安全电压是为防止触电事故而采用的 50V 以下特定电源供电的电压系列，分为 42V、36V、24V、12V 和 6V 五个等级，根据不同的作业条件，选用不同的安全电压等级。建筑施工现场常用的安全电压有 12V、24V 和 36V。

② 特殊场所必须采用安全电压照明供电

a. 室内灯具离地面低于 2.4m，手持照明灯具，一般潮湿作业场所（地下室、潮湿室内、潮湿楼梯、隧道、人防工程以及有高温、导电灰尘等）的照明，电源电压应不大于 36V；

b. 在潮湿和易触及带电体场所的照明电源电压，应不大于 24V；

c. 在特别潮湿的场所、锅炉或金属容器内，导电良好的地面使用手持照明灯具等，照明电源电压不得大于 12V。

3）电线的相色

① 正确识别电线的相色

电源线路可分为工作相线（火线）、专用工作零线和专用保护零线。一般情况下，工作相线（火线）带电危险，专用工作零线和专用保护零线不带电（但在不正常情况下，工作零线也可以带电）。

② 相色规定

一般相线（火线）分为 A、B、C 三相，分别为黄色、绿色、红色；工作零线为黑色；专用保护零线为黄绿双色线。

严禁用黄绿双色、黑色、蓝色线当相线，也严禁用黄色、绿色、红色线作为工作零线和保护零线。

4）插座的使用

正确使用与安装插座。

① 插座分类

常用的插座分为单相双孔、单相三孔、三相三孔和三相四孔等。

② 选用与安装接线

a. 三孔插座应选用"品"字形结构，不应选用等边三角形排列的结构，因为后者容易发生三孔互换造成触电事故。

b. 插座在电箱中安装时，必须首先固定在安装板上，接地极与箱体一起做可靠的 PE 保护。

c. 三孔或四孔插座的接地孔（较粗的一个孔），必须置在顶部位置，不可倒置，两孔插座应水平并列安装，不准垂直并列安装。

d. 插座接线要求：对于两孔插座，左孔接零线，右孔接相线；对于三孔插座，左孔接零线，右孔接相线，上孔接保护零线；对于四孔插座，上孔接保护零线，其他三孔分别接 A、B、C 三根相线。

5）"用电示警"标志

正确识别"用电示警"标志或标牌，不得随意靠近、损坏和挪动标牌（表 11-2）。

用电警示标志　　　　　　　　　　　　　　　　　　表 11-2

使用分类	颜色	使用场所
使用电力标志	红色	配电房、发电机房、变压器等重要场所
高压示警标志	字体为黑色、箭头和边框为红色	需高压示警场所
配电房示警标志	字体为红色、边框为黑色（或字与边框交换颜色）	配电房或发电机房
维护检修示警标志	底为红色、字为白色（或字为红色、底为白色、边框为黑色）	维护检修时相关场所
其他用电示警标志	箭头为红色、边框为黑色、字为红色或黑色	其他一般用电场所

进入施工现场的每个人都必须认真遵守用电管理规定，见到以上用电示警标志或标牌时，不得随意靠近，更不准随意损坏、挪动标牌。

（2）施工用电安全技术措施

1）电气线路的安全技术措施

① 施工现场电气线路全部采用"三相五线制"（TN-S 系统）专用保护接零（PE 线）系统供电。

② 施工现场架空线采用绝缘铜线。

③ 架空线设在专用电杆上，严禁架设在树木、脚手架上。

④ 导线与地面保持足够的安全距离。

导线与地面最小垂直距离：施工现场应不小于 4m；机动车道应不小于 6m；铁路轨道应不小于 7.5m。

⑤ 无法保证规定的电气安全距离，必须采取防护措施。

如果由于在建工程位置限制而无法保证规定的电气安全距离，必须采取设置防护性遮栏、栅栏，悬挂警告标志牌等防护措施，发生高压线断线落地时，非检修人员要远离落地

10m 以外，以防跨步电压危害。

⑥ 为了防止设备外壳带电发生触电事故，设备应采用保护接零，并安装漏电保护器等措施。作业人员要经常检查保护零线连接是否牢固可靠，漏电保护器是否有效。

⑦ 在电箱等用电危险地方，挂设安全警示牌，如"有电危险""禁止合闸，有人工作"等。

2）照明用电的安全技术措施

施工现场临时照明用电的安全要求如下。

① 临时照明线路必须使用绝缘导线。

临时照明线路必须使用绝缘导线，户内（工棚）临时线路的导线必须安装在离地 2m 以上的支架上；户外临时线路必须安装在离地 2.5m 以上的支架上，零星照明线不允许使用花线，一般应使用软电缆线。

② 建设工程的照明灯具宜采用拉线开关。

拉线开关距地面高度为 2～3m，与出入口的水平距离为 0.15～0.2m。

③ 严禁在床头设立开关和插座。

④ 电器、灯具的相线必须经过开关控制。

不得将相线直接引入灯具，也不允许以电气插头代替开关来分合电路，室外灯具距地面不得低于 3m，室内灯具不得低于 2.4m。

⑤ 使用手持照明灯具（行灯）应符合一定的要求：

a. 电源电压不超过 36V；

b. 灯体与手柄应坚固、绝缘良好，并耐热防潮湿；

c. 灯头与灯体结合牢固；

d. 灯泡外部要有金属保护网；

e. 金属网、反光罩、悬吊挂钩应固定在灯具的绝缘部位上。

⑥ 照明系统中每一单相回路上，灯具和插座数量不宜超过 25 个，并应装设熔断电流为 15A 以下的熔断保护器。

3）配电箱与开关箱的安全技术措施

施工现场临时用电一般采用三级配电方式，即总配电箱（或配电室），下设分配电箱，再以下设开关箱，开关箱以下就是用电设备。

配电箱和开关箱的使用安全要求如下。

① 配电箱、开关箱的箱体材料，一般应选用钢板，亦可选用绝缘板，但不宜选用木质材料。

② 电箱、开关箱应安装端正、牢固，不得倒置、歪斜。

固定式配电箱、开关箱的下底与地面垂直距离应大于或等于 1.3m、小于或等于 1.5m；移动式分配电箱、开关箱的下底与地面的垂直距离应大于或等于 0.6m、小于或等于 1.5m。

③ 进入开关箱的电源线，严禁用插销连接。

④ 电箱之间的距离不宜太远。

分配电箱与开关箱的距离不得超过 30m。开关箱与固定式用电设备的水平距离不宜超过 3m。

⑤ 每台用电设备应有各自专用的开关箱。

施工现场每台用电设备应有各自专用的开关箱，且必须满足"一机、一闸、一漏、一箱"的要求，严禁用同一个开关电器直接控制两台及两台以上用电设备（含插座）。

开关箱中必须设漏电保护器，其额定漏电动作电流应不大于 30mA，漏电动作时间应不大于 0.1s。

⑥ 所有配电箱门应配锁，不得在配电箱和开关箱内挂接或插接其他临时用电设备，开关箱内严禁放置杂物。

⑦ 配电箱、开关箱的接线应由电工操作，非电工人员不得乱接。

4）配电箱和开关箱的使用要求

① 在停、送电时，配电箱、开关箱之间应遵守合理的操作顺序。

送电操作顺序：总配电箱→分配电箱→开关箱。

断电操作顺序：开关箱→分配电箱→总配电箱。

正常情况下，停电时首先分断自动开关，然后分断隔离开关；送电时先合隔离开关，后合自动开关。

② 使用配电箱、开关箱时，操作者应接受岗前培训，熟悉所使用设备的电气性能和掌握有关开关的正确操作方法。

③ 及时检查、维修、更换熔断器的熔丝，必须用原规格的熔丝，严禁用铜线、铁线代替。

④ 配电箱的工作环境应经常保持设置时的要求，不得在其周围堆放任何杂物，保持必要的操作空间和通道。

⑤ 维修机器须停电作业时，要与电源负责人联系停电，要悬挂警示标志，卸下保险丝，锁上开关箱。

（3）手持电动机具安全使用常识

手持电动机具在使用中需要经常移动，其振动较大，比较容易发生触电事故。而这类设备往往是在工作人员紧握之下运行的，因此，手持电动机具比固定设备具有更大的危险性。

1）手持电动机具的分类

手持电动机具按触电保护分为Ⅰ类工具、Ⅱ类工具和Ⅲ类工具。

① Ⅰ类工具（普通型电动机具）

其额定电压超过 50V。工具在防止触电的保护方面不仅依靠其本身的绝缘，而且必须将不带电的金属外壳与电源线路中的保护零线做可靠连接，这样才能保证工具基本绝缘损坏时不成为导电体。这类工具外壳一般都是全金属。

② Ⅱ类工具（绝缘结构皆为双重绝缘结构的电动机具）

其额定电压超过 50V。工具在防止触电的保护方面不仅依靠基本绝缘，而且还提供双重绝缘或加强绝缘的附加安全预防措施。这类工具外壳有金属和非金属两种，但手持部分是非金属，非金属处有"回"符号标志。

③ Ⅲ类工具（特低电压的电动机具）

其额定电压不超过 50V。工具在防止触电的保护方面依靠由安全特低电压供电和在工具内部不含产生比安全特低电压高的电压。这类工具外壳均为全塑料。

Ⅱ、Ⅲ类工具都能保证使用时电气安全的可靠性，不必接地或接零。

2）手持电动机具的安全使用要求

① 一般场所应选用Ⅰ类手持式电动工具，并应装设额定漏电动作电流不大于 15mA、

额定漏电动作时间小于 0.1s 的漏电保护器。

② 在露天、潮湿场所或金属构架上操作时，必须选用Ⅱ类手持式电动工具，并装设漏电保护器，严禁使用Ⅰ类手持式电动工具。

③ 负荷线必须采用耐用的橡皮护套铜芯软电缆。

单相用三芯（其中一芯为保护零线）电缆；三相用四芯（其中一芯为保护零线）电缆；电缆不得有破损或老化现象，中间不得有接头。

④ 手持电动机具应配备装有专用电源开关和漏电保护器的开关箱，严禁一台开关接两台以上设备，其电源开关应采用双刀控制。

⑤ 手持电动工具开关箱内应采用插座连接，其插头、插座应无损坏，无裂纹，且绝缘良好。

⑥ 使用手持电动工具前，必须检查外壳、手柄、负荷线、插头等是否完好无损，接线是否正确（防止相线与零线错接）；发现工具外壳、手柄破裂，应立即停止使用并进行更换。

⑦ 非专职人员不得擅自拆卸和修理工具。

⑧ 作业人员使用手持电动工具时，应穿绝缘鞋，戴绝缘手套，操作时握其手柄，不得利用电缆提拉。

⑨ 长期搁置不用或受潮的工具在使用前应由电工测量绝缘阻值是否符合要求。

11.3 安全防护措施及防护用品

11.3.1 安全防护措施

（1）安全生产目标

安全生产目标：无安全事故。

为保证施工现场安全、维护工地正常的生产秩序，必须强化"安全第一，预防为主"的方针。

（2）安全生产组织保障

建立以项目经理为"安全第一"责任人的安全生产领导机构，健全安全管理系统，制定以《安全生产责任制》为主的各项安全生产规章制度，成立安全部门，设置专职安全员，安全员做到持证上岗，各施工队班组设置兼职安全员，设立治安保卫人员，负责日常安全生产、治安保卫的管理和检查工作。

（3）安全生产管理措施

1）严格遵守国家现行的有关安全技术规程、文件，认真执行工程施工招标文件规定的施工安全要求和规定，针对工程特点，制定安全防护措施，如防洪、防火、救护、警报、治安、危险品管理等。

2）加强安全教育，做到安全教育制度化、经常化，对职工进行安全技术培训，对新进场工人进行三级安全教育。特殊工种持证上岗，不准无证操作，严格按操作规程操作。定期进行安全教育和安全大检查，发现隐患及时予以清除，定期进行班组安全活动，树立高度安全意识。

3）按安全规范要求配备消火栓和消火器材，并定期检查、保养，保证设备的完好率。

4）对易燃易爆及焊工材料严格执行安全防护规程，加强管理，与当地公安、消防部门密切联系，积极配合。

5）认真执行建设单位、监理工程师等提出的有关施工安全指令、通知及要求等，并努力做好工地的施工安全，接受建设单位、监理工程师的检查、督促和指导，及时采取有效措施整改不足。教育职工遵章守纪，做好施工工地和生活区内的安全工作。

6）制定安全考核奖罚制度，安全考核与班组、个人经济责任制挂钩，做到分工明确、职责分明，实行安全否决权。

（4）安全生产技术措施

1）做好土方开挖安全。土方开挖严格按设计坡比分层向下开挖，根据工程特点，施工作业道路设立交通标志，安排专职交通协管员维持交通秩序，保证运输调度有序，加强机械驾驶人员的安全教育。

2）做好劳动防护。进入施工现场戴安全帽，高空作业架设安全网，佩戴安全带。安全防护用品采用专业生产厂家的产品。

3）做好防火和用电安全。办公、生活、生产等房屋的布置，符合防火间距的规定，临时房屋幢与幢之间的间距最小为 10m。加强用电防火安全教育，严格按用电安全规定架设任何临时线路。职工宿舍、各类仓库、钢筋、木工加工场设置灭火器，并经常检查保养，使其处于良好状态，焊接切割时明火作业必须在安全地点进行，或监控下进行作业，做到人走火灭。安全防火工作始终处于良好的待命状态，工地配备消防人员，负责工地的消防工作。

4）做好起重安全工作。严格按起重作业规程施工。

5）做好防汛安全。在汛期内施工，要配置一定数量的水泵、草袋等防洪物资和器材，遇有洪水立即投入防洪抗灾工作。

6）交通安全。对施工人员，进场时进行交通安全教育，落实交通安全责任制，做到人人重视安全，严防项目施工人员发生交通安全事故。

7）施工照明。在办公区、生活区、工厂区及施工道路沿线均架设照明线路，各施工区的照明用电电压不得超过 36V。照明度按需要配置，以确保工作面照明安全。

8）现场电源电缆。一律按规定架空或埋地敷设，所有用电设备配置触电保护器，加工机械配置保护装置，正确设置接地及避雷装置，以防电器设备受雷击，并定期检查管理维修。

9）各种机械实行专人使用，下班前清洗干净，机械设备定期保养维修，确保正常运转，尤其是需行驶的车辆必须符合交通规定，履带式起重机不允许直接上路。现场人员必须严格遵守安全生产规章制度，严禁酒后作业和冒险蛮干。

10）各建筑物施工用脚手架要经常检查其牢固性、稳定性，堆物载荷不得超过设计值，拆除时不得抛掷，脚手架搭设和使用必须遵守有关安全规定，搞好高空和起重作业安全工作，谨慎操作。

11）及时制定各单项工程的安全施工方案。特别是土石方工程、混凝土工程、围堰工程、金属结构安装工程等，必须制定安全技术措施，并经有关部门批准。

12）做好施工现场安全信号设置工作。设置警戒线、指示信号、控制信号、危险信号、标准道路信号、报警信号标志等，并维护、使用好，做到信号齐全，口哨、袖章、红旗、人员齐备。

13）易燃易爆物品设专人管理。对危险物品制定严格的领用审批制度和使用制度，对当天没有使用完的危险物品，必须重新入库管理，严防此类危险物品流入民间。

14）现场设置的安全防护设施、安全警示标志不得擅自拆除、移动。如有变化须经工地负责人和安全部门同意，并采取相应措施。

15）及时与当地气象部门联系，获取当地水文、气象资料，掌握灾害性天气预报，预防暴雨、台风等自然灾害。主动接受当地防汛指挥部及业主的防汛、防台指挥小组的领导和调度，确保防台和安全度汛。

16）做好水文预报工作。当遇到超标准洪水时，提前做好基坑口人员、材料、设备的转移工作。

17）对于工程机械，严格按照机械操作规程作业，操作人员持证上岗，以防止机械事故的发生。

18）对于油料等易燃易爆品的贮存和运输。严格执行国家的规定，安排专人进行管理，落实责任，防止不安全事故发生。

19）在施工区内设置各种警示、提示标志。如道路通行标志、指示标志、危险标志、进入现场佩戴安全帽标志等，随时维护使其正常，并严格执行。

20）井下作业时必须佩戴安全帽，高空作业时必须加戴安全带，井下人员下井时严格检查下井梯子是否安全可靠。当沉井下沉，井上口低于地面时，井边必须及时设置可靠的临边防护。

11.3.2　防护用品

劳动防护用品是指劳动者在生产过程中为免遭或者减轻人身伤害和职业危害所配备的防护装备。科学合理地配备、运用劳保用品，不但能够杜绝事故发生后引发的经济损失，而且能够提高工人的工作效率，提高使用单位的经济效益产出，减少使用单位在人力资源等各方面的费用投入。在各产业中，劳动防护用品都是必须配备的。根据实际使用情况，应按时间更换。在发放中，应按照工种不同进行分别发放，并保存台账。

（1）防护用品

1）头部护具类。用于保护头部，防撞击、挤压伤害，防物料喷溅，防粉尘等的护具。头部防护系列用品主要有矿工用安全帽、ABSW 型安全帽、透气性安全帽、ABSV 型透气安全帽、V 型安全帽、安吉安透气安全帽、隆达 901 钢盔等。

2）呼吸护具类。预防尘肺和职业病的重要护品，防御缺氧空气和尘毒等有害物质吸入呼吸道的防护具。呼吸护具防护用品主要有净气式呼吸护具、自吸过滤式防尘口罩、简易防尘口罩、复式防尘口罩、过滤式防毒面具、导管式防毒面具、直接式防毒面具、电动送风呼吸护具、过滤式自救器、隔绝式呼吸护具、供气式呼吸护具、携气式呼吸护具、氧气呼吸器、空气呼吸器、生氧面具、隔绝式自救器等。

3）眼防护具。用以保护作业人员的眼睛、面部，防止外来伤害。分为焊接用眼防护具、炉窑用眼防护具、防冲击眼防护具、微波防护具、激光防护镜以及防 X 射线、防化学、防尘等护具。眼睑部防护系列用品有经济性轻质护目镜、聚碳酸酯防雾护目镜、防护眼镜。

4）听力护具。长期在 90dB 以上或短时在 115dB 以上环境中工作时应使用听力护具。听力护具有耳塞、耳罩和帽盔三类。

5）防护鞋。用于保护足部免受伤害。主要防护用品有防滑鞋、防滑鞋套、防静电安全鞋、钢头防砸鞋等。防油防护鞋用于地面积油或溅油的场所；防水防护鞋用于地面积水或溅水的作业场所；防寒防护鞋用于低温作业人员的足部保护，以免受冻伤；防刺穿防护鞋用于足底保护，防止被各种尖硬物件刺伤；防砸防护鞋的主要功能是防坠落物砸伤脚部。

6）防护手套。用于手部保护，主要防护用品有耐酸碱手套、电工绝缘手套、电焊手套、防 X 射线手套、石棉手套、丁腈手套等。

7）防护服。用于保护职工免受劳动环境中物理、化学因素的伤害。防护服分为特殊防护服和一般作业服两类。

8）防坠落护具。用于防止坠落事故发生。主要防护用品有安全带、安全绳和安全网。

9）护肤用品。用于外露皮肤的保护。主要防护用品有护肤膏和洗涤剂。

（2）防护用品使用注意事项

正确使用劳动防护用品，是保障从业人员人身安全与健康的重要措施。为此要注意以下几点。

1）生产经营单位应当建立健全有关劳动防护用品的管理制度。要加强劳动防护用品的购买、验收、保管、发放、更新、报废等环节的管理，监督并教育从业人员按照使用要求佩戴和使用。

2）提供的防护用品必须符合国家标准或者行业标准。不得以货币或者其他物品替代劳动防护用品，也不得购买、使用超过使用期限或者质量低劣的产品，确保防护用品在紧急情况下能发挥其特有的效能。

3）在佩戴和使用劳动防护用品中，要防止发生以下情况。

① 从事高空作业的人员，不系好安全带发生坠落。

② 从事电工作业（或手持电动工具）不穿绝缘鞋发生触电。

③ 在车间或工地不按要求穿工作服，穿裙子或休闲衣服；或虽穿工作服但穿着不整、敞着前襟、不系袖口等，造成机械缠绕。

④ 长发不盘入工作帽中，造成长发被机械卷入。

⑤ 不正确戴手套。有的该戴不戴，造成手的烫伤、刺破等伤害；有的不该戴而戴，造成卷住手套带进手去，甚至连胳膊也带进去的伤害事故。

⑥ 不及时佩戴适当的护目镜和面罩，使面部和眼睛受到飞溅物伤害或灼伤，或受强光刺激，造成视力伤害。

⑦ 不正确戴安全帽。当发生物体坠落或头部受撞击时，造成伤害事故。

⑧ 在工作场所不按规定穿劳保皮鞋，造成脚部伤害。

⑨ 不能正确选择和使用各类口罩、面具，不会熟练使用防毒护品，造成中毒伤害。

在其他需要进行防护的场所，如噪声、振动、辐射等，也要正确佩戴和使用劳动防护用品，从而保护自己的人身安全和健康。

参 考 文 献

1. 刘鸿文. 材料力学 ［M］. 北京：高等教育出版社，2000.
2. 王旭，王裕林. 管道工识图教材 ［M］. 上海：上海科技出版社，1995.
3. 中国城镇供水协会. 供水管道工 ［M］. 北京：中国建材工业出版社，2006.
4. 陈文斌，章金良. 建筑工程制图 ［M］. 上海：同济大学出版社，2007.